世界纪录保持者的训练计划

力量训练解析

尹承昊 著

图书在版编目（CIP）数据

力量训练解析 / 尹承昊著. —济南：山东科学技术出版社，2019.10
ISBN 978-7-5331-9955-5

Ⅰ. ①力… Ⅱ. ①尹… Ⅲ. ①力量训练 Ⅳ. ①G808.14

中国版本图书馆CIP数据核字（2019）第223495号

力量训练解析
LILIANG XUNLIAN JIEXI

责任编辑：王兆阳
装帧设计：侯　宇

主管单位：山东出版传媒股份有限公司
出 版 者：山东科学技术出版社
　　　　　地址：济南市市中区英雄山路189号
　　　　　邮编：250002　电话：（0531）82098088
　　　　　网址：www.lkj.com.cn
　　　　　电子邮件：sdkj@sdcbcm.com
发 行 者：山东科学技术出版社
　　　　　地址：济南市市中区英雄山路189号
　　　　　邮编：250002　电话：（0531）82098071
印 刷 者：山东彩峰印刷股份有限公司
　　　　　地址：潍坊市福寿西街99号
　　　　　邮编：261031　电话：（0536）8216157

规格：16开（170mm×240mm）
印张：25.25　　字数：355千　　印数：1–5000
版次：2019年10月第1版　2019年10月第1次印刷
定价：135.00元

目录
CONTENTS

第一章　力量的构成 …………………………… 001

1. 决定力量大小的因素 ………………………… 002

　　整体肌肉质量 ………………………………… 003

　　神经控制能力 ………………………………… 015

　　专项技术水平 ………………………………… 024

2. 力量检验标准 ………………………………… 031

第二章　突破极限力量的方法 ………………… 038

1. 提升肌肉整体质量 …………………………… 039

　　上肢肌群训练动作 …………………………… 040

　　背部及核心肌群训练动作 …………………… 056

　　屈伸髋肌群训练动作 ………………………… 074

　　屈伸膝肌群训练动作 ………………………… 087

- 2. 强化神经控制能力 ········· 092
  - 深蹲及专项辅助训练 ········· 093
  - 硬拉及专项辅助训练 ········· 155
- 3. 优化技术细节 ········· 193
  - 技术训练的基本原则 ········· 195
  - 增强深蹲的秘诀 ········· 198
  - 不可忽视的卧推细节 ········· 202
  - 改变硬拉的关键点 ········· 207
- 4. 选择合适的护具 ········· 212
  - 深蹲训练时护具的选择 ········· 215
  - 卧推训练时护具的选择 ········· 222
  - 硬拉训练时护具的选择 ········· 227
  - 训练护具VS比赛护具 ········· 232
- 5. 精确营养与补剂摄入 ········· 237
  - 严格把控基础饮食计划 ········· 240
  - 运动补剂的安全性 ········· 252
- 6. 兼顾有氧与无氧训练 ········· 272
  - 适合的有氧训练类型 ········· 274
  - 正确安排有氧训练 ········· 280

第三章　伤病预防及康复的策略 ……………… 285

1. 合理的热身方式 ……………………………… 286
2. 重要的拉伸放松 ……………………………… 293
3. 关键的柔韧性训练 …………………………… 297
4. 常见的伤病预防与恢复 ……………………… 303

第四章　力量训练计划 …………………………… 323

1. 周期性力量训练计划 ………………………… 324
2. 世界力量举冠军的训练计划 ………………… 373
3. 力量举备赛常识 ……………………………… 381

第一章 力量的构成

力量对于不管是专业的运动员还是纯业余的在健身房进行锻炼的爱好者而言都是十分重要的身体素质表现之一，无论你是在专业的竞技场进行每一次奔跑或身体对抗，还是在健身房完成一次器械练习，力量都在其中起到了重要作用。很多人都希望提升自己的力量水平，大家往往会把具体目标设定在深蹲/卧推/硬拉的最大极限力量的数字上，这三个动作不仅是力量举比赛中的三大项目，更是检验训练者自身力量水平最好的三个动作。

深蹲，毫无疑问的力量训练动作之王，它对于训练者的伸膝力量具有强大的考验。伸膝力量对于弹跳力以及专项举重成绩等运动表现力的提升是十分明显的，可以说伸膝力量是竞技运动中最常见的力量种类之一。卧推，上肢力量大小的判定标准，它需要训练者拥有极强的手臂以及肩部力量，对于上肢参与的球类以及搏击类等运动表现力有显著的提升作用。硬拉，需要强大的伸髋力量以及后侧链力量，拥有它们你就拥有了在竞技场上直接进行高强度身体对抗的能力。

尽管很多训练者都知道力量的重要性，并且都希望提升自身的极限力量水平，让深蹲、卧推以及硬拉三大项成绩变得越来越好。但是在实际训练中，很多人都陷入到增长力量的泥泞中，有时即使堆砌再多的训练时间，也未必能够在数字上获得最直接的突破。导致这个现象的出现与训练者自身对力量增长原理的理解度不够有最直接的关系，力量增长并不同于肌肉增长，不是简单的肌肉充血强烈、蛋白质与氨基酸补充到位就可以做到的。力量的增长是有周期性原理的，不是只要拿着杠铃去狠练狠下工夫就可以的，训练者要学会找到最适宜及最聪明的训练方式。

如果你想练得聪明练得有针对性，那么你必须要先明白一个问题：决定力量大小的因素是什么？或者说，深蹲极限力量的组成部分都有哪些？如果这个问题都弄不清楚，那么你甚至连如何努力、努力的方向在哪里都不知道。

1 决定力量大小的因素

决定训练者深蹲、卧推以及硬拉三大项力量的因素主要有三个：肌肉的整体质量、神经系统的控制能力以及专项动作的技术水平。其中，肌肉的整体质量是基础中的基础，如果没有足够优秀的肌肉作支撑，那么你便没有任何可能性拥有强大的力量，它决定着你的三大项力量下限。而神经系统的控制能力则是决定力量大小的核心要素，它决定着你的三大项力量上限。你必须拥有强大的神经控制能力，尽可能募集多的肌肉同时快速参与发力，才能够使你的力量变得更强。此外，高水平的专项动作技术对于三大项的成绩是有着锦上添花的作用的。不过，我们不建议新手和初级训练者一开始将重心过多放在研究技术动作上，因为有些特殊的技术动作也要求训练者自身必须具备一定的能力。

以上三大要素是决定极限力量高低的最主要因素，也是我们训练的重点，只有根据这三大要素与自身相比的强弱点进行特殊安排，才可以更好地获得力量的提升。比如，你的神经控制能力稍差，那么如果你只是一味地关注肌肉训练，你的极限力量注定不会有什么质的飞跃。此外，有的训练者认为伤病、护具以及营养水平同时也会影响极限力量的大小，这个是很正确的。不过，这三个方面并非是我们训练计划或训练动作所主要关注的，我们会在后面第二章以及第三章再进行详细的讲解。

▶ 整体肌肉质量

深蹲、卧推以及硬拉时的力量只可能来自于肌肉，肌肉释放的力量帮助我们完成每一次的试举。这里要注意的是，不存在什么所谓的关节的力量或者骨骼的力量去进行主动发力来帮助你举起一个重量。我们的确不能忽视关节稳定性以及关节强度在力量训练时的重要性，但它们绝非主动释放力量的源泉。我们可以通过强化关节附近的肌肉来达到使关节更加健康的目的，但绝没有什么单独的提升骨骼的训练动作。

因此我们不难发现，如果你想提高三大项的极限力量，那么整体的肌肉质量便是基础中的基础。我们必须拥有足够强壮有力的肌肉，否则便无法获取足够的力量水平。试想一下，对于一个手臂很纤细的运动员，让他推起200 kg的杠铃显然是不切实际的。这个也是很多国内爱好者容易疏忽的地方，即训练只关注三大项的专项训练，却忽视了最基础的针对性的肌肉练习。你要明白一个最关键的问题，深蹲、卧推以及硬拉的目的是为了增长力量，它们对于肌肉的刺激效果并不好。如果你想让你的肌肉充分生长，进而帮助自己在三大项训练时使用更大的重量，那么你必须去进行专项的肌肉训练，在训练计划中我们将其称为"辅助训练动作"。

我们可以再举一个更直观的例子来让你感受到肌肉对于力量的重要性。A和B两名运动员，他们都可以募集自己40%的腿部肌肉参与到深蹲中，而A的腿部肌肉是30 kg，B的腿部肌肉是25 kg。A可以在深蹲训练时使用12 kg的肌肉去发力，而B因为肌肉较少，只能使用10 kg的肌肉。这就会造成A和B在深蹲极限重量上的差距，这个差距有的时候可能是5 kg，也有可能是10 kg，具体有多少还要根据运动员自身的身材以及技术去做判断。

我们举这个例子的目的是想告诉大家，肌肉量对于一个力量爱好者来讲是最基本的，特别是对于那些小级别运动员更是如此。有不少小级别运动员因为自身身材的优势，往往具备一个不错的三大项力量水平，有的甚至还不输给比自己体重多很多的运动员。但是对于小级别运动员来讲，不能因为先天的优势就忽略了基本的肌肉训练，否则就会处在一个长期无法提高的瓶颈期。这也是体现在很多国内小级别运动员身上的真实案例，他们有着不错的硬拉水平，但是因为忽视对肌肉的训练，导致无法更上一层楼。而很多国内的健美爱好者则因为自身拥有一定肌肉量，所以在一些对肌肉量要求较高的动作比如卧推训练时，他们往往具备不弱于专业力量举运动员的成绩。

所以，如果你想提升极限力量，请务必关注最基本的肌肉量。在这里我们会根据深蹲、卧推以及硬拉所优先使用的肌肉群的不同，来给大家分别介绍有哪些肌肉群是需要在力量训练时单独拿出来进行辅助练习的。国内很多力量爱好者在一些专项动作对肌肉的使用上有着很深的误区，比如硬拉时真正核心发力的肌群是后侧链的力量，而非身体前侧股四头肌的力量。很多训练者将自身硬拉力量差归结为腿部力量不足或深蹲成绩太差，但事实上这二者间并没有什么明显的不同。很多爱好者因为对肌肉运用的理解存在误区，在硬拉时他们习惯将动作变成另外一个深蹲，这样一来便更加加重了发力模式的错误程度，更无法获得一个优秀的硬拉成绩。

深蹲

深蹲分为高杠位深蹲和低杠位深蹲两种不同的方法，不同杠位的深蹲方式所消耗的肌肉群也不尽相同。高杠位深蹲对股四头肌的要求更大，而低杠位深蹲时后侧链的肌群发力比例则明显上升。

高杠位深蹲

股四头肌。毫无疑问所有的深蹲动作核心发力肌群都是股四头肌，不管你采用的是高杠位还是低杠位的蹲法，股四头肌始终是发力最大的肌群。这也从侧面揭示了如果你想提升深蹲的极限力量，股四头肌的针对性训练是必不可少的。腿举与腿屈伸等独立刺激股四头肌较强的动作都是很好的辅助训练方法。

臀部肌群。高杠位深蹲对于臀部肌群的力量也有十分重要的要求。如果训练者的臀部力量不足，很容易在蹲起的前半程出现臀部先明显向上抬起的现象，这种情况很容易导致训练者错误借助腰部的力量，有使腰骶部肌群或关节损伤的风险。臀桥、臀屈伸或正常幅度的箭步蹲都可以帮助我们的臀部肌肉变得更强。

内收肌。高杠位深蹲时容易出现因臀部力量或内收肌力量不足所导致的膝关节内扣现象，这不仅会使训练者在深蹲时出现力量流失，还会容易有诱发膝关节伤病的风险。平时我们可以使用专门的内收肌器械进行针对性的内收肌辅助训练。

背部及核心肌群。高杠位深蹲时杠铃放置的位置更加靠上，它对于训练者在深蹲过程中核心以及背部的稳定性有极强的要求。我们经常能够发现有的训练者背部和核心力量不足所导致的上半身在蹲起时出现大幅度前倾的现象，这种情况不仅会容易使训练者的深蹲失败，还有可能使训练者的腰椎受损。针对背阔肌、菱形肌、斜方肌以及竖脊肌、腹肌的孤立训练动作，比如高位下拉、杠铃耸肩、早安式以及卷腹都可以放到相应的背部及核心肌群辅助训练日中。

腘绳肌。腘绳肌在高杠位深蹲时并不是发力的主要核心，尽管我们也需要腘绳肌的力量在下蹲过程中控制身体下降的速度，但是腘绳肌并没有像在低杠位深蹲时贡献那么大的力量。腿弯举与直腿硬拉等鼓励刺激腘绳肌的动作都是很好的辅助训练方法。

低杠位深蹲

股四头肌。股四头肌虽然在低杠位深蹲时发力比例没有高杠位时那么大，但股四头肌始终是最主要的发力肌群。我们在高杠位深蹲时采用腿举或腿屈伸等训练方式同样可以在低杠位深蹲的肌肉辅助训练时使用。

后侧链肌群。因为低杠位深蹲时会用到更多髋关节的力量，屈髋幅度更大，上半身相对高杠位深蹲时前倾幅度更大，所以背部、核心肌群、臀部肌群以及腘绳肌所共同组成的后侧链力量便成为决定深蹲极限成绩的关键。很多经常练高杠位深蹲的训练者在换了低杠位深蹲后并没有发现太大变化，有的时候甚至还没有自己之前高杠位蹲的多，其原因是自身后侧链肌肉力量较差。特别是对于很多国内的力量训练爱好者，大家的训练或运动基础都不强，有的相对训练经验多的爱好者也往往只关注大腿前侧的肌肉训练，对于身体后侧、镜子里看不到的部位的肌肉往往疏忽。这就导致了为何有的人低杠位深蹲并没有比高杠位深蹲强太多。在辅助训练方面，之前我们提到的方式都可以在低杠位深蹲时使用。

内收肌。大多训练者在进行低杠位深蹲时往往会采用宽站距的方式进一步减小做功距离，这种方式要求训练者自身内收肌的力量要更高于高杠位深蹲时内收肌所释放的力量。在低杠位深蹲训练时，我们同样可以采用之前提到的训练方式进行练习。

卧推

胸部肌群

胸部肌群并不会在卧推的推起阶段释放强大的力量，它的主要作用还是体现在卧推的下放阶段以及对做功距离的影响。试想一下，一个厚实的胸肌在卧推时可以直接帮助你减小杠铃落在胸上的距离，帮助你最大程度减小肱三头肌与三角肌前束的发力。在针对性的肌肉辅助训练时，我们建议训练者不要忽略基本的练习，比如哑铃飞鸟、绳索夹胸等基本训练动作都可以帮助我们强壮胸肌。此外，针对性刺激胸大肌外沿还有助于帮我们避免因宽握距所导致的胸肌外侧拉伤的问题。

三角肌前束

三角肌前束在卧推的推起阶段是起最核心作用的，特别是在力量举比赛时更是如此。我们都知道按照力量举比赛的规则，你需要将杠铃完全停稳在胸上后听到裁判的口号才能推起，这个过程有的时候甚至会持续1～3秒。在这个阶段你的力量来源几乎都在三角肌前束上，你必须拥有一个强壮的肩膀，否则杠铃连胸都无法离开，那就更没必要讨论后半程推起的问题。有的训练者会提到腿部驱动在卧推启动时的重要意义，的确这是一个不能忽视的点，但你要知道腿部驱动所带来的实际帮助是很有限的。前平举是很好的针对性训练方式，你可以使用哑铃或杠铃，单手或双手的方式进行练习。当然，你也可以选择一些对三角肌刺激较大的推举方式，比如直角推举或阿诺德推举都可以。只不过你要注意训练安排方式，尽量安排在肱三头肌被大量消耗之后再进行练习，那样你会获得更好的效果。

肱三头肌

肱三头肌在卧推推起的后半程，也就是大小臂夹角大于90°直到完全伸直时处于最重要的发力角色。身材越高、手臂越长的运动员在卧推时对于肱三头肌的需求也就越大，如果肱三头肌力量不足，那么便会出现卡在后半程的尴尬状况。绳索臂屈伸、哑铃臂屈伸、双杠等肱三头肌的独立训练动作都可以帮助你打造一个强壮的肱三头肌。只不过要注意不要忽略肱三头肌的长头，这是很多训练者容易忽略的区域。

上背部肌群

上背部在卧推时扮演着不可思议的角色，如果你的上背部无法收紧，没有充足的力量，那么它会直接影响你在杠铃触胸推起一刹那肩膀的稳定性。肩膀不稳的后果就是直接导致你的三角肌力量无法作用在杠铃推起上，出现严重的力量流失。此外，卧推在下降阶段上背部也必须充分发力，你可以想象自己是在把杠铃拉向自己，这种做法可以帮助你最大程度减小胸肌以及三

角肌所受到的压力。在辅助训练方面，我们推荐使用坐姿器械划船、高位下拉甚至是颈后耸肩等可以刺激到背阔肌上部、菱形肌以及斜方肌下部的动作。

腕关节肌群

腕屈肌以及腕伸肌在卧推训练时往往不容易被察觉到，可一旦你的手腕出现伤病，你就会发现腕部肌群对于卧推的重要性。任凭你的肱三头肌或三角肌力量再大，手腕一旦受伤那么根本无法将上肢的力量释放在杠铃上，并且还会有可能使你无法收紧上背部。在辅助动作方面，我们推荐可以使用正握杠铃弯举进行练习。不过你要注意的是，腕部肌群对于卧推并没有那么重要，我们训练它的目的也是为了尽量弥补自己的弱点，而不是像肱三头肌或三角肌一样从本质上提升卧推成绩。因此你只需将这个动作放在每个训练日的最后一个动作即可，不需要先训练它以至于影响其余更加有价值的区域的练习。

硬拉

硬拉分为传统硬拉以及相扑硬拉，这两种硬拉对于身体肌群的需求大部分是相同的，只是因为姿势不同所导致的一些细节方面有发力比例大小的区分。不过，很多训练者对于硬拉时所使用的肌肉有本质的误区，这也导致了很多国内的力量训练爱好者无法获得一个很强有力的硬拉成绩。所以如果你能够改变原本的训练误区，对真正发力的区域进行强化刺激，那么你的硬拉水平也会得到一定的改善与提升。

传统硬拉

臀部肌群

臀部肌群是硬拉时最主要也是最核心的发力肌群，无论是传统硬拉还是相扑硬拉，臀部肌群的重要性都是无法忽视的。很多力量举爱好者认为硬拉时最核心的发力肌群是股四头肌，这就直接导致其硬拉成绩迟迟无法进步。

硬拉是一个髋关节主导的动作，与膝关节主导的深蹲是完全不同的两种发力模式。有的训练者想当然地认为深蹲高、腿力足自然意味着硬拉水平也不会差，但实际上这二者间完全没有任何直接关联。如果你觉得通过股四头肌或深蹲的训练可以帮助硬拉提升，那么你的硬拉水平在同级别一定不会是很好的成绩。所以请你一定要弄清楚这个问题，否则你一直在做的都是错误的没有太大直接作用的辅助训练。我们可以选择臀屈伸或正常的箭步蹲等方式进行对臀部肌群的刺激，但我们并不建议在硬拉辅助训练时过多大重量的臀桥练习，后者会容易与大重量的硬拉相冲突，易导致腰椎以及腰骶部劳损的出现。

背部及核心肌群

硬拉虽然是一个髋关节主导的动作，但是在最后阶段其实还是一个背部伸展的表现。你的髋关节周围的力量再强大，如果没有一个力量足够的背部肌群，那么你是无法在杠铃拉至足够的高度后完成身体的锁定的。在硬拉的启动阶段，上背部的力量同样十分重要，如果其力量不足，无法使背部绷紧，那么很容易出现上背弓起的现象，这同样会直接影响到我们最后杠铃锁定的难易程度。在传统硬拉时，因为上半身与地面夹角更小，上半身倾斜角度更大，背部所需要释放的力量也就更多。我们可以通过硬拉式划船、高位下拉以及绳索划船等方式提升背部肌群的力量。此外，核心肌群以及脊柱周围的深层肌群在硬拉时主要起稳定身体、保护躯干的作用，我们可以使用类似早安式等刺激竖脊肌的动作进行辅助训练。

腘绳肌

腘绳肌同样是硬拉中很重要的发力肌群之一，特别是对于臂展较短、臀位较低的训练者来讲腘绳肌需要释放更多的力量。我们建议大家可以将腿弯举或直腿硬拉等刺激腘绳肌的动作加入到硬拉的肌肉辅助训练中。很多力量训练爱好者往往只关注股四头肌，反而忽略了大腿后侧很重要的腘绳肌。

斜方肌

在这里我们将斜方肌从上背部肌群中抽出来单独讲解，是因为斜方肌在硬拉时有着特殊的意义，尽管硬拉不是一个依靠上肢肌肉发力的动作，但是如果你的斜方肌所释放的向上的拉力不足，那么同样无法帮助你将杠铃拉至一个足够的位置。试想一下，如果你连一个重量都无法完成耸肩，那么根本不可能用这个重量去进行硬拉。因此必须单独安排杠铃或哑铃的耸肩训练，它会给硬拉带来真正有价值的帮助。

股四头肌

股四头肌并不是硬拉时主要发力的肌群，如果你将它平时作为训练的核心目标，那么你的硬拉已经陷入很难提高的困局中。股四头肌的强弱与硬拉的强弱没有直接关系，深蹲的好坏与硬拉的好坏同样也没有任何联系。比如100 kg级硬拉世界纪录保持者Cailer Woolam，他的深蹲成绩只有300 kg，但是硬拉却可以完成430 kg。大级别的运动员也有类似的例子，比如使用传统硬拉的世界纪录保持者、可以拉起460 kg的马格努森，其硬拉成绩也要远远好过深蹲成绩。不过，你可以在辅助训练时安排一个股四头肌的孤立动作进行适当的练习，这在传统硬拉中还是会起到一定的辅助作用的。

相扑硬拉

臀大肌

与传统硬拉类似，相扑硬拉的最大发力核心肌群也是臀部肌群，只不过因为站距较宽的关系，相扑硬拉对于臀部外侧以及髋关节外侧肌群要求更大一些。我们可以在原本的臀部辅助训练动作基础上加入一定的髋外展训练，有时候还可以使用专门的器械进行针对性练习。

背部及核心肌群

相扑硬拉时背部及核心肌群的发力比例相比传统硬拉时要小一些，这跟相扑硬拉时上本身较直立、上半身与腿部的夹角较大有关。背部及核心肌群不需要释放如传统硬拉时那么大的力量去伸展背部以及维持躯干的前倾幅度。传统硬拉时所采用的背部训练动作同样可以在相扑硬拉的辅助训练时采用。

腘绳肌

同传统硬拉类似，腘绳肌也会在相扑硬拉时释放较强的力量以帮助我们进行髋关节的伸展，更好地将杠铃从地面拉起。直腿硬拉以及腿弯举等针对性的辅助训练动作是提升腘绳肌肌肉质量的好办法。

内收肌

因为宽站距，相扑硬拉时内收肌的发力比例要远远高于传统硬拉，后者几乎不需要内收肌释放太多的力量。如果你的内收肌力量不足，那么身体便无法保证膝关节打开的合理角度，进而容易使膝关节与脚尖发力方向不在一条直线上，影响你的硬拉极限水平。在内收肌的针对性辅助训练方面，有的人认为需要单独安排相应的训练动作，有的人则认为相扑硬拉的过程中内收肌本来就得到了一定的锻炼，不需要再进行额外练习。这里我们建议训练者可以自身的水平作参考，如果你的相扑硬拉极限成绩低于体重的2倍，那么我们建议还是要单独进行一定的肌肉辅助训练的。

股四头肌

一个长期存在于很多力量训练爱好者心中的误区，也是为何有的人会认为硬拉依靠的是股四头肌的力量，这些大都与他们听过这句话有关：相扑硬拉需股四头肌发力更多，否则便无法拉起更大的重量。这句话最正确的理解其实应当是：因为相扑硬拉时双腿站距极宽，相比传统硬拉时股四头肌更难发力，所以你在进行相扑硬拉时如果股四头肌力量较差，那么就会导致原本薄弱的肌肉发力困难，从而影响你的极限力量。其实这个道理很容易思考，对于有一定训练经验的爱好者是很容易发现的。

以上便是我们对深蹲、卧推、硬拉时身体主要参与做功肌肉的讲解，这是我们提升整体肌肉质量的第一步，当然也是我们增长极限力量的首要工作。毕竟没有肌肉基础，空谈任何专项力量的提高都是天方夜谭。不过，只知道这些还不够，你必须要清楚当以提升绝对力量为目标时，你的肌肉辅助训练所应当遵循的基本原理。

肌肉辅助训练的基本原理

当我们在进行肌肉辅助训练时是需要遵循一些基本原理的，这也是我们很多时候设计安排动作的先后顺序、调整动作组数与次数的最核心依据。如果你不遵循这些基本原理，只是简单地走进健身房找个哑铃或杠铃随便做上几组，那么你的肌肉整体质量便不会得到真正的改善。

与主项训练相结合

这是最基本也是最核心的,尽管肌肉辅助训练可以帮助我们提升肌肉的整体水平,帮助我们拥有一个不错的肌肉基础,但这不意味着它可以超越深蹲、卧推、硬拉这三个主项训练,否则就会出现主次颠倒的问题。在选择训练动作以及设计训练计划时,你必须先遵循不影响主项训练这一原则,将主项训练永远都安排在训练日的第一个动作进行练习。此外,当你在进行辅助训练时,你所选择的动作刺激的肌肉必须同当日的主项训练有关,比如深蹲训练日安排肱三头肌或肱二头肌的辅助训练是毫无意义的,它们不会参与到深蹲训练中。要知道,肌肉辅助训练除了有提升肌肉质量的作用外,最根本的目标还是要辅助核心的三大项。

避免疲劳累积

有的肌肉辅助动作在选择时需要谨慎,比如前蹲是很好的刺激股四头肌的训练动作,但在深蹲主项训练之后立刻进行前蹲训练,很容易导致腰背部受到持续的压力,进而出现疲劳累积过度的现象。我们建议训练者在辅助训练时尽可能选择孤立训练动作,而不要选择过多对关节压力依旧很大的复合训练动作。

肌肉刺激是核心原则

肌肉辅助训练的核心目标是刺激肌肉,并不是要举起多么大的重量,后者是我们应当在三大项训练时才关注的核心。所以,组次的选择上我们不建议每组重复次数低于6~8次,尽可能选择10~20次的方法。其中15~20次是比较有利于加深对肌肉的刺激以及增长,而10~15次则可以在刺激肌肉的同时帮助肌肉力量得到一定强化。我们要求每个训练者在练习时都完成最标准的动作,不要盲目追求重量去过多借力。你需要始终谨记,肌肉辅助训练的核心是让肌肉受到充分刺激,最大化肌肉充血,而非像三大项一样举起超大的重量。这也是为何很多人说过,力量举运动员其实有的时候要向健美运动员学习的原因所在。

多使用固定器械

固定器械相比哑铃和杠铃可以带给肌肉更好的刺激，它们固定了运动轨迹，使你不容易在训练时出现借力或做错动作的现象。当然，这并非适合所有人，有的固定器械是有配重限制的，而这对于高水平训练者往往显得过于简单。但是对于大多数训练者，特别是新手和初级训练者固定器械都是十分好的训练伙伴。并且固定器械相比哑铃和杠铃等自有重量给予关节的压力也较小，可以带给你更安全的训练保障。

弹力带或自重训练

对于一些高水平的训练者，可能固定器械会无法满足他们在肌肉辅助训练时的需求，这时我们建议其可以选择弹力带或进行自重训练。比如100 kg硬拉世界纪录保持者Cailer Woolam就喜欢在肱三头肌训练时采用弹力带进行臂屈伸，你可以选择一个合适拉力的弹力带每组做到完全力竭的次数，它会给你的肌肉水平提升带来意想不到的变化。

多使用超级组训练法

我们可以在肌肉辅助训练时将两个动作结合在一起进行超级组练习，这样可以使你的训练变得更加高效，在尽可能低消耗的情况下刺激肌肉生长。这是一种很好地提升训练强度但减少训练量的方法，它不会让你在训练课上浪费过多的时间，帮助你尽可能精简你的训练计划。但是，这种方法对于训练者的要求很高，特别是在专项训练后，训练者必须拥有一定的力量基础才可以支撑身体完成超级组的训练，否则一旦力量不足动作姿势就会走形，也就失去了肌肉辅助训练的意义。

合理把控训练量与训练强度

每个训练者都需要根据自身的情况和水平来选择最适合自己的训练量与训练强度，不是一味的高强度和高容量的训练计划就可以帮助你提升极限力量。这也是我们在日常力量教学中必须给学生做定制计划的原因，一个优

秀的教练需要根据自己学生每周甚至每个训练日之后的反馈及时为他调整合适的训练量或强度。对于一些刚接触力量训练的爱好者，其实强度不宜特别大，否则他们会出现因消耗过大且营养摄入不及时所产生的负增长或持续疲劳现象。对于一些有一定训练的爱好者，训练量和强度可以得到一定的提升，因为他们往往处于力量增长的瓶颈期，三大项力量或多或少都存在进步缓慢的情况，这时训练者需要一个更高强度和更高容量的肌肉辅助训练来进一步强化肌肉水平，若只是关注三大项的训练是无法帮助训练者更上层楼的。而对于高水平的爱好者以及运动员，要降低肌肉辅助训练的容量同时保持高强度的训练强度，对于他们来讲其自身肌肉已经比较发达，他们应该做的是将精力集中在专项训练以及具体的技术优化上，有的时候练得少会使肌肉缺乏一定的刺激，无法获得充分的生长，而有的时候练得多也容易使身体恢复不过来，影响肌肉的增长。

特殊强化

如果你的某一部位肌肉是十分薄弱且急需强化的，那么你可以在肌肉辅助训练时为它单独拿出一个训练日训练或进行高频训练。比如肱三头肌，你可以在每周安排两次训练肱三头肌的机会，第一次可以放在卧推训练日时，第二次则可以单独拿出一天进行练习，不过你要明白的是，高频训练不意味着每周可以训练两次以上，而且高频训练所适应的肌肉必须是小肌肉群。如果你要训练像股四头肌这样的大肌肉群，那么最好的办法还是安排在深蹲或硬拉训练日当天，或者将其训练量减半，平均分给深蹲以及硬拉训练日，从而实现一周两练，不过要注意这一定是建立在训练量减半的前提下，比如正常一个训练日你要完成2~3个股四头肌的训练动作，那么训练量减半就是在两个训练日每次只练1~2个股四头肌的训练动作。

每个部位安排适量的训练

即使需要高容量的肌肉辅助训练，你也不需要安排特别多的动作，比如针对肱三头肌的训练，安排2~3个动作便已经足够，没有必要去安排4~5个训练动作，甚至像健美训练那样变成一个单独的肱三头肌训练日，毕竟你在进行肌肉辅助训练前，平时的卧推专项训练已经帮助你对肱三头肌进行了一定的刺激。

▶ 神经控制能力

肌肉的整体水平是决定我们力量大小的最基本因素，但不是最核心的环节。肌肉强只能保证你的三大项力量下限不会很低，却无法决定你三大项力量上限的高度，因为你必须有足够的技巧和能力将身体的肌肉力量运用到三大项的具体动作上，这就好比一个内功高强的人，如果他一点武功招式都不会，那么也无法成为绝顶高手。在力量训练中，神经系统的控制能力就是决定你力量大小的最核心因素，神经控制能力越强，三大项的力量上限也就越高。

神经系统的控制能力，也就是神经系统募集肌肉做功的能力，如何尽可能多地调动身体的肌肉力量参与到动作的快速发力上是神经控制能力高低的表现，从另一个侧面看也是一个运动员自身爆发力强弱的表现。我们在之前举的例子在这里同样适用。A和B两名运动员自身的腿部肌肉都是20 kg，A可以调动其中的40%参与到深蹲训练中，也就是8 kg，而B可以调动其中的60%参与到到深蹲训练中，也就是12 kg。这4 kg的差距就直接导致了A和B在深蹲极限成绩上的差距，具体的大小则要看每个人的身材、做功距离以及技术水平。最理想的提升绝对力量的方式当然是在训练时双管齐下，通过肌肉辅助训练提升肌肉质量，不断地打牢地基，再同时进行针对性的神经控制能力训练来提高运动员的爆发力以及募集肌肉的能力，让已经充分生长的肌肉更多地参与到一线的作战中。当然，在实际的训练计划安排中，我们可以根据自己的优缺点进行针对性的安排。比如你的神经控制能力较差，那么你就应当减少肌肉辅助训练的容量，把训练核心放在提升神经控制能力的练习上。

在提升神经控制能力的多种训练方式里，最基本也是最核心的还是三大

项的专项训练以及相关的专项辅助训练。这个道理其实很好理解，如果你想让自己在深蹲时尽可能多地使用身体的肌肉力量，那么最直接的办法就是多练深蹲，从而强化自己神经系统对深蹲以及肌肉发力的记忆程度。有的训练者还会有动作的阶段性难点，比如在卧推的前半程阶段启动能力较差，他可以安排专项辅助训练动作，比如spoto卧推或木板卧推，通过改变训练重量或做功距离来使其神经更兴奋，突破阶段性的粘滞点。此外，神经控制能力除了募集尽可能多的肌肉参与做功外，还有一个重要功能就是让身体更快速地发力，这也是三大项在训练或比赛时的核心要求之一。为此我们需要安排一些针对性的爆发力训练动作来提升身体快速发力的能力。

神经控制能力是十分重要的。如果只是简单地提升肌肉力量、堆肉量，那么你在三大项的动作发力上就会变得越来越僵硬，这也是健美运动员无法像力量举运动员那样拥有更强的三大项成绩的最核心原因。如果你忽视神经控制能力的训练，或者说不改变原本错误的训练模式，那么你的力量是无法获得真正提高的。下面就让我们来详细讲解提升神经控制能力的三种训练方法。

三大项训练

这个概念很好理解，并且之前我们也已经有所提及，增长深蹲最好的方式显然是多练深蹲。如果有人拿一百万和你赌一个月增长30 kg的极限深蹲重量，那么我想你首先想到的绝对不是去做股四头肌或臀大肌的肌肉辅助训练动作，而是选择恨不得每天都进行深蹲的专项训练。但是三大项训练是有一定规律的，如果你只是盲目地追求高频率，却不关注什么时候训练以及采用多少量，那么你的神经控制能力便无法得到提升。

合理安排专项训练频率

一周每天都进行深蹲、卧推或硬拉显然是不切实际的，虽然网上流传的计划包含隔一天进行一次深蹲这样的安排方式，但是你要清楚这种训练规划是以牺牲其余两项进步为代价的，如果你的训练最后的结果是只得到了深蹲的提升，其余两项没有什么进步甚至退步，我想这绝对不是你所希望的，毕竟力量举到最后比拼的是三大项的总成绩，而不是某一个单项。我们建议大家一个动作的专项训练一个周不要超过两次，除非你是很极端的比卧推单项的运动员，他们有的可能会选择一周三次卧推这种比较极端的训练方式，因此，一周两次的训练频率对于你神经控制能力的提升已经足够，多了反而会使神经处于疲劳状态。

适当选择休息与减载

有的时候即使你一周只进行两次深蹲的专项训练，身体同样有可能处于神经疲劳的状态，这种情况是十分常见的，即使每周我们都有2~3天完全不训练，也需要在适当的时候让身体充分休息或进行减载周。这种神经疲劳不是一朝一夕所导致的，它是一个长期累积的过程，如果不注意会导致关节出现损伤。合理的应对策略是可以选择一周完全休息什么都不练，也可以选择使用对关节压力较小的器械进行专项训练，比如使用瑞士杠进行卧推、安全杠进行深蹲以及环形杆训练硬拉。

速度训练日

如果你一周要安排两个卧推训练日，那么我们建议你最好一个训练日安排卧推的大重量训练，而另一个训练日用轻重量安排卧推的速度训练。之前我们也曾经提起过，三大项对于速度有着十分高的要求。如果每次深蹲你都可以做到"秒起"，那么你的深蹲力量上限自然也会非常大。而这个速度能力除了爆发力训练外，还可以通过使用轻重量进行专项训练来获取。在具体的训练安排上，你可以采用极限重量50%~60%的重量进行多组数的练习，每组间休息时间控制在1分钟以内，这种方法不仅可以帮助你提升速度，还可以一定程度上帮助你规范动作姿势。

专项辅助训练

我们在深蹲、卧推以及硬拉的具体动作执行上，很容易出现因为发力

不顺畅或重量过大所导致动作出现粘滞点的现象，这种情况跟训练者自身某一区域肌肉薄弱有关，同时也跟针对性的专项辅助训练较少所导致的神经控制能力较差密不可分。我们将三大项训练中容易出现的粘滞点区域进行了划分，并为大家找到了相应的解决办法。

深蹲时蹲起后的前半程

深蹲时最容易出现粘滞点的位置便是蹲起后的前半程，很多人在这里会出现臀部先大幅度向上抬，靠腰背部的力量去顶起来的现象。为了解决这个问题，我们建议大家可以采用间歇深蹲的方式，也就是在蹲到幅度后停顿1~2秒然后再发力蹲起。如果你想增加难度，那么也可以使用离心+间歇深蹲的方式，即除去停顿1~2秒外，在下蹲全过程中保持极慢速下蹲，这种训练方法会相比间歇深蹲更好，但是对训练者自身的基础水平要求也更高。此外，如果你拥有一个框式深蹲架，那么可以将杠铃放到保护杆上，位置大概是你蹲下去抗住杠铃时刚好蹲到位的幅度，然后进行启动蹲的训练。启动蹲相比间歇深蹲更考验训练者在肌肉没有充分收紧时的发力能力，同样可以帮助我们改善深蹲蹲起后的前半程。

深蹲时蹲起后的后半程

这里指的是当你已经蹲起至大小腿夹角超过120°~135°时身体出现的粘滞点。其实这种情况一般很少在深蹲时出现，特别是如果你的前半程速度足够快，那么更不可能成为限制你深蹲提高的阻碍。我们建议你可以使用弹力带或铁链连接杠铃与深蹲架进行练习，当你蹲起时，随着杠铃的升高铁链或弹力带附着在杠铃上的重量也就越来越大，这就可以帮助你一定程度上改善深蹲蹲起的后半程能力。

卧推时的启动阶段

这是最容易导致卧推失败的粘滞点，当杠铃在胸口挺稳，裁判喊推起后很多人都在启动的前半程丧失了足够的力量，最终导致卧推试举失败。我们建议训练者可以采用spoto卧推或木板卧推的方式，根据粘滞点距离胸口位置的不同选择合适高度的木板进行练习。这种方式可以通过增加更大杠铃重量的方式帮助你突破卧推启动时的粘滞点。

卧推时的锁定阶段

对于很多手臂较长的运动员来讲，卧推锁定阶段是很吃亏的，特别是在一些规则严格的力量举比赛中，举起杠铃时手臂甚至不能出现左右侧不同时伸直的现象，这便要求运动员必须具备极强的卧推锁定能力，否则很容易被判罚试举失败。针对卧推锁定阶段的专项辅助训练有很多，比如窄距卧推、slingshot卧推、弹力带或铁链卧推等，它们有的是帮助你使用更大的重量，有的是加长了做功距离，这些都是很好的卧推专项辅助训练动作。此外，上斜卧推也是很好的辅助动作，它不仅可以从拉长做功距离的角度帮助你提升锁定能力，还可以给三角肌前束更大的刺激，帮助我们一定程度上提升卧推的启动能力。

硬拉时的启动阶段

不管是传统硬拉还是相扑硬拉，其最困难也是最容易失败的往往就是硬拉时的启动阶段。与深蹲和卧推不一样，硬拉在启动时杠铃是完全挺稳的，身体没有一个提前的离心发力。这就导致了很多训练者因为发力模式不对或身体肌肉不紧张等，在将杠铃带离地面的过程中消耗过多的力量。如果你的硬拉启动能力较差，那么它会直接影响你的中段能力以及硬拉最后的锁定。我们可以采用超程硬拉的方式提升你的启动能力，这种办法不仅拉长了做功距离，同时对锁定能力也有所帮助，还使你必须适当降低臀位，逼迫腘绳肌以及臀大肌释放更大的力量。这种训练方法不管是传统硬拉还是相扑硬拉都可以采用，并且都使用传统硬拉的姿势进行超程硬拉即可。因此没有必要用相扑硬拉的姿势去进行超程练习，这对于启动能力并没有什么特别大的帮助。

硬拉时的中段

硬拉时的中段并不是一个很容易出现粘滞点的区域。因为如果你的硬拉启动较轻松，那么中段应当也不会太困难。相反，如果硬拉启动太困难，那么中段的确会出现一定的问题，但是这种情况出现的根本原因还是你的启动能力太差，因此应该把重心放在提升启动能力上。单纯硬拉中段出现粘滞的概率很小，比较多集中在有很强举重训练经验的运动员身上，但导致其出现粘滞的原因是举重的发力模式同力量举完全不相同。对于硬拉时中段较困难的训练者，我们建议可以采用暂停硬拉的方式，即将杠铃拉离地面后立即停顿1～2秒，然后再继续向上拉。不过，我们建议大家谨慎采取这种训练方法，因为它对于训练者的力量水平有极高的要求，而且当杠铃停在中段时，如果力量不够则腰部很容易有受伤的风险。无论是100 kg世界硬拉纪录保持者Cailer Woolam还是110 kg世界硬拉纪录保持者Yury Belkin都不认为这是一个很好的提升硬拉极限的动作。对于一些新手和初级训练者，可以使用很轻的重量进行暂停硬拉，这样可以帮助他们熟悉动作，优化技术细节。

硬拉时的锁定阶段

进行相扑硬拉时，因为相对来讲上半身较直立并且做功距离较短，所以单纯从发力模式上讲不存在过多的锁定困难。日常训练中有很多运动员相扑硬拉锁定困难甚至导致试举失败，最根本的原因还是技术动作不佳导致原本应该很轻松的锁定变得很费劲，或者是启动能力太差导致消耗了太多的力量从而无法再有余力进行锁定。硬拉时锁定困难主要体现在传统硬拉上，后者上半身倾斜角度更大，背部以及髋关节需要释放更多的力量，并且相对相扑硬拉来讲做功距离更长。前面我们提到的超程硬拉其实是一个很好的提升锁定能力的动作，你可以选择垫高自己5～7厘米来进行超程练习。此外，直腿硬拉或宽拉也可以很好地帮助我们提升锁定能力。直腿硬拉需要我们释放更多的伸髋力量，而宽拉因为宽握距的关系对于背部力量的要求更高。这两大力量类型都是帮助硬拉锁定的重要力量来源。

不过，你要注意的一个问题是，半程硬拉即把杠铃垫高的方式并不能提高你的锁定能力！这个是很多国内力量训练爱好者容易犯的一个错误。尽管半程硬拉可以让你使用更大的重量，有的甚至比你的正常硬拉极限高30~50 kg，但是这种力量的变化并不能够帮助你提升锁定能力。首先，半程硬拉相比正常的硬拉直接省略了最困难的启动阶段，也就是杠铃从地面到膝盖的这个过程，因此你的身体没有预先的力量消耗，这种情况下进行半程硬拉对于锁定是没什么帮助的。其次，半程硬拉时你的发力模式同正常硬拉时杠铃过膝盖后的发力模式完全不同，后者是正常的硬拉发力，而半程硬拉很多时候你依靠的是股四头肌的力量把杠铃直接从腿上"蹭"上来。如果你的发力模式迥然不同，那么自然无从谈起相关的辅助作用。半程硬拉对于提升力量举时的硬拉极限意义不大，它更多适合的是大力士运动中一些硬拉的特殊项目。

专项辅助训练的设计原理

专项辅助训练动作是有设计原理的，你必须在遵循基本原理的前提下，结合自身的优缺点安排针对性的训练计划。第一点你需要注意的问题就是重量的选择。在专项辅助训练时没有必要使用超过正常三大项极限动作80%以上的重量，合理的负荷应该是围绕极限重量50%~70%进行做组训练，重量一旦过大便容易使训练者的技术动作走形，这就无法满足我们提升神经控制能力的原本训练需求。

第二点要注意的就是每组训练次数的安排，你需要一定次数的训练才可以加深神经对动作的记忆，但次数不能太多，一般来讲我们不会安排5次以上的练习，大多数训练次数往往在1~3次这个区间内。

第三点则是专项辅助训练如何与专项训练相结合。我们不是十分推荐大家在同一个训练日内将两种训练动作放在一起进行练习，因为专项训练会预先消耗很多你的肌肉力量以及体力，如果在专项训练后再进行专项辅助训练，很容易使训练者出现因身体疲劳所导致的神经不兴奋，进而失去提升神

经控制能力的机会。所以我们还是建议训练者最好单独拿出一个训练日来进行专项辅助练习，比如我们有一个深蹲主项的深蹲训练日，便可以再单独安排一个围绕提升深蹲启动能力，以离心+间歇深蹲为核心的深蹲辅助训练日。

最后一个需要注意的就是专项辅助训练的动作数量安排。你不能在一个训练日内安排很多个专项辅助训练，原因同之前我们提到不能先进行专项训练再立刻安排专项辅助动作一样，当你在体力不足时再去练神经控制能力，提升效果是很低的。在一个训练日内我们建议训练者最多安排两个专项辅助动作，再多就没有任何意义，反而会造成严重的神经疲劳。当然，只有两个训练动作对于一个正常训练日来讲肯定是不够的，我们建议可以根据薄弱点所对应的肌肉群安排两个肌肉辅助训练，这样就可以组合成一个很高效的独立训练日。例如，如果你的硬拉锁定能力较差，那么我们建议可以按照这种方式安排提升锁定能力的辅助训练日：超程硬拉+宽拉+臀屈伸+高位下拉。

爆发力训练

爆发力训练的价值在于提升我们在进行三大项动作时的速度能力，它是可以直接帮助我们提升极限力量的重要运动能力之一。大家可以对着自己的训练视频用秒表计算一下，一个重量你做得越快，证明你的力量提升越高。比如150 kg的深蹲之前你可以用2秒完成，但是现在只需1.4秒就可以，那么显然你的力量相比之前有了明显的提升。为了使我们的速度能力得到提高，我们必须安排针对性的爆发力训练，不过你要明白，不是所有动作做快了都可以叫爆发力训练，比如哑铃弯举你用很快的速度去练习，不仅不是爆发力训练，反而会导致肌肉失去原本的刺激，毫无意义，真正的爆发力训练必须建立在这个动作一定要快速训练才可以完成的基础上，否则动作姿势和举起的重量都会大受影响，比如举重类的借力推、高翻等动作。

不过你要清楚一点的是，爆发力训练的价值主要是提升运动员的爆发力以及速度能力，它不能直接提升你的三大项力量。例如借力推可以帮助你建立卧推时的快速发力感，但它同卧推发力时的上肢运动模式还不同，你必须通过专项训练才能够将其最大化转移到卧推实际重量的提升上。

借力推

借力推与上挺不一样,需要你的上肢肌肉释放更多的力量,如果你把它做成了上挺,即通过让身体快速下蹲,更多依靠下肢力量去挺起杠铃,就背离了我们训练的初衷。借力推可以在训练上肢快速推起重物能力的同时,帮助我们适当获取一定的下肢借力感,这对于卧推时腿部驱动的使用是有一定借鉴意义的,只不过借力推与卧推一个站着一个躺在训练凳上,如何将其更多转化为卧推力量的提升,还需要我们通过专项训练来实现。

拳击

拳击也可以帮助我们培养一定的上肢快速发力习惯,并且对训练者的上肢肌肉有着很全面的刺激,不过拳击训练对于三大项在动作上的转化效果并不强,毕竟它们是两个完全不同的体育项目,拳击能够帮我们做到的就是从侧面提升我们的爆发力水平。

高翻/高抓

与拳击训练一样,高翻、高抓的重要价值在于提升我们的爆发力水平,而非直接增长三大项的极限力量。高翻、高抓对训练者的能力和水平要求极高,很多人都因为柔韧性不足或训练经验太少而无法把它们作为日常的训练动作。

爆发力训练的安排方法

首先爆发力训练最好被单独安排一个训练量最低的日子进行练习,很多时候我们甚至会把它放在休息日,因为爆发力训练不需要使用太大的重量,我们关注的点是动作姿势标准的情况下,尽可能快地完成训练动作。所以即使安排在休息日,也不会太多影响我们身体和神经系统的恢复。频率方面,一周安排2次便足够使爆发力获得一定进步,大多数时候我们只安排一次训练,甚至在有单独速度训练日的时候我们会每周只安排一个动作。千万不要出现爆发力训练量过大,影响原本最主要的专项训练的现象。

其次，爆发力训练需要较多的组数以及极低的次数，一般每组我们不会重复练习2~3次以上（拳击训练除外），否则原本的爆发力训练动作很容易变成以刺激肌肉为主的训练动作。组数方面，我们可以采用5~10组这种较多的组数来强化训练者神经对于动作的记忆程度。

最后一定要注意在训练时保持动作姿势的标准性，特别是对于举重这类原本对于技术要求很高的训练动作。如果你不确定动作是否标准，那么我们建议还是采用最基本的速度训练日的方法来提升速度能力。

▶ 专项技术水平

肌肉整体的质量水平以及神经控制能力的高低是影响我们三大项力量大小的两大核心因素，它们在其中总共占据99%的分量。而剩下的1%则是由你的专项技术水平决定的！这也是区分一流力量举运动员以及顶尖力量举运动员的差别所在。

深蹲、卧推、硬拉都有各自正确的训练和比赛姿势，在满足这个前提的基础上，顶尖的运动员会根据自己身材以及肌肉强弱的情况去选择更适合自己发力的技术动作，这些会细化到很细微的地方，比如在卧推时怎么握杠铃，硬拉时双脚间站距到底怎么调整等。这些看似细微的环节其实有的时候对你的极限力量有着重要的突破作用。要知道对于高水平的运动员来讲，他们的肌肉和神经募集能力往往已经发挥到了极致，再往上提高力量的话只能通过优化自己的发力方式来达到，比如尽可能地缩短做功距离来提升极限力量，又比如如何调整姿势来让自己本来更强的部位更多地参与到做功中，又如何使自己薄弱部位的肌肉力量在发力时可以充分发力等。

可以说专项技术水平的高低才是区分高水平运动员与业余爱好者之间最大的不同点，它对于训练者自身的训练经验以及训练者对自己身体的了解有着十分严格的要求，这不是一朝一夕的训练就可以做到的。我们都知道相扑硬拉时要宽站距，但没有人也没有任何教科书上告诉你到底双脚间的站距多少更有助于发力，或者脚尖向外打开的角度是多少度时硬拉会变得更容易。书本上只会告诉你哪些是不能做的，比如在相扑硬拉时脚尖不能处于正前方。之所以一些问题没有答案，是因为每个人的身体结构是不一样的，没法一概而论总结出既适合腿短的人又适合腿长的人怎么站的标准方法。即使对于那些已经固定了站距，并且拥有了很强实力的世界级硬拉运动员，他们也在不断调整自己的站距来使自己变得更强，比如看到硬拉博士在完成430 kg硬拉以及431 kg硬拉时站距是不一样的。

所以，我想告诉大家的是专项技术水平虽然很重要，是那些高水平的运动员所不能忽视的，但是它毕竟在决定力量大小的因素里面处在最小的位置，甚至可以说是塔尖的位置，没有之前的99%的神经控制能力和肌肉整体水平做基础，只有1%的技术动作是不会获得很强大的力量水平的。并且在你没有足够的三大项力量前，你也无法很好地理解不同技术动作之间的区别，更无法选择适合你的技术，因此请千万不要在训练时出现这种舍本逐末的现象，一定要认清训练真正的关键。

接下来我们便会为大家讲解三大项动作中一些常见的技术细节。在这里我们只会给你进行介绍，不会为你做出选择，我相信这对于你是最好的办法，即让你了解清楚不同技术细节所对应的区别点，再让你带着这些区别点运用到自己的实际训练中，从而找到最适合自己的方法。

深蹲

高杠位深蹲时头部与斜方肌的变化

教科书一般会告诉你当把杠铃扛出来以后就不要再晃动自己的身体了，但在实际运用中你可以在下蹲前向上耸肩来使你的上背部绷得更紧，这样有助于你在深蹲全程中重心维持得更竖直。这种方法对于训练者自身斜方肌以及上背部的力量要求较高。如果你的力量水平不足，那么我们建议你还是在扛出杠铃前就充分收紧身体，一旦走出来就不要再晃动。

教科书中关于头部位置的讲解一般是要求在深蹲时保持头部处于身体中

立位的姿势，既不需要低头更不需要抬头，但在高杠深蹲的实际运用中，你可以在向上蹲起发力的一刹那向上抬头，这种方法同样可以帮助上背部更加收紧，从而避免上半身在发力时前倾的现象，不过需要注意的是我们抬头的目的是让上背部收紧，而不是单纯的去抬头，否则也是没有任何实际意义的。

高杠位深蹲时上半身的倾斜角度

高杠深蹲时上半身一般保持尽可能直立的倾斜角度，但这并不意味着我们必须要让身体处于很竖直的位置。每个训练者身体结构都不一样，对于那些上半身相对较长的运动员，想尽可能维持上半身直立是很困难的，所以千万不要盲目听信一个书本上讲解的身体角度，而应当参照自己的身材结构特点。

低杠位深蹲时杠铃控制深蹲幅度

低杠位深蹲时因为屈髋幅度相比高杠位深蹲时更明显，因此很容易出现因发力模式不正确所导致的深蹲幅度不够的情况。在实际训练或比赛中，我们往往看到很多运动员看似下蹲的幅度很大，但依旧无法蹲到足够深的幅度的现象，出现这种情况往往跟运动员自身的屈膝幅度过大有关，他们的髋关节更多的是往前屈而不是在垂直角度发生变化，这便导致其不仅在低杠位深蹲时错误使用了屈膝力量，更容易影响深蹲的幅度。我们建议大家可以在低杠位深蹲时注意垂直方向上髋关节的变化，你只需简单地向下"压"一下臀部，就远胜过浪费体力在无休止的屈膝上，这种方法可以帮助你在低杠位深蹲时很好地掌握标准的幅度。

此外，低杠位深蹲因为借助了更多身体后侧链的力量，因此可以帮助你更好地掌控下蹲的幅度。我们建议大家在低杠位深蹲时可以进行一下针对性的控制幅度练习，在下蹲时稍微控制下蹲的速度从而节省体力。

低杠位深蹲时的握法

做低杠位深蹲时，我们抗杠铃的位置往往集中在三角肌后束以及斜方肌下部，有时候甚至还会更加靠下，这种姿势会给我们的手臂以及肘关节带来强大的压力，时间长了还容易影响我们的卧推训练，如果要解决这个问题，可以采用三指或四指钩握的方法，这种方式可以在柔韧性不佳的情况下最大程度减小肘关节和手臂所受的压力，同时帮助我们更好地收紧上背部。

深蹲时的站距以及脚尖方向

不同杠位的深蹲所使用的站距以及脚尖要保持的方向也是不一样的，在高杠位深蹲时双脚的站距一般都是与肩同宽，有的时候会出现比肩略宽的情况，但大多数时候我们都不会采用一个很宽的站距，因为后者会在一定程度上削减我们的股四头肌发力比例，这对于高杠深蹲显然是不利的，所以，如果你使用高杠位深蹲，那么请不要站得过宽，否则你的力量便会无法释放。至于脚尖方向的问题，因为站距没有很宽，我们自然也不需要将脚尖打开过多，你只需要让脚尖保持微微的外八字姿势即可。

低杠位深蹲时我们往往会采用较宽的站距，这样不仅有助于帮助后侧链肌肉发力，还可以使我们的做功距离进一步缩短，进而提升我们的极限深蹲水平。但是你要注意，并非越宽的站距所带来的效果会越好，因为越宽的站距越会削弱股四头肌的发力比例，这对于深蹲这项始终是以伸膝力量为主导的动作并非最理想的，我们建议大家可以在训练时通过缩减或增加站距来逐渐选择出最合适比赛时使用的站距。至于脚尖的方向，既然站距相对较宽，那么对应的脚尖打开方向也要更宽。与站距的问题一样，一味地向外侧打开脚尖也不一定是有正面作用的，你需要在日常训练时逐步找到最适合自己的方法。

卧推

卧推时腿部驱动

卧推时腿部驱动是很重要的，但是腿部驱动也同卧推时的姿势有关。如果你的脚后跟抬起，那么腿部驱动相比全脚掌着地时的发力感要削弱一些。但如果全脚掌着地，那么有的时候又会使柔韧性受限的运动员无法充分起桥。因此，如何使用腿部驱动不仅跟训练者自身的能力有关，还跟双脚的姿势有关。此外要注意卧推时运用腿部驱动的方法是让双脚向前踩地发力，而非双脚向下踩地发力，后者是无法帮助你很好借助腿部力量驱动的。

卧推时的握法

卧推的握法与握距也是卧推训练中很关键的一个环节，虽然理论意义上讲使用81厘米的最宽握距是节省做功距离的方式，但它并非适合所有人。有的训练者在使用最大握距时会出现肩部以及胸部外侧不适的情况，反而影响卧推极限力量的发挥。事实上，在81厘米最大握距到与肩同宽的握距这个区间内，任何一种握距都是可以被我们接受的。你需要根据自己的身材情况以及现阶段力量水平做出最适合的选择。比如，对于手臂较短肩部力量又很强的训练者，逐渐加宽你的握距毫无疑问是最适合的选择。但如果你的手臂较短肩部力量较差，那么你应该做的选择是在正常的卧推专项训练时依旧使用之前习惯的握距，然后在卧推专项辅助训练或速度训练日时使用加宽的握距让自己的神经和肌肉逐渐适应。

卧推时脚的位置

卧推时双脚的位置也是十分关键的，你可以选择双脚更靠近训练凳的方式，这种办法可以使臀部更加紧张，从而维持足够高的卧推桥的高度。此时你的双脚脚尖最好向外打开，这有助于你更加强烈地收紧臀部。当然，你也可以选择双脚自然处在训练凳两边的方式，这种方式可以帮助你更好地借助腿部驱动，此时你的双脚脚尖最好向前或呈现微微的外八字，这可以最大化激活腿部的力量。

卧推时起桥的方法

卧推起桥是一个很常见的卧推技术，越高的桥越可以帮助我们减小做功距离。IPF2019年最新66 kg卧推世界纪录保持者就是使用最大握距+超高桥的方式获得了一个几乎只有几厘米的做功距离。不过，你要注意的一个问题是，卧推时我们尽可能要起的是背部的桥，也就是尽可能让胸椎段向上顶起，尽管这种方式下训练者的腰部同样会受到一定刺激，但它可以真正使你缩减卧推的做功距离。不过，很多训练者在实际练习时使用的却是"腰桥"，即始终向上用力顶起腰部，这种方法并不能实际减小我们卧推时的做功距离，并且还会让腰部承受很强的压力。

硬拉

硬拉时双脚的站距

不管是传统硬拉还是相扑硬拉，我们对于站距是有特殊要求的，好的站距可以帮助你更好地运用身体的肌肉力量以及获得最合适的做功距离。但是，具体的站距也跟训练者的身体结构以及不同区域肌肉力量的强弱有很大的关系。比如在传统硬拉时，理论上最合适的站距是跳跃时的站距，但是有的身材较为高大或体重较重的运动员受柔韧性以及身材限制，往往需要更宽的双脚站距，否则力量便无法得到充分的释放。而在相扑硬拉时，理论上最合适的站距是最大站距，这种方法可以最小化你的做功距离。但是，如果你的股四头肌力量较薄弱，那么一味地拉宽站距会使你的股四头肌发力能力更差，即使做功距离缩减也无法获得真正意义上的提升。

硬拉时的臀位

硬拉时最合适的臀位其实就是身体最紧张的臀位，这是教科书也是理论上的最佳发力姿势。但是很多体重以及腰围较大的运动员如果使用这种方式，那么便有可能导致连握杠铃都很困难，他们需要让自己完全蹲下去握住杠铃，使用一个很低的臀位才可以最大化释放自己的力量进行硬拉，不过这种方式出现的情况很极端，如果你的身材不是很特殊，我们并不建议你盲目使用或者仿照这种方式进行练习。

硬拉时的握法

正常的硬拉时的握法都是正反握，这可以帮助你最大化减小硬拉时对握力的考验。此外，我们还可以使用一些特殊的握法来缩短做功距离，提升极限硬拉成绩，比如钩握。这种方法虽然可以直接缩减3～5厘米的硬拉时的做功距离，但对训练者手指的力量要求极大。当然我们还可以使用锁握的方法，虽然它只能够缩减1～2厘米的做功距离，但是却可以让你双手正握杠铃，最大化激活上背部的力量。

优化动作技术的原则

如果你想优化动作技术，那么必须首先确保自己拥有一定的力量水平（我们会在第二节给出一个相应的参考标准），充分掌握最正确的三大项动作姿势。其次，我们建议大家最好使用50%～70%的极限重量进行技术改善的提升训练，贸然采用大重量来试验新技术，不仅发现不了修改后的技术是否有效，反而容易使我们的身体受伤。最后，你要清楚一个细微的技术修改不是短时间内可以充分掌握的，必须要留出足够的时间，然后经常打磨才可以最终完全掌握。

❷ 力量检验标准

每个力量爱好者都应当知道正确的力量检验标准是什么，这可以帮助自己精确现阶段的力量水平，进而有一个更具象化的提升思路，有助于训练计划的合理性。一般力量检验主要有两个依据，一个是只看极限力量的大小，这种检验方式相对简单粗暴，比较适合刚接触力量训练的爱好者；另一个是兼顾极限力量以及训练者自身的体重水平，它会借助不同体重所对应的体重系数以及力量成绩所计算出的系数成绩来判断训练者的力量水平，这种检验方式更加全面，也可以更精确判断出训练者的真实力量水平，比较适合进阶的力量训练爱好者。

我们会在这一节为大家简单介绍两种不同的力量检验标准，并且给出一些不同力量水平所对应的训练选择。在本书的附录我们还为大家贴上了WILKS（维京系数）以及IPF系数两种不同的系数成绩的换算表，可以方便大家直接拿来进行参考以及换算。不过，首先你要清楚体重与三大项之间的关联，如果这个弄不清楚，有的时候会直接导致你的成绩迟迟没有进步或者身材严重走样，影响身体健康。

体重、身高、绝对力量

你要清楚一个问题，即不看体重只谈绝对力量是很片面的，它只能给你一个力量水平的区间，但无法具体帮你分辨到底处于什么样的力量水平，或者说与不同体重的竞争对手相比，你的力量到底是大还是小，这就是为什么会有根据极限力量大小划分以及根据体重及对应成绩划分两种不同的划分标准。

我们心中所追求的以及最理想的力量水平当然是在体重越小的时候绝对力量越高，用专业名词形容就是相对力量水平越高。比如一个体重110 kg的人

可以硬拉260 kg，但是一体重90 kg的人就可以拉270 kg，那么显然后者无论是相对力量还是绝对力量水平都比前者大。但是，这种情况的出现容易诱使一些人盲目追逐减脂或者减重的问题！即本来你的肌肉水平或者说肌肉量就明显不足，你不仅不选择增肌，反而要去减重，这是很可怕的现象，可能短期内你能通过体重的降低来赢得一场比赛的胜利，但从长期发展角度讲，这绝对不是一个好的选择！为什么我们这么说？因为所有的体重并不是你自己想选择就可以选择的，如果你想提升你的三大项成绩，那么你的体重必须根据你的身高来做出选择，可以说并不是我们选择体重，而是体重选择我们。

举个例子，对于身高一米九和身高一米八的两名运动员，如果他们的体重都是不能超过90 kg，那么显然前者的肌肉状况以及肌肉围度要比后者小很多，前者的骨架本来就比后者大一些，如果肌肉量还无法得到一定的满足，那么在和后者进行力量方面的比拼时可能就会处于弱势。可能有的时候前者的训练经验比后者大，在前期能够拥有一定的力量优势，但如果后者的神经控制能力以及整体肌肉质量都得到了一定提升，那么前者便根本不是其对手。

对于具体的身高所对应的理想竞技体重划分，我们有一个表格可以供大家参考：

身高	体重
男性低于160厘米 女性低于150厘米	男性67.5 kg以下 女性52 kg以下
男性低于170厘米 女性低于160厘米	男性67.5—82.5 kg 女性52—60 kg
男性低于175厘米 女性低于165厘米	男性82.5—100 kg 女性60—75 kg
男性低于180厘米 女性低于170厘米	男性100—110 kg 女性75—82.5 kg
男性高于180厘米 女性高于170厘米	男性大于110 kg 女性大于82.5 kg

此外，你要注意一个问题，即如果你的体重目前明显低于或者高于你的

身高所对应的理想体重，那么我们建议不要立即开始疯狂的减脂或者增肌，这两种方式一种会容易使你减掉一些肌肉，另外一种则容易使你增长一些不必要的脂肪。不管从哪个方面来看，这种过于极端的或者短期内快速增减体重的行为都不是很理智的。当然有两种情况是例外的：其一是使用类固醇或肽类激素等药物，当然这个明显是很多比赛不允许并且容易给爱好者的身体健康带来影响的。另外一种就是赛前的脱水降重，这种方法主要降低的是身体内的水分，短时间内应付体重的检测，相对来讲对于力量的影响并不大。如果你真的需要增长或者降低一个体重级别，我们建议最合理的时间规划是一个级别最好对应8~10个月的时间。要知道一个级别往往在7~10 kg不等，如果你可以通过8~10个月增长10 kg有效体重，那么说明营养以及训练能力是相当不错的了。

根据极限力量大小划分

这种换算方式因为没有兼顾训练者自身的体重情况，相对来讲并不是十分全面且客观的，这里我们所指出的力量数字，主要针对的是体重在74 kg以上的正常体重的男性和52 kg以上的正常体重的女性，其中深蹲是套膝而非绑膝成绩，卧推是无护肘比赛规则的停顿卧推成绩。

深蹲：（男性）

新手以及初级训练者100 kg以内　　入门级训练者100~180 kg

中级训练者180~220 kg　　高级训练者220~280 kg

精英级运动员280 kg+

深蹲：（女性）

新手以及初级训练者60 kg以内　　入门级训练者60~80 kg

中级训练者80~100 kg　　高级训练者100~140 kg

精英级运动员140 kg+

卧推：（男性）

新手以及初级训练者80 kg以内　　入门级训练者80~100 kg

中级训练者100~140 kg　　高级训练者140~180 kg

精英级运动员180 kg+

卧推：（女性）

新手以及初级训练者40 kg以内　　入门级训练者40～50 kg

中级训练者50～60 kg　　　　　　高级训练者60～80 kg

精英级运动员80 kg+

硬拉：（男性）

新手以及初级训练者120 kg以内　　入门级训练者120～180 kg

中级训练者180～240 kg　　　　　高级训练者240～280 kg

精英级运动员280 kg+

硬拉：（女性）

新手以及初级训练者60 kg以内　　入门级训练者60～90 kg

中级训练者90～120 kg　　　　　高级训练者120～150 kg

精英级运动有150 kg+

根据体重及对应成绩划分

在这里我们会借助GPA世界力量举联盟关于不同体重时三项总成绩的大小所对应的力量水平标准进行讲解，下面列表中深蹲成绩为绑膝成绩，卧推为无护肘比赛规则的停顿卧推。

男性参考标准

体重	52 kg	56 kg	60 kg	67.5 kg	75 kg	82.5 kg	90 kg	100 kg	110 kg	125 kg	140 kg	140 kg+
精英级运动员	451	491	528	592	648	696	734	774	802	825	863	885
大师级运动员	425	451	486	543	594	638	675	737	758	779	795	816
高级训练者	374	404	435	488	532	573	603	638	659	678	708	738

续表

体重	52 kg	56 kg	60 kg	67.5 kg	75 kg	82.5 kg	90 kg	100 kg	110 kg	125 kg	140 kg	140 kg+
中级训练者	330	355	383	428	467	505	532	561	580	598	624	650
入门级训练者	285	311	334	376	409	440	465	491	507	522	542	563
新手以及初级训练者	251	271	293	328	355	383	404	426	444	457	474	493

女性参考标准

体重	44 kg	48 kg	52 kg	56 kg	60 kg	67.5 kg	75 kg	82.5 kg	90 kg	100 kg	100 kg+
精英级运动员	271	291	311	332	351	386	426	447	479	505	531
大师级运动员	245	264	273	301	318	350	378	407	435	458	484
高级训练者	220	238	255	271	285	316	341	367	393	411	438
中级训练者	197	210	227	241	255	281	304	325	349	367	394
入门级训练者	171	185	198	210	222	245	264	285	304	320	347
新手以及初级训练者	147	159	171	180	191	210	227	243	262	276	300

以上是根据训练者体重以及三大项总成绩所对应给出的力量检验标准，大家可以根据自己体重所对应的kg级进行参照，可以有一个更为标准和具象化的对自身力量水平的认识。需要注意的是，这里我们给出的体重级别的划分标准是世界大多数力量举比赛所普遍采用的标准，IPF规则下的比赛所使用的体重级别划分与上述标准不同，其更偏向于举重比赛的体重划分，并且IPF规则下无装备的比赛是不允许使用绑膝的，因此如果你使用自己在IPF规则下所对应的成绩进行参考，那么借鉴价值并不大。

不同力量水平所对应的训练选择

对于新手以及初级训练者来讲，在训练时应当将更多的注意力放在对三大项基础动作的掌握上，尽快熟悉并掌握最正确以及最标准的动作姿势。在这个阶段你不需要过多关注肌肉以及神经控制能力的训练，日常训练时的核心目标还是学习并掌握专项动作姿势，为以后的力量增长打下基础。对于新手和初级训练者的力量要求并不高，只要你充分掌握正确的三大项基础动作，那么这个门槛对于你其实并不高。例如对于体重在75 kg的训练者，你只需要完成总成绩355 kg的目标即可。我们可以将它拆分为深蹲140 kg/卧推75 kg/硬拉140 kg，这三个数字对于你来讲只要掌握正确的动作姿势，再稍微加以训练便不是难以企及的。

对于入门级训练者来讲，在训练时应当将更多的注意力放在肌肉辅助训练上，此时你对于动作基本姿势和发力已经掌握的比较清楚，但是往往因为训练年限较短的缘故，容易出现因肌肉量不足所导致的三大项成绩较差的现象。如果你在训练时不安排一定量针对性的肌肉辅助训练，而是一直把注意力放在专项训练上，那么你的三大项成绩便不会有质的飞跃以及提升。这点直接体现在很多力量爱好者的卧推成绩上，他们因为上肢肌肉量不足，容易出现卧推成绩严重拖后腿的现象。比如还是体重在75 kg的训练者，想要更进一步达到中级力量水平必须具备三大项467 kg的成绩。如果我们把它拆分为三大项，正常的成绩分配应当是深蹲180 kg/卧推107 kg/硬拉180 kg，对于一些身材优势较明显的爱好者硬拉或深蹲并不是很难实现的，但是卧推的难度相对其自身的体重和训练经验就要高出不少。所以对于入门级训练者，请你一定要认真对待你的肌肉辅助训练，在这个阶段你的力量水平甚至不如一些中级健美运动员的力量水平。

对于中级-高级训练者来讲，在训练时应当将更多的注意力放在提升神经控制能力上，在训练计划中多安排针对性的专项辅助训练动作以及适当的爆发力训练。这个阶段的训练者已经具备了一定的肌肉量，有的从健美转行到力量训练的运动员更是具备了十分充足的肌肉量，此时你应当做的是尽可能提升神经系统募集肌肉的能力，最大限度挖掘自身肌肉所蕴藏的潜力，从而直接提升自己的三大项极限力量。如果你的总成绩已经可以超过高级训练者的标准，那么在现阶段国内的力量举比赛中便会很少有人可以匹敌，你会成为同级别冠军的热门，更是很多同级别选手追逐的目标。不过要注意的是，这个阶段往往十分漫长，很多热爱力量训练的人都是在这个阶段徘徊不前最终因各种原因选择了放弃。有的时候你需要2~3年的努力，但有的时候即使5~6年的努力也未必会有明显的起色。力量增长到了这个阶段，你不仅要练得正确，还要学会忍得住寂寞，不受外界竞争对手水平的影响。

对于精英运动员来讲，神经控制能力以及肌肉整体质量都非常强大，不仅在国内甚至一些国际比赛上都是绝对有竞争力的。此时相信你也具备了很充足的训练经验，可以根据自身的优缺点选择最适合自己的技术动作，优化自己在三大项试举时每一个细微的环节。在这个阶段我们不建议你再安排特别大量的肌肉辅助训练以及神经控制能力训练，而是应当学会合理掌控力量避免出现肌肉疲劳以及神经疲劳。此外还需要注意学会更好地备赛以及提升自己比赛时的能力。我相信对于任何一个有精英级力量水平的爱好者来讲，克制自己不参加比赛是很困难的，但是有的时候训练的成绩和比赛的成绩可能相差比较大，因为很多人可能会出现降体重、紧张、体力消耗过快等状况。这种情况还是比较常见的，因此必须提升自己在比赛时应对各种已知或未知困难的能力，毕竟只有纪录和冠军才是对精英运动员最大的肯定。如何做到不受对手以及外部环境的干扰，最大化发挥自己的实力是每个冠军所必须要经历的一段修行之旅。

第二章 突破极限力量的方法

在第一章时我们已经为大家讲解了决定力量大小的三大核心因素的详细内容,在这一章我们便会为大家讲解如何围绕三大核心因素进行训练以突破我们的极限力量。这其中有三大核心因素的具体解决方案,也有护具的选择和使用指南。既包括适合力量训练的营养与运动补剂选择办法,同时还有如何兼顾有氧与备赛训练的方案。

我们会根据不同区域的肌肉划分,为大家讲解提升肌肉整体质量的具体训练动作以及合适的组次安排。我们还会为大家阐述标准的三大项动作姿势,让大家培养正确的发力习惯。讲解所有常见的可以解决三大项动作粘滞点,强化神经控制能力的专项辅助训练动作。此外,我们还会为大家带来众多深蹲、卧推以及硬拉时的发力技巧,帮助大家更好地优化自己的训练动作,让发力和训练变得更聪明!

除去上述三大核心因素外,我们还会在这一章为大家带来护具的选择以及使用,不同的项目、不同的姿势以及不同的身材结构所决定的护具使用种类也不同。如果你弄不清楚这个问题，那么在冲击极限力量时便失去了一个强有力的助手。

在营养补充与补剂选择方面，很多力量爱好者都存在一定误区，他们认为力量训练其实对于饮食和补剂是没有太多选择的，只需要让自己吃饱，"碳水管够"就行！这些错误的观点最终不仅会导致你的力量成绩没有实际增长，甚至还会让你的身材走样，增长过多对力量提升没有作用的负体重。因此必须要学会聪明的饮食，才能够帮助自己更好地增长力量水平以及肌肉质量。

在最后，我们突破极限力量的目的当然是将来可以参加一次比赛，具体到备赛训练中如何将有氧训练与力量训练相结合便成为了很多爱好者的又一难题，处理的好，你可以在体力流失最小化的前提下获得最好的比赛成绩。而如果处理不好，甚至会导致你在比赛时连称重都很难通过，进而无法在比赛时发挥全力。

❶ 提升肌肉整体质量

提升肌肉整体质量是所有力量训练爱好者的必经之路也是重要目标之一，如果你想获得最强的力量水平，那么首先你的肌肉质量便不能有任何缺陷。要知道很难有人将身体所有部位的肌群都练得十分强大，但是对于一个合格的力量训练者来讲，一定不能出现某一个或几个部位肌肉严重欠发育的情况。要避免这个现象的出现，最应该做的就是充分了解并掌握所有实用肌群的训练动作，并且在具体练习时均衡安排。

在这里我们只会为大家列举真正在三大项实际训练中发力较多的肌肉群的训练动作，其余并不是主要发力的肌群我们只会给出1~2个象征性的建议动作供大家参考。

▶ 上肢肌群训练动作

这里我们所介绍的上肢肌群的训练动作是围绕身体上半身前侧所有有助于卧推发力的肌肉辅助训练动作，其中不仅有占据发力核心地位的三角肌前束以及肱三头肌的辅助训练动作，更有起到重要辅助作用的胸部肌群以及腕部肌群的针对性训练动作。卧推相比深蹲以及硬拉的发力较孤立，即使你借助腿部驱动也往往很难使腿部力量更多参与到训练中。因此，卧推对于肌肉量，特别是上半身肌肉量的需求就显得比较重要。除非你拥有非常适合卧推的身材，比如手臂极短且起桥的高度很高，否则你必须加强对上半身肌肉的训练。

上半身前侧的肌肉相对背部肌群来讲要好练许多，只要你在训练计划上将其的训练比例和频次提升，并且真正下工夫去训练，那么你的卧推成绩肯定会有相应的提高，不过这里要注意的是，在卧推时参与发力的腕关节、肘关节以及肩关节都是身体容易受到伤病损伤的关节，一定要注意根据自己的训练能力以及身材结构选择最合适自己并且压力最小的训练动作。

胸部肌群

在进行胸部肌群的肌肉练习时，我们建议大家根据卧推时胸部发力的特点将重心主要放在提升胸大肌锁骨束、胸大肌下沿以及胸大肌外侧上。而胸大肌内侧这种卧推发力时并不具决定性作用的肌肉并不是我们考虑的重点，你也很少能够看到专业力量举运动员会在平时进行例如绳索夹胸的练习。

在训练计划的安排上，我们建议每次在卧推训练日当天，无论是卧推的专项训练还是卧推的专项辅助训练，只需要安排1~2个胸部肌群的肌肉辅助训练动作即可，并且谨记一定要以肌肉感受充分刺激为主要目标，没必要使用太大的重量进行练习。

上斜哑铃卧推

姿势：双手正握哑铃，身体斜躺在上斜训练凳上，上斜等夹角30°～60°，训练者可以根据自身肌肉的强弱程度进行调节，度数越高对于胸部的刺激越小，对于肩部的刺激越大。双脚正常踩在地上，双手下放哑铃至胸大肌充分收缩，然后再发力向上推起哑铃，注意不要伸直手臂进行持续的重复练习，导致上胸肌肉受到更强的刺激。

注意事项：全程避免头部离开训练凳，臀部需要时刻紧贴座椅。此外，一定要将哑铃下放至足够深的位置，否则在练习时就会更多地刺激到肱三头肌。

重量：可以适当使用较大的重量，但一定要确保可以完成规定的组数与次数，并且不会让身体出现借力或幅度不够的现象。

组数与次数：进行3～5组，每组15～20次的重复练习。

变式动作：如果你不属于手臂较长的类型，那么便可以使用挂片式的悍马类训练器械进行上斜器械卧推，它会带给你更好的肌肉孤立刺激感受。否则你在使用器械进行练习时，三角肌前束所受的刺激要大于上胸部。

价值：刺激胸大肌锁骨束，同时可以带给肱三头肌以及三角肌前束一定刺激，有助于卧推绝对力量的提升。

哑铃飞鸟

姿势：双手握住哑铃，身体躺在训练凳上，双手向身体两侧打开至胸部受到充分拉伸，后保持1～2秒的顶峰收缩，然后向内收哑铃。注意不要让哑铃完全相接触，以保证胸肌受到最强烈的持续刺激。

注意事项：全程避免头部离开训练凳，不要无限制的向身体两侧打开手臂，否则容易拉伤胸外侧。全程保持大小臂夹角不变，不要在向外或向内运动时屈伸手臂。

重量：不要使用大重量，否则你的三角肌以及肱三头肌发力会超过胸大肌外侧。

组数与次数：进行3～4组，每组15～20次的重复练习。

变式动作：如果你的上胸外侧较薄弱，那么可以使用上斜哑铃飞鸟的方式进行练习。同时手臂不是很长的力量训练爱好者也可以采用器械飞鸟的方式，这样对胸大肌外侧的孤立刺激更强。

价值：孤立刺激胸大肌外侧，有助于预防后者在宽握距卧推时容易出现的伤病。

双杠臂屈伸

姿势：双手握住双杠，上半身前倾然后屈肘至大小臂夹角低于90°，双肘微微向两侧打开，然后发力向上撑起身体。注意不需要完全伸直手臂就可以进行重复训练，以确保胸大肌受到充分刺激。

注意事项：上半身必须保证一定的前倾幅度，否则你的训练会更多集中在肱三头肌。并且不用最大化屈肘，特别是对于那些手臂较长的运动员，这种方式容易使你的关节承受更大的压力。此外，尽量只依靠胸大肌、肱三头肌以及三角肌前束的力量完成训练动作，不要通过晃动身体借力来追求更多的次数。

重量：建议大家可以采用自重训练。

组数与次数：进行2～3组，每组在保证动作姿势标准的情况下完成尽可能多的次数。

变式动作：如果你的腕关节或肘关节在训练时感觉到不适或疼痛，那么我们建议你最好选择器械臂屈伸进行练习，后者可以帮助你尽量减小关节所受到的压力。

价值：双杆臂屈伸可以对胸大肌下部进行强化刺激，且同时训练你的肱三头肌以及三角肌前束，是很好的卧推肌肉辅助训练动作之一。

三角肌肌群

在训练三角肌肌群时，我们建议大家将训练的核心放在三角肌前束，后者是卧推时最重要的主动发力肌群之一。同时，三角肌中束以及后束的训练也不能完全忽视，尽管后束在卧推训练中实际所发挥的功能并不大，但为了更好地收紧上背以及肩胛骨，我们还是建议在每个卧推专项或卧推辅助训练日时安排1~2个刺激三角肌中束与后束的训练动作。

在训练计划的安排上，我们建议如果在卧推专项训练日当天需要安排肩部训练，那么最好不要再安排实力推或哑铃推举等大重量的训练动作，尽量安排侧平举或前平举等飞鸟类轻重量的训练动作。而在卧推专项辅助训练日当天，如果专项辅助训练动作对于关节的消耗不大，那么可以适当安排一些重量较大的三角肌训练动作。

实力推

姿势：双手握住杠铃，握距与卧推时握距一样，双脚站距与肩同宽，将杠铃从锁骨处直接用力向上推举。注意每次必须完全伸直手臂后才可以下放杠铃继续重复训练。

注意事项：首先必须要注意的是尽量保持腰部伸直，不要依靠腰部后仰借力去完成推举动作，否则很容易损伤腰椎。其次，实力推不同于借力推，我们在训练时不能够通过腿部屈伸借力，而应当只依靠上肢的力量去完成。最后，一定要注意将杠铃下放至锁骨处再进行下一次的推举，如果下放深度不够，那么训练目标会更多集中在肱三头肌而非三角肌前束。

重量：建议大家选择中等重量，大重量容易使腰部有受伤风险。

组数与次数：3～4组，每组进行20～10次的重复训练。

变式动作：你可以使用哑铃弥补左右侧力量不均衡的问题，也可以使用坐姿的方式减小腿部借力，但注意尽量不要使用颈后推举的方式，它有可能会损伤颈椎以及肩关节。

价值：尽管实力推与卧推一个是站姿一个是仰姿，发力模式并不完全相同，但是实力推对于三角肌前束的生长，特别是卧推启动能力的帮助是不容忽视的。

直角推举

姿势：将杠铃放在深蹲架上，身体坐在杠铃下方，双腿向前伸直，整个上半身与腿部呈直角，双手握住杠铃，握距同卧推时握距一样，然后向上推起杠铃至手臂伸直，再将杠铃下放至锁骨处进行重复练习，注意不要让杠铃触碰深蹲架，否则会减小三角肌前束受到的持续刺激。

注意事项：直角推举因为使下肢借力失去了可能，所以训练者在最开始时容易出现身体不平衡的现象，此时一定要注意收紧核心，否则杠铃乱晃有可能使身体受伤。

重量：因为下肢几乎无法借力，所以我们建议大家选择比平时正常实力推小一些的重量进行练习。

组数与次数：3～4组，每组进行10～20次的重复训练。

变式动作：可以使用哑铃进行练习，以弥补身体左右侧力量不均衡的问题。

价值：所有推举类动作中孤立刺激三角肌前束以及肱三头肌最有力的动作。

阿诺德推举

姿势：坐在训练凳上，双手各握住一个哑铃，向上推起哑铃的同时使手臂以及哑铃进行逆时针旋转，注意不要每次在哑铃处于最高点时完全伸直手臂，否则三角肌无法受到最强的刺激。

注意事项：注意控制向上推起以及旋转哑铃时的速度和幅度，过快的速度以及过大的旋转幅度都容易导致肩关节受损。

重量：不要使用太大的重量，将注意力放在感知肌肉上。

组数与次数：3~5组，每组进行15~20次的重复训练。

变式动作：可以使用壶铃进行练习，对于三角肌前束的刺激会更强。

价值：同时刺激整个肩关节周围的三角肌肌群。

前平举

姿势：握住哑铃，手臂微屈，双脚站距与肩同宽，然后向上举起至哑铃与地面平行，保持1~2秒的顶峰收缩然后下降哑铃进行重复练习。

注意事项：保持胸锁关节位置不动，避免斜方肌借力参与到训练中。此外，全程注意保持手臂微屈的角度不发生任何变化，否则会使你的肱三头肌更多参与到发力中，身体不要晃动借力。

重量：建议使用较轻的重量，以便给三角肌最好的孤立刺激。

组数与次数：3~4组，每组进行15~30次的重复训练。前平举相比推举类的三角肌训练动作，因为肱三头肌发力比例较低，所以可以安排较高次数的训练组进行练习。

变式动作：单手哑铃前平举主要的目的是弥补左右侧肌肉发展的不平衡，而双手同时使用哑铃或杠铃也是一个不错的选择，它可以让我们使用相对单手更大的重量。此外，我们可以选择抬高或降低哑铃举起的高度，以充分刺激三角肌前束的所有肌肉。不过这种方法一定程度会使你的斜方肌参与到训练中。

价值：很好的三角肌前束孤立训练动作，并且对于肱三头肌消耗较少，可以使训练者更专注对三角肌前束的刺激。

侧平举

姿势：双手握住哑铃位于身体两侧，手臂微屈，双脚站距与肩同宽，利用三角肌中束的力量将哑铃上举至与地面平行的位置，保持1～2秒的顶峰收缩然后下放哑铃进行重复练习。

注意事项：保持胸锁关节位置不动，避免斜方肌借力参与到训练中。此外，全程注意保持手臂微屈的角度不发生任何变化，否则会使你的肱三头肌更多参与到发力中，身体不要晃动借力。

重量：建议使用较轻的重量，以便给三角肌最好的孤立刺激。

组数与次数：3～4组，每组进行15～30次的重复训练。

变式动作：可以一只手握住一个把手，另外一只手握住哑铃进行单侧的侧平举训练，以弥补左右侧肌肉发展不均衡的问题。此外，身体可以朝向把手一侧倾斜，通过调整哑铃抬起的高度充分刺激三角肌中束的所有区域。不过这种方法一定程度会使你的斜方肌参与到训练中。

价值：很好的三角肌中束孤立训练动作。

开肘划船

姿势：单手握住哑铃，上半身前倾并且另一只手辅助器械或哑铃架，双脚站距与肩同宽，手肘打开且大小臂夹角呈90°。利用三角肌后束的力量向后并向上举起哑铃至三角肌后束有明显的灼烧感，保持1～2秒的顶峰收缩然后下降哑铃进行重复练习。

注意事项：全程保持手肘打开，否则你的背部肌群会更多参与到训练中。手臂夹角始终维持在90°，否则你会消耗更多肱二头肌的肌肉力量。此外，我们只需将哑铃上举至三角肌后束有灼烧感即可，不需要将哑铃最大幅度向后并向上举起，这种方法反而会使你的背部肌群得到大量的锻炼。

重量：不要使用太大的重量，切记这虽然属于划船，但是与普通的哑铃划船无论从使用的重量还是动作姿势上都完全不一样。

组数与次数：3～4组，每组进行15～20次的重复训练。

变式动作：类似可以刺激到三角肌后束的适合力量举的辅助动作还有面拉以及俯身侧平举，但是我们并不十分推举第二种方法，因为其往往会给腰部带来一定的疲劳感。

价值：刺激三角肌后束，并且有助于使我们在卧推训练时上背部以及肩部充分收紧。

肱三头肌

肱三头肌是卧推后半程的重要发力来源，对于一些手臂较短以及卧推起桥幅度较高的训练者来讲，肱三头肌甚至是决定你成绩大小的最重要因素。我们在日常的肱三头肌训练中要安排所有针对肱三头肌三个头的不同训练动作，不要使任何一个区域有发展不平衡的现象。此外要注意根据自己的身材特点选择合适的训练幅度，否则容易弄伤肘关节。

在肱三头肌的具体训练计划安排以及执行上，你需要根据自己的身体结构进行针对性的动作选择。比如你的手臂较长，那么尽量不要选择像双杠臂屈伸这样对关节压力较大的训练动作。在具体计划的执行上，我们建议可以在卧推专项训练日和卧推专项辅助训练日这两天都安排肱三头肌的训练动作，不过一定要注意对训练量、训练强度以及两次训练间隔时间（72小时）的把握，否则容易出现因肱三头肌疲劳进而影响主项训练的情况。

绳索臂屈伸

姿势：双手握住龙门架绳索把手，双脚分开与肩同宽，上半身微微向前

倾，使用肱三头肌的力量下压把手并使手臂伸直，保持1～2秒的顶峰收缩后重新屈肘进行重复练习。

注意事项：首先要注意的是确保一定的屈肘角度，当我们在完成每一次屈伸后，必须上抬把手至大小臂夹角不大于90°的程度，否则肱三头肌便无法获得充分刺激。其次，训练全程注意保持肘关节位置固定不动，如果在训练时出现上抬或下压肘关节的现象，那么三角肌便会更多地参与到训练中。最后，一定不要乱晃动你的身体，特别是腿部屈伸的借力更是坚决不可以的。

重量：不要使用过大的重量进行练习，否则容易使身体出现晃动借力的现象。

组数与次数：3～5组，每组12～15次。

变式动作：如果腕关节有不适感，可以使用小直杠进行替代训练。我们也可以采用单臂绳索臂屈伸的方式来解决左右侧肌肉发展不平衡的问题。此外，如果你想最大化减小身体的借力，那么我们建议可以使用跪姿的方式进行练习。

价值：绳索臂屈伸可以充分刺激肱三头肌肌肉的生长。

双杠臂屈伸

姿势：双手握住双杠，上半身尽量保持直立，屈肘向下至大小臂夹角小于90°，手肘向后打开，撑起身体直至手臂伸直后进行重复练习。

注意事项：上半身不要前倾，否则你的胸部所受到的刺激会更高于肱三头肌。对于手臂较长的训练者，你只需要屈肘到大小臂夹角小于90°即可，没有必要完全屈肘到大小臂完全接触。此外，双杠臂屈伸不适宜在最低点进行顶峰收缩，你只需要进行正常速度的重复训练即可。

重量：使用自重进行练习。

组数与次数：2～3组，每组在动作姿势标准的情况下完成尽可能多的次数。

变式动作：如果你的腕关节或肘关节有不适感，我们建议你可以采用器械进行坐姿训练。练习时需要注意上半身尽可能直立，并且训练者自身手臂不能过长，否则容易出现肩关节的不适感。

价值：在刺激肱三头肌的同时也会给予三角肌前束和胸部肌群一定的锻炼。

仰卧臂屈伸

姿势：仰卧在训练凳上，双手握住一个哑铃，双手虎口抵住哑铃的一端，屈肘并下降哑铃至头部以及训练凳的下方，然后向上伸直手臂并进行重复练习。

注意事项：不要在最低点进行停留，否则容易使肘关节面临极大的受伤风险。全程保持肘关节位置不动，否则三角肌释放的力量会比肱三头肌更多。此外，一定要注意哑铃和头部的位置问题，不要让哑铃在下降以及上升的过程中砸伤你的头部或颈部。

重量：建议使用轻重量，仰卧臂屈伸时肘关节处于几乎最脆弱的发力阶段。

组数与次数：3~4组，每组进行15~20次。

变式动作：我们可以采用双手各握住一个哑铃的方式进行练习，这种办法可以很好地解决我们左右侧肱三头肌发育不均衡的问题。此外，我们还可以在颈前做仰卧臂屈伸，这种方法相对于颈后更加偏向对肱三头肌内侧头以及外侧头的刺激。

价值：很好的针对肱三头肌长头的训练动作。

颈后臂屈伸

姿势：双手握住一个哑铃，双手虎口抵住哑铃的一端，双脚站距与肩同宽，屈肘并下降哑铃至头部后脑勺位置，然后向上伸直手臂进行重复练习。

注意事项：不要在最低点进行停留，会容易给肘关节的健康带来极大的受伤风险。全程保持肘关节位置不动，否则三角肌释放的力量会比肱三头肌更多。此外，一定要注意哑铃和头部的位置问题，不要让哑铃在下降以及上升的过程中砸伤你的头部或颈部。注意不要在向上举起哑铃的时候弯腰借力，这是很危险的事情。

重量：建议使用较轻重量，否则容易使腰部借力。

组数与次数：3～4组，每组进行15～20次。

变式动作：我们可以采用绳索训练替代哑铃的方式，它可以给你的肌肉更好的运动轨迹和更良好的刺激。

价值：有助于提升肱三头肌的肌肉质量。

俯身哑铃臂屈伸

姿势：一只手握住哑铃，另外一只手辅助器械或哑铃架，双脚站距与肩同宽。先将握住哑铃一侧的大臂上举至与地面平行的位置，上半身大幅度前倾，保持肘关节不动然后向后伸直手臂并保持1~2秒的顶峰收缩，然后再放下手臂进行重复练习。

注意事项：不管是在举起哑铃还是放下哑铃的过程中，必须保持肘关节位置固定不动。在训练时尽量让腰部保持挺直状态，不要因为上半身前倾就出现弯腰的现象。

重量：建议使用较轻的重量，否则肘关节很容易在向后伸直手臂时出现晃动。

组数与次数：3~4组，每组进行15~20次。

变式动作：我们可以在手臂伸直后不放下哑铃，而是继续保持手臂伸直状态并继续向上且向后抬高手臂以及哑铃，这种训练方式可以帮助我们在一个动作中全面刺激到肱三头肌的三个头。

价值：很好的肱三头肌孤立训练动作。

肱二头肌及腕部肌群

腕部肌群与肱二头肌虽然不是我们日常提升三大项成绩的主要动作，但是它们同三大项还是有一定关联的。比如卧推时腕部肌群对于手腕健康的保护，硬拉时肱二头肌对于正反握手臂健康的保护等。虽然没有必要安排过多的训练量，但适当的在上肢辅助训练日或卧推训练日安排1~2个动作还是不可缺少的。

杠铃弯举

姿势：双手反握住杠铃，双手握距与肩同宽，双脚站距与肩同宽。上举杠铃至大臂与地面平行处，全程保持肘关节不动，进行1~2秒的顶峰收缩。然后再向上举杠铃并抬肘至杠铃接近与面部相接触，再进行1~2秒的顶峰收缩然后下降杠铃进行重复练习。

注意事项：在杠铃没上升到与地面平行位置时请千万不要抬起肘关节，否则会让你的肱二头肌受刺激程度明显削弱。在上举杠铃时一定避免出现身体的前后晃动借力，这也会使你的肱二头肌处在休眠阶段。

重量：不要使用较大的重量，否则身体会出现前后的晃动借力。

组数与次数：3～4组，每组进行10～15次。

变式动作：可以使用哑铃单臂弯举的方式以弥补左右侧肱二头肌发育不平衡的现象，不过要注意在使用哑铃弯举时，需要将大臂在最高点微微外旋，以带给肱二头肌最强的刺激感受。此外，你也可以使用牧师椅进行器械弯举或杠铃弯举，这种特殊的训练方法可以帮助你更好的孤立肱二头肌，避免身体其余部位借力。

价值：杠铃弯举可以帮助我们的肱二头肌获得充分的增长。

杠铃正握弯举

姿势：双手正握杠铃，双手握距与肩同宽，双脚站距与肩同宽。在保持肘关节不动的情况下上举杠铃至最大幅度，无需进行顶峰收缩然后下降杠铃至训练初始姿势进行重复练习。

注意事项：全程保持肘关节不动，身体不要出现任何前后晃动的借力现象，此外，双手一定不能将杠铃放在手掌靠近手指的位置，否则极其容易在向上弯举时损伤腕关节。

重量：不要使用相比正常杠铃弯举更大的重量。

组数与次数：3~4组，每组进行10~15次。

变式动作：可以使用龙门架进行直杠正握弯举，相比杠铃可以给腕部肌群更好的孤立刺激。

价值：强化腕关节周围的肌肉群，有助于保持足够的卧推稳定性。

锤式弯举

姿势：单手握住哑铃，虎口顶住哑铃一端，拳眼朝上。大臂贴紧身体，保持肘关节不动然后向上举起哑铃至大小臂完全接触，并保持1~2秒的顶峰收缩，然后下降哑铃至训练初始姿势进行重复练习。

注意事项：大臂必须紧贴身体，肘关节保持固定位置不变，否则肱肌与肱桡肌便无法受到充分刺激。此外，一定要避免在锤式弯举练习时出现身体晃动借力的现象。

重量：可以使用相比哑铃弯举稍大的重量。

组数与次数：2~3组，每组进行15~20次。

变式动作：可以双手各握一个哑铃进行锤式弯举的训练。

价值：强化手臂肌肉力量，保护肘关节在卧推杠铃下降时的健康程度。

▶ 背部及核心肌群训练动作

背部肌群是力量举三大项中十分重要却经常被忽视的一个肌群，Ray Williams曾经说过，如果一个力量举运动员有一个很强大的背部肌肉，那么也会拥有很优秀的三大项总成绩。我们无论是在低杠位深蹲、卧推以及两种不同姿势的硬拉中都对背部肌群有极其强大的需求。并且，背部肌群是由不同肌肉组成的大肌肉群，它们处于身体后侧，因而无法被我们从镜子里直接看到，且神经分布较疏散，对于训练者的训练能力有极高的要求。稍微的动作偏差都会让你无法拥有一个很好的背部肌肉充血感，进而影响背部肌肉整体水平的提升。

在进行背部肌肉训练时，一定要注意安排全方位无死角的训练动作，不能出现某个区域肌肉缺少训练的情况。大到我们常见的背阔肌、大圆肌、小圆肌、斜方肌，小到我们所不常注意的菱形肌、冈下肌以及冈上肌都需要安排一定量的训练动作。你可以将它们安排在深蹲、卧推或硬拉任何一个专项训练日的专项训练动作后进行辅助练习，因为它们对于这三大项动作都有提升作用。当然，很多硬拉专项的运动员甚至会单独安排一个背部训练日来强化自己的背部力量，以达到尽可能强化硬拉水平的目的。

而核心肌群则主要在三大项运动中起稳定躯干以及重心的作用，腹部肌肉群以及脊柱深层肌群，如竖脊肌以及腰骶部肌群等都是我们保持身体健康以及稳定核心的重要力量来源。尽管核心肌群很重要，但是在训练时我们也要慎重安排，因为提升核心肌群的动作往往会给腰背部带来一定的压力，如果不能很好地兼顾专项训练日的训练量安排，有可能会出现腰肌劳损的现象，严重的甚至还会恶化导致腰椎间盘突出。

最合适的核心肌群训练的安排法是选择在深蹲或硬拉专项训练日的末段进行，比如安排在倒数第1~2个动作，使用较轻的重量并且严格把控正确的动作姿势进行练习。

优秀的背部以及核心肌群在三大项中的重要性真的无法用语言来描述，

如果这两个区域的整体肌肉质量欠佳，那么腿部以及上肢就算拥有再大的力量也无法充分体现在三大项的成绩上。在这里我们会为大家详细介绍适合力量训练爱好者的提升背部以及核心肌整体肌肉质量的训练动作。

背部肌群

背部肌群是身体所有肌群中唯一一个在三大项每一项中都参与重要发力的肌群。深蹲时背部肌群可以有助于我们保持重心，不会出现被杠铃压向前的情况。卧推时背部肌群有助于我们收紧肩膀，提供在杠铃下降以及刚启动阶段时的力量来源。硬拉时背部肌群更是直接作用在完成锁定，进行背部伸展这一重要动作环节上，所以，背部肌群的重要性无需赘述，如果想总成绩更高，那么你便必须从此刻开始认真对待背部训练。

之所以我们说必须认真对待背部训练，最关键的原因是背部不仅是参与三大项的重要发力肌群，同样是人体所有肌群中最难练的肌群，原因无外乎以下三点：

肌肉全部处在身体后侧，无法用眼睛从正面观察到，这种情况便导致几乎所有的背部训练动作轨迹都是位于身体后方的，无法从镜子里或者用肉眼直接看到，因而很难判断自己的动作是否准确。我们可以从镜子里看到自己的胸锁关节是否有位置上的变化，进而判断三角肌是否得到了准确的刺激，但你很难通过镜子里直接看到背部肌肉和关节的变化，自然无法判断比如高位下拉是否做的正确。此时，你能够判断的唯一标准就是自己肌肉在训练时的感受，而这恰恰是导致背部肌群是最难训练肌群的第二个原因。

神经分布较分散，很难有很准确的肌肉感知。神经分布的分散与紧密对于肌肉的训练感觉是特别重要的，比如胸部相对来讲就是人体所有肌群中较容易训练的，因为它的神经分布较密集。背部神经分布不仅松散，其整体面积还很大，对于水平不高或者背部训练经验较少的训练者来讲是很难通过正常的训练动作来获得一定肌肉刺激感受的。如果你的肌肉刺激感受不强，又没法通过眼睛判断动作是否标准，那么直接的影响就是动作容易做错，肌肉无法获得充分的生长，这也是很多训练者，甚至是高水平训练者喜欢在背部训练时安排高容量训练的原因，后者可以给你的肌肉带来深度的疲劳感。当然，也有的人喜欢在背部训练时安排超级组练习，通过提升强度的方式来使你的肌肉获得更好的生长。

肌肉覆盖面积广阔。从背阔肌的起点到止点便几乎覆盖了整个后背，更不用提其余价值同样很大的冈下肌、斜方肌等肌肉群。背部训练很忌讳没有充分练到每个应该练到的区域，这对训练者对于自己动作的选择以及整体计划的安排有着很高的要求。

我们在进行背部训练的具体安排时，往往倾向于将其在三大项每个动作中所参与的不同区域划分到三大项不同的专项训练日中，进行相应的肌肉辅助训练。当然，也有的训练者会单独安排一个背部的辅助训练日，这样做会使你的深蹲以及硬拉成绩更好的提升。在具体的训练动作执行上，因为背部需要一定的肱二头肌发力，所以训练者要学会如何尽可能多的利用背部肌群的力量，避免太多的肱二头肌受到刺激。

引体向上

姿势：双手握住单杠，双手正握，双手握距与肩同宽，用力向上屈肘并将上半身拉至下巴与单杠齐平的位置，然后下降身体回到训练初始姿势并进行重复练习。

注意事项：建议大家在引体向上训练时尽可能保持背部与地面垂直，这样会给你的上背部带来更好的刺激。千万不要在练习时晃动身体靠髋部肌群以及身体惯性进行练习，你所有的力量来源应当尽可能集中在背部肌群以及肱二头肌上。此外，在上拉身体时请一定要让下巴过杠，否则你的背部无法受到充分的拉伸，并且在下降身体时一定要让手臂完全伸直。

重量：使用身体自重进行练习。

组数与次数：3~5组，每组进行力竭次数的练习。

变式动作：我们可以在训练时选择上半身稍微向后仰，这样可以使你的背部中下部得到的刺激更强。如果最开始引体向上对于你来说难度过大，那么可以使用双手对握的方式进行练习，或者使用弹力带进行辅助训练都是很好的办法。但是我们并不建议大家使用引体向上训练器械进行练习，后者对于实际提升你的引体向上能力并没有特别大的帮助。此外，我们也不建议大家使用反握引体向上，虽然它能够刺激更多的肱二头肌，但是对于提升三大项成绩并没有什么太大的作用。

价值：如果不使用拉带进行练习，那么引体向上可以帮助你很好地解决硬拉时握力不足的问题。引体向上对于背部整体肌肉水平以及肌肉力量的塑造都具有很高的价值。

杠铃耸肩

姿势：双手握住杠铃，双手正握，握距同硬拉时握距一样，杠铃放在膝盖上方一点，利用斜方肌的力量向上提胸锁关节进行耸肩练习，为了更好的效果，你可以在顶峰进行1~2秒的停留进行顶峰收缩然后进行重复练习。

注意事项：避免腿部过多的屈伸以及脚后跟踮起借力，这会导致你的斜方肌发力比例大大减小。并且，建议大家最好在框式深蹲架上进行练习，相对来讲可以更好节省体力，不用每一组的第一个都做一次硬拉将杠铃从地上拉起来。此外，一定不要使用超过你硬拉极限的重量进行耸肩，因为这样不可能使你的斜方肌得到针对性的刺激。

重量：可以使用大重量也可以使用中等重量。

组数与次数：3～4组，每组进行8～15次。

变式动作：哑铃耸肩虽然可以使斜方肌获得更大的运动幅度，但是我们耸肩的最核心目的还是辅助提升硬拉，所以相对来讲杠铃会更有针对性。我们可以采用颈后耸肩的方式，让杠铃位于大腿后侧进行练习。这种办法可以帮助你最大幅度提升斜方肌中下部，有助于卧推时更好收紧背部，深蹲时上半身也会更稳定。

价值：不仅针对硬拉有重要的提升作用，更可以帮助深蹲和卧推的发力更加流畅。此外，如果你不使用拉带，那么还可以通过耸肩训练大幅度提升你的握力水平。

面拉

姿势：双手握住绳索两个把手，把手位置与眼睛同高。双脚站距与肩同宽，上半身微微后仰，利用上背部以及三角肌后束的力量将绳索拉向耳朵处并保持1～2秒的顶峰收缩，然后回到训练初始姿势进行重复练习。

注意事项：练习时上半身可以有轻微后仰，但注意不要大幅度后仰并且不要在练习时大幅度晃动身体，否则会使上背部受刺激程度明显削弱。

重量：使用轻重量进行练习。

组数与次数：3～5组，每组进行10～15次。

变式动作：如果你的背部力量极强，那么可以使用弹力带进行练习，同样进行3～5组，每组做到力竭次数。此外，我们还可以通过调整握住绳索把手握法的方式来调整不同的肌肉训练区域。比如双手向外侧打开对于三角肌后束以及背部外侧的训练更强，而双手拳眼向后更有助于上背部中间位置受到更强的刺激。

价值：强化上背部肌肉并且可以将其充分运用在卧推专项上，是很好的卧推的肌肉辅助训练动作。

高位下拉

姿势：双手握住直杠，双手正握，大腿调整好挡板后用力向下拉直杠，并且伴随上半身微微向后仰至直杠触碰胸大肌锁骨束，手肘向身体夹紧，保持1~2秒的顶峰收缩然后进行重复练习。

注意事项：发力的来源是大圆肌、小圆肌以及上背部肌群，而非通过身体大幅度后仰借助身体惯性完成训练，一定要将大腿挡板位置调节好，不要让身体借力。一定要将直杠下降至触胸位置，否则背部肌肉真正的运动幅度极小。此外，一定要保持肘关节在向下时就逐渐向身体夹紧，并在动作回落阶段慢慢打开肘关节，否则你的背部肌群同样不会受到很强烈的刺激。

重量：不要使用大重量进行练习。

组数与次数：3~5组，每组进行10~15次。

变式动作：可以使用固定器械进行练习，也可以使用绳索或特殊造型的把手进行对握训练，这种办法可以更好地刺激上背部中间的肌群，有助于背部整体厚度的提升。至于反手高位下拉的方式，我们并不是很推荐，它会让你的肱二头肌发力更多，影响背部的刺激效果。并且，一部分人在做这个动作时会感受到前臂有一定的不适感。我们也可以

调整直杠触碰身体的位置，当位置越靠近锁骨时，上背部受到的刺激越强。当位置越靠近下胸时，中背部所受到的刺激越强。相应的随着触碰位置的不同，上半身的角度也会发生变化。位置越靠近锁骨时，上半身越直立。相反，上半身后仰越明显。此外，我们不建议大家使用颈后高位下拉的方式，以免肩关节面临很大的受伤风险。

价值：强化上背部以及中背部肌肉，对于卧推、深蹲以及硬拉都有十分重要的帮助。

硬拉式划船

姿势：双手正握住杠铃，双手握距与硬拉时相同，双脚站距与硬拉式相同。先用硬拉的姿势向上拉起杠铃至小腿中部，然后保持上半身与地面夹角在45°再进行划船。每一次都需要将杠铃下放至小腿中部再进行下一次的重复练习。

注意事项：一定要保持上半身与地面夹角全程不动，否则腿部会更多地参与到训练中。杠铃开始的位置最好是在小腿中部，并且此时你的上半身与地面

的夹角要同正常传统硬拉时一样，大概在45°。并且，一定要将杠铃重新下放至动作开始的位置，而不要在膝盖上方就进行重复练习。此外，一定不要使用正反握或反握进行练习，前者对于背部刺激没有什么太大意义，而后者容易使你的二头肌受损。

重量：使用大重量或中等重量进行练习。

组数与次数：2～3组，每组进行8～12次。硬拉式划船可以使用较大的重量，它对于硬拉成绩的提升有很大的帮助。但是没有必要采用特别多的次数，否则你的腰部极易出现疲劳感。

变式动作：可以使用拉带进行练习，能够帮助你使用更大的重量。也可以使用T杠划船，虽然这种方法与硬拉式划船类似，但是因为重量主要集中在身体后侧，所以其对于硬拉的提升并没有那么大，只能够给肌肉带来一定的刺激。

价值：很好的提升背部肌群的训练动作，甚至会在一定程度上给予竖脊肌一定的刺激。此外，硬拉式划船对于提升硬拉时的锁定力量有十分重要的帮助。我们不仅可以将它作为一个肌肉辅助训练动作，也可以将它看作提升硬拉锁定能力时的专项辅助训练动作。

坐姿对握划船

姿势：坐在训练凳上，双手握住器械把手，双手对握，用力将把手拉向自己的腹部并且拉的过程中身体稍微后仰，进行1~2秒的顶峰收缩然后上半身向前倾回到训练初始姿势，再进行重复练习。

注意事项：避免上半身大幅度向后仰，这样你的背部所受到的刺激会明显降低。不要将肘部打开，否则背部中间位置同样不会受到很强的刺激。此外，最好让双脚向前踩在训练器械的踏板上进行练习，可以有助于减少腿部的借力现象，但并非所有的器械划船都有踏板。

重量：不要使用大重量进行练习。

组数与次数：4~5组，每组进行12~15次。

变式动作：可以使用宽握且对握的方式进行练习，这会使你的背部外侧受到的刺激感更强。也可以使用挂片式的坐姿划船器械进行练习，其带来的效果与普通绳索划船基本相同。

价值：很好地提升背部厚度的训练动作。

直臂下拉

姿势：双手握住直杠，双手正握，面向龙门架，双手握距与肩同宽，双脚站距与肩同宽，上半身微微向前倾，手臂微屈然后进行下拉训练。将直杠拉至大腿处然后回到训练初始姿势进行重复练习。

注意事项：手臂保持微屈并且全程避免出现肘关节的屈伸，否则手臂会更多参与到训练中。此外，一定要避免腿部出现屈伸或晃动借力的现象，保证发力肌群始终集中在背部。

重量：不要使用大重量进行练习。

组数与次数：4~5组，每组进行10~15次。

变式动作：可以使用反手握杠的方式，但是对背部的刺激效果没有什么太大的不同。还可以通过调整握距的方式来改变对肌肉的刺激点，握的距离

更近，那么背部中间所受的刺激越强，相反背部外侧就会受到更强的刺激。此外，如果你的健身房有坐姿的替代直臂下拉的悍马式器械，也是很不错的选择之一。

价值：很好地提升大圆肌、小圆肌以及背阔肌的训练动作，刺激区域较全面。

织布机训练

姿势：因动作姿势比较像织布，所以我们把它称之为织布机训练。一只手握住另外一侧的器械把手，身体侧向龙门架，器械把手位于小臂与地面平行处。反握把手并拳眼朝外，保持肘关节及大臂不

动的同时向外侧拉动器械把手至最大限度，然后回到训练初始姿势进行重复练习。

注意事项：全程一定保持大臂和肘关节夹紧不动，否则冈下肌即肩袖肌群便无法受到最强烈的刺激。此外，不用向外拉动器械把手至无限向外的幅度，你只需要拉至身体所允许的最大生理范围即可。

第二章 突破极限力量的方法

重量：使用轻重量进行练习，否则容易给关节造成损伤。

组数与次数：3~5组，每组进行12~15次。

变式动作：可以使用弹力带进行练习，将弹力带拴在龙门架上，这样可以给你的肌肉带来更深层的刺激。同样进行3~5组，每组做到充分力竭次数即可。

价值：织布机训练可以帮助你更好地稳定肩部以及上背部，这对于卧推训练特别是竞技比赛中需要在胸上停顿的卧推项目有十分重要的作用。我们建议可以在每次卧推训练日都以这个动作为当天计划的收尾动作。

核心肌群训练动作

核心肌群在三大项中同样有着一定程度的参与，深蹲中好的核心肌群可以帮助你稳定身体重心，不容易出现前倾或向后倒的现象。卧推时核心能力越强越有助于你长时间维持足够高的桥。而在硬拉训练时，核心肌群中的腰部肌群是你完成大重量硬拉的重要保证。如果你的训练中缺少对于核心肌群的针对性安排，那么你的身体就像被从中间砍断一样，即使你的上肢或腿部以及臀部力量再强，身体也无法将其捏合成一个整体去进行发力。

此外，核心肌群对于保持身体健康，特别是腰椎健康是十分重要的。很多力量爱好者都曾经遇到因为动作姿势不准确或核心力量不足所产生的腰部伤痛状况。这其实是可以通过合理的训练计划以及针对性的核心训练动作在一定程度上提前进行预防的。

在训练动作的选择上，一定不要忽视腹肌的重要性，很多练习力量举的爱好者都会忽视甚至完全不练腹肌，这不仅对于力量成绩，甚至对身体的健康都是不好的。虽然你不需要每天都去练腹肌，但是一周2~3次的独立训练还是必需的。此外，请一定不要忽视一些特殊的核心训练动作，比如呼吸练习，后者是十分强大的提升核心力量以及三大项成绩的重要训练动作。

而在训练计划的安排上，除了一周安排2~3次的独立腹肌训练，每次进行10~20分钟外，我们建议大家一定要合理安排腰部周围的训练动作与深蹲和硬拉的专项训练。最稳妥的安排方式就是在每次深蹲或硬拉训练日的最后安排1~2个腰部训练动作结尾，比如在深蹲训练日最后一天安排早安式练习，这样就不会出现深蹲完立刻进行早安式所导致的腰部受压持续增加，或因早安式练习导致腰部预先疲劳，进而无法完成剩余的肌肉辅助训练或专项辅助训练动作。

卷腹

姿势：双手放在耳朵后面，身体平躺在地上，腿部蜷起，利用腹肌的力量发力向上举起上半身至肩部以及上背部离开地面即可，保持1~2秒的顶峰收缩然后下降身体至上半身，肩部轻微接触地面，然后进行重复练习。

注意事项：下降上半身时请不要完全平躺在地上再进行练习，这样无法使腹肌保持持续收缩以及紧张。并且不要将双脚人为地固定住，否则腿部和屈髋肌群会更多地参与到训练中。此外，卷腹的目的是将上半身带离地面，没有必要去做幅度特别大的仰卧起坐，同时也不要过分使用颈部的力量或使颈部出现弯曲现象，否则颈椎同样有受伤的风险。

重量：使用自重进行训练。

组数与次数：3~4组，每组进行力竭次数的练习。

变式动作：我们可以通过调整手臂的位置来改变训练的难度，如果你选择双手交叉在胸前或双手向前伸直，那么训练难度最低。相反，如果选择双手向后伸直，那么训练难度最高。此外，你也可以选择颈后负重的方式进行练习，不过我们并不是十分推荐使用哑铃或杠铃片的方式，因为容易伤害到你的颈椎。我们建议可以选择跪姿的绳索卷腹或采用专门的坐姿卷腹训练器进行练习。次数与组数方面，你可以进行3~4组，每组15~20次的练习。

价值：很好地提升腹直肌上部的训练动作。

举腿

姿势：双手握住单杠，握距与肩同宽，双腿并拢，向上举起腿部至大腿与地面平行，然后再用力向上举起至尽可能高的幅度，然后下放腿部至大腿与地面平行再进行重复练习。

注意事项：首先，一定不要将大腿举得过高与地面平行即可，因为前者并不会给你的下腹部带来多少刺激，反而会使更多的屈髋肌群参与到发力中来。其次，我们建议最好上举至腿部与地面接近垂直的位置，但具体还要根据每个训练者的能力来进行，不要一味的追求最大限度的上举高度从而使上半身过度后仰，容易出现受伤风险。

重量：使用自重进行练习。

组数与次数：3～4组，每组进行力竭次数的练习。

变式动作：我们可以选择双腿先蜷起呈大小腿夹角为90°的姿势，然后始终保持这个角度进行举腿训练，这种方式会相比双腿伸直难度较低，方便更多的训练者采用。如果你觉得蜷起腿部的方式同样困难，那么我们可以使用仰卧举腿的方式，将腿部上举至大腿与地面平行处再进行重复练习。

价值：有助于提升下腹部以及一定的屈髋肌群，如果使用单杠进行徒手悬垂举腿训练，那么还会在一定程度上强化你的握力，有助于解决硬拉时握力不足的问题。

平板支撑

姿势：双手屈肘至大小臂夹角为90°，面朝地面并用手肘以及脚尖将身体撑起至身体与地面平行位置，然后保持尽可能长的时间进行静态练习。

注意事项：一定要确保身体始终与地面平行，不要出现臀部低于平行线的情况，这会极大程度减小训练的难度。此外，一定要让身体的重心保持在中间位置，不要靠前也不要偏向身体后侧。

重量：使用自重进行练习。

组数与次数：2～3组，每组进行2～3分钟的练习。

变式动作：如果每组2～3分钟对于你来讲依旧很简单，那么我们也不建议你使用在腰背或臀部附加重量的方式，有很多力量爱好者都是使用这种加重训练的方式导致腰背部伤病的出现。我们建议你在训练时可以适当采用间歇性闭气的方式加强训练难度，即深吸一口气直至必须要呼吸时再进行呼吸，然后立即再憋气继续训练。如果单纯保持2～3分钟也很难，那么我们建议你最好将训练的注意力放在卷腹以及举腿上，并且适当注意对脂肪摄入的把控度。

价值：有助于提升身体在三大项时的动作稳定程度，比如深蹲时不易出现身体前倾的现象以及卧推时尽量维持桥的高度等。此外，如果你在训练时使用频繁闭气的呼吸训练方法，那么同样可以有助于增强我们在三大项训练时的呼吸能力，更有助于我们突破极限力量，不过要注意的是此时最好采用腹式呼吸而不是胸式呼吸。

早安式

姿势：将杠铃放在斜方肌上，双手握住杠铃，在保持腿部尽量伸直的情况下将上半身下降至柔韧性允许的最大幅度（理想幅度为上半身与地面平行），然后向上举起身体以及杠铃并进行重复练习。

注意事项：使用高杠位的方式放置杠铃，尽量不要采用低杠位的方式，后者会降低你的训练难度。并且在下降上半身时请一定要注意保持腰部伸直，不要出现弯腰的现象，否则会使你的腰部出现严重的损伤。如果你的柔韧性不允许你的上半身下降很低，那么就下降到其允许的最大幅度即可。此外，训练全程避免过于猛烈快速的发力，特别是在杠铃下降阶段，最好采用3～5秒的慢速方式进行练习，可以给你的腰背部以及整个后侧链肌群都带来极强的刺激。

重量：使用轻重量进行练习。

组数与次数：3～5组，每组进行12～20次。

变式动作： 可以使用绳索的方式进行练习，但这种方法对于腘绳肌以及臀大肌的刺激会更大。此外，也可以在杠铃两端绑上长铁链进行练习，会更有助于加深对后侧链肌群的刺激。

价值： 有助于提升腰背部、臀部以及腘绳肌整个后侧链的肌肉质量，对于硬拉以及低杠位深蹲是很好的肌肉辅助训练动作。

罗马椅挺身

姿势： 使用倾斜角度为45°的罗马椅，将腿部挡板调至合适的高度，双手握住杠铃片并将它抱在胸前，上半身向下至与腿部夹角小于90°，然后向上举起上半身至动作初始姿势再进行重复练习。

注意事项： 一定要让上半身下降至与腿部夹角小于90°的程度，否则后侧链肌群受刺激不全面。并且，不要上举上半身至身体后仰，这种超伸的方式会存在一定的使腰部受伤的健康隐患。此外，训练全程避免过于猛烈快速的发力，特别是在杠铃下降阶段，最好使用3~5秒的慢速方式进行练习，可以给你的腰背部以及整个后侧链肌群都带来极强的刺激。

重量： 使用轻重量或自身体重进行练习。

组数与次数： 3~4组，每组进行10~15次。如果使用身体自重进行练习，那么可以每组做到力竭次数。

变式动作： 我们可以

通过改变手的位置调整训练难度，如果选择将双手向下伸直，那么训练难度最低，相反如果选择双手向上伸直，那么训练难度最高。双手放在耳朵两侧的自重训练是采用比较多的姿势之一。不过，我们并不太推荐使用双手握住杠铃片在颈后的位置，这是很容易损伤你的颈部的。

价值：有助于提升腰背部、臀部以及腘绳肌整个后侧链的肌肉质量。

侧举腿

姿势：双手握住单杠，双手握距与肩同宽，完全蜷起大小腿，双脚交叉然后向一侧后方上举起腿部，保持上半身处于中立位不晃动，进行1～2秒的顶峰收缩然后下降腿部至训练初始姿势进行重复练习。一侧训练完后再进行另外一侧的重复练习。

注意事项：一定是向侧后上方，而不是向身体外侧，后者主要对腹外斜肌有刺激。并且，向侧后方举起腿部时一定要避免出现上半身的晃动，否则容易导致下背部肌群所受刺激较低。此外，如果你的握力不足，那么最好使用拉带，可以帮助你更好感受到肌肉的刺激效果。

重量：使用自身体重进行练习。

组数与次数：4～5组，每组做到力竭次数。

变式动作：也可以保持下半身不动，使用绳索进行上半身向一侧后方向下挤压腰背部肌群的方式。但这种方法没有正常的侧举腿所带来的刺激效果好。

价值：几乎唯一可以刺激到背阔肌最下部的训练动作，并且全程不需要手臂屈伸就可以给背阔肌极强的刺激，一般没有接触过这个动作的训练者刚开始容易出现抽筋的现象。这也是一个可以很好保护腰骶部关节及韧带的肌肉辅助训练动作。

呼吸训练

姿势：身体平躺在地面上，双腿卷起，将哑铃竖直放在小腹上，双手按住哑铃的另外一端，利用腹式呼吸的力量将哑铃向上顶到尽可能高的高度然后放松腹部进行呼吸，再开始下一次的训练。

注意事项：哑铃被向上顶起是腹式呼吸所带来的，而不是靠臀部向上顶或腰向上顶所完成的。并且，请不要过于快速的进行频繁的呼吸，容易导致出现缺氧的现象，所以要尽可能地选择较为平缓的节奏进行练习。此外，你可以在哑铃最高处进行1～2秒的顶峰收缩，这会有助于增强呼吸训练的效果。

重量：不要使用太重的哑铃进行练习。

组数与次数：3～4组，每组进行12～20次练习。

变式动作：如果使用哑铃相对较困难，那么我们建议可以选择坐姿的方式或者仰卧无负重的方式进行练习，只需要将手掌放在下腹部感受呼吸的力度即可。

价值：腹式呼吸是几乎三大项所有动作姿势都会采用的呼吸方式，它会帮助你在大重量时让身体更加稳定。并且，针对性的腹式呼吸训练可以帮助我们提升每次呼吸摄入氧气的能力，而后者更是在极限重量试举时十分关键的方式。特别是在卧推中，因为需要听到裁判的口令才可以推起，而又不能在杠铃接触胸部时选择换气，那样会使你的身体完全松掉，根本不可能完成试举，所以一次呼吸过程中闭气时间长短的能力便显得尤为重要。

▶ 屈伸髋肌群训练动作

屈伸髋肌群是三大项中最重要的肌群之一，它们所释放的屈髋以及伸髋的力量是低杠深蹲以及硬拉时重要的力量来源。特别是在硬拉中，伸髋肌群的整体质量以及伸髋力量更是成绩的决定性因素。如果你的伸髋肌群不够发达，那么你肯定无法获得优秀的硬拉成绩。我们必须将一部分的训练注意力放在屈伸髋肌群的训练安排上，无论是臀部肌群还是腘绳肌肌群，都不能有任何疏忽。

很多力量爱好者在训练时往往只关注身体前侧的肌肉群，并且他们有的对于深蹲和硬拉的发力模式以及发力的肌肉群有着错误的认识，因而他们往往会安排很多训练时间在股四头肌的练习上，进行大量以伸膝力量为主的训练，但这种方式根本无法让原本就薄弱的屈伸髋肌群获得明显的提升，更无法帮助你获得身体后侧链在硬拉时的发力记忆，久而久之会容易影响你的硬拉成绩。此外，在低杠位深蹲时也会出现类似的情况，很多力量爱好者只是有一个相比高杠位时较低的杠位，但是发力模式还是以伸膝力量为主导，并没有提高自己屈髋以及伸髋力量的发力比例，进而导致即使采用了相对更节省体力、更容易蹲起、更大重量的低杠位深蹲，也无法获得明显成绩上的提升。究其根本，还是训练者自身缺少屈伸髋肌群训练，肌肉不发达，身体根本不知道如何在深蹲中使用力量。要知道，更多调动屈髋以及伸髋肌群发力绝不是简单的让身体重心往后就可以，你必须先确保肌肉拥有一定的基础水平。

我们知道在力量举三大项的总成绩占比中，因为动作的缘故，深蹲和硬拉明显是成绩上限最高的两个动作（现在的世界纪录无装备深蹲505 kg，无装备硬拉460 kg，而无装备卧推只有335 kg）。如果你能够拥有一个很强的深蹲和硬拉成绩，那么对于你来讲赢下一场比赛便不会显得特别难。而练好深蹲和硬拉的首要任务就是必须拥有好的屈伸髋肌群以及屈伸膝肌群，我们需要谨慎安排这两者的训练，毕竟这二者在很多训练动作中都会有彼此互相辅助发力的地方。如何安排针对性的动作来提高相应的专项成绩是必须要仔细研究的，比如一周同时安排深蹲和硬拉两个专项训练日，如何调整并安排相应的肌肉辅助训练动作以及训练量便显得异常重要，毕竟无论是髋部肌群还是膝关节周围的肌群都是人体的大肌肉群。正常情况下，一周两练髋部以及屈伸膝肌群对于训练者自身来讲是很难恢复的，并且还容易因为持续给腰部压力所导致腰背部深度疲劳。

在这一节我们会为大家介绍一些真正有用并且操作起来简单易上手的屈髋与伸髋肌群的肌肉辅助训练动作，你一定要仔细阅读每个动作的姿势细节，否则一些细微的偏差都容易导致训练目标的偏离。比如最常见的箭步蹲训练，如果我们往前迈的步子大，那么这会是一个很好地针对腘绳肌以及臀大肌的训练动作，但如果我们选择迈的步子较小，那么便会直接变成刺激股四头肌，也就是伸膝肌群更多的训练动作。把握训练中的每一个细节，充分做好每一个动作对于提升你的深蹲以及硬拉成绩是十分重要的。

臀部肌群

臀部肌群绝对不是只让你拥有一个翘臀看着好看而已，它在硬拉中是启动阶段最主要发力来源之一！特别是在相扑硬拉中，我们甚至可以说如果你的臀部不够发达，那么你根本没有力量将杠铃从地面拉起来，请你一定要重视对臀部肌群的塑造，而且我们在第一章就曾经分析过，硬拉最困难的就是在启动阶段，如果你在这个阶段卡壳，那么试举的重量也就变得毫无意义。

在深蹲中臀部肌群也是很重要的力量来源之一，很多臀部力量不足的爱好者都会出现在深蹲蹲到幅度刚准备要蹲起的一刹那，臀部向后并向上运动的现象，这种情况容易导致你的腰背部被迫进行代偿发力，不仅容易导致腰部疼痛，甚至还会出现因臀部大幅度向上所导致的重心明显前倾，进而试举失败的问题。

在臀部肌肉的辅助训练动作选择方面，我们建议大家最好选择基本只运动髋关节的这一类孤立性较强的训练动作。尽量不要挑选那些同时也会较大比例刺激股四头肌的训练动作。我们没有必要完成特别大的重量，只需要确保每一个动作都给臀部肌群以最强大的刺激即可，充分唤醒你沉睡已久的臀部肌肉。此外，不要忘记选择针对臀中肌以及髋关节外侧肌群的训练动作，它们对于宽站距的低杠位深蹲以及相扑硬拉都是有一定帮助的。

在具体的计划安排上，我们建议大家最好把臀部肌肉的辅助训练动作放在硬拉训练日，如果你这个星期没有硬拉训练日，那么我们建议可以挑选1～2个动作放在深蹲训练日中伸膝肌群的训练动作之后进行练习。当然，我们也可以在日常安排一些针对臀部肌群的体能训练，比如短跑或蛙跳等都是不错的，既能提升训练者自身体能，同时又可以刺激相关肌肉生长的训练方式。具体时间段安排上你可以选择每周挑出一个休息日进行20～30分钟的练习。

臀屈伸

姿势：使用臀屈伸器械进行站姿臀屈伸练习，将一侧腿卡在挡板上，大腿升高至与地面平行，双手扶住器械把手，用力向下并向后伸展腿部直至最大限度，保持1~2秒的顶峰收缩然后回到训练初始姿势进行重复训练。

注意事项：注意大腿向后伸直时发力来源主要是臀大肌，而非晃动腰部的惯性力驱使。腿部向后伸直的幅度应为柔韧性所允许的最大幅度，不要出现挤压腰骶部的超伸现象，那会给你的腰骶部带来很强的不适感。此外，建议大家最好采用较慢的速度进行练习，不要过快的使用爆发力，这也会影响你具体的训练感受。

重量：不要使用大重量进行练习，否则会极大程度影响动作幅度。

组数与次数：3~5组，每组进行10~20次练习。

变式动作：也可以使用脚踏板的臀屈伸进行练习，但是这种方式容易使股四头肌一定程度参与到训练中，会影响你的臀部肌群所受到的刺激。

价值：孤立刺激感受最强的臀大肌训练动作，并且训练者可以侧站在训练器械上，同时使用挡板进行髋外展的练习，从而增加对髋关节外侧肌群的刺激。

臀桥

姿势：平躺在地面上，双腿蜷起，杠铃放在小腹处，如果小腹有不适感，可以在杠铃上包裹一个垫子进行练习。双手握住杠铃，上半身保持不动，用臀部力量最大化向上举起杠铃，然后下放杠铃至与地面微微接触后进行重复练习。

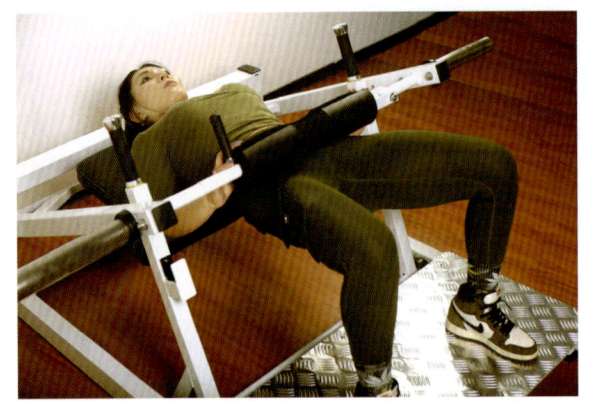

注意事项：不需要将杠铃完全放到地面上再进行练习，这样不仅容易使臀部无法受到好的刺激，还会有可能导致臀部出现因无法保持持续紧张所带来的腰部伤病。双手只需要放在杠铃上起稳定作用即可，不需要双手以及上半身任何借力，全程请保持头部以及上半身紧贴地面。此外，没有必要无限制上举杠铃并抬起臀部，你只需要将臀部在柔韧性允许的范围内尽可能向上抬即可。

重量：不要使用大重量进行练习，否则有可能损伤你的腰背部。注意有的人认为臀桥是很好的提升硬拉力量的训练动作，并且认为臀桥的力量与硬拉力量之间有一定关系，但事实上臀桥只对于硬拉锁定阶段有一定帮助，它与硬拉极限力量之间并没有什么关联，所以没有必要痴迷大重量甚至去冲击所谓的臀桥极限。

组数与次数：3～5组，每组进行10～15次练习。

变式动作：可以将上半身放在训练凳上进行臀桥训练，这可以提升臀部所运动的幅度，使肌肉受到更全面的刺激。

价值：臀桥不仅可以帮助你刺激臀部肌肉动作，同时还可以帮助你培养臀部发力感受，有助于你在深蹲或硬拉中更好地募集臀部肌肉，感受臀部力量的贡献。

箭步蹲 I

姿势：双手握住哑铃，双脚站距与肩同宽，向前迈出一大步，然后屈膝并屈髋下蹲，随后抬起身体后侧的脚进行交替练习。

注意事项：在屈膝以及屈髋下蹲时全程请保持上半身尽可能直立，如果上半身前倾较明显，那么股四头肌所受到的刺激要远远大于臀大肌以及腘绳肌。并且，一定要注意向前迈出一大步，而不是很小的步子，后者同样会让你的股四头肌受刺激度更加明显。不要过快的进行训练，注意保持身体重心的平衡，肌肉感知永远是第一位的。此外，下蹲时请永远记得保持膝盖方向与脚尖方向一致，不要使膝盖有任何不适感或酸痛感。

重量：使用轻重量或自身体重进行练习。

组数与次数：3～5组，每组进行10～15次练习。如果使用自重进行训练，那么可以采用2～3组，每组2～3分钟的方式进行练习。

变式动作：可以使用杠铃进行练习，对于肌肉的刺激感受相比哑铃会更强，但是其对于训练者自身力量水平，特别是身体平衡性的要求极高。

价值：箭步蹲可以同时刺激腘绳肌以及臀大肌，即使你迈的步子比较大，股四头肌也会受到一定的刺激。这是一个很高效的训练动作，可以帮助我们在热量消耗尽可能低的情况下刺激肌肉的充分生长。

髋外展练习

姿势：使用坐姿外展器械进行练习，双腿外侧抵靠在挡板上，双手握住座椅把手，利用臀部外侧的力量向外分开大腿至柔韧性所能允许的最大限度，然后回到训练初始姿势进行重复练习。

注意事项：训练时尽量保持身体紧贴座椅靠背，不要过度前倾，否则臀中肌以及髋关节外侧肌群所受刺激会明显缩小。并且，尽可能控制动作速度，采用慢速练习的方式不仅会帮助你保持标准动作姿势，还会有助于保护身体健康。

重量：使用轻重量进行练习。

组数与次数：4～5组，每组进行15～20次练习。针对小肌肉群特别是平时我们训练极少的部位，一定要适当增加每组训练次数，否则肌肉不容易获得很好的刺激感受。

变式动作：可以使用龙门架进行绳索髋外展的训练，也可以使用弹力带进行髋外展练习。相比之下绳索站姿髋外展容易使身体出现晃动借力，而弹力带髋外展相对来讲更适合力量基础一般的女性爱好者。

价值：髋外展对于提升宽站距低杠位深蹲时肌肉的稳定性，以及相扑硬拉时肌肉的稳定性都具备很好的辅助作用。尽管对于较高水平的训练者而言，无需安排单独的髋外展练习，只需通过依靠低杠位深蹲以及相扑硬拉即可。但是，对于刚接触力量训练的爱好者来讲，最好还是安排一定的针对性练习。

腘绳肌肌群

腘绳肌肌群同样是硬拉中必不可少的重要肌群之一，特别是在传统硬拉时，腘绳肌的水平更是直接决定了自身极限重量的高低。当然，低杠位深蹲时腘绳肌较差同样会影响你的发力感受，无法将身体所有的力量都充分释放出来。如果你想获得好的深蹲和硬拉的成绩，那么必须要安排大量的腘绳肌训练动作。

在动作的选择上，我们建议大家最好选择器械进行练习，如果选择对腰部有压力的自由重量训练动作，比如直腿硬拉，那么请一定要注意安排它在训练计划中的位置，不要使你的身体出现过度疲劳。并且，腘绳肌与肱二头肌类似，在离心阶段动作速率越慢越可以给肌肉更好的充血感受，因此你没有必要在训练时追求过大的重量。真正让腘绳肌感受到强烈的灼烧感，并且让它一点点厚起来才是我们的最终目的。

在计划的安排上，如果你一周只有一个深蹲或硬拉训练日，那么我们建议在训练日当天的主项训练后安排2~3个针对性的肌肉辅助训练动作。如果你一周有两个深蹲或硬拉训练日，那么我们建议你可以在每个训练日当天安排1~2个辅助训练动作，将一天的训练量拆分成两天进行。有的时候一些高水平的力量爱好者也喜欢将股四头肌与腘绳肌的训练动作进行超级组练习，这样可以帮助你的训练更有效率，对肌肉增长也有更大的好处。

请大家一定要重视腘绳肌的训练，它不仅对于三大项成绩的提高有重要作用，甚至在深蹲时对于膝关节健康的保护都起着一定积极意义。如果你的股四头肌越来越强壮，但是腘绳肌依旧薄的像纸一样，那么你的身体使处在受伤的边缘。

GHR

姿势：跪在地上，找朋友从后面抓住你的脚踝，双手放在耳朵两侧，屈髋向下并伸膝向前至上半身尽可能接触地面，然后使用伸髋的力量慢慢将上半身抬起直至与地面垂直，再进行重复练习。

注意事项：在抬起上半身时一定注意发力点主要集中在伸髋力量而不是屈膝力量上，后者很容易使你的训练难度降低，进而丧失对腘绳肌以及伸髋力量的刺激。并且，下降时需注意不要让身体完全接触地面，那样会导致身体松懈根本无法正常依靠伸髋力量重新回到训练初始姿势。

重量：使用自身体重进行练习。如果使用GHR器械进行练习，建议你可以选择怀抱一个杠铃片的方式，这样给伸髋肌群带来的刺激便已经十分强大。

组数与次数：3～4组，每组进行力竭次数的练习。即使使用负重，也可以同样适用力竭次数的方法进行练习。

变式动作：可以使用GHR器械进行练习，如果没有相应器械也没有朋友

可以辅助你，那么我们建议你可以采用高位下拉的挡板以及座椅固定膝关节以及脚踝进行训练。

价值：几乎没有缺点的伸髋肌群以及伸髋力量训练动作，并且可以一定程度刺激伸膝以及屈膝力量的提升。GHR是很多高水平力量举运动员提升深蹲以及硬拉成绩的秘密法宝之一。不过这个动作对于训练者的基础力量水平要求极高，很多人可能刚开始练1～2个都无法独立完成，如果你不幸属于这类情况，那么我们建议你最好先将注意力放在腿弯举以及直腿硬拉等难度较低的训练动作上。

腿弯举

姿势：趴在腿弯举训练器械上，双手握住把手，将挡板放在脚踝处，利用腘绳肌的力量将挡板上举至尽可能与腘绳肌相接触，保持1~2秒的顶峰收缩然后下降并伸直腿部再进行重复练习。

注意事项：不要靠腰部晃动借力举起挡板，一定要全程确保大腿紧紧贴住训练凳并且一定要尽可能慢速的下降挡板，可以把时间控制在3~5秒，这会给你的腘绳肌带来最强的刺激感受。此外，下降挡板时一定要将腿部完全伸直再进行重复练习，这样可以确保腘绳肌肌群受到最全面的刺激。

重量：不要使用大重量进行练习。

组数与次数：3~5组，每组进行10~20次练习。

变式动作：可以使用站姿进行练习，也可以使用坐姿进行练习。相对来讲坐姿腿弯举时身体借力的情况最小，并且有的坐姿腿弯举器械同时可以进行坐姿腿屈伸的练习，是很好的利用超级组训练股四头肌以及腘绳肌肌群的

方法。如果你的左右侧腘绳肌发展不均衡，并且也拥有分动式的器械，那么我们建议你可以使用单腿腿弯举的方式进行练习。

价值：孤立性刺激腘绳肌最强的动作，可以帮助我们充分提高腘绳肌的肌肉质量。

直腿硬拉

姿势：双手握住杠铃，双手握距与硬拉时同宽，双脚站距与硬拉时同宽，在保证腰部挺直的情况下尽可能伸直腿部，然后全程保持膝关节锁死不动并向上拉起杠铃。下降杠铃至身体柔韧性允许的最大幅度然后向上拉起杠铃进行重复练习。

注意事项：我们可以适当保持腿部微屈，但绝对不能够出现腰部弯曲的现象，因为这会给你的腰部带来毁灭性的伤病隐患。在训练时尽量注意离心下放杠铃时速度维持在3～5秒，这样才可以确保你的腘绳肌受到最强烈的刺激。此外，不要让杠铃触碰地面，这样会使肌肉无法受到持续的刺激。为了避免这种情况的出现，你可以选择直径较小的杠铃片进行练习。

重量：不要使用大重量进行练习，主要目的是刺激腘绳肌以及臀大肌的肌肉。

组数与次数：4～5组，每组进行12～20次练习。

变式动作：如果你的力量水平较差，那么我们建议可以使用哑铃或者壶铃进行替代练习。我们也可以使用大重量进行直腿硬拉练习，不过这种方法主要在其作为硬拉专项辅助训练动作时出现，用来提升硬拉的锁定能力。而作为肌肉辅助训练动作时，我们建议最好还是使用轻重量进行练习。以我为例，在我能够进行传统硬拉320 kg时，我往往会选择100 kg的重量进行5组，每组15次的重复训练。

价值：直腿硬拉不仅可以帮助我们强化腘绳肌以及臀大肌的肌肉质量，同时还可以帮助提升硬拉锁定的能力。

内收肌肌群

内收肌肌群是我们身体所有肌群中最容易被忽略并且对三大项帮助最大的肌群！曾经在与IPF世界深蹲纪录保持者Ray Williams的交流中他曾经提及，如果说哪个肌肉群是在深蹲时作用最大的，他不会说股四头肌也不会说腘绳肌，他认为应该是内收肌！在他看来，如果没有一个强大的内收肌，那么在深蹲时便会出现膝盖打开角度与脚尖不一致，下蹲时无法充分使用后侧链力量使身体充分紧张并且不易控制下蹲速度等问题。这些危险的现象不管哪一个都可能直接导致你的深蹲试举失败，所以在他看来内收肌是对于深蹲最重要的肌群。

当然，我们不是说因为Ray Williams是世界上套膝深蹲出色的人我们就必须要听他的，而是当你结合内收肌原本的重要性以及一位世界级纪录保持者的推荐后，你真的没有太多的理由不重视，不好好进行内收肌的专项训练。要知道，Ray Williams的深蹲计划中他会在一周四天的训练日每天都安排内收的专项练习。

内收肌的训练动作很简单，一般健身房都拥有专项的内收肌训练器械，只要使用它就可以给你的肌肉带来充分的刺激，不过这个动作对于柔韧性有一定要求，你必须要时刻注意训练的危险性，否则很容易拉伤自己的大腿内侧，进而影响深蹲和硬拉的成绩。

在训练计划的安排上，你可以试着效仿Ray Williams的方法，当然我指的不是说一周真的要进行四次内收肌练习，每次做20组，每组做15次，这种方法对于他来讲是适合的，但是对于很多普通的训练者来讲这显然是极高的训练量。我的意思是你可以在一周安排2~3个训练日进行内收肌的练习，当然一次进行4~5组将肌肉充分刺激，获得最好的充血效果即可。

内收肌的训练不仅可以帮助你拥有很好的在深蹲和硬拉中发挥主要辅助作用的肌肉群，更可以帮助你保护大腿内侧以及骨盆的健康。有的时候在进行大重量硬拉或宽站距深蹲时，如果你的内收肌力量不强，那么便会有可能诱发大腿内侧以及骨盆的伤病。除了提高髋关节的柔韧性外，针对性的内收肌训练也是很好的解决方案之一。

内收机练习

姿势：坐在内收机内，双腿在柔韧性允许范围内打开到最大幅度，然后用大腿内侧夹住挡板，双手握住器械把手，上半身保持直立然后向内侧夹腿至挡板相互轻微接触，然后打开大腿回到训练初始姿势进行重复练习。

注意事项：不要无限制打开大腿，一定要控制在柔韧性许可的范围内，否则你的大腿内侧会受到拉伤。一定要尽量控制夹腿以及打开的动作速度，不要过于猛地发力进行训练，这同样会有使大腿内侧拉伤的风险。此外，不要让上半身过度前倾，尽可能保证上半身垂直于地面，这样才可以给内收肌

带来最好的刺激。

重量：使用轻重量进行练习。

组数与次数：4～5组，每组进行15～20次练习。

变式动作：如果你的健身房没有内收机器械，那么可以使用夹健身球或者使用弹力带进行大腿内收的练习，但这两种训练方法相比正常的内收机器械所获得的效果要差一些。

价值：不仅可以帮助你很好地强化内收肌肌群，使其受到最强烈的肌肉灼烧感，充分刺激肌肉生长，还可以在一定程度上帮助你预防髋关节以及骨盆伤病。

▶ 屈伸膝肌群训练动作

屈伸膝肌群，这里我们指的主要还是股四头肌肌群，它是人体中体积最大的肌肉群，对于我们三大项动作中最重要的一个动作——深蹲成绩的提高起着至关重要的作用！请你一定记住，无论深蹲使用低杠位还是高杠位，真正不同的点只是低杠位时后侧链力量相比高杠位时更多的参与到训练中，但无论什么姿势，真正起核心主导作用的始终是屈膝以及伸膝肌群所释放的力量，所以即使你想提升你的低杠位深蹲训练成绩，也必须要将股四头肌的辅助训练放到最核心的位置。相比高杠位深蹲时，你可以多安排1～2个腘绳肌或臀部肌群的肌肉辅助训练动作，但它的训练量以及训练强度都绝对不应当超越股四头肌肌群。

这其实是很多训练者在进行低杠深蹲，特别是低杠深蹲肌肉辅助训练时一个容易出错的地方。好比我们之前在讲解硬拉时提到的，传统硬拉时股四头肌相比相扑硬拉时要更多的参与到训练中，但你不能将股四头肌的训练放在硬拉肌肉辅助训练的首位，而是应当加强臀部肌群以及腘绳肌肌群的锻炼，这才是真正可以帮助你提升硬拉成绩的做法。

股四头肌的四部分：股直肌、股中肌、股内侧肌以及股外侧肌都在深蹲的屈膝以及伸膝这两个重要的动作中扮演着重要的角色。很多时候大家可能只关注股内侧肌以及股外侧肌的练习，对于股中肌以及股直肌往往缺少针对性的训练，这是完全不可以的。我们不仅要拥有强大的伸膝力量，也要拥有一定的屈膝力量，否则下蹲的整体速度会不受自己的控制，那么身体便无法提前做好充分准备，进而很难完成大重量的深蹲试举。因此，我们建议大家在进行股四头肌训练时，一定要注意肌肉锻炼的全面性，甚至不要放过股四头肌任何一个细小的部分，因为它都有可能帮助你的深蹲发生优质的改变。

当然，这里在动作的挑选上也是十分有针对性的，我们不建议大家安排太多的给腰部持续压力的训练动作，比如杠铃前蹲虽然可以充分刺激你的股四头肌，但是它同样会给你的腰部带来持续强大的压力，特别是在正常的深蹲专项练习后，更会放大化这部分压力。并且，很多股四头肌的训练动作是来源于生活的，我们可以尽量模仿生活中人体本能的运动模式对股四头肌进行训练，它不仅会帮助你提升身体的体能状况进而提升三大项成绩，同样还会帮助你改善股四头肌的水平。比如我们熟悉的蛙跳等跳跃类训练动作，它们对股四头肌的刺激和需求同样十分强烈。经常练习这类动作不仅会帮助你改善肌肉质量，甚至还会一定程度提升你的爆发力水平。唯一需要注意的是，这种体能训练一定要安排合理的训练量以及频率，否则便会出现在专项深蹲练习后所产生的身体不适感，进而导致膝关节伤病的现象。

股四头肌的重要性我想已经不需要再赘述，健康方面它可以帮助你更好地保护膝关节，尽量减轻在高频率以及高强度深蹲训练时膝盖所饱受的折磨。竞技方面深蹲不仅是现在三大项世界记录中绝对数字最高的，更是比赛中的第一个项目，拥有一个好的深蹲成绩在比赛时毫无疑问会给对手很大的心理压力，让你在比赛时先拔头筹。如果你想获得这一切，那么你要做到的第一件事就是好好训练你的股四头肌，拥有一个类似"牛蛙"一般发达的肌肉形态是力量成绩的保证！

腿举

姿势：斜躺在腿举器械内，最好使用角度为45°的腿举训练器。双脚踩在踏板中间位置，双脚分开距离与肩同宽，脚尖微微打开呈外八字。屈膝向下至大腿，接近与腹部相接触时再用力向上蹬起踏板至腿伸直后进行重复练习。

注意事项：不要让臀部离开凳子，否则股四头肌受到的刺激会明显削弱。同时保证头部与上半身尽可能紧贴凳子，不要让身体前倾借力。此外，在训练全程一定要确保膝关节发力方向与脚尖始终保持一致，否则容易在训练时给膝关节造成很大磨损。

重量：可以使用大重量进行练习。

组数与次数：进行3~5组，每组进行10~20次练习。

变式动作：可以将双脚的站距向外打开，它会对你的股外侧肌以及腘绳肌带来更强的刺激。也可以让双脚近乎并拢，这时你的股四头肌所受到的刺激达到顶峰。此外，我们也可以使用水平腿举或弧线腿举的方式进行替代练习。其中弧线腿举更偏向于哈克深蹲，对于腘绳肌、臀大肌以及股四头肌都有一定刺激，但并不是我们很推荐的训练动作。如果为了强化这三个部位的肌群，那么可以选择箭步蹲进行练习，它对于身体的消耗较少，更加有利于增肌，并且还会一定程度强化身体的核心力量。而水平腿举对于股四头肌的孤立效果更强，但一般健身房的水平腿举相对重量较轻，无法给你带来足够的肌肉刺激感受。

价值：腿举是很好的股四头肌的训练动作，它可以给你的肌肉在大重量情况下依旧安全度很高的训练刺激感受。腿举作为肌肉辅助训练动作来讲，可以说是高杠位深蹲以及低杠位深蹲最佳的辅助动作选择！

腿屈伸

姿势：坐在腿屈伸训练器械内，将挡板调至大小腿夹角小于90°，利用股四头肌的力量将挡板抬起直至大小腿伸直，保持1～2秒的顶峰收缩然后回到训练初始姿势并进行重复练习。

注意事项：全程避免臀部离开凳子的情况出现，并且上半身尽量保持紧贴座椅靠背，不要出现上半身前倾晃动的现象。

重量：不要使用太大的重量，主要注意力应当放在肌肉刺激的感受上。

组数与次数：进行4～5组，每组12～20次练习。

变式动作：如果你的左右侧股四头肌有力量不均衡的情况，那么我们建议你可以使用单腿腿屈伸的方法来平衡身体。此外，我们还可以通过调整脚尖打开方向的办法来刺激股四头肌不同的区域。比如你可以选择脚尖向外打开，这样你的股外侧肌所受到的刺激就会更强，而如果你选择脚尖向内打开，那么股内侧肌所受到的刺激就会更强。不过你要注意，不管是向内还是向外打开，在向上抬起踏板的过程中必须全程保持脚尖微微向外打开的姿势，只有在腿部伸直的最顶峰才可以通过顶峰收缩的方法来向内或向外打开脚尖，从而增强对股内侧肌或股外侧肌的刺激。

价值：可以给予股四头肌最强的孤立刺激效果，是很好的改善股四头肌肌肉质量的训练动作。

箭步蹲 II

姿势：双手握住哑铃，双脚站距与肩同宽，向前迈出一小步，然后屈膝并屈髋下蹲，随后抬起身体后侧的脚进行交替练习。

注意事项：在屈膝以及屈髋下蹲时全程请保持上半身尽可能直立的姿势，如果上半身前倾较明显，虽然股四头肌所受到的刺激要远远大于臀大肌以及腘绳肌，但是膝关节也会饱受一定强度的刺激。

并且，一定要注意向前迈出一小步，而不是很大的步子，后者同样会让你的臀大肌以及腘绳肌受刺激度更加明显。不要过快的进行训练，注意保持身体重心的平衡，肌肉感知永远是第一位的。此外，下蹲时请永远记得保持膝盖方向与脚尖方向一致，不要使膝盖有任何不适感或酸痛感。

重量：使用轻重量或自身体重进行练习。

组数与次数：3～5组，每组进行10～15次练习。如果使用自重进行训练，那么可以采用2～3组，每组2～3分钟的方式进行练习。

变式动作：可以使用杠铃进行练习，对于肌肉的刺激感受会相比哑铃更强，但是其对于训练者自身力量水平，特别是身体平衡性的要求极高。

价值：箭步蹲可以同时刺激股四头肌、腘绳肌以及臀大肌，即使你迈的步子比较小，腘绳肌以及臀大肌也会受到一定的刺激。这是一个很高效的训练动作，可以帮助我们在热量消耗尽可能低的情况下刺激肌肉的充分生长。

剪蹲

姿势：双手握住哑铃，向前迈出一小步，然后另外一条腿搭在训练凳上，保持身体平衡然后屈髋并屈膝下蹲，蹲至髋关节低于膝关节后发力向上站直，然后进行重复练习。

注意事项：一定不要向前迈出过大的步子，否则腘绳肌和臀大肌所受到的刺激会明显增强。一定要确保足够的下蹲幅度，否则股四头肌无法受到最全面的刺激。此外时刻谨记保持膝关节与脚尖发力方向一致，并保持身体平衡，否则很容易出现因平衡丧失所导致的膝关节伤病。

重量：使用轻重量进行练习。

组数与次数：4～5组，每组进行12～15次练习。对于部分新手以及初级训练者，也可以使用身体自重进行练习，每组完成10～20次即可。

变式动作：可以使用杠铃进行练习，但是这对训练者自身力量基础水平要求极高。特别是对于训练者自身核心力量的要求更高，稍有不慎身体就会有受伤的风险。

价值：剪蹲对于腰部压力并不大，它可以使你在进行深蹲专项训练后着重对股四头肌的强化起到一定作用。尽管你不会向前迈出很大的步子，但是在下蹲的过程中腘绳肌以及臀大肌同样会受到一定的刺激，这种更高效并且节省体力的训练方式可以刺激肌肉全方位的增长。

❷ 强化神经控制能力

当你拥有足够的肌肉水平作为力量训练的基础时，你便需要将更多的注意力放到神经控制能力的提升方面。通过让神经系统更兴奋，对于专项动作发力模式记忆得更深刻，从而在三大项动作中募集尽可能多的肌肉参与做功，由此获得最好的极限力量，不断举起更大的重量。

如果你的神经系统不兴奋，无法募集尽可能多的肌肉，并且对于具体的动作发力模式记忆不牢固，姿势不定型，那么你便只能依靠肌肉进行孤立式的发力，这也是力量举运动员与健美运动员最大的区别所在。健美运动员的目标是让肌肉尽可能单一化运动，受到刺激越强烈越是他们所喜欢的。而力量举运动员的目标则是恨不得让身体所有肌肉，哪怕是咀嚼肌都可以参与到有助于提升深蹲成绩的做功上。如果你没有强化神经控制能力的专项训练，而是只通过肌肉辅助训练所获得的力量类型便会与健美运动员十分相似。

要想提升你的神经控制能力，你必须先从三大项的基础动作入手，这也是这一环节我们要给大家介绍的第一部分内容，即三大项标准动作的介绍。我们会从头到脚的位置帮你分析到底什么是最正确的三大项动作姿势，什么是最省力的发力方法。而在第二部分，我们会为大家介绍深蹲、卧推以及硬拉时三大项容易出现的粘滞点以及动作姿势问题，以及导致问题出现的原因和相应的解决办法。我们会为你安排并挑选好针对性的专项辅助训练动作，它们在一定程度上是可以通过与相应薄弱部位肌肉的辅助训练相结合，共同突破动作粘滞点的。

▶ 深蹲及专项辅助训练

深蹲是一个技术动作并不太复杂的三大项训练动作，但是因为相关力量训练知识普及度较差以及一些错误培训指导所传播的关系，很多看似简单的深蹲动作和姿势要求往往都是很多力量爱好者犯错误的所在。这里我们会先仔细分析低杠深蹲以及高杠深蹲的不同点，再根据你的身材结构为你提供更好的选择方案。

深蹲的标准化动作姿势

深蹲的主要姿势分为高杠位深蹲和低杠位深蹲两种方式，有的训练经验较多的运动员甚至还会采取中杠位的方式进行深蹲。在深蹲中你必须要先确定自己的杠位，然后就能找寻对应的发力模式。不同杠位的发力模式和肌肉使用比例是完全不同的，这也是我们在了解和学习深蹲的标准化动作姿势前所必须要先了解的。

低杠位深蹲

低杠位深蹲是我们最推荐的深蹲方式，如果你想让你的深蹲成绩更高，那么我们建议你最好选择低杠位深蹲，因为这是从做功距离和发力模式分析所得出的最节省做功距离也最容易发力的姿势。低杠位深蹲是一个几乎只出现在力量举中的训练姿势，它相比高杠位深蹲带给身体一些实用运动能力的帮助，比如弹跳力这些要差很多。

杠位：低杠位的位置是将杠铃放置在三角肌后束与斜方肌中下部的连线上，尽管有的训练者自身柔韧性水平极高可以将杠铃放的位置更靠下，但我们也不建议你再将杠铃放的无限靠下。后者不仅容易使你的杠铃失去上背部以及肩部明显的支撑，将杠铃的压力主要转移到手臂上，有可能会导致杠铃滑落所出现的伤病，还会被禁止在力量举比赛中使用，无论从训练还是比赛上分析都不是好的选择。如果你担心你的杠铃会出现从上背滑落的问题，那么你可以在杠铃中间以及上背部涂抹镁粉来强化杠铃与身体的摩擦力。

头部：头部保持正常的身体中立位，即头部、杠铃以及髋关节始终保持在一条直线上。因为低杠位深蹲时杠铃扛的位置更靠下，所以会导致身体有一个自然地向前倾的驱使，当头部保持中立位时会有一个感觉像是低头的姿势。但注意，你一定不能出现真正的低头现象，它会使你的上背部没有办法很好地收紧，进而无法帮助你完成大重量的深蹲。并且，一定要注意在下蹲过程中保持眼睛始终向上看，而不要只是向下看，后者会更容易使你出现低头的情况。

手部：双手全握住杠铃，拇指紧紧扣住四肢，在身体柔韧性允许的情况

下，我们可以尽量使双手的握距靠近，这会有助于你更好地收紧上背部。双手最好使手掌下部握住杠铃，这种方法相比手掌中部或上部握住杠铃的方式会给你更好的支撑力和稳定度。此外，如果你的身体柔韧性较差，容易在低杠位深蹲时出现肘关节不适的情况，那么我们建议你可以适当使用开握，即大拇指与其余四指在一侧的握法，但是这种方法相比全握会减少一定的稳定程度。当然，你也可以使用三指在上，大拇指与小拇指在下的钩握的方式进行练习，后者同样可以帮助你解决柔韧性较差所导致的肘关节疼痛问题。

肩部：在低杠位深蹲时杠铃主要位于三角肌后束，当你握住杠铃还没有从深蹲架走出来前就必须充分收紧你的肩胛骨，使整个肩膀充分紧张再扛出杠铃。而不要只是简单地让身体顶住杠铃走出来，然后再收紧肩部，这显然是根本不可能的。我们可以在肩部涂抹镁粉帮助你更好地感受身体与杠铃的贴合度。

肘部：当你扛出杠铃准备下蹲时，肘关节需要尽可能贴合自己的身体并竖直向下，并在深蹲全程都尽可能保持这个姿势。哪怕在蹲起时力量不足身体会出现向后上方顶起肘关节依靠背部借力的情况，也要尽可能的杜绝和避免。当然，低杠位深蹲时身体会有一定的前倾角度，因此肘关节不会是完全垂直朝下的。抬起肘关节的方式是低杠位深蹲时十分危险的自残现象，它会让你的手臂几乎随时处在被折断的风险，并且也无法帮助你完成大重量的深蹲。此外，我们也可以在深蹲时适当夹肘，这也可以帮助你更好地收紧上背部。

腰背部：在低杠位深蹲时杠铃位置更靠近上背部的下方，当你握住杠铃还没有从深蹲架走出来前，你必须使上背部完全收紧，我们之前提到的双手握距尽可能近的方法也是为了充分使你的上背部收紧，这可以帮助你更好的在深蹲时保持胸椎段以及上半身的稳定，不会出现向前倾的现象。至于背部中下部的位置，我们建议你在训练的全程始终保持脊柱处于中立位，即没有必要刻意地去让背部呈现反弓状，这种情况反而会给你的脊柱带来一定的压力，不利于深蹲成绩的提高。同样的道理，在硬拉时也是一样，你要注意避免身体出现反弓的现象，只需要让脊柱保持在最正常的位置即可。在向上蹲起时，一定要注意腰背部不能弯曲，这种现象虽然在低杠位深蹲时出现的概率较小，但是也要充分打起注意力来，这是对身体很危险的做法。如果你想避免身体出现这个问题，一定要注意保持身体的重心不丢失以及在平时增加对核心肌群的训练。此外，当你从杠铃架走出来之后，一定不要再让腰背部出现任何晃动的现象，还是之前我们所说的问题，从深蹲架走出来之前必须要让身体所有参与深蹲的肌群都充分收紧！

胸部：在低杠位深蹲时你的胸部一定要充分打开，这也是很多老师都会在培训时告诉你的"把胸挺起来"。如果你的胸部没有充分打开，那么你的上背部肯定是无法收紧的。在深蹲时保持含胸的现象是十分危险的，这会直接影响你的深蹲成绩以及整个脊柱的健康。最标准的姿势应当是在扛出杠铃前就充分夹紧上背部，并且让胸部挺起来，而不是被杠铃压得含胸再走出来，然后再去挺起胸部，那是绝对不可能的。而在蹲下以及蹲起的全程，你同样也必须保持胸部挺直。

髋关节：髋关节的姿势是决定低杠位深蹲发力最关键的一个环节，如果你不清楚髋关节在低杠位深蹲时应当怎么做，那么你很有可能会混淆错误的发力模式。低杠位深蹲的目的是为了让髋关节更多的参与到深蹲中，使你的屈髋以及伸髋力量更多辅助你自己蹲起，减少伸膝以及屈膝的角度和股四头肌的力量。通过使更全面的肌肉参与发力，以及减小膝关节屈伸幅度，缩短杠铃到髋关节距离的方法来提升深蹲的极限成绩。因此，在下蹲时你要敢于屈髋，否则你的力量来源还是高杠位深蹲时的股四头肌。但是，要注意不能无限幅度进行屈髋，否则你的上半身与地面夹角越来越小，腰椎所受到的压力也就越来越大。正常的幅度应当是在确保上半身平衡以及腰部所受压力较小的情况下进行最大限度的屈髋。此外，在屈髋下蹲时一定要注意不是让臀部大幅度向后移，而是应当在向后移的同时向下屈髋，也就是我们日常习惯说的蹲下去让髋关节低于膝关节。如果你只是让臀部向后移，那么你始终无法蹲到足够深的幅度，是很明显的费力不讨好的行为。

腿部：请你始终不要忘记，当我们无论进行高杠位还是低杠位深蹲时，膝关节始终是屈伸幅度最大以及发力的最大来源，否则你的深蹲一定无法蹲到比赛要求的幅度。Ray Williams曾经说过在进行低杠位深蹲时，你要注意始终先屈膝然后再屈髋，这会帮助你有一个更好的下蹲节奏以及发力感。如果你先屈髋或者同时屈膝屈髋，那么有可能出现身体重心的明显前移，不利于大重量时的发挥。此外，在下蹲时一定要确保你的膝关节打开方向与

脚尖一致，这里不仅需要你的股四头肌发挥作用，同时也需要你的内收肌释放力量，将髋关节充分打开才可以确保膝关节的打开，并且不容易出现膝盖内扣的现象。在蹲起时请你注意不要让膝盖前移，保持正常垂直方向上的屈伸即可。膝盖前移的借力方式会给你的膝关节以及韧带带来一定的损伤。

脚部：无论是低杠位还是高杠位深蹲，脚的姿势都是十分关键的！它涉及出杠以及回杠问题，这些虽然跟蹲起过程关系不大，但是却时刻影响着你深蹲成绩。首先你要确保在扛杠铃的时候最好使用双脚同时顶起来出杠，而不是前后脚出杠。双脚同时起杠的方式可以让你的身体更稳定，不容易出

现晃动和肌肉的松懈。但是，前后脚出杠也不是完全没有意义的，它可以帮助你在向后出杠的阶段减少半步或一步的路程，最大化节省体力。其次，在你向后出杠时，一定要注意不要迈的步子太大，否则容易因向后迈步眼睛看不到距离出现拉伤的现象。当然我们也不建议你采用过多的小碎步出杠，这种方式会让你消耗过多的体力。一般来讲我们建议往后倒退2~3步即可。然后，一定要确保你的双脚打开的幅度是左右脚一致的，并且你的左右脚是站在同一条线上而不是一前一后的。不要站稳了不看清楚双脚站的点就盲目地开始下蹲，这是十分危险的。此外，在下蹲时一定要注意避免将脚后跟或脚尖抬起，这不仅对于膝盖有伤病危险，也会直接影响你的深蹲成绩。低杠位深蹲时我们会往往比较喜欢采用较宽的站距，这种方法不仅可以使我们的做功距离进一步缩短，同时还可以更有助于激活我们的臀部肌群以及腘绳肌肌群，有助于深蹲成绩的提高。

呼吸方式：我们推荐在低杠位深蹲时使用腹式呼吸，它会帮助你的核心更加收紧，并且防止身体在已经拥有一定前倾角度时腰部再承受过多的压力。在具体的呼吸方法上，Ray Williams曾经推荐大家使"短、快、强"的方式进行呼吸，而不是很多力量爱好者都习惯的深呼吸。他认为第二种方法相比第一种方法容易使你的上背部松掉，进而不利于深蹲成绩的提高。在呼吸节奏上，我们建议大家在出杠前就吸满气，然后完成出杠后进行呼吸，吸满气后便立即下蹲，不要有任何停留，并且在深蹲全程保持闭气并且咬紧牙关。

身材结构：如果你的大腿较长，那么你在进行低杠位深蹲时身体前倾会比较明显。如果你属于上半身较长的类型，我们推荐你使用低杠位深蹲，因为高杠位会使你的做功距离增加过多。此外，如果你的手臂较长，那么我们建议在握杠时尽量握的宽一些，一味追求最近握杠距离使上背收紧的方法，会让你的肘关节忍受强大的疼痛。

优缺点：

低杠位深蹲可以最大化缩短杠铃到髋关节的距离，有助于减小腰椎所受到的压力。

低杠位深蹲可以同时最大化激活股四头肌、腘绳肌、内收肌以及臀部肌群，有助于深蹲绝对力量的提升。

低杠位深蹲可以使用宽站距，有助于缩短做功距离。

低杠位深蹲更容易帮助你控制合理的深蹲幅度，有助于成绩的提高。

低杠位深蹲对上肢柔韧性要求较高，很容易给你的肘关节带来疼痛，甚至影响到卧推训练。

低杠位深蹲不适合髋关节柔韧性较差的人。

常见错误：

深蹲时出现低头现象。

胸无法挺起来、含胸。

内收肌乏力、髋关节没有打开并且膝盖内扣。

出杠时走太多步，严重耗费体力。

身体没有完全收紧就向后出杠。

吸满气后很长时间才开始正式下蹲。

蹲起过程中出现背部弓起借力的现象。

肘关节抬起。

双手中部或上部握住杠铃，导致腕关节压力过大。

蹲起时因为腿部或臀部力量不足所导致的先抬臀部。

计划安排：我们建议低杠位深蹲在训练时最好与硬拉分开，因为低杠位深蹲对于腘绳肌和臀大肌有着较强消耗，如果在一个周的时间里同时安排高强度的低杠位深蹲以及硬拉训练日，那么很容易使两个训练日的训练完成度都无法得到保障。唯一可行的办法是采用交叉法进行安排，即第一周深蹲训练日高强度大重量练习，硬拉训练日轻重量速度练习。在下一周交叉变成深蹲训练日轻重量速度练习，硬拉训练日高强度大重量练习。此外，因为深蹲会消耗大量的神经兴奋性，我们建议最好不要在大重量深蹲后的第二天安排大重量的卧推训练，这样容易使神经系统无法充分恢复。但是，对于刚接触力量举时间不长的爱好者来讲，也可以通过这种极端的方式来一定程度刺激神经系统的频繁兴奋。

高杠位深蹲

高杠位深蹲是几乎每个力量爱好者刚进入健身房时了解深蹲训练时所采用的姿势，可以说高杠位深蹲几乎不受任何身体条件的限制，普及度非常高。有的人会说足背屈能力较差的人可能在高杠位

深蹲时很难蹲下去，但这种情况往往可以通过借助举重鞋这种脚后跟有跟的鞋子完成。高杠位深蹲不仅对你的股四头肌、臀大肌以及和核心肌群的要求极高，更会拉长你的做功距离，并不是十分适合提升深蹲成绩的力量举式深蹲姿势。不过，高杠位深蹲相比其他杠位来讲完全不用使你自己担心下蹲幅度的问题，不会出现低杠位深蹲时容易导致因幅度不够所产生的试举失败。

杠位：高杠位时杠铃位置应当放到斜方肌上部，但是注意不要太靠上，如果压迫颈椎，那么不仅危险更容易使你的深蹲试举失败。因为杠铃位置更靠近斜方肌上部，与低杠位深蹲时杠铃位置在斜方肌中下部以及三角肌后束相比距离髋关节距离更远，所以核心肌群所受到的压力相对来讲也就更大。当杠铃扛稳后，你必须充分收紧斜方肌再向后倒退出杠，这样可以帮助你在深蹲的过程中更容易保持上半身的直立。

头部：高杠位深蹲时请你还是将头部保持在中立位上，即头部、杠铃以及髋关节始终在一条直线上。因为高杠位深蹲时你的上半身比较直立，所以不会出现任何有低头趋势的现象。有的力量爱好者会仿照举重运动员深蹲时出现头部向上抬的现象，这是一种比较特殊的适合举重运动员使用的保持身体直立并且在蹲起过程中适当借助上背部力量的技术动作。我们不是很推荐每个爱好者都采用这种方法，它需要长时间的打磨训练，而不是只是单纯模仿一个抬头的动作而已。

手部：与低杠位深蹲时一样，我们建议大家最好尽可能缩短双手间的握距，这样可以让你的上背部更加收紧。高杠位深蹲相比低杠位深蹲对上肢关节的柔韧性要求并没有那么大，适当的训练前拉伸练习都可以帮助你一定程度上缩短握距，并且不会给予你的肘关节疼痛感，更不会影响你的卧推训练。此外，我们建议大家还是采用将杠铃尽可能握在拇指肚的方式，虽然高杠位深蹲不会给你的腕关节太大压力，但也不要将它放到手掌中部或者手掌中上部。至于握法，你可以  选择双手全握也可以是选择双手开握，即五指都在杠铃一端。钩握对于高杠位并没有太大意义，我们并不建议大家选择使用。

肩部：高杠位深蹲时杠铃位置主要放在斜方肌上，因此肩关节只需要保持尽可能垂直于地面即可，这也是一个很好地帮助你在深蹲时维持身体直立的方法。如果你在深蹲时出现肩膀没有打开，或者肩膀向身体前侧运动的情况，那么你便会极有可能使腰背部出现极大程度的借力现象，进而影响你的深蹲成绩和身体健康。

肘部：尽管高杠位深蹲时肘关节向后抬对于手臂的压力并不是很大，但是我们也不建议你在深蹲时出现抬肘的现象。这种情况会容易导致重心往前倾，在正常深蹲时你还是应当将肘关节保持同上半身一条直线，也就是尽可能竖直向下的位置。在蹲起时也尽量注意避免肘关节的抬起，始终保持最初始的训练姿势。此外，我们还可以在深蹲时适当夹肘，这种方法也可以帮助你更好地收紧上背部。

腰背部：在身体柔韧性以及身体结构允许的情况下，我们必须保证深蹲时上半身尽可能垂直于地面，这会让你的腰部保持在最健康的姿势下。当然，不要忘记同低杠位深蹲时一样，在扛出杠铃前你就必须让上背部完全收紧，否则当人走出来之后再收紧上背部那么显然是不现实的。高杠位深蹲时一定要注意将你的核心肌群充分收紧，保持下背部同样处在全过程伸直的状态下。高杠位深蹲如果有一点下背部弯曲的现象，那么会大概率直接导致你的试举失败。当然，我们所说的全过程伸直指的是让脊柱处在中立位即可，没有必要刻意保持腰部反弓或超伸的现象，这样也是对关节健康不利的表现。

胸部：高杠位深蹲时你的胸部需要更大幅度的打开，杠铃位置相比低杠位深蹲时更靠上，如果你不完全打开你的胸腔并且充分收紧上背部，那么稍微出现一点点上半身前倾的现象都会使你的身体失去重心，不利于大重量的试举。你需要注意的还是一定要在扛好杠铃，还没有出杠前就充分打开胸腔把胸挺起来。当做好这一准备之后再出杠，然后开始正式的下蹲。

髋关节：高杠位深蹲时屈髋以及伸髋幅度相对较小，唯一发力较大的是你的臀部肌群以及内收肌，而腘绳肌往往只负责扮演简单地控制下蹲速度以及离心发力的作用。我们需要注意的是在高杠位深蹲时不要将重心太多集中在髋关节，这会让你出现绝对错误的发力模式，使身体中最应当在高杠深蹲时发力的股四头肌处于完全休眠的状态。当然，不要忘记内收肌的重要作用，只有它充分发力，才可以确保你的髋关节有一定幅度的打开，进而使得膝关节也可以处在一个标准幅度的打开范围内，使得股四头肌以及臀部肌群的力量充分释放。此外，一定要果断地屈髋向下，而不是再像低杠位深蹲时会有一定程度的屈髋向后。后者在高杠位深蹲时很容易出现浪费股四头肌做功，同时又无法达到标准深蹲幅度的现象。我们需要保证在高杠位深蹲时，下蹲幅度必须满足髋关节明显低于膝关节，否则像IPF这类规则极其严格的比赛便无法通过。不过，高杠位深蹲相比低杠位深蹲其实更容易达到幅度要求，只要你不出现屈髋大幅度水平向后的现象即可，这也是为什么很多IPF运动员都喜欢使用高杠位深蹲的原因。

第二章　突破极限力量的方法

腿部：深蹲时最主要的发力点是你的股四头肌，这点是毫无疑问也是没有任何争议的。当我们在进行深蹲时首先要保证的就是充分运用到自己应当发力的正确肌肉，而不是使用错误的肌肉在进行错误的发力模式。在高杠位深蹲时，你首先要保证的就是充分使你的膝关节屈伸，如果膝关节不屈伸那么便无从谈起股四头肌的力量释放，更会使你的下蹲幅度无法达到标准深蹲的要求。其次，一定要在下蹲时保持你的膝关节发力方向与脚尖一致，只有当发力处在一条直线时合力才会最大，否则任何分

力都会影响最终的力量大小。无论是对于膝盖与脚尖的方向，还是髋关节膝盖打开的方向都是同一个道理。所以你必须要注意你的股四头肌、内收肌以及臀部肌群的力量运用。此外，高杠位深蹲时你也需要像Ray Williams曾经介绍低杠位深蹲时先屈膝然后再屈髋，只不过因为高杠位深蹲时屈髋力量并没有那么重要，因此我们可以适当放慢屈髋的节奏，不用在刚屈膝后就立刻屈髋。

脚部：当我们全身都完全准备后，双手紧紧握住杠铃，上背部以及核心都充分收紧后，我们便可以起杠然后向后出杠。这时我们还是建议大家像低杠位深蹲时选择双脚同时起杠，这样会让你的身体和杠铃更稳。但是，前后脚出杠也不是完全没有意义的，它可以帮助你在向后出杠的阶段减少半步或一步的路程，最大化节省体力。其次，在你向后出杠时，一定要注意不要迈的步子太大，否则容易因向后迈步眼睛看不到距离出现拉伤的现象。当然我们也不建议你采用过多的小碎步出杠，这种方式会让你消耗过多的体力。一般来讲我们建议往后倒退2～3步即可。然后，一定要确保你的双脚打开的幅度是左右脚一致的，并且你的左右脚是站在同一条线上而不是一前一后的。

不要站稳了不看清楚双脚站的点就盲目地开始下蹲，这是十分危险的。此外，在下蹲时一定要注意避免将脚后跟或脚尖抬起，这不仅对于膝盖有伤病危险，也会直接影响你的深蹲成绩。此外，如果你在高杠位深蹲时容易出现足背屈受限，也就是深蹲时脚后跟容易抬起的现象，那么我们建议你可以使用举重鞋或者在脚后跟垫个杠铃片进行练习。在高杠位深蹲时我们建议大家采用双脚与肩同宽，或稍微略宽一点的姿势即可，没必要站的特别宽，后者反而会影响我们股四头肌的力量发挥，不利于深蹲成绩的提升。

呼吸方式：我们还是建议大家在高杠位深蹲时选择腹式呼吸，尽管有很多人喜欢选择胸式呼吸，但是你要弄清楚这两者不同的呼吸方式对于你哪个是更适合的？在低杠位深蹲时因为身体本来就有一个前倾角度，以及髋关节所需要释放的力量更多，所以用腹式呼吸收紧下背部以及腰腹部是十分重要的。杠铃位置相对靠下，对于胸椎段的压力并不大，你只需要收紧上背并且把胸腔打开即可。而高杠位深蹲时因为杠铃放的位置更靠上，所以对胸椎段以及上背便有着一定压力，有的时候选择胸式呼吸尽可能把胸鼓起来变得更结实是一种选择方式。但是，很少有力量爱好者在高杠位深蹲时出现因上背部没收紧所导致的试举失败，他们失败的原因往往是腿力不足或核心力量不强所出现的腰部以及下背部松懈，这也是为何我们建议大家选择腹式呼吸的原因。当然，如果你是属于极少数的因为上背部缘故所导致的试举失败，那么我们建议你也可以适当采用胸式呼吸。在正常练习时，我们建议大家先用力吸满气并将杠铃扛起，然后向后出杠至身体完全站稳后进行呼吸，再次用力吸满气后便立即下蹲，而不要有任何犹豫，后者会直接影响你的试举成绩。

身体结构：如果你的腰部较长，那么并不太适合使用高杠位深蹲。高杠位深蹲比较适合腰身较短的人进行练习。

优缺点：
杠铃扛的位置更靠上，对于身体的压力更大，做功距离更长。
高杠位深蹲时很难控制幅度，对股四头肌要求较大。
腘绳肌以及背部肌群很难参与到训练中。

相比低杠位深蹲更容易保证合理的幅度。

相比低杠位深蹲身体更直立，对于腰部的持续疲劳较小。

高杠位深蹲更加适合股四头肌较强的人。

常见错误：

脚尖与膝盖方向不一致。

内收肌以及臀部肌群不强壮，髋关节没有打开导致膝盖内扣。

因腿力或核心力量不足所导致的腰部或下背部弯曲。

蹲起时出现抬肘的现象。

蹲起时因腿部以及臀部力量不足所导致的先抬臀部的现象。

出杠时走太多步，严重耗费体力。

身体没有完全收紧就向后出杠。

吸满气后很长时间才开始正式下蹲。

计划安排：高杠位深蹲主要消耗的是你的股四头肌，它对于腘绳肌的消耗并不多，所以一定程度上并不会十分影响你的硬拉训练。这也就从理论上给了一个周同时安排大重量深蹲以及大重量硬拉两个训练日的可行性上，当然这是建立在神经系统能够充分恢复的基础上（关于神经兴奋的恢复周期我们会在训练计划一章再进行详细讲解）。如果你想这样安排，那么你必须在深蹲和硬拉两个训练日的辅助动作上做详细地推敲。比如，深蹲训练日最合适安排的辅助动作就是股四头肌的训练，任何臀部肌群以及腘绳肌的练习都不要安排，否则你在硬拉时便无法使肌肉提前完成恢复。同样，硬拉训练日当天也不适合安排股四头肌以及特别大量的臀部肌群训练，否则你也会直接影响下个深蹲训练日时你自己的肌肉状态。

中杠位深蹲

中杠位深蹲是一种结合低杠位深蹲时"较低的杠位""较短的做功距离"以及高杠位深蹲时"最大化使用股四头肌"两种深蹲姿势特点，并且最小化减少肘关节所受压力孕育而生的特殊深蹲姿势。一般很少能够见到特别多的运动员或爱好者可以充分掌握中杠位深蹲这项技术，IPF世界力量举第一人，世界无装备深蹲（套膝）世界纪录保持者Ray Williams就是使用中杠位深蹲的选手之一。

杠位：中杠位深蹲时杠位位于斜方肌上部与斜方肌中下部这个很窄的区域内，此时身体撑住杠铃最主要的力量来源还是你的斜方肌以及上背部肌肉。此时身体会有一点轻微的上半身前倾，但相比低杠位深蹲时上半身要直立许多，千万不可以做成像低杠位深蹲时大幅度上半身前倾的姿势，那样会极大程度影响你的股四头肌发力，进而失去中杠位深蹲的意义。

头部：与低杠位深蹲以及高杠位深蹲时一样，头部需要保持在与杠铃、髋关节一条直线上。因为中杠位深蹲不会使身体出现明显的前倾或需要像高杠位深蹲那样保持绝对的直立，所以头部往往不容易出现低杠时低头或高杠时抬头的现象。你只需要做的就是全程保持斜方肌以及上背部充分收紧，使头部在下蹲以及蹲起的时候始终处于绝对的中立位即可。

手部：与之前两种深蹲姿势一样，你必须在身体柔韧性允许的范围内，尽可能使双手握得更近，这对收紧你的上背部肯定是很有帮助的。但是，中杠位相比高杠位时杠铃位置更靠下，因此对于肘关节存在一定的压力，你必须充分判断你自己是否能够承受住，而不是一味地追求最近的握距。

肩部：中杠位时杠铃位置相对会更靠近三角肌后束，你的肩部会因此感受到一定的压力。在进行中杠位深蹲时，你需要将你的肩膀在起杠前就充分收紧，而不是选择完成出杠，走出来之后再充分收紧你的肩膀以及上背部。当杠铃重量已经完全压在你的肩背上的时候，你是根本没有可能去再次收紧身体的。你所感受到的收紧也都只是假象而已。

肘部：因为中杠位时杠铃位置会更靠下，所以我们同样需要避免肘部出现类似低杠位深蹲时错误的向上抬起的现象。这种情况对于肘关节会带来极强的压力，同时使肘关节存在很痛苦的伤病隐患中。你需要做的还是尽可能使肘关节竖直向下，向内夹紧以使上背部充分收紧。并且要注意避免在蹲起时出现肘部抬起的现象，严重的会直接把你的手臂折断。

腰背部：在中杠位深蹲时你的腰背部会有一定前倾的趋势，在深蹲时你必须要把你的腰背部以及核心肌群充分收紧，用Ray Williams的话讲就是想象把脊柱周围的肌群都用力地向脊柱挤压，来充分使你的腰部以及整个后背收紧。当然，上背部以及斜方肌的紧张程度同样关键，否则你在下蹲时上半身的前倾会容易使你失去身体平衡，进而导致试举失败。在扛出杠铃前，我们建议你必须充分将腰背部收紧，然后再进行出杠。一定不要出现身体出杠后还存在的扭腰或者腰臀部晃动的现象，这不仅不利于你的深蹲极限成绩的提高，更会有可能使你的脊柱受伤。

胸部：在中杠位深蹲时你的胸部还是要充分打开，这也是很多老师都会在培训时告诉你的"把胸挺起来"。如果你的胸部没有充分打开，那么你的上背部肯定是无法收紧的。在深蹲时保持含胸的现象是十分危险的，这会直接影响你的深蹲成绩以及整个脊柱的健康。最标准的姿势应当是在扛出杠铃前就充分夹紧上背部，并且让胸部挺起来，而不是被杠铃压得含胸再走出来，然后再去挺起胸部，那是绝对不可能的。而在蹲下以及蹲起的全程，你同样也必须保持胸部挺直。

髋关节：中杠位深蹲时我们会像低杠位深蹲时那样尽可能调动我们的髋关节，去进行屈髋以及伸髋力量的发挥来帮助我们更好地完成大重量的深蹲。在中杠位深蹲时我们需要向后并向下进行屈髋，而不只能是像高杠位深蹲时简单地向下屈髋，后者是无法帮助你更多使用到后侧链肌群的。但是，你也不能像低杠位时进行特别大幅度的水平向后屈髋，那会使你的股四头肌同样无法过多参与到训练中。其次，你同样也要注意内收肌在深蹲时的重要性，它对于保持足够的髋关节打开角度，使身体更好的下蹲以及保持膝关节打开角度都有着至关重要的联系。此外，中杠位深蹲并非像低杠位时屈膝幅度较小,你需要适当的增加一点屈膝的幅度,不仅有助于股四头肌力量的发挥,同样还可以使你的深蹲幅度更容易符合比赛标准。

腿部:在中杠位深蹲时我们同样需要注意先屈膝然后再屈髋的发力顺序,不能进行同时屈髋屈膝,这并不是好的动作姿势。在深蹲时请不要忘记使你的膝关节打开角度与脚尖一致,这会帮助你更好地使用股四头肌的力量,并且同时最大化降低膝关节受伤风险。

脚部:无论是低杠位还是高杠位深蹲,脚的姿势都是十分关键的!它涉及出杠以及回杠问题,这些虽然跟蹲起过程关系不大,但是却时刻影响着你深蹲成绩。首先你要确保在扛杠铃的时候最好使用双脚同时顶起来出杠,而不是前后脚出杠。双脚同时起杠的方式可以让你的身体更稳定,不容易出现晃动和肌肉的松懈。但是,前后脚出杠也不是完全没有意义的,它可以帮助你在向后出杠的阶段减少半步或一步的路程,最大化节省体力。其次,在你向后出杠时,一定要注意不要迈的步子太大,否则容易因向后迈步眼睛看不到距离出现拉伤的现象。当然我们也不建议你采用过多的小碎步出杠,这种方式会让你消耗过多的体力。一般来讲我们建议往后倒退2~3步即可。然后,一定要确保你的双脚打开的幅度是左右脚一致的,并且你的左右脚是站在同一条线上而不是一前一后的。不要站稳了不看清楚双脚站的点就盲目地开始下蹲,这是十分危险的。此外,在下蹲时一定要注意避免将脚后跟或脚尖抬起,这不仅对于膝盖有伤病危险,也会直接影响你的深蹲成绩。中杠位深蹲时我们会往往比较喜欢采用介乎低杠位以及高杠位站距之间的站距,这种方法不仅可以确保我们同时尽可能多的募集后侧链以及股四头肌肌群,还可以帮助我们降低深蹲时的做功距离。在重心方面,低杠位深蹲时身体的重心主要集中在足底中后部,高杠位深蹲时重心集中在足底中前部,而中杠位深蹲时身体的重心则主要集中在足底中部。

呼吸方式:我们推荐在中杠位深蹲时还是使用腹式呼吸,它会帮助你的核心更加收紧,并且防止身体在已经拥有一定前倾角度时腰部再承受过多的压力。在具体的呼吸方法上,Ray Williams曾经推荐大家使"短、快、强"的方式进行呼吸,而不是很多力量爱好者都习惯的深呼吸。他认为第二种方法相比第一种方法容易使你的上背部松掉，进而不利于深蹲成绩的提高。在呼吸节奏上，我们建议大家在出杠前就吸满气，然后完成出杠后进行呼吸，吸满气后便立即下蹲，不要有任何停留，并且在深蹲全程保持闭气并且咬紧牙关。

身材结构：中杠位深蹲结合了高杠和低杠的优点，并且不会对肘关节有过多难以忍受的压力，因此相对来讲普及范围较广，对于训练者自身的身材结构并没有特别高的要求。

优缺点：

相比低杠位更多调动股四头肌的力量。

相比低杠位更轻的肘关节压力。

相比高杠位更多募集后侧链肌群的力量。

相比高杠位更短的做功距离。

技术难度极高，较难掌握。

常见错误：

肩背部在出杠前没有完全收紧。

胸部没有充分打开。

腰部以及下背部出现弯腰的现象。

肘关节向上抬起。

膝关节与脚尖方向不一致。

膝关节内扣。

髋关节没有充分打开。

计划安排：中杠位深蹲对于股四头肌以及后侧链肌群都会有一定调动，不适合在一个周内同时再安排大重量的硬拉训练日。除非你采用交叉训练的方式，即这个周深蹲训练日主要以提升技术和速度的轻重量专项训练为主，而硬拉训练日主要以提升绝对力量的大重量专项训练为主，在下个周再将两者对调即可。

三种不同深蹲姿势的对比

杠位优势：毫无疑问，杠位优势最大的是低杠位，它距离髋关节的位置最近，相对给予其的压力也最小。中杠位其次，而高杠位则是在杠位优势上最吃亏的，甚至可以说是最不好的杠位选择。

适用范围：高杠位的适用范围最广，哪怕你有足背屈的问题也只需要一双举重鞋就可以充分解决。高杠位深蹲是几乎每个力量训练爱好者甚至是健身爱好者刚进健身所了解的第一个深蹲姿势。中杠位其次，它不会要求训练者特别强的上肢柔韧性，对于肘关节的压力也相对适中，如果感到疼痛可以适当带一个护肘减缓疼痛感。而低杠位毫无疑问是适用范围最小的，它不仅对于上肢柔韧性要求较大，同时还对髋关节以及大腿内侧的柔韧性有着一定要求。有的时候很多训练者都只能被迫使用特殊的握法，比如三指钩握杠铃的方法，来试图达到减小肘关节所受到的压力。这并不是单纯带护肘就可以解决的，有的严重的还会直接影响到训练者自身日常的卧推训练，甚至对于手臂较长的人更是几乎只能放弃这种姿势。

掌握难度：高杠位相对来讲难度最低，因为它最符合人体日常生活中的下蹲习惯，即不需要大幅度向后屈髋。而低杠位其次，它主要因为屈髋和伸髋力量的加入，使得很多原本髋部力量较差以及肌肉较薄弱的训练者容易出现一开始找不到发力点，甚至深蹲幅度不达标的情况。不过这种问题往往可以通过一段时间的技术训练来得到一定的改善。中杠位则是三种姿势里面难度最大的，很多训练者都不好掌握它的正确深蹲节奏以及发力顺序，很容易出现蹲的又像低杠又像高杠这种四不像的情况。这是完全不利于深蹲成绩增长的做法。

肌肉募集：中杠位募集的肌肉是最多的，它相比低杠位时会更多使股四头肌加入到发力中，并且不会削减屈髋以及伸髋力量的运用。低杠位其次，在它的发力过程中因为髋关节的大幅度屈伸，对股四头肌的要求并不高。而高杠位则是相对来讲募集肌肉最少的，它只需要身体的股四头肌以及臀部肌群和核心肌群释放重要的能量，并没有像低杠位以及中杠位深蹲时对于上背部力量还有着强大的要求。

训练安排：在训练计划的安排上，高杠位深蹲对于硬拉的影响最小，它可以同时满足你一周进行两个大重量蹲拉训练日的想法。而中杠位以及低杠位因为都有较多的腘绳肌肌群参与，所以在具体的训练安排上其实没有特别大的不同，它们都会极大程度限制你的一周两个大重量蹲拉训练日的想法。最现实的操作情况往往是使用交叉练习，深蹲训练日采用大重量训练，硬拉训练日采用速度训练，提升技术。或者硬拉训练日采用大重量训练，而深蹲训练日选择速读训练，提升技术。

下限&上限：在这三种不同的深蹲姿势中，毫无疑问高杠位深蹲的成绩下限是最高的。因为它的掌握难度最低并且适用范围最广，发力模式还是人体本能的发力模式，所以只要你付出心血去训练，那么便肯定会有一个说得过去的深蹲成绩的。而低杠位深蹲相对来讲下限比高杠位深蹲低，但是上限则要高出不少。因为从发力模式、募集肌肉以及做功距离三个方面分析，低杠位深蹲毫无疑问都是理论上更优秀的那个，它能够帮助你获得更大重量的深蹲成绩。但是，低杠位深蹲的适用范围较小，对于训练者的身材结构要求极高，并且很多业余爱好者的后侧链肌群都属于先天较薄弱、欠缺训练的。所以在真正的实际操作上，我们会发现很多人都很难在最开始便掌握低杠位深蹲，大家经常会有一种使用低杠位的杠位，但发力还是高杠位发力这种怪异现象，它会使你出现股四头肌因为杠位很难发力，而后侧链肌群又属于原本就无力这种现象，进而导致成绩反而还不如高杠位深蹲，所以下限相对高杠位也较低。中杠位深蹲是理论上上限最高的深蹲姿势，但因为掌握难度极高，也成为最容易下限最低的姿势，可谓是天使与魔鬼并存的深蹲姿势。我们建议大家在接触力量训练时，最开始还是先从高杠位深蹲入手，这是最基本的，没有哪个世界力量举冠军是不会高杠位深蹲的。等你通过高杠位深蹲获得了一定的力量基础后，再进行低杠位深蹲的训练。而中杠位这种特殊姿势，我们只建议你在成绩提高到一定程度之后再进行考虑。

深蹲专项辅助训练

当我们充分掌握深蹲的三个不同杠位的具体姿势以及标准动作之后，我们便可以开始根据你自己在深蹲每个阶段容易出现的粘滞点，或个人的弱点来安排针对性的辅助训练，也就是专项辅助训练动作。这里要清楚的是，我们所说的专项辅助训练动作指的是改善深蹲过程中各个阶段难点的辅助动作，往往都是深蹲的变式动作，因此才称之为专项辅助训练动作。我们在之前章节讲解的肌肉辅助训练动作有的也可以对粘滞点起到一定作用，比如后半程能力不足需要强化股四头肌力量，这种更偏向是从肌肉角度解决问题，而我们这里所讲的主要还是从专项动作上提高神经控制能力来解决问题。一个是提升肌肉，一个是尽可能募集身体现有能参与解决问题的肌肉，两者间是有本质区别的。

深蹲时我们经常容易遇到的问题有五大类：出杠能力、离心阶段能力、卡幅度能力、启动能力以及后半程能力。其中出现问题较多的往往集中在出杠能力、卡幅度能力以及启动能力这三项上。离心阶段能力以及后半程能力并不是特别棘手的问题，导致这两者出现的原因在一定程度上同相关肌肉整体质量不高有着一定的关系。所以我们还是应当将注意力集中放在出杠、卡幅度以及启动能力这三个核心环节上。

其中出杠毫无疑问是必须要第一个重视起来的，如果没有一个好的开始，那么自然也不会有好的深蹲。出杠同身体的姿势有关，一定程度上也同神经系统的兴奋性和特殊训练有关。卡幅度能力是很多力量爱好者都追求的，毕竟越少的做功距离带来的力量需求也就越小。但是，有的时候卡幅度往往会出现幅度不够所导致的试举失败的现象，这跟我们平时针对性的专项训练较少有关，身体无法牢固记忆住一个标准的幅度，自然容易出现在比赛时因紧张所导致的幅度不过关的现象。深蹲时容易出现的五个粘滞点中最容易导致失败的其实还是你的启动能力，非常多的训练者都是在这个阶段出现因为力量不足或者对抗时间过长所导致的被迫放弃试举。启动能力对于一个人的爆发力水平要求极高，我们必须进行针对性的训练，如果只是一味地痴迷股四头肌的肌肉训练，那么你的启动能力是无法得到质的提升的。

在具体的训练计划安排以及设置方面，我们建议如果你对深蹲成绩有极高的渴望，并且自己也有上述几个粘滞点的困难情况，那么我们建议你必须要在一个周拿出单独的训练日进行深蹲专项辅助训练。这是独立于深蹲专项训练日以外的一个周内的第二个深蹲训练日，我们建议你最好使用不超过极限80%的重量去进行针对性的专项辅助训练。当然，有的特殊的训练动作可能会使用超过极限的重量去练习，但只在极其特殊的训练项目中才会使用，比如提升出杠能力的出杠练习，我们往往会使用极限的110%去进行练习。

出杠能力

出杠是整个深蹲开始的第一步，从这个环节开始你做的所有事情都会跟你的最终深蹲成绩有着密切的关系。很多力量爱好者认为深蹲开始的标志是扛出杠铃站稳后，准备开始下蹲前。因此往往不太关注出杠以及出杠的过程。这种情况会使得你自己在开始下蹲前便已经消耗极大的体力，进而影响你的深蹲成绩。要知道，真正跟深蹲有关的是你的下蹲以及蹲起，出杠并向后走的目的只是为了让你离开深蹲架，使身体有足够的下蹲空间。所以在这个阶段内你的体力消耗的越小，动作完成的越轻松，那么对于保证一个高水平的极限深蹲也就越容易。这也是为什么有的力量举组织的深蹲比赛会使用MONOLIFT这种你只需要扛起来不用向后走就可以完成出杠的架子的原因，目的就是为了尽可能的节省出杠这段的体力。试想一下，如果你扛起杠铃向后走的时候就摇摇晃晃并且十分吃力，那么想完成很顺畅的深蹲显然是很困难的。

出杠能力较差的原因

出杠能力较差的原因有三点，第一点就是你的动作姿势的问题。我们在前面介绍深蹲动作以及姿势的时候说过，你必须在扛起杠铃以前就充分让你的身体收紧，特别是上背部、斜方肌、脊柱肌群都充分收紧，双手尽可能握得更近一些来充分激活你的上背部肌群。当这些都准备好后你就可以正常出杠，并且不要再出现任何的身体晃动。如果你能够做到上面这些要求，那么

你至少会有一个基本的出杠能力。第二点要注意的就是双脚以及架子的位置关系问题。如果你采用的是双脚前后脚出杠，那么在出杠的一瞬间杠铃肯定会朝一侧倾斜，容易导致你的身体出现无法收紧的情况。而杠铃在深蹲架上的高度也同样重要，如果杠铃位置相对较高或者较矮，那么在出杠的一瞬间杠铃很容易被深蹲架碰到，进而影响你的身体稳定度并且加大出杠时的难度。第三点就是你的核心肌群以及核心力量的问题，不过这个是无法通过正常的比如平板支撑或早安式之类的核心训练动作强化的，你需要使用比极限深蹲重量更重的杠铃进行特殊的出杠训练，后者不仅可以帮助你强化肌肉力量，还可以从1∶1还原出杠动作角度大幅度提升你的神经控制能力。

出杠训练

姿势：双手握住杠铃，身体根据正常深蹲时的杠位姿势扛住杠铃，上背部充分收紧，胸腔打开。然后顶起杠铃并向后走出2~3步，等身体完全站稳后保持10秒左右的时间再重新回杠，此为一组训练。

注意事项：一定要使用你正常深蹲时的杠位扛住杠铃，不要出现比正常蹲低杠，但是在出杠训练时使用高杠的方式扛杠，即将杠铃放在斜方肌上部。其次，一定要使身体充分收紧并做好准备时再出杠，将它当作一次正常的深蹲训练。并且，出杠后身体不要乱晃，尽量保持全身的稳定性。此外，建议大家在有保护架的框式深蹲架内进行训练，否则如果一旦身体无法支撑，很容易出现严重的伤病。

重量：建议使用正常极限深蹲重量或比极限高10%的重量进行练习。

组数与次数：5~8组，每组1次。

变式动作：也可以选择只将杠铃顶起来并不走出深蹲架的方式进行练习。不过，虽然这种方式可以使用比正常出杠训练时更大的重量，但是因为缺少身体的向后以及向前移动，所以对真正的出杠能力提升幅度并不大。还有的训练者会在杠铃两端与地面绑缚弹力带，这种办法可以增加出杠时的难度，但是因为弹力带在地面固定的点不会改变，所以对于训练者出杠以及回杠时的能力有更高的要求，需要训练者具备一定的水平。

价值：有助于提升出杠能力，对于减少在正式深蹲做功前的体力消耗有极大帮助，并且可以确保我们在下蹲时身体处于最佳平衡点以及最合理的站姿，有助于极限深蹲的提升。

计划安排

我们建议大家将出杠训练放在单独的深蹲辅助训练日，安排5～8组的练习即可。有的训练者喜欢将它安排在深蹲专项训练日，放在大重量深蹲做组前进行练习，先用出杠训练做组到比极限深蹲还大的重量，然后再重新回到轻重量进行深蹲的热身。他们认为这种方法可以通过重量上的神经欺骗来做到当正式组深蹲练习时身体负担较小。但是，事实上这种做法的实际意义并不高，当你在大重量出杠训练后再进行从轻重量到大重量的深蹲热身训练时，你的所谓"神经欺骗"已经几乎不复存在。而如果选择在大重量出杠训练后直接进行大重量的深蹲训练，那么便在一定程度上存在着受伤的风险，对于训练水平不高的力量爱好者并不是很好的选择。此外，从轻重量到大重量的出杠训练以及从轻重量到大重量的深蹲训练会消耗太多的精力以及时间，会把你的整体训练计划的时间严重拉长，导致训练低效。

我们建议大家最好的安排方式就是一周只用在深蹲辅助训练日进行5～8组的练习即可，如果你一周只有一个深蹲训练日，那么你可以在大重量的深蹲专项训练后安排3～5组的练习，同样可以有助于出杠能力的提升。

离心阶段能力

离心阶段能力的高低在深蹲时的下蹲阶段有着重要的作用，如果你的离心能力不强，那么最直接的结果就是会影响你在下蹲过程中的稳定度，这会直接影响到你在蹲起时候的力量释放。好的深蹲成绩都是建立在一个好的下蹲节奏感上的，不管你是快速的下蹲还是有控制的下蹲，都必须是一个你自己长时间使用并且掌握充分的节奏，不可能出现平时训练时下蹲速度较快，而到了比赛或者冲击极限重量时下蹲过慢的情况，这肯定是不利于成绩增长以及极限突破的。

所以，如果你想让自己的深蹲拥有节奏感，那么就必须要具备足够强的离心能力，不管是快速还是有控制的下蹲都是我们身体神经系统控制肌肉发力的结果。即所谓的快速下蹲不是因为身体失去重心而一屁股栽下去，而较慢的有控制的下蹲也不是因为身体惧怕重量或者没有做好充分准备导致的。这一切的节奏都是建立在我们主观发力的基础上，而不是身体无力被迫所出现的情况。较快或者较慢的下蹲节奏各自都是有一定优点的，比如较快的下蹲可以使你在蹲起时节省更多的体力，有助于启动阶段爆发力的运用。而较慢的下蹲则可以帮助你在下蹲过程中更好地保持身体平衡，有助于我们更好地卡一个标准又不吃亏的深蹲幅度。每个力量爱好者都可以根据自己的优点或不足去选择相应适合自己的深蹲节奏进行练习。

在具体的提升方法方面，我们根据较快或有控制两种不同的节奏以及速率，为大家提供了两种不同的训练方式供大家选择：弹力带深蹲VS慢速离心深蹲。

弹力带深蹲

姿势：将弹力带绑在杠铃两端以及地面，一般我们会用特殊带钩子的深蹲架或者在地上绑两个重量较大的哑铃进行固定。使用你正常深蹲时的杠位以及姿势即可，身体充分做好准备后扛出杠铃，然后进行正常的深蹲练习即可。因为弹力带在深蹲下降过程中会产生明显的形变，所以会给你一个很快的加速度，有助于你提升在离心阶段快速下蹲的能力。

注意事项：首先，一定要注意出杠和回杠时充分保持高度注意力集中，否则弹力带在伸直阶段时阻力是相当大的，有可能出现因注意力不集中所导致的肌肉或关节的拉伤。其次，下蹲时因为弹力带形变的关系会使你的下蹲速度变得特别快，你一定要在下蹲前做好充分的心里和身体准备。

重量：使用正常深蹲极限重量50%～70%+两条弹力带（弹力带可以根据自身正常深蹲极限的大小进行选择，注意不要让弹力带+杠铃+杠铃片的重量超过正常深蹲极限重量即可）。

组数与次数：3～5组，每组进行3～5次。如果使用3*3训练时，最好使用61%～70%的极限重量。而如果使用5*5训练时，可以使用50%～60%的极限重量。

变式动作：铁链深蹲对于提升快速下蹲能力的效果并不好，它无法产生弹力带那样快速形变所带来的加速下蹲的效果。铁链深蹲主要的作用还是在于提高深蹲后半程的能力。

价值：弹力带深蹲不仅可以提升你的快速下蹲的能力，帮助你拥有更好的离心阶段的能力。还可以同时提升你的深蹲后半程能力，当你蹲起时膝关节屈伸角度越大，杠铃上的重量也就越大。

慢速离心深蹲

姿势：使用正常的杠铃进行深蹲练习，但是一定要注意的是下蹲过程的速度与正常的深蹲速度完全不一样，我们建议训练者在下蹲过程中把动作速度放慢到3～5秒进行练习。当你蹲到幅度后继续正常速度的蹲起即可。

注意事项：一定注意下蹲过程速度控制在3～5秒，过快的下蹲速度会失去慢速离心深蹲训练的价值以及意义。此外，蹲起时还是注意保持尽可能快的蹲起速度，在蹲起时控制动作速度不仅没有实际意义，反而一旦养成习惯就会对深蹲造成很大的负面影响。始终记得在三大项发力时，越快的完成动作肯定是越好的。

重量：使用正常深蹲极限重量的50%～70%进行练习。

组数与次数：3～5组，每组进行3～5次。如果使用3*3训练时，最好使用61%～70%的极限重量。而如果使用5*5训练时，可以使用50%～60%的极限重量。

变式动作：你可以在蹲到幅度后停留1～2秒进行慢速离心间歇深蹲的训练，这种方式有助于我们提升深蹲时的启动能力。

价值：慢速离心深蹲最核心的价值并不是局限于帮助我们养成控制下蹲的习惯，毕竟在非绑膝的比赛中很少有运动员会在下蹲过程中耗费3～5秒（Ray Williams可能是个特例）。大多数慢速下蹲的都是在使用绑膝时才会出现，这其中自然离不开绑膝自身强度、硬度以及弹性都远高于套膝或不使用护膝的原因。除此之外，慢速离心深蹲是很好的帮助力量爱好者充分掌握动

作姿势的辅助手段，当你在进行极慢速下蹲时，任何动作姿势不对的细节都会被放大的很明显。比如膝内扣、臀部先抬起或含胸等问题。我们建议对于刚接触力量训练的爱好者，可以先从5*5的基础慢速离心深蹲做起，这个相比上来就盲目冲击重量要好得多。它能帮助你在最开始什么都不了解时掌握一个好的动作姿势，不至于在后面等自己都已经养成了错误的习惯再去修改动作。

计划安排

我们建议大家将慢速离心深蹲以及弹力带深蹲这两种训练动作安排在深蹲的专项辅助训练日进行练习，或者采用交叉循环训练的方式安排在硬拉专项训练日的硬拉大重量训练之后也可以。只不过第一种安排方式会更有助于解决深蹲弱点，而第二种方式则主要是使身体保持一定的动作记忆。你要注意的是，这两种动作你只能挑选一种进行训练，坚决不可以同时练两种，否则会使你的神经系统产生记忆混乱，不仅不能够帮助你改善离心阶段的能力，还会使你出现邯郸学步的现象，忘记了原本的深蹲姿势。即使你同时有提升后半程深蹲能力的需求，你也不可以在其中混入弹力带深蹲。你可以选择将提高离心阶段的能力以及后半程锁定能力分成两个不同的阶段进行先后练习，比如这个月先练离心，下个月再练后半程，这种安排方法相对来讲会更加高效一点。

卡幅度能力

卡幅度能力是深蹲中技术难度最高，掌握起来最困难的能力。尽管它没有启动能力或出杠能力那么重要，但是对于高水平的训练者以及运动员，好的卡幅度能力对他们来讲是不可或缺的！我们在之前曾经提到过，对于力量举三大项来讲，一个重要的基本原则便是尽可能减少做功距离。所以，当你在深蹲时什么都不管一屁股就坐下去，这个较大的下蹲幅度很明显对于你的深蹲成绩是不利的，因为越深的幅度就需要消耗越多的肌肉力量和神经兴奋，不利于极限力量的提高。

你需要知道深蹲的比赛要求是有一个幅度限制条件的，这个条件并不是要一屁股完全蹲到底，而是只要髋关节低于膝关节即可。当然，不同比赛对于幅度要求的规则是不一样的，比如有绑膝的比赛往往髋关节只要低于膝关节顶点即可，而套膝的比赛，类似IPF的规则会要求你必须髋关节明显低于膝关节，做到近似于全蹲的幅度才可以。对于训练者或运动员来讲，你没有必要在只需要髋关节低于膝关节顶点的比赛中一屁股蹲到底，你只要蹲到幅度要求即可，多蹲哪怕半厘米都是费力不讨好的行为。当然，你也不能让自己的幅度无法满足比赛标准的要求。所以，这种如何能够蹲到幅度并且又不多蹲哪怕一厘米是需要训练者大量的刻苦训练才能够充分掌握的。

在训练动作的选择上，箱式深蹲以及间歇深蹲都可以帮助我们提升卡幅度的能力，不过我们在这里只主要为大家讲解箱式深蹲，间歇深蹲对于卡幅度能力的提升是有一定限制条件的，这个我们会在后面为大家进行详细地讲解。

箱式深蹲

姿势：使用正常深蹲姿势进行练习，选取一个高度合适的箱子，即当你蹲下去后臀部轻微触碰到箱子时，膝关节与髋关节正好满足比赛要求的幅度。然后正常下蹲至臀部与大腿后侧轻微触碰箱子，再用正常的速度发力站起即可。

注意事项：不要完全坐到箱子上使身体松弛后再蹲起，这种方法虽然有助于提升我们的启动能力，但是对于卡幅度能力并没有任何正面帮助。因为卡幅度能力的提升是建立在正常深蹲动作的基础上，如果有一个明显的停顿并且身体松弛，那么对于卡幅度能力也就失去了提高作用。注意不要让上半身与髋关节后仰或后移，而是应当保持正常下蹲时的髋关节以及上半身位置。并且，一定注意不要依靠臀部以及大腿后侧与箱子接触的反弹进行练习，我们需要的并不是在这个动作时蹲起多大的重量，而是让自己逐渐形成卡住一个最佳幅度的能力。此外，最好使用材质坚硬的木箱，而不要使用健身房常见的训练椅，后者会使你在身体以及杠铃与其接触后产生凹陷的情况，使得下蹲幅度变大并不利于卡幅度能力的提升。

重量：从正常深蹲极限重量的50%开始，通过周期计划的安排逐渐加重到80%。

组数与次数：2～5组，每组进行2～5次训练。我们可以规划为极限重量50%时使用5*5，极限重量60%时使用4*4，极限重量70%时使用3*3，极限重量80%时使用2*2。

变式动作：可以在箱子上停留1～2秒，这种箱式间歇深蹲是有助于提升我们在深蹲启动阶段的能力的。你也可以使用安全杠（Safety Squat Bar）进行箱式深蹲的训练，安全杠会对于股四头肌更好的刺激，同样有助于深蹲启动能力的提升。不过要注意的是安全杠箱式深蹲相比正常的箱式深蹲使用的重量要小一点，你需要适当降低极限重量的百分比进行练习。

价值：箱式深蹲不仅可以帮助我们提高卡幅度的能力，还可以帮助我们在提升深蹲启动能力的同时减小对膝关节的压力，相比间歇深蹲更加适合有膝关节伤病的力量爱好者。

计划安排

我们建议将箱式深蹲放在深蹲专项辅助训练日进行，当然你也可以选择在临近比赛前将其放在深蹲专项训练日替代正常的大重量深蹲训练。不过要注意的是，此时你必须通过周期性的计划安排已经走到需要使用大重量箱式深蹲进行训练的时候，而不能选择在临近比赛前再使用轻重量进行箱式深蹲，这个是没有太大意义，同样对于卡幅度能力的提升也是没有什么明显帮助的。我们建议力量爱好者没必要把过多的精力和注意力放到卡幅度能力的提升上，虽然缩短做功距离是力量举训练的基本法则之一，几乎每个人都应当有一个自己充分熟悉的幅度。但这并非是最关键或者最全部的，你还是应当更多关注肌肉力量以及爆发力的训练。除非你的成绩已经提高到确实需要去卡幅度才会获得更进一步的能力，否则会出现舍本逐末的现象。

前面我们曾经说过间歇深蹲同样具备一定提升卡幅度能力的作用，但是最好在最开始不要使用这种训练方式，因为最开始你对于一个最佳幅度没有明确的概念，使用箱子这种工具辅助可以帮助你更好地找个幅度。但是，我们要知道的是比赛中是肯定没有箱子的，如果你希望自己的能力提升最终作用到比赛成绩的改变上，那么你还是需要在后期将箱式深蹲改为间歇深蹲进行练习，特别是在蹲到幅度的那一刹那，可以让朋友帮助拍照来判断是否之前的箱式深蹲训练对你有了一定的作用。不过，一定要注意的是千万不要通过刻意改变正常下蹲速度的方式来让你蹲到最佳幅度，有的训练者会通过放慢下蹲速度的方式来让自己蹲到最佳幅度，但这对提升卡幅度能力是没有任何帮助的，还会影响你的正常深蹲节奏。

启动能力

启动能力是深蹲时最重要的一个能力之一，可以说是跟出杠能力一样，是两个最重要的深蹲能力。当我们蹲到幅度后，我们希望做到的是尽快蹲起来，这个阶段也是深蹲时最容易出现粘滞点以及动作变形的阶段，很多训练者会出现因力量不足所导致的臀部抬起或重心大幅度向前的错误姿势。深蹲启动能力的高低不仅是肌肉力量以及神经控制能力的表现，更是训练者爆发力强弱的最直接衡量标准。可以说我们之前提到的卡幅度、离心以及出杠能力都是为了更好地服务我们在深蹲时的启动阶段，之前这三个环节中任何一个环节体力多余的浪费都会直接影响你在蹲到幅度时的启动能力。

当然，除了做好前三个环节外，我们还需要针对性的专项辅助训练以及爆发力训练才能够最充分的提升我们的启动能力。如果你只做好前面三个阶段，但是却失去最关节的启动时的肌肉以及神经记忆，并且欠缺爆发力，那么前面做的再好也没有什么实际的意义和帮助。在训练动作的安排上，我们建议大家可以安排针对性较强的启动深蹲以及间歇深蹲进行训练，它们甚至可以在一个周期计划内做交替使用，起到互补不足以及互相促进的作用。

此外，为了提升爆发力，我们还会安排一些实际生活中可能会使用到的体能训练项目，比如常见的蛙跳以及纵跳等，都可以在提升爆发力的基础上一定程度帮助我们启动能力的优化。

启动深蹲

姿势：将杠铃放到深蹲架的保护架上，具体的高度跟训练者蹲到标准幅度时的高度有关，即训练者钻到杠铃下扛住杠铃时髋关节以及膝关节的位置正好处在最佳幅度上。然后全身保持紧张，发力向上蹲起。

注意事项：一定要使用可以调节保护架高度的深蹲架，并且确保扛杠铃时的幅度正好处在标准幅度上。当然，有的训练者并非在刚蹲到标准幅度时出现粘滞，而是在蹲起后的几厘米区域内容易出现某个点的粘滞。此时你可以选择调整保护架的高度至适合你自己粘滞点的准确位置进行练习。此外，因为没有了离心阶段的过程而是直接发力向上蹲起，所以训练者必须充分收紧身体并保持标准姿势进行练习，千万不要出现在蹲起时动作姿势变形靠腰背顶起杠铃的方式训练。

重量：使用正常深蹲极限重量的50%~80%进行练习。

组数与次数：5~10组，每组进行1~3次。我们可以通过周期性计划的安排不断增加重量大小，比如先使用50%极限重量进行10组，每组3次练习。第二次使用65%极限重量进行7组，每组2次练习。第三次使用80%极限重量进行5组，每组1次练习。

变式动作：我们也可以使用弹力带进行启动深蹲练习，这种办法可以不仅使你的启动能力得到提升，同样有助于深蹲后半程的改变。不过此时一定要注意弹力带的负荷选择，不要使最终加到杠铃上的重量过大。此外，我们还可以使用安全杠进行训练，这会相比普通杠铃给予股四头肌更大的刺激，对于提升启动能力的效果更好。不过安全杠启动深蹲相比正常的启动深蹲重量会小一点，在极限重量的百分比选择上需要适当低一些。

价值：启动深蹲对于改善启动时的身体粘滞具有极佳的作用，它相比间歇深蹲的效果会更好，毕竟这是一个你在没有任何离心发力并且身体几乎很难收紧的姿势下进行的发力。但是这种训练方式没法像间歇深蹲那样使用较大的重量，并且相对来讲掌握起来较为困难，容易出现身体的错误发力。也正因如此，我们可以通过启动深蹲的训练来一定程度上帮助我们强化训练姿势的标准性。不过，你要注意的是启动深蹲并不能帮助我们强化卡幅度的能力，提升卡幅度的原则是必须有下蹲，而不是直接在最佳幅度蹲起，这样训练的实际意义并不高。

间歇深蹲

姿势：使用正常的深蹲姿势进行练习，当下蹲至正常幅度的时候，保持1~2秒的停顿，然后正常蹲起即可。

注意事项：一定要在底部进行1～2秒的停顿，否则便失去了间歇深蹲训练的价值以及意义。你要注意千万不要使自己在停顿的过程中出现任何身体的松懈或膝关节前后的移动，这对于腰椎以及膝关节来讲都是很大的损伤。

重量：使用正常深蹲极限重量的50%～80%进行练习。

组数与次数：3～5组，每组进行1～5次。我们可以通过周期性的计划安排，不断增加重量大小，比如先使用50%极限重量进行5组，每组5次练习。第二次使用65%极限重量进行4组，每组4次练习。第三次使用80%极限重量进行3组，每组3次练习。

变式动作：我们可以使用安全杠进行间歇深蹲训练，不过要注意的是安全杠间歇深蹲相比正常的深蹲重量会小一点，在极限重量的百分比选择上需要适当低一些。当然，你也可以使用弹力带进行间歇深蹲，它可以同时帮助你提升多个深蹲不同阶段的专项能力。

价值：间歇深蹲是很好的提升深蹲极限成绩的专项辅助训练动作，它可以在不改变任何动作姿势的基础上，同时提升我们多个深蹲不同阶段的专项能力。比如当你使用弹力带进行间歇深蹲，它可以提升你的快速下蹲时的离心能力，出杠以及回杠时的稳定度，启动阶段的能力，卡幅度能力以及后半程能力这五大阶段都可以得到一定改善。即使你不使用弹力带，只用杠铃进行间歇深蹲，你同样可以提升卡幅度能力启动阶段时的能力，因此间歇深蹲是毫无疑问的最佳深蹲专项辅助训练动作，并且没有之一。

蛙跳

姿势：蛙跳是几乎每个人都会的体能训练动作，不过我们要注意此时蛙跳在准备阶段时，一定要让髋关节以及膝关节保持在标准深蹲幅度或你的启动阶段粘滞点的区域进行练习。

注意事项：如果为了提升深蹲时启动阶段的能力，那么我们并不建议大家进行连续性的蛙跳，而是最好改为一个个间断式的蛙跳，类似立定跳远的练习方式。并且，一定要注意在训练时佩带有减压效果的护膝，否则你的膝关节会受到强大的冲击力。这里最好不要使用力量举时用的套膝，你只需要使用紧度以及硬度正常的普通护膝即可。当然，如果你的体重大于100 kg，那

么我们建议你也要慎重选择蛙跳，即使是佩带减压护膝。此外，在练习时尽可能不要过多晃动手臂，你可以选择将双手抱在胸前或者放在耳朵两侧，这样可以尽可能模仿在深蹲时的发力模式，不会进行过多的借力。

重量：使用自身体重训练即可，没有必要额外抱着杠铃片或哑铃进行练习。

组数与次数：2～3组，每组完成20～30米（大概8～15步）。

变式动作：我们也可以使用原地向上的纵跳进行练习，同样注意选择与深蹲启动粘滞点或标准幅度相同的膝关节以及髋关节位置。并且尽可能将双手放在耳朵处或身体两侧，不要晃动进行过多的借力。

价值：蛙跳和纵跳都是很好的体能训练动作，它们不仅有助于改善你的基础运动能力，同时还可以帮助你提升爆发力进而改善深蹲时启动阶段薄弱的问题。

计划安排

除了蛙跳与纵跳这种体能训练动作外，我们建议大家最好将改善启动能力的辅助动作放到深蹲专项辅助训练日，或者采用交叉循环训练的方式放在硬拉训练日的大重量硬拉训练之后。这两种方式一个主要的目的是在于提升深蹲启动时的能力，解决粘滞点的问题；另外一个则主要是维持适当的动作与肌肉的神经记忆。有的力量爱好者会选择使用间歇深蹲替代正常的深蹲进行专项训练，不过我们并不是十分推荐这种方式。因为对于力量举而言重量始终是第一位的，除非你的重量是通过投机取巧的方式（比如卧推时抬臀部）或者强大护具助力（比如装备背心）完成的。否则重量的数字大小始终是最重要的，你不能认为你间歇深蹲可以完成180 kg，那么正常的极限深蹲就一定能够完成200 kg。在真正举起这个重量前任何的公式换算都是没有实际意义的。

而对于纵跳以及蛙跳的安排，我们建议大家最好放在休息日进行训练，你只需要拿出10～20分钟即可，没有必要安排特别大的量，否则还会有可能影响你的正常肌肉恢复以及神经休息。另外，一定要注意别把它们放在深蹲之后的休息日进行练习，如果当你的肌肉刚练完，你就去进行跳跃类训练，对于关节有极大的受伤风险。

后半程能力

在深蹲中后半程出现粘滞点的概率并不是很高，除非你在前面的四个环节浪费了太大的体力，不然单纯从力量角度以及神经控制能力层面所导致的后半程乏力的现象真的很少见。如果你是因为前面四个环节的粘滞点较明显所导致的后半程力量不足，那么你更应当将注意力放在提升并解决之前四个环节粘滞点上，这会从源头帮助你直接解决后半程力量不足的问题。除非你是绑膝深蹲的运动员，因为绑膝独特的材质会帮助你在深蹲启动时提供较强的助力，但是在后半程便无法提供太大的辅助，所以会在一定程度上出现后半程粘滞的现象。

但是，依然有的训练者会出现因为力量不足或神经控制能力薄弱所导致的后半程乏力的问题，这种情况比较集中的体现在个子较高、腿较长的在深蹲训练时做功距离较长的训练者身上。他们在深蹲时相比身材正常的爱好者有明显更长的做功距离，无论是对肌肉力量还是神经控制能力的要求都要比常人高不少。为了解决这个问题我们可以使用针对性较强的铁链深蹲或弹力带深蹲进行练习，这两种方式都是在随着训练者向上蹲起的过程中，附加在其自身上重量不断加重的方法来达到提高深蹲后半程能力的目的。当你使用这两种方法进行练习时，因为最低点弹力带基本完全失去张力，铁链的重量几乎全部与地面接触，所以只要杠铃和杠铃片的重量加起来不太接近你的深蹲极限，那么便不会有任何导致你无法完成蹲起的可能性。在之前我们提到提升离心阶段能力的训练方法时，已经为大家讲解了弹力带在深蹲的这个动作，在这一节我们会为大家主要讲解铁链深蹲的训练方法。

铁链深蹲

姿势：使用两条长铁链缠绕在杠铃两端最外侧，然后将其自然下垂至与地面轻微接触即可。然后扛出杠铃用正常深蹲的蹲法进行铁链深蹲训练即可。

注意事项：一定要确保在蹲到最低点时铁链大部分都与地面接触，而不

要只是在蹲到最低点时铁链轻微接触地面,这会直接导致杠铃上的总重量过大进而容易出现深蹲失败的问题。其次,一定要避免在出杠后核心不稳或身体乱晃的现象,因为铁链不会与地面固定,所以它容易在出杠后出现来回地晃动,一定程度上会加大训练者保持身体稳定性的难度。我们建议你在练习时一定要打起精神,避免出现因注意力不集中所导致的身体受伤。

重量:使用正常深蹲极限重量50%~70%+两条铁链(铁链重量可以根据自身正常深蹲极限的大小进行选择,注意不要让铁链+杠铃+杠铃片的重量超过正常深蹲极限重量即可)。

组数与次数:3~5组,每组进行3~5次。如果使用3*3训练时,最好使用61%~70%的极限重量。而如果使用5*5训练时,可以使用50%~60%的极限重量。

变式动作:可以使用安全杠进行练习,对于后半程的提升会相比普通杠铃更好,不过要注意使用安全杠时需要相比正常杠铃时降低一点负重,否则很容易导致深蹲失败。

价值:铁链深蹲对于提升深蹲后半程能力有着突出贡献,不过在具体的操作上相比弹力带深蹲要稍微欠缺些。你很难在正常的国内健身房找到多种配重选择并且长度足够的铁链,相比弹力带的可携带性要差很多。并且,弹力带深蹲还可以对提升快速下蹲能力有帮助,相比铁链深蹲的帮助效果更加全面。

计划安排

我们建议大家将铁链深蹲安排在深蹲的专项辅助训练日进行练习,或者采用交叉循环训练的方式安排在硬拉专项训练日的硬拉大重量训练之后也可以。只不过第一种安排方式会更有助于解决深蹲弱点,而第二种方式则主要是使身体保持一定的动作记忆。你要注意的是,如果你想挑选弹力带深蹲进行辅助训练,那么请必须要确保你的下蹲节奏是属于快速下蹲。相反,如果你习惯有控制的下蹲节奏,那么我们建议你更应该使用铁链深蹲进行练习。

半程深蹲的弊端

有很多训练者喜欢采用半程深蹲的方式来提升深蹲后半程的能力,即使用比正常深蹲极限高很多的重量,选择下蹲到后半程具体粘滞区域保持停顿

1~2秒然后再蹲起的练习方法。我们并不建议大家使用这种方式进行练习：第一，所谓的半程深蹲与正常深蹲蹲起后到后半程时的发力模式以及体力消耗都是完全不一致的，单纯希望通过重量的提升来弥补深蹲后半程的弱点是不切实际的。第二，当你下蹲至后半程具体粘滞区域时，很容易出现因屈髋幅度不足所导致的身体重心以及杠铃重量几乎都压在膝关节上的问题，这会导致你的膝关节受到极大的磨损，不利于保持关节以及韧带的健康。因此，我们真的不推荐大家使用半程深蹲，不仅对于力量增长没有什么太大正面意义，反而有时还会弄伤自己的身体，显得更加得不偿失。

深蹲时五大粘滞点的解决顺序

深蹲时所出现的粘滞点相比卧推与硬拉都要稍多一些，很多训练者在实际练习时往往会发现自己在多个环节都会出现粘滞点，甚至整体五个环节都很弱的问题。进而出现不知道该如何下手，从哪个环节开始才可以逐步提升自己的深蹲极限重量。这里我们建议大家在选择如何开始前，首先要对自己的真实成绩以及具体薄弱点有一定充分且全面的了解！我们建议大家可以选择使用你正常深蹲极限重量的85%~90%完成1~2次的方式进行检查，这种方法是相对来讲最靠谱并且最安全的检测具体深蹲粘滞点的途径。如果你使用的重量太轻，进行高次数的深蹲练习，那么身体出现粘滞点往往是因为高次数重复训练所导致的肌肉疲劳。相反，如果你使用接近极限重量甚至极限重量进行练习，虽然能够暴露更多的问题，但是相对来讲会无形中提高你的受伤风险，我们希望的是找到问题所在并且解决问题，而不是想把自己弄伤。

当你完成对自己深蹲粘滞点的检测后，我们便可以开始采取针对性的解决措施。对于那些有着多个粘滞点的训练者来讲，我们建议你主要可以从以下两个原则入手：第一，我们可以根据粘滞点的先后顺序进行解决。这个是最常见也是适用范围最广的方法，比如你有离心阶段能力不足以及后半程粘滞点的问题，那么我们应当先解决离心阶段的难点再去考虑后半程粘滞点的提升。因为如果不解决离心时的粘滞点，它同样会一直给我们的后半程带来过多的预先体力消耗，无形中增加后半程蹲起的难度。不过，如果你采取的是这种顺序判断方法，那么我们建议可以先把卡幅度能力去掉，只按照出杠能力—离心阶段能力—启动能力—后半程能力这四个环节的顺序进行判断。毕竟卡幅度能力虽然重要，但是它更加适合高水平的运动员才能发挥其最大的优势。

第二，我们还可以根据粘滞点的重要性进行解决。在深蹲时所遇到的五个粘滞点中，最重要的就是出杠能力！这是很多爱好者都没有搞清楚的地方，在他们看来出杠并不是很重要，只要走出来扛好杠铃就行了。但是，你要知道如果出杠较差，那么便会直接导致你在深蹲时动作变形，根本不可能完成大重量的试举。所以，在深蹲所遇到的五个粘滞点中，最需要第一个被重视起来的就是出杠能力！其次，第二个关键的是你的启动能力，这也是很多训练者最终会出现深蹲失败的原因之一。第三个就是离心阶段的能力，这个会随着你的深蹲重量越来越大而逐渐暴露出问题来。有很多训练者自身没有养成一个好的深蹲节奏便开始盲目追求重量上的突破，这便会导致离心阶段较困难，不敢下蹲或完全控制不住下蹲速度的现象出现。而至于后半程能力以及卡幅度能力，我们建议大家可以根据自身的情况来判断，如果你的训练能力较低，那么先安排后半程的提升相对更加适合。相反，如果你是高水平的运动员，我们相信你应该很少会遇到后半程困难的现象，此时应该更多关注的是如何让自己养成一个最佳幅度的深蹲习惯。

卧推及专项辅助训练

卧推是三大项动作中比较特殊的一个，它相比深蹲和硬拉在动作设计上无法拥有正常的发力流畅感，很难养成一个固定的发力节奏。导致这个情况出现的最重要原因是因为你必须将杠铃放到胸上停稳后，听到裁判的口令喊"press"才可以推起，这便极大程度上增加了卧推成绩的不确定性。虽然我们可以通过训练来让自己尽可能控制杠铃在胸口停稳的时间，但是我们却无法控制裁判是否会在同时给出向上推起的口令。并且，卧推相比深蹲和硬拉无法充分调动下半身的肌肉参与到发力中，即使是我们前面提到的腿驱动所带来的帮助也是很有限的。这种种困难和阻碍便导致了卧推相比其余两个动作更容易出现粘滞点！

因此，如果你想让自己拥有一个高水平的卧推成绩，那么你必须做好各种跟卧推有关的准备，比如如何应对你的粘滞点，如何掌握一个标准的动作姿势以及如何改善卧推时所需要的相关肌肉质量，这些都是十分关键的！而在开始这些的第一步，你必须要拥有一个标准化的力量举卧推姿势，这是帮助你尽可能调动身体肌肉参与到卧推中的关键，也是提升卧推所需神经控制能力的基础。

卧推的标准化动作姿势

卧推的标准化动作姿势对于每个训练者来讲都是十分重要的！它受每个人的身体结构以及现阶段肌肉力量的强弱区域决定，你必须根据自己的特点来做判断，细节到双手间的握距到底宽还是窄更

适合你，双脚的距离怎么安排或者位置怎么摆，这些都会直接影响到你的卧推成绩。特别是对于那些身高较高、手臂较长的训练者，如果不选择最适合你的姿势进行练习，那么反而会容易使你出现受伤的风险。相反，对于那些柔韧性极强、手臂较短的具有很强卧推天赋的训练者，你更需要选择最适合自己的姿势才能充分实现你的卧推天赋，一味地采用最大握距或者最高起桥并不是最佳的选择方案！

头部：在卧推时我们要首先保证头部放在椅子最合适的位置，你不能躺的太靠上，那样会让你在出杠后杠铃下降过程中容易触碰到卧推架。而如果选择往前拉杠铃，也会容易导致杠铃落点不佳进而改变原本正确的发力模式。相反，如果我们躺的太靠下，头部离开椅子顶端较远，那么会可能出现在出杠时肩关节承受压力过大，或者回杠时肩关节超伸被拉伤的问题。正确的头部摆放位置应当是选择躺在杠铃位于眼睛正上方，这样不仅可以避免出

杠时的困难，也不至于影响你在回杠时的肩关节健康。当我们确定好头的摆放位置后，接下来要做的就是确保在卧推全程不要抬起头部，让头部始终紧贴椅子。当然，有的力量举组织的比赛中，卧推是可以稍微抬起一点头部的，这种做法可以有助于减少我们杠铃在离心阶段的难度，帮助三角肌以及上背部更好地承担离心发力。但是，要注意的是像IPF这类比赛规则较严格组织，是绝对不允许抬起头部的，并且头部抬起时如果幅度过大，还容易使我们的上背部松弛，反而对提高卧推成绩不利。

双手：卧推时双手的姿势和摆放方式是卧推动作姿势中最重要的一环，很多人都是因为双手的握距或握法不符合自己的身体结构或肌肉强弱区域，所导致卧推成绩不高。首先，我们要确定的是你的握法问题。卧推时最正常也是比赛规则要求的握法是大拇指包裹其余四指，也就是最常见的全握。锁握并不是十分推荐的握法，它对于提升卧推成绩并没有太多直接的帮助。有的高水平运动员会采取特殊的"日本握"，但后者已经在一些组织的比赛中被限制使用，并且对于训练者腕关节的压力极大，我们在这里不多做介绍。不过，一定要注意一个问题，即卧推时千万不能采取半握，也就是五根手指在杠铃一侧的"开握"握法。这种方式不仅是比赛所禁止的，更会容易造成杠铃从手掌滑落，甚至直接砸到脖子上出现严重的生命危险！第二个我们要确定的就是杠铃怎么握的问题？我们建议大家将杠铃放在拇指肚那里，而不要将杠铃放在手掌中部或者更靠上的部位，这种错误的握法会使你的手掌以及手腕承受更多的压力，不利于我们在训练时更好地将手臂以及肩部的力量传送到杠铃上。把杠铃尽可能放在拇指肚那里可以很大程度减轻腕关节所受到的压力。最后一个我们要明白的就是双手间的握距究竟该怎么选择？这是导致我们卧推成绩高低的最关键因素！

我们建议大家在握距选择上一定要根据自己的身体结构以及肌肉强弱区域进行判断。如果你选择最大握距，即食指扣住杠铃上81厘米的标线，那么它相对来讲更适合手臂极长或极短的运动员。因为最大握距意味着最小杠铃做功距离，所以这无论是对于手臂很长还是很短的爱好者都是很有帮助的。手臂较长的运动员可以因此不需要肱三头肌释放强大的力量，而手臂较短的运动员则因此可以把原本很小的做功距离进一步缩短，这两种情况都是很有助于卧推成绩提升的。不过，要注意的是这种最大握距对于训练者的三角肌前束以及胸大肌外侧的力量和柔韧性要求极大。有很多训练者自身这两个部位的肌肉并不是十分强大，并且在训练前也缺乏针对性的拉伸训练，如果贸然采取这种握距反而会出现拉伤自己肩部或胸部肌肉的情况。

如果你选择较小的握距，双手间握得更窄，比如握在双手小拇指都在杠铃81厘米表现内侧一点的距离，那么它相对来讲只适合手臂较短的运动员，往往他们双手伸开的手臂长度不会高于自己的身高。因为这种较窄的握距意味着杠铃更长的做功距离，如果你的手臂较长，那么显然不利于你的卧推成绩的提升。只有可能是适合那些相对来讲手臂较短，但是肱三头肌力量较强的训练者使用。如果你属于三角肌前束和胸大肌外侧较强，肱三头肌较弱的话，那我们推荐稍微宽一点的握距。相反，我们更推荐稍微窄一点的握距。尽管身体结构很重要，但你在选择握距时也不能不考虑现下自身肌肉的强弱区域。比如，尽管你的手臂较长，但是你的三角肌前束以及胸大肌外侧都不强，那么我们也不推荐你立刻换成较宽的握距，反而应当是在大重量卧推专项训练时继续使用现有握距，然后通过轻重量的卧推专项辅助训练以及针对性的肌肉训练来逐渐拉宽握距，通过重量上的增长慢慢使自己熟悉新的握距。如果立刻改成理论上的最佳握距，身体反而会容易受伤。

肩背部：肩背部也是卧推中很重要的一个环节，正确的肩背部姿势可以帮助我们获得一个强大的卧推启动能力以及稳定的卧推离心阶段的能力。我们需要首先确保肩膀以及上背部充分向下并向后夹紧，甚至可以在训练凳或衣服的上背部涂抹镁粉来增加身体与椅子的摩擦力。只有上背部以及肩部充分收紧，我们在杠铃离心阶段才会变得更稳，不会让自己的胸部或肩部承受更多的压力。具体的做法应当是想象你自己在做高位下拉一样，利用上背部力量将杠铃拉向你自己，而不是让上半身被动地去承受杠铃下落。这也解释了为何我们之前说卧推时背部肌肉力量同样很重要的原因所在。使用背部将杠铃拉向自己不仅可以使杠铃下降得更轻松，还可以使杠铃在胸口停得更稳。要知道在力量举比赛中，如果你的杠铃在胸口始终没有挺稳，杠铃一直出现左右或上下晃动的现象，那么裁判是不会给你口令让你推起的。

在向上推起时，你也必须充分保证肩背部完全夹紧，否则你便无法拥有一个强大的爆发力，会出现因肩部晃动所导致的杠铃推起时轨迹不稳定的现象。这个在很多力量爱好者卧推时都会出现，特别是当你使用触胸就推起而不是完全停稳再推起的方式时，你会发现你的杠铃在触胸后会有个前后位置的变化，出现这种现象的原因便是肩背部没有充分夹紧。如果你想让你的肩背部在卧推全程都保持强大的紧张感，首先要做的就是在躺下时便充分夹紧上背部，不管是之前我们所说的使用镁粉，还是双手握住卧推架两端，然后用力来回向内挤压上背部都是很不错的方法。其次更重要的便是最好让你的朋友帮助你出杠，而不是你自己将杠铃从卧推架推起然后进行卧推。后者会因为出杠的一刹那导致上背部松懈，进而在卧推前无法再次收紧。

此外，在卧推时充分夹紧上背部以及肩部还可以帮助我们获得一个更好的"背桥"。很多人在卧推时都会有起桥的习惯，这种方式是很好的缩短卧推做功距离，提升卧推极限成绩的方法。但是  很多人在具体起桥的过程中，却不小心把原本应当起的"背桥"变成了"腰桥"。即你应当充分顶起的是上背部以及胸腔，而不是去用力将腰椎向上顶起。因为卧推时杠铃最终在身体的落点是下胸处，而不是腹部。使用腰桥不仅无法帮助你获得原本起桥的价值，反而还会给你的腰椎带来强大的压力，并且不利于你借助腿驱动发力。

手臂：在了解卧推时手臂的动作姿势前，你需要先明白一个问题即卧推时手臂释放力量的源泉是你的肱三头肌并非肱二头肌。后者不会给你的卧推成绩特别大的帮助。在卧推时，很多训练者都曾经提到过要注意双手用力去掰杠铃，这样可以使你更多激活肱三头肌的力量。这种说法理论上是没有任何错误的，但是根据Ray Williams的建议，他并不会在卧推时考虑太多用力掰杠铃的问题。他说在他卧推教学过程中，发现很多训练者都会出现因为过多注意掰杠铃这个动作，导致自身的肘关节出现过于明显的向内夹。虽然在卧推时肘关节要向内夹紧，但如果幅度过多或用力过明显反而会导致肘关节的不适感。其次，在卧推时我们也要注意不要让大臂打开明显，呈现"开肘"卧推的姿势，这会对于你的肩关节同样是极其强大的损伤。正确的手臂姿势就是在确立双手间握距后，推起杠铃至杠铃离开卧推架，然后屈臂并屈肘向下至杠铃与胸部接触，注意过程中肘关节适当向内夹紧，但不要过于明显，然后再发力向上推起杠铃至手臂伸直即可。

无论是在卧推的大重量训练还是专项辅助训练时，我们都要求训练者必须每一次都完全伸直手臂，而不要只是保持肌肉持续收缩。因为此时你的目的是大重量或专项的动作训练，而不是要增长肌肉，所以如果不伸直手臂反而时间久了会带来卧推后半程能力较差的问题，不利于卧推成绩的提升。

胸部：卧推时胸部的姿势是十分关键的，这其中不仅跟胸部打开程度有关，更跟胸部与杠铃的位置落点有密切关系。可以说胸部的姿势同双手以及肩背部一起是决定你卧推成绩高低的最重要的三个姿势。首先，卧推时胸部打开的问题我们在之前讲解上背部时已经有过提及，在杠铃下降的离心阶段，我们需要做的是利用背部力量将杠铃拉向自己，并且同时打开胸腔尽可能顶起上背部以及胸部让胸去接触杠铃。这样不仅可以让你获得最短的做功距离，同时还可以避免身体在离心阶段力量消耗过大的现象出现。千万不能只是让胸部保持正常，否则让杠铃被迫"砸"向你的做法是不利于卧推成绩增长的。

其次，你必须要确定杠铃与胸部接触的位置落点，很多人都在卧推训练时犯过一个错误，即将杠铃放的位置过于靠下，甚至直接将其放在上腹部。这种做法是完全不利于卧推成绩增长的，并且严重的还会导致肩关节的伤病。你应当保证的是让杠铃落到下胸处，而不是上腹部。后者会直接导致你的卧推在屈肘下降杠铃到完全推起杠铃至手臂伸直这个过程内出现做功路径呈一条斜线的现象，这是十分不利于我们的卧推成绩增长的！要知道，最省力的方式是两点间直线做功距离最短，也就是说要保证你的卧推在做功时呈直线而不是斜线。如果你采用杠铃落点在上腹部这种错误的姿势，那么你必须让你的肘关节更多的向前屈肘，进而出现做功路径呈斜线的现象。Larry Wheels也曾说过，在他培训卧推时就曾发现很多力量爱好者的杠铃都落的位置太靠下了，这样是不利于你的三角肌正常发力的！

当然，也有的训练者会出现杠铃落在下胸处，但已经做功路径呈斜线的情况。这种问题出现的根源往往离不开其错误的出杠方式：很多人都只是简单地将杠铃从卧推架推起，并且确保距离卧推架有一定距离，下降时不会出现杠铃触碰卧推架的情况便开始进行卧推了。而这种情况恰恰是最不正确的出杠方式，标准的出杠方法应当是让你的朋友保护你帮你把杠铃带出来，然后向前水平带到你接近下胸正上方的位置再松手，你就可以直接屈肘进行卧推，不用再去向前移动杠铃或者向前屈肘出现做功路径呈斜线的问题。

肘关节：肘关节的问题我们在前面其实有过提及，正确的姿势是肘关节需要向内夹，但不能过分，否则你的肘关节会感受到极强的不适感。并且，要注意坚决不能出现"开肘"卧推的情况，后者会直接影响你的肩关节健康。很多使用低杠位深蹲的训练者容易在卧推时出现因低杠位所导致的肘关节疼痛感，我们建议大家可以考虑使用护肘或者将大重量卧推训练日与大重量深蹲训练日相隔开进行练习。你可以在一周内先安排大重量的卧推，然后隔几天再进行低杠深蹲，那么便不用担心肘关节的疼痛会影响到你的正常卧推训练。此外，在卧推时一定要注意全程双手用力充分握紧杠铃，如果你的手腕或手臂力量不足，那么便会出现肘关节抖动的现象，这个对于大重量卧推时的肘关节健康是十分不利的。

腰腹部：在之前的讲解中虽然我们提到了卧推时需要构建的是"背桥"而不是"腰桥"，但是在实际操作的过程中，即使你使用"背桥"，你的腰部同样会感受到一定程度的压力。我们建议大家在卧推时需要充分保持腰部的紧张感，否则一旦腰部出现松懈，那么便会直接影响你的"背桥"的高度。特别是在杠铃触胸的一刹那，身体因为受到大重量的外力影响，很容易出现腰背部无法收紧导致"桥塌了"的现象。此时除了本能的保持腰背部的紧张感外，我们还可以借助特殊的卧推腰带来帮助你提供更好的支撑感。如果你没有特殊的卧推腰带也可以使用正常的力量举腰带，只不过要注意别扎得太紧，否则会不利于你的正常呼吸以及卧推时的发力感。好的腰带不仅可以给你提供腰背部的支撑力，更可以帮你一定程度缓解腰背部所受到的压力。

臀部：卧推时臀部需要注意全程保持夹紧，并且充分紧贴训练椅。很多运动员都会因为臀部姿势的缘故在卧推比赛中被吹罚犯规，其原因还是在卧推时出现了臀部离开椅子的现象。这种现象出现的原因往往与训练者自身无法找到正确的腿部驱动有关，进而出现了臀部向上抬起的错误发力方式。要知道的是，你的腿部驱动的力量来源是腿部的发力，而非臀部驱动或者说靠臀部向上抬的发力。正确的做法是让你的臀部充分收紧，并且用力挤压训练椅，这样便可以帮助你把腿部驱动所获得的力量充分转移到杠铃的推起上。如果你的臀部在卧推时是松散或者无力的，那么你的腿驱动力量再大也不会对你的卧推成绩有什么帮助。

腿部：腿部驱动一直都是很多训练者所追求的，其实对于有一定训练经验的爱好者来讲，大家都是掌握腿部驱动的，只不过可能掌握的并不全面，或者说没有掌握到最核心的环节以至于自身的卧推成绩并没有特别大的变化。之所以这么说是因为你可以试一试将双脚抬离地面后你的卧推极限成绩是否相比双脚正常踩在地面上时有变化，除非这两个成绩完全一样，否则你的腿部驱动还是多多少少存在的。如果想练习腿部驱动，那么你必须先弄清楚腿部驱动的力具体的力量表现或者释放路径是什么？手臂极长但同时可以

完成220 kg卧推的Cailer Woolam曾经说过，腿部驱动的力不是双脚向下踩地获得的竖直向上的力，而是双脚向前踩获得的一个向后的反作用力。这也是为何我们说臀部夹紧才可以有助于将腿部驱动的力更好地传递到杠铃上的原因。如果你只是用力向下踩，那么力量的回馈点是你的膝关节，这对于卧推是没有什么帮助的。

其次，这也是为何很多训练者说到的在卧推时他们感受到杠铃在推起时是有一个斜向后更靠近自己头部的运动趋势的原因。因为当你借助到强大的腿部驱动时，你会有一个稍微向后的发力趋势，但这并不意味着你可以在推起的时候斜着向身体的后上方卧推！这个是一定要避免的！很多训练者在训练时其实只是单纯的向身体后上方推起杠铃，这其中根本没有任何腿驱动所带来的正面效果。盲目的向身体后上方进行卧推会容易导致肩关节的损伤，严重的甚至还会使杠铃砸向你！

在感受腿部驱动的训练方法上，我们建议大家最好还是用轻重量进行速度练习，这可以帮助你更好地感受腿部驱动的发力感，盲目使用大重量的结果是身体只会按照之前最熟悉的方式发力，不利于培养腿部驱动的发力习惯。其次你也可以找一个朋友用双手按压住你的股四头肌近膝关节的部分，如果你的腿驱动明显，那么他会有很强烈的双手被推动的感觉。

双脚：卧推时脚的姿势主要受限制于不同力量举组织的卧推规则。在IPF体系的卧推规则下，训练者是必须要求全脚掌着地，全程不能出现任何的脚后跟或脚尖抬起的现象。此时你能做的便是双脚完全踩地，并且最好使用举重鞋这种即方便发力又不会因为鞋底不平所导致的让裁判员误认为你抬起脚的现象。全脚掌同时踩地相对来讲会更有助于你的腿部驱动，双腿的发力会更加充分和全面。但是它对于训练者的柔韧性要求极高，如果你的柔韧性较差，双脚又必须完全接触地面，那么你的"桥"便不可能搭建的特别高。而在其余力量举组织的卧推规则中，你是可以脚后跟抬起的，也就是采取踮着脚尖的姿势进行卧推。这种方式可以帮助我们一定程度上弥补身体柔韧性的不足，尽可能将双脚向头部踩地，获得更高的"桥"的高度。但是脚后跟抬起的方式会一定程度上降低身体的稳定度，并且不利于充分发挥腿部驱动的力量。所以，如果你的柔韧性没有问题，两种脚的摆放姿势都可以采用，那么你便需要根据自身的特点以及需求来挑选最适合自己的姿势。

当然，双脚与训练凳之间的摆放位置也同样重要，有的训练者喜欢将双脚更多的向内踩，也就是让双脚更靠近训练凳，这种做法会让你的臀部拥有更强的紧张感，有助于搭建更高的"桥"。也有的训练者喜欢将双脚适当分开一定的距离，并且双脚脚尖呈外八字，这种做法虽然没法保证足够高的"桥"，但却可以让你的腿部驱动释放更多的力量。因此，如何选择双脚与训练凳之间的位置，也需要每个训练者根据自身的情况做出判断。

此外，我们建议大家在双脚找好位置后便向后躺下立即收紧身体并握住杠铃，而不是让自己先躺下再找好双脚的位置。后者不仅不利于我们收紧身体，更对于构建一个足够高度的"背桥"没有什么太大的帮助。如果你觉得先踩好双脚再向后并向下躺困难的话，你可以选择从卧推架后面进入，双手先握住杠铃，双脚踩住地面然后用力把身体向前并向上顶，当全身都充分收紧后再躺倒椅子上。这种方式同时还可以帮助你获得更高的"桥"。

呼吸方式：很多高水平的运动员会建议你在卧推时更多采用胸式呼吸的方式，其根本原因还是希望借助胸式呼吸来让胸腔打开的程度更明显，从而有助于卧推在离心阶段的动作表现。我们建议大家可以将卧推的呼吸方式细节化看待：第一步先吸气将杠铃推起出卧推架并完成出杠，进行1～2次快速的强有力的呼吸并在最后一次完全吸满气，将胸腔充分向上挺然后屈肘将杠铃落到下胸处，待杠铃停稳裁判喊"press"口令后再推起杠铃至手臂伸直。你需要注意的是，在杠铃下降直至手臂完全伸直这个过程内请千万注意不要换气或呼吸，特别是当杠铃在胸口停稳后，如果你进行呼吸或换气，那么会直接导致你的身体肌肉松懈，严重不利于卧推启动时的爆发力释放。这其实也从侧面揭示了为何在卧推时离心阶段的能力是相当重要的原因之一，如果你在离心阶段消耗了大量的时间和体力，身体无法承受长时间在大重量压迫下的闭气，进而出现被迫的呼吸换气的话，那么显然是不利于卧推成绩增长的。

常见错误：

头部位置靠上或靠下。

头部在杠铃下降时明显抬起。

出杠前或卧推时肩背部没有充分收紧。

双手握距不合适。

杠铃握在手掌中上部，腕关节压力较大。

肘关节过于向内夹紧或明显打开。

杠铃下降至上腹部。

杠铃在下降到推起的过程中做功路径呈斜线。

腰部明显向上顶起而非背部向上顶起。

臀部离开训练凳。

双脚姿势不正确。

杠铃触胸后进行呼吸或换气。

计划安排： 我们建议大家在安排训练计划时，需要在一个周内安排两个卧推训练日。其中一个为大重量的卧推专项训练日，另外一个则是改善卧推技术的速度训练日或者是突破卧推粘滞点的专项辅助训练日。卧推与深蹲和硬拉不同，其消耗的肌肉群都并不需要特别长的恢复时间，并且卧推自身是必须建立在一定训练量基础上才能够获得一定明显进步和提高的。如果你使用一周一次这种低频率训练方式来提升卧推，那么效果反而会不好。当然，也没有太多必要进行一周三次的卧推训练，除非你是只比卧推单项的运动员，否则这种过于密集的安排方式会直接影响你的深蹲和硬拉训练效果。

卧推专项辅助训练

深蹲是三大项动作中粘滞点最多的，而卧推则是三大项动作中粘滞点出现时克服难度最高的。卧推虽然相比深蹲的粘滞点少一个，但是卧推每个环节一旦出现粘滞点都是很难克服掉的，这并不像深蹲时还可以通过不标准姿势的借力去完成重量。卧推时如果你希望通过不标准的姿势进行借力，那么很容易导致你的动作出现犯规，直接被取消这一次试举的成绩。并且，深蹲时出杠能力的好坏虽然一定程度上会影响启动能力的高低，但并不是十分绝对的，我们也能看到有很多人出杠很困难，但是在蹲起时还是比较轻松的。但是在卧推中则不然，如果你一旦在离心阶段浪费大量的体力，因为需要听口令才能推起的缘故，往往会直接导致你由于前一个环节没做好进而直接试举失败的情况。

卧推时所容易遇到的粘滞点主要集中在四个区域：出杠时—离心阶段—听到口令后的推起时—最后伸直手臂完成锁定。这四个区域中出杠能力是首先要关注的第一个环节，如果出杠不稳或者出杠时你就感觉到极强的重量压迫感，那么试举成功也会显得十分困难。而离心阶段是同样是很重要的环节之一，如果离心时速度过慢会导致体力消耗较大，进而影响之后的动作表现。但如果离心时速度较快同样会有可能使得杠铃无法在胸部停稳，迟迟得不到推起的口令。在卧推中最容易失败的往往是后面两个环节，即启动能力与后半程能力的强弱。它们有的跟训练者自身的身材结构有关，比如手臂较长的人因为做功距离较长所产生的先天性的后半程锁定困难。或者手臂较长的人在杠铃触胸时，出现因为大臂位置过于靠下所导致的三角肌前束压力巨大，几乎只能通过肩部力量完成启动的现象。当然，除了训练者的身材结构特殊外，自身没有经过针对性的辅助训练也是容易导致启动能力或后半程能力较弱的原因之一。这里我们所说的有缺乏提升神经控制能力的卧推专项辅助训练，也有缺乏改善肌肉质量的肌肉辅助训练。

出杠能力

同之前我们讲解深蹲时一样，出杠的好坏可以直接决定着你的试举重量。卧推不像深蹲一样需要身体大幅度的向后移，出杠能力的好坏并不会直接影响身体的平衡性。但是，卧推出杠时如果表现较差，那么会直接导致你的肩背部无法充分收紧甚至出现因来回晃动所导致的背部松弛。这个对于即将要进行的卧推动作是一个很危险的信号。不过，卧推时的出杠能力相对深蹲时更好训练，你只需要先让身体根据前面我们提到的卧推标准动作姿势的要求准备好，再让一个跟你熟悉的朋友帮助你出杠即可。一个好的出杠人员

的辅助是完成好的出杠的重要组成部分！其余的是你完全可以通过标准好的准备姿势以及适当针对性的训练就可以达到的。

出杠训练

姿势：双脚先找准正确的位置，然后保持双脚不动身体向后躺并握住杠铃，肩部以及上背部充分收紧，在柔韧性允许范围内将上背部尽可能向上顶起，双手握住杠铃处于最佳握距。让朋友帮助出杠至准备屈肘卧推的位置，然后保持这一姿势10～20秒。

注意事项：一定要先确保身体做好充分准备，将各部位需要收紧的肌肉完全收紧后再进行出杠练习。其次，一定要让朋友保护你出杠而不是自己出杠，虽然自己出杠难度更大，但是对于卧推时的模拟效果并不好。此外，一定要注意在静态支撑杠铃时继续保持身体充分紧张，不要出现任何部位乱晃动的现象。

重量：可以使用正常卧推的极限重量或比极限高出10%的重量进行练习。

组数与次数：3～5组，每组1次，每次进行10～20秒静态支撑练习。

变式动作：我们也可以用一条弹力带绕过训练凳下部并绑住杠铃两端进行练习，这种方式会加大出杠时的难度，并且使得杠铃+杠铃片+弹力带的重量相比只有杠铃+杠铃片时更大，因此你也需要适当注意弹力带阻力的选择，不要导致总重量大幅度超过自己的正常卧推极限。

价值：出杠训练可以帮助我们提升出杠能力，并且一定程度上强化腕关节周围的肌群。好的出杠能力是好的卧推成绩的第一步！

如何辅助出杠？

你需要一个有经验的训练伙伴帮你出杠，而不是简简单单找个人帮你把杠铃拿出来就完事。正确的辅助出杠的方式是让你的训练伙伴先帮你把杠铃从卧推架上拿起来，注意此时不要让你的朋友用太多的力，你自己也必须使用一定的力量，否则当他松手后你会突然间感到大重量猛烈地压向你的手腕，不仅对神经是一个较强的冲击，更会在一定程度上影响你的上背部收紧能力。接下来你需要让你的朋友帮你把杠铃在水平位置上向前移到接近你的下胸正上方的位置，此时他需要帮助你使用较多的力量将杠铃向前移，而不要让你自己发力去做一个杠铃的直臂下压，这会同样使你的肩背部出现松弛的现象。需要注意的是一定要让你的朋友把杠铃送到正确的位置后再松手，而不要出现任何的前后位置偏差的情况，否则你自己再去做位置上的调整的结果就是使得你的身体无法充分收紧，浪费更多的体力进而影响你的卧推极限成绩。

计划安排

我们建议大家将出杠训练放在卧推专项辅助训练日进行练习，而不要放在卧推专项训练日。后者因为需要安排大重量的卧推专项训练，如果再在训练之前加上出杠练习，很容易使你的训练变得低效。但如果选择在大重量训练之后进行出杠练习，那么便会有一定的损伤腕关节的风险。而卧推专项辅助训练日使用的重量都不会像卧推专项训练日时绝对数字那么高，在其中安排3~5组的出杠训练是不会有太多影响的。我们建议大家在进行出杠训练的当天最好也安排杠铃正握弯举的练习，这样便可以从神经控制能力以及肌肉质量两个方面提升你的出杠能力。

离心阶段能力

在卧推时离心阶段是十分重要的一个环节，因为标准的比赛卧推中你必须将杠铃在胸部完全停稳后，听到裁判的口令才可以推起。而裁判喊口令的快慢则是根据杠铃是否在胸上停稳所决定的，所以你必须具有一个极强的身体对杠铃下落速度、下落点以及下落稳定程度的把控才能够做到使裁判尽快给出可以推起的口令。而这个能力就是你在卧推时离心阶段能力高低的表现！同之前我们讲解深蹲时一样，在卧推时你同样可以选择快速下放杠铃或慢速下放这两种不同的发力节奏，但是一定要注意避免出现混乱的发力节奏，即你选择了快速下放就不要在平时训练时还进行有控制的慢放，这会使你的神经产生对动作和发力模式的记忆混乱，不利于极限重量的提升。

快速下放杠铃和慢速下放对于卧推是有着不同的优缺点的：快速下放杠铃有助于减少我们在离心阶段的体力消耗，可以更好储备力量作用到我们最关键的推起阶段。但是过于快速的下放杠铃有可能使我们的肩背部承受较大

的压力,并且容易出现杠铃因为下降速度过快所导致的无法在胸前停稳的现象。相反,慢速下放虽然可以帮助我们的肩背部不会承受特别大的压力,并且有助于把杠铃更平稳地放到胸前,但是却会使你在离心阶段消耗过多的体力,不利于推起时的力量释放。因此选择哪种下放节奏是每个力量爱好者需要根据自身的特点进行判断的,不过你要明白无论是快速的下放还是慢速的下放都是建立在神经控制的基础之上的,你不能出现因为害怕重量所产生的被迫慢放或者毫无准备的直接把杠铃自由落体般砸到胸上,这两种毫无神经控制的离心表现都是不利于卧推成绩提高的。

离心阶段能力较差的原因

如果你的离心阶段能力较差,那么我们请你一定要先根据之前我们提到的标准化动作姿势先进行一遍过滤,看看自己是否有因为动作或者基本发力模式不正确所导致的离心阶段能力较差的情况存在。在我的力量训练教学经历中,有很多学生都是因为在下降杠铃时上背部以及肩部没完全收紧,胸部没有充分打开,身体不习惯借助背部力量向下拉杠铃导致自己出现离心阶段时身体无法很好地控制杠铃的速度。如果你不幸也属于这个范畴,那么我们建议你一定先拿出单独的时间学习标准的卧推姿势和发力模式,哪怕只使用轻重量进行做组练习都是可以的。

当然,也有的训练者是因为缺少针对性的训练所导致的离心阶段能力较差,在这部分人群中往往很多人是因为习惯了平时触胸就推起的卧推方式,不习惯需要将杠铃完全在胸口停稳所产生的身体对这种发力方式没有固定记忆,进而产生离心阶段能力较差的现象。对于这部分训练者只要安排适当的针对性训练,便一定会获得不错的提升效果。此外,也有一部分人是因为肘关节、腕关节周围的肌肉质量较差或关节原有的疼痛感所导致的不敢将杠铃放下去。如果你属于这种情况,那么我们建议你最好在强化关节周围肌肉的基础上,先将关节疼痛感养好,驱除伤病再进行训练才是最关键的。

慢速离心卧推

姿势:双手握住杠铃采用正常的卧推姿势进行练习,只不过需要注意在杠铃下降的离心过程最好控制在3~5秒,当杠铃触胸后即可立刻向上推起杠铃。

注意事项：首先，一定要保持下降过程控制在3～5秒，过快的离心下降速度反而不利于慢放杠铃能力的提升。其次，在慢速离心的过程中一定要注意保持全身充分紧张，并且不要出现任何动作或姿势上的变形。此外，在下降前一定要用力吸满气，不要出现因气息不足且离心时间过长所导致的在下降时进行换气的现象，这样一旦养成习惯是不利于卧推成绩提升的。

重量：使用正常卧推极限重量的50%～70%进行练习。

组数与次数：3～5组，每组进行3～5次。如果使用3*3训练时，最好使用61%～70%的极限重量。而如果使用5*5训练时，可以使用50%～60%的极限重量。

变式动作：我们可以选择将杠铃放在胸口停留1～2秒后再推起，即把慢速离心卧推变成慢速离心间歇卧推。这种办法可以同时增加我们卧推启动阶段的能力，并且有助于更好的锻炼你在力量释放过程中无氧呼吸的能力。此外，我们还可以使用特殊材质的竹子杠铃（bamboo bar）进行慢速离心卧推。这种杠铃自身材质很软并且十分具有弹性，在下降过程中会极其容易出现明显的形变和强烈的抖动，对于加强训练者自身在卧推时的身体稳定度以及慢速下放杠铃的能力有着极大的促进作用。

价值：慢速离心卧推不仅有助于解决我们离心阶段较困难的问题，还是很好的提升卧推姿势，优化卧推动作细节的辅助训练动作。在极慢速的下放过程中，任何卧推动作的瑕疵都会被暴露的十分明显。

加速卧推

姿势：使用正常的卧推姿势进行练习，不过需要注意的是要适当加快杠铃下降的速度，并且在杠铃触胸停稳后，保持1～2秒的间歇再向上推起杠铃。

注意事项：我们所说的加速卧推指的是在离心阶段稍微加快杠铃下降的速度，这个加快的概念指的是身体在有控制并且神经提前做好准备的前提下进行加速，而不是无限制无准备的一味地追求快速下放杠铃。后者这种错误的姿势不仅不能够提升你的离心能力，反而还会容易把身体弄伤。在进行加速卧推时，请你一定要注意在杠铃接近触胸前需要有一个明显的节奏变化，即适当轻微放慢一点速度，否则如果不做适当的减速，那么杠铃会直接在胸上弹起，完全与卧推比赛时的规则背道而驰。长期要是形成这种错误的发力记忆，更会直接影响你的卧推成绩。此外，一定要让杠铃在胸口停稳后再推起，而不要是触胸后就立刻推起，后者会让你养成很糟糕的弹胸卧推的坏习惯。

重量：使用正常卧推极限重量的50%～70%进行练习。

组数与次数：3～5组，每组进行3～5次。如果使用3*3训练时，最好使用61%～70%的极限重量。而如果使用5*5训练时，可以使用50%～60%的极限重量。

变式动作：可以使用弹力带绑在杠铃两端并绕过训练凳的下方进行弹力带卧推，这种方式可以利用弹力带的形变获得一个明显的加速下降的力。但是要注意的是你必须找到长度合适的弹力带，否则如果弹力带长度不符合标准很容易出现杠铃即使在最高点都没太强阻力的现象。

价值：加速卧推或弹力带卧推可以很好地提升我们在卧推离心阶段快速下放杠铃的能力，这有助于使我们在卧推的启动阶段以及后半程锁定时保留更多的力量储备。但是，一定要注意不要一味的追逐快速下放杠铃而忽略了杠铃在胸口停稳的时间。如果你的杠铃在胸口停稳花费了很多时间，那么快速下放杠铃所带来的力量节省也就变得没有任何意义了。我们需要追求的理想结果自然是杠铃"快、稳、准"的下降到胸口。

不敢放下去怎么办？

很多训练者在卧推时往往都会有这样一个问题，即不敢下放杠铃，特别是在每次做组训练的第一个卧推时都不太敢把杠铃以正常速度放下去。但是在第二个或第三个卧推时往往就会恢复到正常速度。出现这种情况的原因主要有三个，第一个是心理层面上的畏惧感，这个往往体现在大重量或者要突破极限重量时，身体因神经系统没有对这个重量的记忆出现一定程度上的畏惧。想解决这个问题训练者必须从自身入手，通过合理的计划安排来让自己在最合适的时间去冲击大重量，而不是贸贸然选择隔三差五的就冲击卧推极限，毕竟一次次的失败也会影响你自己的心理建设，给自己一个惧怕这个重量的心理暗示。

第二个则是身体是否完全收紧并做好充分的训练准备，这也是大部分训练者出现不敢放下去的原因所在。很多人第一个放的慢但是第二个放的速度较快，就是因为在完成第一个卧推后身体已经充分收紧并做好准备，所以第二个卧推可以以正常的状态去完成，也就是下放的速度比较快。这个跟硬拉时所容易出现的情况是一样的，很多训练者第一个拉的都没有第二个快，这是因为在第一次硬拉时身体并没有充分收紧，臀位没有处在最佳位置上。但是当完成一次硬拉后，只要你不松开杠铃继续保持原来的姿势，那么你的身体便处于最佳的发力点，自然第二次的完成速度要比第一次更快。所以，如果你属于这类情况，那么我们要求你必须在动作开始前让身体做好充分准备并且完全收紧，这样就不会出现不敢放下去或者发力节奏混乱的现象。

第三个原因则是跟训练者自身没有在大重量做组前进行充分的热身或热身组选择的次数不对有关。理论上讲在热身组时越少的重复次数对于正式组的训练效果会越好，比如你的目标是今天用140 kg做组，但是开始前你会先用120 kg进行热身。此时，如果想节省体力给正式组储备更多的力量，那么你最应当做的是120 kg就推一次就好，如果多推2~3次反而有可能使你自己出现正式组时力量储备不够的情况。但是，这种热身方法并非适合所有人，有的训练者习惯的往往是先用120 kg推3~4次再进行正式组的练习。如果只是使用120 kg完成一次卧推，很多时候他们自身的神经系统无法被充分激活，自然有可能出现在正式组的第一个卧推不敢下放的情况。尽管理论上热身组时越少的重复次数对于正式组的训练效果越好，但是我们也要遵循循序渐进的原则，这样才是最有利于卧推增长的。

请你千万不要小看第一个不敢放下去这种现象，除非这是你自己有意控制下放速度，把第一个卧推做成慢速离心卧推，否则一旦养成这种坏习惯是很糟糕的。要知道在力量举比赛中我们只可能每一轮试举拥有一次机会，你绝对不可能跟裁判说我这个重量推两个，第一个我感受一下重量不算数，你主要看我第二个推的怎么样。如果你想让你的卧推成绩有进步，那么你必须要让自己做到在最短的时间内用最快的速度推起最大的重量！

计划安排

我们建议大家把慢速离心卧推或加速卧推放在卧推专项辅助训练日进行练习，或者使用交叉循环训练的方式安排在硬拉训练日的大重量硬拉训练之后。这两种训练方式前者更偏向针对解决离心阶段的难点，而后者更偏向使

身体以及神经系统保持一定的动作记忆。如果我们选择在卧推专项辅助训练日进行慢速离心卧推或者加速卧推，那么我们建议大家不要忘记在同一天安排针对三角肌前束的训练动作以及针对上背部的高位下拉。其中三角肌前束的训练动作可以有助于我们强化三角肌前束的力量，使你的身体在离心阶段具备一定的肌肉力量基础。而高位下拉则主要是帮助你在卧推离心阶段养成一个利用背部将杠铃拉向自己的发力习惯，而不是被动的靠肩和胸大肌去被动承受杠铃的压力。

启动能力

卧推中最容易失败的点就是当杠铃在胸口停稳，裁判喊推起之后的启动阶段。很多训练者都会多多少少曾经遇到过因为在胸口停留所导致的启动极其困难，身体无法释放强大的力量将杠铃快速的推到一定高度，进而导致试举失败。出现这种情况的原因跟杠铃必须要在胸口停留一定时间，很容易使训练者无法长时间闭气导致力量溃散有关，也跟杠铃完全停稳后身体失去之前离心阶段的初速度，很难借助惯性或者像深蹲时"反弹"发力的办法进行卧推有关。为了解决这个卧推时最困难的一环，我们建议大家一定要根据这两种原因安排针对性的专项辅助训练动作，只是单纯提高三角肌前束或肱三头肌的肌肉力量是无法使你真正解决启动困难的问题的。

我们第一个想到的解决方案就是间歇卧推，通过让杠铃更长时间在胸口停留的方式来增加你的训练难度，以及更长时间无氧呼吸时力量的释放能力。并且，间歇卧推也是最模拟比赛卧推规则的训练方式。其次我们可以使用spoto卧推进行练习，通过解决杠铃距离胸口不同高度时所出现的启动环节的粘滞点来提升你的启动能力。这种方法可以更精准的直接刺激到我们的粘滞点，毕竟不是每个人的粘滞点都是在杠铃触胸的点，有的训练者可能是在杠铃离开胸口2厘米的地方出现粘滞，而有的训练者则可能是在杠铃离开3~4厘米的地方才会逐渐失去继续向上推的力量。此外，我们还可以使用feet up卧推，也就是抬脚卧推。这种方式可以让我们把下肢腿部驱动以及上背部的力量完全卸掉，只依靠胸、肱三头肌以及三角肌发力进行卧推。这种方法会使训练者负责启动阶段发力的核心力量来源无法释放力量，提高你在这种极端情况下运用身体其余部位力量完成启动的能力。

启动能力的训练是每个训练者都必须严肃对待的，它是决定你卧推成绩最重要的一个环节！特别是对于那些手臂较长的训练者，因为身体结构的限制其自身的启动能力原本便比较差，如果不进行针对性的强化训练，那么便会导致在卧推时出现更加吃力的现象。并且，对于一些手臂较短同时可以起很高桥的训练者来讲，启动阶段也是他们卧推训练时最重要的一个环节！因为他们的卧推做功距离本来就短，所以一旦顺利完成启动，那么几乎就意味着卧推试举的成功。如果你想创造属于你的卧推记录，请一定不要忽略启动能力的专项训练！

间歇卧推

姿势：使用正常卧推时的姿势，不过需要注意的是将杠铃放在胸口停留1～2秒后再推起。

注意事项：一定要注意杠铃必须在胸口停留，否则便失去了间歇卧推的意义。至于具体停留的时间，我们建议训练者不要停留超过5秒的时间，否则身体会出现无法继续维持无氧呼吸而导致的被迫换气，后者并不是我们正常卧推时采取的呼吸习惯，如果在训练时养成这样的错误习惯，那么对于卧推成绩的进步是没有任何帮助的。另外，有的训练者在平时就会养成使用间歇卧推进行卧推专项训练的习惯，而不是使用触胸就起的方式进行练习。这两种训练方法都是可行的，但是如果你有参加比赛的计划，那么我们建议你必须给自己在比赛开始前至少一个月的时间进行专门的间歇卧推训练。

重量：使用与正常卧推时相近的重量进行练习即可。

组数与次数：使用与正常卧推训练时的组数与次数进行练习即可。

变式动作：我们可以适当延长在胸口停留的时间来增加卧推训练时的难度，不过一定要注意千万不要超出你正常的呼吸极限能力。

价值：间歇卧推其实就是标准的比赛卧推，所以对于提升卧推启动阶段的能力具有重要帮助。即使你没有比赛的计划，也可以在平时的训练中安排一定量的间歇卧推训练，这也有助于你正常触胸就推起的卧推方式时启动能力的提升。

SPOTO卧推

姿势：使用正常卧推时的姿势，在杠铃正中间缠1~2个护腕然后下降杠铃至护腕与胸口接触，停留1~2秒后再推起。

注意事项：使用一个还是两个护腕主要根据你在卧推启动阶段的具体粘滞点进行选择，太高或太低都会丧失提升启动能力的价值。至于杠铃具体的停留时间，我们建议训练者不要停留超过5秒的时间，否则身体会出现无法继续维持无氧呼吸而导致的被迫换气，后者并不是我们正常卧推时采取的呼吸习惯，如果在训练时养成这样的错误习惯，那么对于卧推成绩的进步是没有任何帮助的。

重量：spoto卧推的极限要比正常间歇卧推稍微高点，使用与间歇卧推相类似的重量进行练习即可。

组数与次数：使用与正常卧推训练时的组数与次数进行练习即可。

变式动作：我们还可以使用不同高度的木板进行木板卧推练习，或者将厚度合适的杠铃片放到胸口进行训练。只不过第一种方式必须有训练伙伴进行辅助，而第二种方式对于保持"背桥"的高度相对较困难。

价值：相比正常的间歇卧推，spoto卧推对于粘滞点的精准刺激更好，它能够帮助你找到在启动阶段最容易出现粘滞的位置并且进行针对性的刺激。

FEET UP卧推

姿势：在具体卧推架稍远的地方放一条卧推训练凳，然后将双脚抬起并放到卧推训练凳上进行正常的卧推训练即可。

注意事项：最好将双腿伸直并放到卧推训练凳上，而不是只是双脚踩在自己躺着的卧推训练凳，后者相对来讲容易使训练者自己借力，甚至会出现

臀部向上抬起离开训练凳的现象。你要注意的是在进行抬脚卧推时你的下肢几乎很难借力，你在推起时所有力量来源几乎都是通过上肢肌肉释放的力量所做到的。此外，你可以选择在抬脚卧推时选择将杠铃放在胸口停稳，当然也可以选择直接触胸就起的方式。

重量：使用正常卧推极限重量的60%～80%进行练习。

组数与次数：3～5组，每组进行3～5次训练。

变式动作：我们可以使用双脚交叉并悬空的方式进行抬脚卧推，这种方式会更加加大上肢肌肉发力的比例，并且进一步弱化你的上背部的肌肉力量。并且，这种方式对于维持身体的平衡性也有极高的要求。

不过要注意，如果使用这种方式，请千万要适当降低你做组训练时的重量。

价值：FEET UP卧推可以很好地帮助你提升在腿部以及上背部两大负责助推启动阶段的区域无法发力时，身体其余部位参与启动的能力。你可以将它配合之前我们提到的间歇卧推或spoto卧推进行组合练习，以获得最好的刺激效果。

为什么不使用启动卧推？

有的训练者会有一个疑问，即为何不在卧推时使用像深蹲时采用启动深蹲训练来提升启动能力一样，使用启动卧推进行针对性的训练。之所以不采用这个动作主要原因有两个：第一，卧推启动困难主要是因为杠铃在胸口需要停顿，如果你选择将启动卧推训练，那么最大的一个问题就是杠铃并没有真正在你的胸口停留多长时间，或者说当杠铃放在你的胸上的时候，保护架帮助你承担了杠铃的重量，你的身体根本不会感受到任何明显的重量压迫感或呼吸困难感。所以如果采用启动卧推进行练习，根本无法参考启动深蹲时

那样相似性较强的应用环境，对于提升卧推的启动能力并没有太大的帮助。第二，很多手臂较长的训练者在进行启动卧推练习时往往会由于手臂较长、肩部拉伸较明显所导致肩关节受到损伤，更不利于卧推重量的提高。因此，综合上述两种情况考虑，我们不建议大家使用启动卧推进行练习。

计划安排

如果你选择使用间歇卧推作为提升卧推启动能力的辅助手段，那么根据之前我们提到的，你甚至可以直接选择将间歇卧推替代正常的卧推放在卧推专项训练日进行练习。由于间歇卧推同样需要使用较大的重量，因此放在专项训练日要好过单独再拿出一个训练日进行练习，后者会有可能导致你的身体恢复速度较慢。并且，spoto卧推也可以像间歇卧推一样替代正常卧推并放在卧推专项训练日进行练习。唯一有区别的是抬脚卧推的安排方式，我们往往会建议大家将它放在卧推专项辅助训练日进行练习，这样不仅不会影响肌肉与神经的恢复，还可以有助于我们启动能力的提升。

当然，如果你平时习惯了触胸就起的卧推方式，那么我们建议你可以在训练计划中单独拿出一个月的时间使用间歇卧推来替代原本习惯的卧推方式进行练习。这个时间可以选择在比赛开始前的一个月进行，也可以选择在冲击正常卧推姿势极限重量前的一个月进行。前者有助于你更好的适应比赛规则，而后者有助于你提升正常卧推的极限重量。

后半程能力

卧推后半程的能力指的往往是大臂推起到超过大臂与胸大肌平行线后直至手臂完全伸直这一段的能力高低。有的训练者在训练时往往会出现手臂都已经推起至大小臂呈130°～145°，但就是无法最后完全伸直的问题。这其中跟训练者自身手臂较长有关，也跟训练者自身肱三头肌肌肉薄弱，或者缺少针对性的专项辅助训练动作有关。如果想避免在卧推后半程出现粘滞点，那么我们可以从三个环节入手进行针对性的解决：第一就是提升离心阶段以及启动阶段的能力。这个跟深蹲后半程粘滞点时我们解决的方案有异曲同工之处，在离心和启动阶段这两个最容易浪费体力的环节如果可以快速平稳的度过，那么你自然不会遇到太多后半程的粘滞点。所以，做好前面两个环节的训练是我们在解决后半程能力不足时想到的第一个解决方案。

第二就是通过专项辅助训练动作刺激肱三头肌的生长，这里指的是必须是在卧推中使用肱三头肌较多的训练动作，比如窄推练习。而非孤立刺激的肱三头肌练习，比如绳索臂屈伸等。这种方式可以帮助你提升身体在杠铃卧推时调动肱三头肌的能力，并且一定程度上刺激肱三头肌的发育。第三种解决办法则是使用长位移或者重量上的变化来解决后半程锁定困难的问题，比如使用窄推或上斜卧推这种相比正常卧推时做功距离较长的方式，或者使用铁链卧推、弹力带卧推这种随着手臂越伸直，杠铃总重量越大的方式都可以提升我们的后半程锁定能力。

对于手臂较长的训练者来讲，因为你的先天身体结构导致做功距离较长，有天然的后半程锁定困难的问题。如果你不专注于后半程能力的专项辅助训练，那么你的卧推成绩自然也不会有真正意义上的提高。

窄距卧推

姿势：双手握距比肩宽略近但最好不要握出防滑区，然后进行正常的卧推训练即可。

注意事项：双手不要无限制的握得更近，特别是不要握出防滑区，否则有可能会使你的腕关节受到伤害。并且，我们建议大家一定要在训练时佩带护腕，这样可以有助于你的腕关节健康。此外，没有必要选择将杠铃放在胸口停留，直接触胸后推起即可。不要让你的肩关节以及肘关节在停留时因为握距较窄受到更多不必要的压力和磨损。

重量：使用卧推极限重量的50%～80%进行练习。

组数与次数：3～4组，每组进行力竭次数练习。当然你也可以将窄距卧推按照正常卧推训练时那样使用周期计划进行循序渐进的加重，这会更有助于提升肱三头肌绝对力量。

变式动作：可以使用弹力带或铁链进行练习，相比普通的窄距卧推效果更好。但是你要注意使用比普通窄推训练时较轻的重量，不要使弹力带+杠铃+杠铃片的重量超过正常窄推做组的重量。

价值：窄距卧推本身就可以强化你的肱三头肌，并且相对正常的卧推来讲做功距离更长，有助于从肌肉和做功距离两个方面来提升你的卧推后半程锁定能力。

上斜卧推

姿势：身体躺在上斜卧推架上，双脚踩在踏板上而非踩在地面。双手使用正常卧推时的握距，下降杠铃至触碰锁骨或上胸处，然后发力向上推起杠铃。

注意事项：没有必要让杠铃在胸口进行停留，上斜卧推与普通卧推的角度不一样，使用间歇停留的方法对于提升卧推成绩意义不大。其次，一定要注意将杠铃放到锁骨或上胸处，如果你选择放在正常卧推的位置，不仅会使你的做功距离变短，同时还会使你的肩关节以及肘关节出现不适感。另外切忌在卧推时出现臀部离开训练凳或臀部向上抬起的方式，这会让你把正常的长距离做功的上斜卧推变成平板卧推，对于提升后半程锁定能力没有任何帮助。

重量：使用正常卧推极限的50%~70%进行练习。

组数与次数：3~4组，每组进行6~10次。

变式动作：你也可以使用铁链进行强化练习，会加大我们在手臂伸直时杠铃的总重量，进而有助于提升卧推后半程的能力。我们不建议使用弹力带，因为上斜卧推时弹力带不好固定，所以如果有条件的话可以直接使用铁链进行替代练习。

价值：上斜卧推相比正常卧推做功距离更长，并且当杠铃触碰锁骨时，对于三角肌前束的刺激效果极佳，一定程度上也有助于我们卧推启动能力的提升。

铁链卧推

姿势：将铁链固定在杠铃两端，确保铁链最下端轻微接触地面，然后进行正常姿势的卧推练习。

注意事项：一定要挑选长度合适的铁链进行练习，不要出现当杠铃已经触胸但是铁链还没有接触地面的现象，这会导致杠铃重量过大进而出现卧推试举的失败。其次，一定要避免在出杠后核心不稳或身体乱晃的现象，因为铁链不会与地面固定，所以它容易在出杠后出现来回的晃动，一定程度上会加大训练者保持身体稳定性的难度。我们建议你在练习时一定要打起精神，避免出现因注意力不集中所导致的身体受伤。

重量：使用正常卧推极限重量50%~70%+两条铁链（铁链重量可以根据自身正常卧推极限的大小进行选择，注意不要让铁链+杠铃+杠铃片的重量超过正常卧推极限重量即可）。

组数与次数：3~5组，每组进行3~5次。如果使用3*3训练时，最好使用61%~70%的极限重量。而如果使用5*5训练时，可以使用50%~60%的极限重量。

变式动作：你也可以使用弹力带并将其绕过训练凳下部进行练习，这种方式同时还可以一定程度上帮你强化出杠能力。此外，你也可以使用铁链进行窄推训练，这会帮助你从强化肱三头肌、拉长做功距离以及改变杠铃总重量三个层面强化你的后半程锁定阶段的能力。

价值：铁链卧推可以通过当杠铃推起高度越高，杠铃总重量越大的方式帮助你强化卧推后半程的能力。

计划安排

我们建议大家可以将窄距卧推放在卧推专项辅助训练日的主项动作进行练习，并且可以采用正常卧推时周期性加重的方式进行练习。而上斜卧推可以被放在同一天按照高容量组的方式进行练习，比如总共完成3组，每组10次。至于铁链卧推或弹力带卧推，我们平时使用的几率并不高，这两种训练方式往往是有装备卧推运动员的最爱。当然，上述的计划安排方式主要针对的是有一定经验的训练者，如果你的卧推成绩较差，那么我们建议你可以把窄推以及上斜卧推放在卧推专项训练日的大重量卧推后，使用高容量组的方式进行练习，而不是在一开始就是用周期性加重的方式进行练习。

卧推时四大粘滞点的解决顺序

同深蹲时的解决方案一样，我们建议大家在选择如何开始前首先要对自己的真实成绩以及具体薄弱点有一定充分且全面的了解！我们建议大家可以选择使用你正常卧推极限重量的85%～90%完成1～2次的方式进行检查，这种方法是相对来讲最靠谱并且最安全的检测具体卧推粘滞点的途径。如果你使用的重量太轻，进行高次数的卧推练习，那么身体出现粘滞点往往是因为高次数重复训练所导致的肌肉疲劳。并且这种情况会相比深蹲时更加明显，毕竟卧推所使用的肌肉群是属于更容易出现疲劳的类型。相反，如果你使用接近极限重量甚至极限重量进行练习，虽然能够暴露更多的问题，但是相对来讲会无形中提高你的受伤风险，我们希望的是找到问题所在并且解决问题，而不是想把自己弄伤。

当你完成对自己卧推粘滞点的检测后，我们便可以开始采取针对性的解决措施。对于那些有着多个粘滞点的训练者来讲，我们建议你主要可以从以下两个原则入手：第一，我们可以根据粘滞点的先后顺序进行解决。这个是最常见也是适用范围最广的方法，比如你有离心阶段能力不足以及后半程粘滞点的问题，那么我们应当先解决离心阶段的难点再去考虑后半程粘滞点的提升。因为如果不解决离心时的粘滞点，它同样会一直给我们的后半程带来过多的预先体力消耗，无形中增加后半程推起的难度。

第二，我们还可以根据粘滞点的重要性进行解决。在卧推时所遇到的四个粘滞点中，最重要的就是出杠能力！很多爱好者习惯自己出杠，这种方法虽然难度很大，但实际上属于费力不讨好的行为。如果你慢慢习惯有一个好的训练伙伴帮助你出杠，那么你一定会明白这个对于你的价值到底有多么重要。所以，在卧推所遇到的四个粘滞点中，最需要第一个被重视起来的就是出杠能力！其次，第二个关键的是你的启动能力，这也是很多训练者最终会出现卧推失败的重要原因。第三个就是离心阶段的能力，这个会随着你的卧推重量越来越大而逐渐暴露出问题来。如果你的离心能力不强，不仅会导致力量的提前大量消耗，还会有可能使你出现卧推犯规的问题。最后一个需要被注意的就是你的后半程锁定能力，如果你在后半程之前的环节都完成的很出色，并且没有太多肌肉力量的不足，那么它肯定不会成为阻碍你卧推进步的绊脚石。除非你是属于手臂较长这类比较极端的身体结构，有的时候你甚至要把它的训练顺序放到离心阶段之前进行练习。

▶ 硬拉及专项辅助训练

很多力量爱好者将硬拉看作为力量举三大项中最重要的一个，在力量举比赛中甚至还流传着这样一句话：当杠铃来到地面时比赛才真正开始（只有硬拉是杠铃在地上的，其余深蹲和卧推都是在架子上完成的）。在实际比赛中的确也存在很多运动员通过最后一项硬拉的绝对优势反败为胜最终获得

比赛的胜利。特别是在我们国内，力量训练本身兴起时间也是在近几年，大众的训练基础都比较薄弱，很多人往往先接触的力量训练项目都是深蹲或卧推，对于硬拉一是受传统错误观念误解，二是受场地器械条件限制的原因导致国内无论是参加比赛的运动员还是平时在健身房训练的业余爱好者，硬拉成绩相对深蹲或卧推成绩都相对较差。

如果你想解决自己硬拉较差的问题，首先你要做的是端正自己的正确训练态度和对硬拉的理解。我们不否认硬拉的确会对你的腰背部产生强大的压力，特别是传统硬拉对于腰部的压迫感相比深蹲或卧推要明显严重。但是不能因为有刺激或压迫就认为硬拉一定会对你的腰部造成毁灭性的打击。只有你在采用错误的硬拉姿势，或训练计划完全不合理时才会出现因"硬拉"而导致的腰部伤病。不过，这个前提是建立在错误的训练姿势或极度不合理的训练计划基础之上的，无论是硬拉还是深蹲，如果你使用过多的腰背部去代偿发力，那么其受伤风险肯定会提高许多。同样，如果你不注意训练计划的频率，频繁冲击硬拉或者卧推的极限重量，那么你的腰椎或肘关节也会有更高的受伤风险。所以，这两个问题并不仅仅是在硬拉时才会出现的，而是深蹲和卧推中同样也会有可能面对的，只不过相对来讲硬拉时面对这两个问题的容错率要小很多。所以，千万不要因为"硬拉一定会伤腰"就放弃训练硬拉，或者在力量举三大项中佛系对待硬拉都是不好的。当然，这也不意味着当你腰部有伤时还可以继续硬拉，同样的，如果你的肘关节有明显疼痛感，那么我们也不应当勉强进行卧推训练。

其次，硬拉同深蹲时发力的肌肉群部位几乎一样，很多训练者在练习时对硬拉的发力模式有着错误的理解，甚至有的人天真的认为深蹲成绩高对应的硬拉成绩一定会不低。但事实上这是绝对的错误观念，深蹲和硬拉是完全不同的两个发力模式，一个是伸膝为主导，还一个是伸髋为主导。不存在所谓的深蹲提高一定会带来硬拉成绩的提高，反之亦然，硬拉拉的多跟你深蹲重量的大小之间也没有任何本质关联。比如世界深蹲纪录保持者Ray Williams可以完成套膝深蹲490 kg，但是硬拉390 kg对于他来讲便已经十分吃力。而硬拉世界纪录保持者可以拉起460 kg的MAGUNUSSON

深蹲成绩也只是维持在绑膝400 kg左右。如果你认为深蹲和硬拉的发力方式是没有什么区别的，那么你一定无法练出特别优秀的硬拉成绩。要知道，深蹲时你的主要发力点都在股四头肌，也就是身体的前侧，它负责帮助你伸展膝关节。而硬拉时你的主要发力点则在腘绳肌、臀部肌群以及背部肌群所组成的后侧链，也就是身体的后侧，它们主要负责的是髋关节的伸展以及背部的伸展。国内很多热爱力量的训练者在练习硬拉时都会出现你的杠铃不是被"拉"起来的，而是感觉像被你"蹲"起来的，出现这个现象的原因就是你的发力模式错误。硬拉绝非很多人简单理解的是一个"浅蹲"，或者说是一个负重在体前侧的幅度较浅的"前蹲"。如果你从这种错误的角度去寻找相对应的专项辅助训练动作，那么你的硬拉肯定无法获得真正实质的提高。

此外，器械和场地的限制也是很多力量爱好者无法获得一个好的硬拉成绩的关系。如果你的训练场所是专业的力量训练工作室或体能训练场馆，那么使用的器械以及场地地面缓震效果都会是很不错的。但如果你是在普通的大众健身房进行练习，往往你会无法用到标准的杠铃以及杠铃片，并且还会出现教练告诉你不能用太大重量，楼板承受不了之类的，让你必须轻拿轻放。后者很有可能会影响到你的腰部健康。要知道在力量举三大项中硬拉是对器械以及场地环境要求最严的，尽管有时候卧推架或深蹲架高度无法调节对于成绩也会有一定的影响，但是硬拉时如果器械或场地不适合，甚至有可能会毁了你的力量训练生涯。比如我们都知道标准的杠铃杆的粗细是28.5毫米，但是很多健身房里的杠铃往往在30~31毫米。不要小看这2~3毫米的差距，它会在大重量训练时直接影响你的手对于杠铃的握力。尽管大部分情况下我们不太容易遇到因为握力导致的极限重量试举失败，但如果你的握力因为杠铃的明显变粗而受到影响，那么这的确会成为你力量无法提高的限制性因素之一。而除了杠铃和必须轻拿轻放以外，杠铃片的高度也很重要，要知道正规比赛标准的杠铃片半径是22.5厘米，而在很多健身房我甚至遇到过半径只有19.5厘米的杠铃片（20 kg）。使用这种杠铃片训练会让你自己的正常硬拉练习变成"超程"硬拉，它会大大限制你训练时所使用的杠铃重量。尽管有的人说使用超程硬拉会帮助你提升你的启动能力，但是你要明白那是一种

有计划性的训练方法,它不是你在迫不得已时才采用的最后的选择。更何况很多人在健身房最开始接触硬拉时,连最基本最合适自己的臀位都找不到,如果你此时使用高度更低的非标准杠铃片,那么这对于你日后换回正常高度时,甚至有可能会导致你的身体受伤。

　　由此不难看出,对于国内热爱力量训练但是又迟迟无法在硬拉上获得提高的爱好者来讲,在训练时有问题甚至疑惑是十分正常的。当我们谈到这些动作本身以外的客观条件时就能发现很多不利于我们提高的阻碍因素,那么更不用说动作本身硬拉几乎可以说是三大项动作中难度系数最高的。在之前我们曾经提到过,深蹲时遇到的粘滞点是数量最多的,卧推时遇到的粘滞点是克服难度最高的,而硬拉时遇到的粘滞点则是最具毁灭性的。当你在深蹲或卧推时遇到一定磕磕绊绊,有的时候你可以通过借力甚至代偿发力去勉强完成试举,但是在硬拉时你想借力甚至想使用错误的姿势都是很难帮助你获得太多利益的。往往在硬拉中一旦出现较明显的粘滞点,那么同时便几乎宣告试举失败。因此,无论是从主观动作难度,还是从客观训练条件,甚至是比赛时的需求(硬拉是力量举比赛的最后一个动作),你都没有任何理由不严肃对待你的硬拉训练!只把希望寄托在深蹲成绩提高的"帮扶"作用上是根本不现实的。

硬拉标准化动作姿势

　　硬拉有两种不同的姿势,根据双脚与双手站法的关系我们将其分为传统硬拉与相扑硬拉。其中双手握在双脚之外的硬拉姿势为传统硬拉,也是很多训练者在健身房所接触的第一个硬拉姿势。而双手握在双脚之内的硬拉姿势为相扑硬拉,这是力量举比赛时很多运动员都采用的比较经典的方法。这两种姿势各有各的优点和局限性,比如传统硬拉时身体会募集更多的肌肉,动作本身对于身体柔韧性的要求较小,但是相对来讲做功距离较长,并且容易给训练者带来较强的腰背压迫感。而相扑硬拉时虽然做功距离被严重缩短,并且腰背部压力较小,但是对于训练者的柔韧性要求极高,特别是髋关节的柔韧性更是必不可少的,相对来讲募集的肌肉也比传统硬拉时少一点。因此，两种姿势如何选择要根据训练者自身的身体结构以及各部位肌肉的强弱程度做出综合的判断，不能只是单纯的追求肌肉发力更多或做功距离更短。

我们建议大家应当熟悉掌握这两种不同的硬拉姿势，特别是对于那些决定使用相扑硬拉的训练者来讲，传统硬拉的训练是提高相扑硬拉成绩的重要组成部分，千万不能有练相扑硬拉就不需要再拉传统硬拉的观念。选择什么样的硬拉姿势最简单的办法就是找一个经验丰富的教练，让他根据你的身体数据以及动作表现来做出最直观的判断。但是，除了教练的帮助外，我们其实还有一个精确度更高的判断方法，那就是通过自己对两种硬拉姿势的掌握以及一定时间的针对性训练，根据自身的感受以及成绩变化来做出最适合自己的选择。注意，这里我们说的是必须进行一定时间的针对性训练，特别是对于那些一直拉传统硬拉，训练中几乎没有进行过相扑硬拉训练的爱好者更是如此。如果你不给相扑硬拉一定的适应时间，只是寄希望于几天的学习就能够抵得过自己之前练了好几年的硬拉姿势，这显然是不客观的。你需要给你的相扑硬拉留出几个月的系统时间，再让我们一起看看究竟会发生什么。

在硬拉的标准化动作姿势中，我们建议大家一定要找好适合你自己的站距和臀位，虽然这两个没有标准的界定方式，但我们会在接下来的内容里为大家提供一个可以自我寻找的正确方法。请你牢记：硬拉时绝不仅仅是要保持腰背部不能出现弯曲，这只是最基本的。而真正具有决定意义的是你的站距以及臀位，它们不仅涉及最基本的发力模式，甚至对你能否在大重量硬拉时保持身体的健康姿势起着重要性决定因素。

传统硬拉

头部

在硬拉时你需要让你的头部始终保持在中立位，千万不能出现明显抬头或低头的现象，这两种都是不利于硬拉成绩提升的。过多的抬头和低头都会让你的上背部无法充分收紧，导致你在硬拉最困难的启动阶段丧失重要的力量来源。我们应当保持的最佳头部姿势就是让你的头部保持在中立位，跟背、臀几乎保持在一条直线上。有的人在硬拉时会参考举重运动员的硬拉方法，即头部会抬得比较高。你要注意举重使用这种姿势的目的并不是为了保证最大的硬拉重量，而是根据抓举或挺举翻站时对身体重心以及姿势的需求决定的。如果你将力量举中的硬拉做成举重中的硬拉，那么你的硬拉会出现一个长期的瓶颈期。每个训练者的身材结构不一样，其在硬拉时臀部和腰背部的位置也不同，因此导致了每个人的头部为了保持中立位会出现或高或低的现象。我们在处理自己头部姿势时，一定要根据自己的身体条件来做出最适合自己的判断。

上背部

硬拉时上背部是同样重要的部位之一，特别是在杠铃拉到接近膝盖位置处于最后锁定阶段时，你最开始的上背部姿势是否标准便成为能否快速锁定的最重要因素之一。并且，上背部的错误姿势还会使我们在启动阶段丧失一部分力量来源，出现启动困难甚至腰部代偿发力的现象。硬拉时标准的上背部姿势应当是确保上背部充分夹紧并且保持伸直，你一定要在杠铃拉起前充分感受到上背部的紧张感以及张力。否则在发力的一刹那，上背部过于松散会导致你的身体被迫

使用背部中下部甚至腰部周围的力量去拉起杠铃，这是十分有损于身体健康的！此外，一旦你的上背部在发力杠铃离地一开始没有保持足够的张力或者出现弯曲现象，当杠铃接近膝盖并且腿部和髋关节几乎伸直时，你的身体便很难再去借助背部力量完成最后肩背部的锁定，进而直接导致硬拉失败。这个问题在背部倾斜角度更大的传统硬拉时会出现的更明显，你会发现但凡在启动阶段就出现"乌龟拉"或上背部弓起的现象，大部分人最后的结果都是出现锁定极其困难或者需要蹬腿进行腿部的二次屈伸借力。因此，不论是为

了健康考虑还是为了更高的硬拉成绩，请你一定要确保你的上背部在发力前保持伸直并且充分紧张。

有的训练者听说过"圆背"硬拉这一"特殊"的技术，特别是俄罗斯已故力量举明星康斯坦丁似乎正是这种特殊硬拉姿势的使用者。故很多人试图在硬拉时模仿他的特殊技术，有意识地使自己的上背部弓起进行硬拉。100 kg 世界硬拉纪录保持者 Cailer Woolam 曾经对这个问题发表过他自己的看法，在他看来康斯坦丁并没有故意使自己的上背部弓起，我们之所以会有这个"假象"是因为康斯坦丁的上背部过于发达，所以从比赛录像上看像是在有意识的弓起上背。但是当他与康斯坦丁同场竞技时，他发现康斯坦丁其实并没有有意识地去弓起上背，有可能在其使用极限重量时杠铃上拉的过程中上背部会有轻微的弓起，但绝对不是在发力一刹那就有意识让自己的背部呈现"圆背"姿势。使用这种"姿势"是十分不正确的，我们希望大家认真对待所谓的"圆背"硬拉这个错误观念。

胸部

在硬拉时胸部是一定要保持充分挺胸的，如果你出现含胸的姿势，那么最直接的结果就是会引发你的上背部无法收紧，根据之前我们所说这是十分不利于硬拉增长的，并且还有极大的受伤风险。除此之外，胸部在硬拉时并不需要注意其他特殊问题，它并不是硬拉时的主要发力部位，你只需要记住让胸挺起来时刻避免出现含胸即可。

肩部

硬拉时你的肩膀的位置是确保正确发力模式至关重要的一个细节点，请你一定要保证你的肩膀最好位于同杠铃的垂直线上，不要超前也不要太靠后（实际训练中肩膀超出杠铃的例子较多）。否则你便会出现因肩膀超过杠铃太多导致身体前侧发力明显，引发离地较困难的现象，或者出现重心过于靠后所导致的腰背部承受的负担和压力较大的现象。这两种现象对于传统硬拉和相扑硬拉都是很糟糕的，你需要确保你的肩膀处于同杠铃垂直的中轴线，这样才可以确保身体处于最优发力杠杆。

手臂

在我的教学经历中,很多学生都通过对于手臂姿势的调整获得了一定不错的硬拉成绩增长。在硬拉时你需要注意的手臂问题主要有两个:手臂伸直以及手臂夹紧。手臂伸直对于硬拉其实是最基本的要求,毕竟硬拉时你的手臂是几乎不会对成绩有任何帮助的。但是很多训练者在挑战大重量时往往会有一个错误姿势,即希望让身体其余部位尽可能参与到硬拉中,从而使用屈伸手臂猛地发力向上拽动杠铃硬拉的姿势。这种是十分错误并且对于成绩提高毫无意义的,你的手臂屈伸对于拉起的杠铃重量是不会有任何提升的。相反,手臂在发力阶段猛烈屈伸会使你丧失原本应有的臀部和腘绳肌发力感,使得发力重心更多集中在手臂甚至是腰部,这反而会在一定程度上影响你的原本硬拉极限成绩。因此,我们要求大家在硬拉时要注意时刻保持手臂伸直即可,万万不可出现屈伸借力这种明显的错误姿势。

其次,手臂夹紧是十分有利于我们上背部夹紧的,这里的具体使用方法是让你在握住杠铃时让手肘关节向后转,这可以充分使你的上背更加紧张。但是,如果你使用的是一正一反的正反手握杠,那么相对来讲反手握杠铃一侧的背部会缺少一定的紧张感。这也是为何我们会在接下来更加推荐大家使用双手锁握的原因之一,这是一种让你不仅不用担心握力,同时还可以使你的双手肘向后夹紧,使整个上背部都充分保持紧张的好姿势。

握距与握法

握距和握法是硬拉中最重要的环节之一,在这里我们会把握距和握法的几种分类列出,根据不同分类来为大家讲解标准的姿势以及相应的优缺点和适合的人群。

正常握距:正常握距即双手握在两腿之外,唯一需要注意的是避免双手与双腿外侧相接触,这会影响你在上拉杠铃时的速度。双手稍微与两腿外侧保持2~3指的距离即可,这是最常见的传统硬拉时的握距。它的适用范围很广,并且更有利于你的背部肌肉力量参与到发力中。

较宽握距:双手握在两腿之外,并且保持与大腿外侧1~2拳的距离。这种较宽的握距是很少见的,一般你只会在体重较大或身材较魁梧的大级别运动员硬拉时见到。他们因为整体围度过大的关系，如果使用正常的握距会出现很难让臀位降到一个合适的高度，甚至无法正常硬拉的现象。因此他们需要握得更宽才可以让臀位保持在一个最佳高度。这种姿势对于背部的力量要求更大，相对正常握距来讲难度系数也更高。除非你是大级别的运动员，否则我们不建议大家使用这种握距进行硬拉。

正反握：双手一正一反握住杠铃是最常见的硬拉时所使用的握法，这种方式会让杠铃很难在手中发生滚动，只要你的握力不会过差便很难出现上拉时脱手的现象。但是在使用这种姿势时你要注意几个问题，比如之前我们所说的上背部无法同时收紧的现象。以及一正一反长期训练容易导致身体肌肉发展的不平衡，如何解决这个问题是我们需要思考的，当然我们也会在后面的内容中为大家进行讲解。此外，如果你习惯了正反握硬拉，那么你在训练时最好安排一定的肱二头肌训练动作，否则对于反握一侧手的肱二头肌健康是很危险的。

双正握：双正握是硬拉时不太容易见到的握法，它对于训练者自身的握力要求极高，有的时候即使握力充足也会出现因镁粉打磨不够或上拉速度不快所导致的杠铃脱手。不过，双正握并没有正反握时容易导致肌肉左右发展不平衡的问题，并且也不会影响整个上背部同时收紧。它的唯一问题就是握力，当然这唯一的问题往往在硬拉时是最严重的阻碍因素之一。

锁握：锁握指的是采用正常的双手正握，不过将四个手指牢牢抱住并扣紧大拇指以及杠铃的特殊握法。这也是举重运动员平时习惯采用的姿势。锁握不仅不容易导致杠铃脱手，同时还可以使我们上背部收紧，并且不影响肌肉左右发展不平衡。此外，锁握还可以适当的缩减我们硬拉时的做功距离，可以说几乎是最完美的握法。但是，它对于训练者自身的身体条件要求极大，首先你必须得忍得住锁握对于手指的疼痛感，这个是很多人在最开始非常难接受的一个问题。其次，你必须确保手指足够长，否则便无法包裹住大拇指以及杠铃。当然，这个问题真正出现的概率并不高，你可以看到在很多力量举比赛中有女生都在采用锁握，如果说你的手比女生的还要小那显然是概率极低的。有的人在正反握的时候同样会采取锁握，但这并不是必需的，正反握本来就不会使杠铃在手中出现很轻易的转动，再使用锁握便多少显得有点画蛇添足。

手掌与杠铃： 之前我们讲到过除非你的手掌握住杠铃的方法位置不对或者握力明显不足，否则很难出现在正反手硬拉时杠铃滑落的现象。这里我们希望大家再次确认一个问题，即你的手掌要将杠铃握在虎口处，即手掌中部适当偏下一点点，而不是握在手掌前部或者手指根部的位置。很多人因为硬拉导致手指根部出现茧子，便理所当然的认为应当将杠铃放在手指根部，但这恰恰会导致你的杠铃容易出现滑落。千万不要弄错正确的手掌与杠铃之间的位置关系，这也直接决定着你的镁粉更应当被打磨在哪个区域。

腰部

硬拉时腰部是一定不能够出现任何弯曲现象的！这个问题是我们必须要时刻牢记在心的，当你在拉极限重量时身体或多或少会出现代偿借力的现象，但你要注意有的时候甚至放弃这一次试举也坚决不能出现弯腰的现象！我们不是建议大家在硬拉时出现弯背，而是有的时候对于极限重量试举，就像之前Cailer Woolam提到康斯坦丁时一样，这种情况会或多或少的出现。但是这不意味着你可以允许弯腰的出现！"乌龟拉"的危害要远比上背部出现轻微的弯曲严重得多，前者甚至会直接葬送你的运动生涯。当然，你也没有必要在硬拉时保持过分的腰部反弓，你只需要让腰部保持在它原本的中立位即可。过分的腰部反弓不仅不利于腰椎健康，更加会限制你的极限重量。

臀位

臀位是硬拉姿势中最重要的！也是我在教学时发现学生问题最多的！一个好的臀位不仅可以帮助你募集更多的肌肉，在启动阶段提供强大的爆发力，更可以使你避免错误的发力姿势并保持身体较健康。在常见的臀位姿势错误的案例中，大部分人的臀位都相对来讲较低，其最直接的表现就是当你发力的一刹那杠铃并没有移动，而是你的臀部在向上抬起直到一个合理的高度时杠铃才开始离地。而此时伴随着臀部抬起的往往是上半身重心前倾或腰部弯曲等硬拉时绝对错误的发力模式。还一个表现是很多人在进行硬拉做组训练时，其第一个硬拉的速度往往没有第二个快。究其原因还是因为你在拉完第一个并放下杠铃之后，你自己找到了最合适的臀位，所以第二次再拉起时速度要相比第一个更快。由此我们不难发现，不合适的臀位会使你的身体无法保持充分的紧张感，进而无法使更多的肌肉参与到发力中，直接影响你的成绩。

所以，如果想找到合适的臀位，那么最直接的方式便是通过身体的紧张感来确定。这里我们给大家介绍两种方法：第一种是你可以选择握住杠铃，调整好双脚站距以及上半身的姿势，然后在不拉动杠铃的前提下双腿伸直，然后慢慢屈膝屈髋下降臀位到一个你的上背部、腘绳肌以及臀部肌群都十分紧张的一个点，似乎你稍微一用力杠铃就可以被你拉起来时，这个位置便是你的最佳臀位！第二种是你可以先选择拉起杠铃，然后用极慢的速度下放杠铃并且全身保持持续紧张，直至杠铃片与地面接触时，你便找到了属于你自己的最佳臀位！

有的训练者会比较介意高臀位的硬拉姿势，在他们看来这是有损于身体健康的！但事实上只要你保持正确的发力模式，不通过用腰部的代偿发力进行练习，那么便不会出现因高臀位所导致的腰背部伤病。更何况如果你的身体结构是属于可以使用高臀位硬拉的，那么有意的降低臀位反而会不利于你的成绩增长，更加容易使腰背部产生代偿发力。

我们在硬拉时不仅要注意启动阶段时找到合适的臀位，尽可能利用腘绳肌与臀部肌群发力，还需要注意当杠铃拉起后直到锁定阶段时臀部的姿势。很多训练者在锁定阶段会出现错误的始终向上拉杠铃，甚至是杠铃过了膝盖后还在依靠上肢的力量去锁定的现象。正确的方式应当是在杠铃接近过膝盖时主动将臀部向前推，利用伸髋的主动发力来完成锁定。而不是再依靠背部或者手臂的力量去继续向上拉杠铃，那样不仅会拉长你的做功距离，更会使你原本应当主动发力的大肌群无法正常释放自己的力量。

站距与站法

在硬拉时站距与站法同握距与握法一样也有两种不同的姿势，这里我们还是像之前那样给大家分别进行详细的介绍：

正常站距：传统硬拉时最合适的站距是你的"跳跃式"站距，即如果你想跳起到最大高度时你在预蹲阶段双脚的站距。很多人在硬拉训练时使用的站距都比"跳跃式"站距要宽一些，我们建议大家可以适当缩短站距，这会让你在启动阶段有更好的发力感受和爆发力。

较宽站距：较宽站距指的是相比"跳跃式"站距要宽出一些的姿势，它比较适合与较宽握距相结合，适合之前我们提到的身材较魁梧的大级别运动员。当你观察Ray Williams或Andrey Malanichev的传统硬拉时你能够看到他们的站距都是比较宽的。如果此时你使用"跳跃式"站距，那么你可能会出现握住杠铃都很困难的现象，更不用说拉起的重量大小。

正常站法：最合适的站法是双脚脚尖同膝盖的方向一致，微微向外侧打开，而不要保持双脚脚尖完全竖直向前的姿势。后者会使你在启动阶段丧失一部分臀部力量的帮助！双脚微微打开是可以帮助你更好地激活臀部肌群的，当然要注意这个打开的角度不要过大，否则也失去了臀部辅助的意义。

双脚

我们建议大家在硬拉前最好将杠铃位置放在足中部，不要过于靠前也不要过于靠后。杠铃离身体太远会使你的后侧链肌群无法发力，而杠铃太贴近身体也会使你的股四头肌处于休眠状态。最好的方式还是将杠铃放在足中部，即当我们找到最佳臀位时胫骨刚好接触杠铃即可。此外，一定要记住硬拉时发力重心不是在前脚掌，更不是所谓的蹬地或者向下用力，后者会让你同样错误地运用更多股四头肌的力量参与到训练中。时刻牢记硬拉时真正的发力核心是你的后侧链肌群，而非身体的前侧。当杠铃离地后我们要注意使杠铃贴着腿部被拉上来，而不要让腿部和杠铃之间还保留空隙，这会加大你的背部承受压力的比例，不利于尽快地完成上拉和锁定。

呼吸方式

硬拉时的呼吸方式还是最传统的腹式呼吸，这也是有助于你保持腰背部张力的最佳呼吸方法。我们在硬拉时需要注意当你吸满气后便立即发力向上拉杠铃，而不要出现吸满气后再下蹲握住杠铃等呼吸与发力有明显时间间隔的情况。很多训练者在冲击大重量硬拉时会出现因恐惧等心理因素所导致的呼吸节奏紊乱，这都是硬拉时常见的错误之一。

身体结构

传统硬拉相对来讲不适合手臂较短的训练者，它的做功距离相比相扑硬拉更长，如果你的手臂更短那么毫无疑问是更吃亏的。并且，传统硬拉相对更适合腘绳肌以及股四头肌较强的训练者，特别是深蹲成绩较高的运动员往往都会比较习惯采用传统硬拉。

优缺点：

传统硬拉刺激的肌肉群相比相扑硬拉更多，对于全面发展肌肉力量是有更多帮助的。并且，传统硬拉比较符合人体日常的发力习惯，不像相扑硬拉一样是一种比较罕见的发力模式。但是传统硬拉不适合手短的运动员，特别是那些臂展明显小于身高的训练者更是十分吃亏的。甚至对于那些手臂较长的运动员来讲也是如此，越小的做功距离对于提升极限重量显然是更有帮助的。

常见错误：

硬拉时低头或抬头。

启动阶段出现含胸。

启动阶段上背部没有夹紧。

硬拉时手臂屈伸。

肩部超过与杠铃的垂直线。

启动阶段臀位不在最佳位置。

锁定阶段无法借助伸髋的力量完成锁定。

双脚/双手的站距/握距不对。

呼吸与发力的不同步性。

相扑硬拉

头部

在相扑硬拉时你的头部同样始终要保持在中立位，千万不能出现明显抬头或低头的现象，这两种都是不利于硬拉成绩提升的。过多的抬头和低头都会让你的上背部无法充分收紧，导致你在硬拉最困难的启动阶段丧失重要的力量来源。我们应当保持的最佳头部姿势就是让你的头部保持在中立位，跟背、臀几乎保持在一条直线上。有的人认为相扑硬拉时头部的姿势是抬头，而传统硬拉时正确的头部姿势是低头。导致这种观点出现的原因还是训练者自身忽略了臀位以及上半身倾斜角度的关系，相扑硬拉相比传统硬拉身体更直立，为了使你的头部与背部、臀部保持在一条直线上，所以看上去会有明显的"抬头感"。而传统硬拉上半身倾斜角度更大，所以看上去会有一种"低头感"。当然，具体到每个训练者的身材结构都是不一样的，其在硬拉时臀部和腰背部的位置也不同，因此导致了每个人的头部为了保持中立位会出现或高或低的现象。我们在处理自己头部姿势时，一定要根据自己的身体条件来做出最适合自己的判断。

上背部

硬拉时上背部是同样重要的部位之一，特别是在杠铃拉到接近膝盖位置处于最后锁定阶段时，你最开始的上背部姿势是否标准便成为能否快速锁定的最重要因素之一。并且，上背部的错误姿势还会使我们在启动阶段丧失一部分力量来源，出现启动困难甚至腰部代偿发力的现象。硬拉时标准的上背部姿势应当是确保上背部充分夹紧并且保持伸直，你一定要在杠铃拉起前充分感受到上背部的紧张感以及张力。否则在发力的一刹那，上

背部过于松散会导致你的身体被迫使用背部中下部甚至腰部周围的力量去拉起杠铃，这是十分有损于身体健康的！此外，一旦你的上背部在发力杠铃离地一开始没有保持足够的张力或者出现弯曲现象，当杠铃接近膝盖并且腿部和髋关节几乎伸直时，你的身体便很难再去借助背部力量完成最后肩背部的

锁定，进而直接导致硬拉失败。相扑硬拉因为背部倾斜角度没有传统硬拉幅度那么大，故对于上背部力量的需求程度也没有那么高。但是，不能因为这个就简单判断相扑硬拉不需要特别发达的背部肌肉群，强壮有力的背部肌肉对于相扑硬拉的锁定也是有极大帮助的。

胸部

在硬拉时胸部是一定要保持充分挺胸的，如果你出现含胸的姿势，那么最直接的结果就是会引发你的上背部无法收紧，根据之前我们所说这是十分不利于硬拉增长的，并且还有极大的受伤风险。除此之外，胸部在硬拉时并不需要注意其他特殊问题，它并不是硬拉时的主要发力部位，你只需要记住让胸挺起来时刻避免出现含胸即可。

肩部

硬拉时你的肩膀的位置是确保正确发力模式至关重要的一个细节点，请你一定要保证你的肩膀最好位于同杠铃的垂直线上，不要超前也不要太靠后（实际训练中肩膀超出杠铃的例子较多）。否则你便会出现因肩膀超过杠铃太多导致身体前侧发力明显，引发离地较困难的现象，或者出现重心过于靠后所导致的腰背部承受的负担和压力较大的现象。这两种现象对于传统硬拉和相扑硬拉都是很糟糕的，你需要确保你的肩膀处于同杠铃垂直的中轴线，这样才可以确保身体处于最优发力杠杆。

手臂

在我的教学经历中，很多学生都通过对于手臂姿势的调整使硬拉成绩获得了一定的提高。在硬拉时你需要注意的手臂问题主要有两个：手臂伸直以及手臂夹紧。手臂伸直对于硬拉其实是最基本的要求，毕竟硬拉时你的手臂是几乎不会对成绩有任何帮助的。但是很多训练者在挑战大重量时往往会有一个错误姿势，即希望让身体其余部位尽可能参与到硬拉中从而使用屈伸手臂猛地发力向上拽动杠铃硬拉的姿势。这种是十分错误并且对于成绩提高毫无意义，你的手臂屈伸对于拉起的杠铃重量是不会有任何提升的。相反，手臂在发力阶段猛烈屈伸会使你丧失原本应有的臀部和腘绳肌发力感，使得发力重心更多集中在手臂甚至是腰部，这反而会在一定程度上影响你的原本硬拉极限成绩。因此，我们要求大家在硬拉时要注意时刻保持手臂伸直即可，万万不可出现屈伸借力这种明显的错误姿势。

其次，手臂夹紧是十分有利于我们上背部夹紧的，这里的具体使用方法是让你在握住杠铃时让手肘关节向后转，这可以充分使你的上背更加紧张。这也是为何我们会在接下来更加推荐大家使用双手锁握的原因之一，这是一种让你不仅不用担心握力，同时还可以使你的双手肘向后夹紧，使整个上背部都充分保持紧张的好姿势。并且，锁握对于相扑硬拉来讲还可以起到进一步缩短做功距离的意义，在力量提升方面会起到锦上添花的作用。

握距与握法

正常握距：正常握距即双手握在两腿之间，双手握距与肩同宽。需要注意的是避免双手与双腿内侧相接触，这会影响你在上拉杠铃时的速度。并且，尽量确保你的双手握在防滑区内，而不要握出杠铃的防滑区，否则容易出现握力不足的现象。这是最常见的传统硬拉时的握距。它的适用范围很广，并且更有利于你的背部肌肉力量参与到发力中。有的训练者会在练习时采用较窄的握距，这是一个很危险的方法，它会容易使你的胸肌因为较窄的握距在上拉时出现明显的疼痛感，甚至有可能引发伤病。

正反握：双手一正一反握住杠铃是最常见的硬拉时所使用的握法，这种方式会让杠铃很难在手中发生滚动，只要你的握力不会过差便很难出现上拉时脱手的现象。但是在使用这种姿势时你要注意几个问题，比如之前我们所说的上背部无法同时收紧的现象。以及一正一反长期训练容易导致身体肌肉发展的不平衡，如何解决这个问题是我们需要思考的，当然我们也会在后面的内容中为大家进行讲解。此外，如果你习惯了正反握硬拉，那么你在训练时最好安排一定的肱二头肌训练动作，否则对于反握一侧手的肱二头肌健康是很危险的。

双正握：双正握是硬拉时不太容易见到的握法，它对于训练者自身的握力要求极高，有的时候即使握力充足也会出现因镁粉打磨不够或上拉速度不快所导致的杠铃脱手。不过，双正握并没有正反握时容易导致肌肉左右发展不平衡的问题，并且也不会影响整个上背部同时收紧。它的唯一问题就是握力，当然这唯一的问题往往在硬拉时是最严重的阻碍因素之一。

锁握：锁握指的是采用正常的双手正握，不过将四个手指牢牢抱住并扣紧大拇指以及杠铃的特殊握法。这也是举重运动员平时习惯采用的姿势。锁握不仅不容易导致杠铃脱手，同时还可以使我们上背部收紧，并且不影响肌肉左右发展不平衡。此外，锁握还可以适当的缩减我们硬拉时的做功距离，可以说几乎是最完美的握法。但是，它对于训练者自身的身体条件要求极大，首先你必须得忍得住锁握对于手指的疼痛感，这个是很多人在最开始非常难接受的一个问题。其次，你必须确保手指足够长，否则便无法包裹住大拇指以及杠铃。当然，这个问题真正出现的概率并不高，你可以看到在很多力量举比赛中有女生都在采用锁握，如果说你的手比女生的还要小那显然是概率极低的。有的人在正反握的时候同样会采取锁握，但这并不是必需的，正反握本来就不会使杠铃在手中出现很轻易的转动，再使用锁握便多少显得有点画蛇添足。之前我们曾经提到，相扑硬拉时使用锁握不仅会提升握力以及增强上背部的张力，还可以起到进一步缩短做功距离的锦上添花的作用。如果你想获得一个不错的相扑硬拉成绩，那么我们强烈建议你考虑在训练时使用锁握。

手掌与杠铃：之前我们讲到过除非你的手掌握住杠铃的方法位置不对或者握力明显不足，否则很难出现在正反手硬拉时杠铃滑落的现象。这里我们希望大家再次确认一个问题，即你的手掌要将杠铃握在虎口处，即手掌中部适当偏下一点点，而不是握在手掌前部或者手指根部的位置。很多人因为硬拉导致手指根部出现茧子，便理所当然的认为应当将杠铃放在手指根部，但这恰恰会导致你的杠铃容易出现滑落。千万不要弄错正确的手掌与杠铃之间的位置关系，这也直接决定着你的镁粉更应当被打磨在哪个区域。

腰部

硬拉时腰部是一定不能够出现任何弯曲现象的！这个问题是我们必须要时刻牢记在心的，当你在拉极限重量时身体或多或少会出现代偿借力的现象，但你要注意有的时候甚至放弃这一次试举也坚决不能出现弯腰的现象！我们不是建议大家在硬拉时出现弯背，而是有的时候对于极限重量试举，就像之前Cailer Woolam提到康斯坦丁时一样，这种情况会或多或少的出现。但是这不意味着你可以允许弯腰的出现！"乌龟拉"的危害要远比上背部出现轻微的弯曲严重得多，前者甚至会直接葬送你的运动生涯。并且，在相扑硬拉时背部发力程度相对较小，如果腰部有一定程度的弯曲，那么便会极大程度增加锁定阶段失败的概率！当然，你也没有必要在硬拉时保持过分的腰部反弓，你只需要让腰部保持在它原本的中立位即可。过分的腰部反弓不仅不利于腰椎健康，更加会限制你的极限重量。

臀位

臀位是硬拉姿势中最重要的！也是我在教学时发现学生问题最多的！一个好的臀位不仅可以帮助你募集更多的肌肉，在启动阶段提供强大的爆发力，更可以使你避免错误的发力姿势并保持身体较健康。在常见的臀位姿势错误的案例中，大部分人的臀位都相对来讲较低，其最直接的表现就是当你发力的一刹那杠铃并没有移动，而是你的臀部在向上抬起直到一个合理的高度时杠铃才开始离地。而此时伴随着臀部抬起的往往是上半身重心前倾或腰部弯曲等硬拉时绝对错误的发力模式。在相扑硬拉时如果你的臀位过低，便会导致原本参与做功程度就已经相比传统硬拉时缩减不少的股四头肌出现进一步的发力困难的现象，彻底将一个相扑硬拉变成"宽站距深蹲"，从而严重增加启动阶段的困难度。还一个表现是很多人在进行硬拉做组训练时，其第一个硬拉的速度往往没有第二个快。究其原因还是因为你在拉完第一个并放下杠铃之后，你自己找到了最合适的臀位，所以第二次再拉起时速度要相比第一个更快。由此我们不难发现，不合适的臀位会使你的身体无法保持充分的紧张感，进而无法使更多的肌肉参与到发力中，直接影响你的成绩。

所以，如果想找到合适的臀位，那么最直接的方式便是通过身体的紧张感来确定。这里我们给大家介绍两种方法：第一种是你可以选择握住杠铃，调整好双脚站距以及上半身的姿势，然后在不拉动杠铃的前提下双腿伸直，然后慢慢屈膝屈髋下降臀位到一个你的上背部、腘绳肌以及臀部肌群都十分紧张的一个点，似乎你稍微一用力杠铃就可以被你拉起来时，这个位置便是你的最佳臀位！第二种是你可以先选择拉起杠铃，然后用极慢的速度下放杠铃并且全身保持持续紧张，直至杠铃片与地面接触时，你便找到了属于你自己的最佳臀位！

有的训练者会比较介意高臀位的硬拉姿势，在他们看来这是有损于身体健康的！但事实上只要你保持正确的发力模式，不通过用腰部的代偿发力进行练习，那么便不会出现因高臀位所导致的腰背部伤病。更何况如果你的身体结构是属于可以使用高臀位硬拉的，那么有意的降低臀位反而会不利于你的成绩增长，更加容易使腰背部产生代偿发力。

站距与站法

正常站距：相扑硬拉的站距要比传统硬拉更宽，类似相扑运动时的站法，这也是相扑硬拉这个特殊硬拉姿势名称的由来。不过具体的站距是使用双腿分开尽可能大的最大站距，还是只是比传统硬拉稍微宽站一点，甚至是在前两者之间取一个中间值，都是没有固定规律的，需要根据每个训练者自身的条件和情况来决定。比如，最大站距虽然做功距离更短，但是对于身体柔韧性要求更高，并且臀位是三种站距中最低地。而最窄站距虽然对于身体柔韧性要求很低，并且臀位最高，但是做功距离最长，发力模式也类似于传统硬拉。而中间站距虽然相对来讲中和一点，但是具体的两脚间分开的距离也是有多种变化和选择的。我们建议训练者可以最开始在柔韧性允许范围内先选择最大的站距，然后通过不断地训练调整慢慢找寻最适合自己的站距。100 kg硬拉世界纪录保持者Cailer Woolam曾经说过，他在拉起430 kg之后便试图缩短自己的站距，而在他第一次尝试相扑硬拉之后他一直在找寻最适合自己的站距。因此，对于相扑硬拉而言，并没有像传统硬拉时的"跳跃式"站距那样有一个固定的选择标准，每个训练者应当根据自己的特点以及不断地训练感受来进行自我调整。

正常站法：最合适的站法是双脚脚尖同膝盖的方向一致，微微向外侧打开，而不要保持双脚脚尖完全竖直向前的姿势。后者会使你在启动阶段丧失一部分臀部力量的帮助！双脚微微打开是可以帮助你更好地激活臀部肌群的，当然要注意这个打开的角度不要过大，否则也失去了臀部辅助的意义。特别是相扑硬拉时双腿分开距离较大，容易导致双脚脚尖以及膝盖打开太多的现象，这会导致你的髋关节出现一定的不适感，并且一定程度上影响腿部肌肉的发力。

双脚

相扑硬拉时我们建议大家的双脚最好更靠近杠铃，甚至一定程度上可以完全贴住杠铃，而不是像传统硬拉时与杠铃保持微小的距离，后者容易使你在相扑硬拉时出现发力过于集中在身体前侧的现象，不利于杠铃尽快离地同时诱发弯腰或背部弓起借力的问题。

呼吸方式

硬拉时的呼吸方式还是最传统的腹式呼吸，这也是有助于你保持腰背部张力的最佳呼吸方法。我们在硬拉时需要注意当你吸满气后便立即发力向上拉杠铃，而不要出现吸满气后再下蹲握住杠铃等呼吸与发力有明显时间间隔的情况。很多训练者在冲击大重量硬拉时会出现因恐惧等心理因素所导致的呼吸节奏紊乱，这都是硬拉时常见的错误之一。

身体结构

相扑硬拉相对适合腿更长、髋关节柔韧性更好以及手臂更长的运动员。当你满足上述三种身体条件时，你可以获得一个无限短的做功距离，更有利于硬拉成绩的提升。并且，如果你的手臂很短，那么相扑硬拉也是你的救命稻草之一，至少它不会出现因为手臂较短在传统硬拉时所导致的锁定困难的现象。100 kg硬拉世界纪录保持者Cailer Woolam认为臀部肌群是相扑硬拉中最重要的肌肉群，对于那些臀部较为发达的训练者来讲相扑硬拉也应当是你考虑的硬拉姿势。

优缺点：

相扑硬拉可以给你提供更短的做功距离，这是提升极限力量以及力量举三大项特别看重的一个重要因素。特别是对于那些身材相对较矮小的小级别运动员（低于170 cm）以及女生，相扑硬拉是相对更好的硬拉姿势。不过，它并没有传统硬拉时调动的肌肉多，这也是为何世界硬拉记录到目前还始终被传统硬拉所霸占的原因之一。并且，相扑硬拉并不是常见的日常生活中的发力姿势，刚开始练习时很多人会出现不适应的现象。此外，相扑硬拉对于髋关节以及腘绳肌柔韧性的较高要求也是我们不得不考虑的一个重要方面。

常见错误：

硬拉时低头或抬头。

启动阶段出现含胸。

启动阶段上背部没有夹紧。

硬拉时手臂屈伸。

肩部超过与杠铃的垂直线。

启动阶段臀位不在最佳位置。

双脚或双腿打开过多。

呼吸与发力的不同步性。

小相扑硬拉（semisumo）是否真实存在？

在很多人甚至包括我自己被问到谁是世界上有史以来最佳的力量举运动员时，大家往往都会回答一个名字，即：ED COAN，他曾经同时创造过82.5 kg、90 kg以及100 kg多个不同体重级别的力量举世界纪录，并且

掌握一项几乎目前少有人可以掌握的特殊硬拉技术，即semi-sumo（小相扑硬拉）。所谓的小相扑硬拉的原理是通过相比正常相扑硬拉较短的站距，在相比传统硬拉减少做功距离的同时，又可以调动比正常相扑硬拉更多的肌肉群参与到硬拉发力中。有的人会把它相比做中杠位深蹲，是一种更加优化的硬拉姿势。但是对于这个问题，硬拉博士Cailer Woolam有着自己的观点：他认为世界上真正掌握小相扑硬拉的只有ED COAN一个人，其余使用所谓小相扑硬拉的运动员都是在"用传统硬拉的发力模式拉相扑硬拉"，这并不是一个正确的选

择。小相扑硬拉或许真的存在，但它并不适合所有人，掌握起来的难度也很大。

我也曾经就这个问题咨询过Ray Williams，他也认为semi-sumo的受用范围和他见过真正做的案例少之又少，对于大部分力量举爱好者来讲，传统硬拉和相扑硬拉这两种姿势便已经足够帮助你解决所有的问题。如果你感觉正常相扑硬拉站距对于你的发力感受来讲不是很舒服，那么我们建议你可以试着一定程度缩短站距。但是请你不要改变你的正常相扑硬拉发力模式，这个对于硬拉成绩增长是十分不利的。

传统硬拉还是相扑硬拉？

很多训练者在挑选硬拉姿势时往往会陷入一定的苦恼，特别是对于那些自身硬拉增长受限处于平台期，渴望改变并提升自己的力量爱好者，更容易出现姿势的"选择恐惧症"。我们在这里便从五个角度帮大家分析一下究竟选择传统硬拉还是相扑硬拉更适合你自己。

难易程度：相扑硬拉相比传统硬拉要更难一些，它的发力模式并不是日常生活中我们常见的发力方式，并且相比传统硬拉有更多需要注意的技术细节。几乎每个训练者在第一次接触硬拉练习时都是使用的传统硬拉，这造成了很多人在接触相扑硬拉时会有很强烈的不适感，甚至往往会出现相扑硬拉成绩并没有传统硬拉成绩高的现象。训练者需要在开始相扑硬拉训练前提前做好相应的心理思想准备，尽管相扑硬拉相对传统硬拉做功距离更短，理论上更容易获得更高的成绩，但是并非所有训练者在一开始便可以充分掌握。特别是对于那些传统硬拉成绩本身就已经比较高的训练者来讲，在进行相扑硬拉的训练时肯定会有一定的适应期。你不能因为练上几次相扑硬拉感觉成绩没有传统硬拉的成绩高，便下结论认为自己更适合传统硬拉，这是十分不客观的。要知道即使相扑硬拉再适合你、再具有优势，你也不可能通过几次的训练就抵得过之前几个月甚至几年的传统硬拉练习。我们建议大家在使用相扑硬拉训练时，最合适的安排方式是给自己安排一个至少12周的针对性训练计划，通过正确并且有针对性的周期计划来判断自己到底是否适合相扑硬拉。

适用范围：传统硬拉是几乎每个训练者都熟悉的硬拉姿势，相对来讲普及性要更广一些。不过，如果针对硬拉成绩的提高，或者力量举硬拉比赛来讲，传统硬拉的适用范围要相比相扑硬拉小的多。毕竟，无论你是臂展较长还是相对较短的运动员，相扑硬拉都可以成为你的好伙伴。但是对于那些臂展较短的运动员来讲，使用传统硬拉进行比赛毫无疑问是很吃亏的。这一点同手臂较长的运动员使用很窄的握距进行卧推是一样的，因为身体结构的关系所导致的做功距离过长并不是我们希望看到的，这对于成绩的上限也是有很大制约的。而相扑硬拉可以使那些手臂较短的运动员不至于在硬拉时吃亏太多（比如著名力量举冠军DAN GREEN），同时又能够帮助那些手臂较长的运动员创造属于自己的记录（比如硬拉博士Cailer Woolam）。如果非要说相扑硬拉的缺陷，那么只能从它对于髋关节和腘绳肌的柔韧性要求相比传统硬拉更高入手。不过，这种柔韧性或肌肉力量的问题都是可以通过后天的训练所弥补的，但是手臂的长短是没法在发育定型后通过任何人为因素所改变的。因此，尽管相扑硬拉在健身房的普及度不高，但是从提高硬拉成绩或者参加比赛的角度出发，相扑硬拉毫无疑问是适用范围更广的硬拉姿势。

身体负担：硬拉对于腰背部的压力是力量举三大项目中最大的，在所有力量训练动作中除去山羊挺身、直腿硬拉以及早安式等腿部几乎伸直不动、只有上半身进行屈伸的训练动作外也几乎是对腰部压力最大的动作。很多训练者由于错误的训练姿势、发力模式或者训练频率安排不得法，从而出现腰部疼痛甚至腰椎间盘突出等严重伤病。传统硬拉和相扑硬拉两种姿势对于身体的负担也是各不相同的，其中相扑硬拉因为上半身前倾角度较小，背部较为直立的关系对于腰背部的压力要小很多。而传统硬拉则因为较大的上半身前倾角度，会带给腰背部极强的压力以及酸胀感。这也是为何很多腰部受过伤病的运动员往往会选择在康复后改相扑硬拉而不再使用传统硬拉的原因之一。

此外，对于力量举爱好者来讲，相扑硬拉同样会在一定程度上"帮助"你的深蹲成绩获得一定的提高。尽管之前我们已经提到硬拉和深蹲之间并无

成绩上的从属关系，即硬拉高并不意味着深蹲高，大量的深蹲训练也无法直接帮助硬拉成绩提升。但是，深蹲和硬拉对于身体肌肉群的消耗却不尽相同。这一点便直接导致如果训练频率安排不得法，或者姿势不正确，很容易出现身体积劳成疾导致的腰部伤病。比如当我们在深蹲日训练结束后腰背部已经受到了极强的刺激，如果此时再选择使用传统硬拉进行训练，那么便会导致腰部受到的压力成倍增加，更加不利于腰背部肌肉的恢复。所以，如果你的目标是提升力量举三大项，那么使用相扑硬拉配合深蹲进行练习对于腰背部来讲是十分友好的。当然，如果你的目标仅仅是提升硬拉的成绩，那么倒不必考虑过多硬拉与深蹲时腰背部的恢复问题，你可以在深蹲训练时使用不影响腰背部肌肉的小重量进行练习。

肌肉需求：传统硬拉对于人体肌肉的主要需求部位往往集中在：腘绳肌、臀大肌、背部肌群以及股四头肌。而相扑硬拉则更加需要臀大肌、腘绳肌以及背部肌群，股四头肌因为宽站距的关系相对来讲发力比例要减小不少。我们能够发现传统硬拉可调动的肌肉相比相扑硬拉要更多，特别是它的姿势可以使股四头肌一定程度上参与到发力中，并且在锁定阶段同样可以释放较强的背部力量来帮助锁定。这也是为何对于身材较为高大的大级别运动员来讲，他们的传统硬拉成绩往往要好于相扑硬拉的原因所在。他们相比小级别运动员身高高太多，缩短做功距离并不具备决定意义。并且他们的深蹲成绩往往十分出色，传统硬拉可以帮助他们充分将股四头肌以及腘绳肌的力量运用到硬拉中。

下限&上限：除非你的身体柔韧性极差，或者身材过于巨大（甚至肥胖），否则在进行一定时间的针对性训练后，你的相扑硬拉成绩的下限肯定是要高于传统硬拉成绩的下限。导致这种情况出现的原因还是在于更短的做功距离。但是，至于这两种不同姿势所带来的上限成绩高低就需要看具体到每个训练者自身先天条件以及之后训练中肌肉的发展情况。理论上讲传统硬拉可以募集更多的肌肉群，在肌肉力量基础上相比相扑硬拉要高不少，但是请你千万不要忘记臂展和身高所带来的做功距离的问题，这同样是决定着你的成绩的天花板在哪里的关键！如果你的臀部肌群发展越来越强大，并且你又拥有一个让人羡慕的臂展，那么天空才是你硬拉成绩的极限！

硬拉专项辅助训练动作

深蹲是三大项动作中粘滞点最多的，卧推是三大项动作中粘滞点最被动的，而硬拉则是三大项动作中粘滞点最致命的。它只有四个粘滞点，其中最常见的只有启动阶段和锁定阶段，数量上根本无法同深蹲相提并论。它也不

像卧推一样，粘滞点出现的原因往往是惧怕裁判的口令不敢下降杠铃太快导致的离心困难，或者说受限制于裁判口令速度的快慢所导致的启动困难。硬拉在真正发力前你是不需要听任何裁判口令或者看裁判手势的，它也没有那么多的粘滞点，但是它的每一个粘滞点的出现都是致命的，极其容易直接导致你的试举失败！

硬拉时的粘滞点主要有四个：启动阶段、中段、锁定阶段以及握力。其中握力和中段是十分罕见的，可以通过比较简单的专项辅助训练动作以及肌肉辅助训练动作来解决。真正要命的是启动阶段以及锁定阶段，特别是启动阶段困难几乎是所有硬拉试举失败的罪魁祸首！试想一下如果你的中段或锁定阶段，甚至是握力出现困难，那么最直接的一个原因往往都是在之前的启动阶段浪费了太多的时间进而出现力量不足所导致的无法锁定，或者手握不住杠铃。甚至换句话讲，如果你的杠铃离开地面的速度足够快，那么便几乎不存在所谓的剩下三个粘滞点的问题！当然，我们这里并不是说只要离地快就不会出现锁定困难或者握力不足，在实际训练中还是有一定比例的训练者因为技术掌握不牢固或肌肉发展不平衡出现另外三个粘滞点。只不过你要知道这种概率并不高，并且完全可以通过简单的方式纠正。而要解决杠铃尽快

离开地面，或者说提升启动阶段的能力并不是一件很轻松就能办到的事情！

归根究底还是因为硬拉的发力模式同深蹲和卧推时不一样，并没有一个离心的过程而是直接将纹丝不动的杠铃从地上直接发力拉起来。这要求训练者本身必须具备极强的爆发力和神经控制能力，才可以做到在一瞬间充分收紧全身肌肉，并且让正确的主动发力的肌群爆发最大力量用最快的速度将杠铃拉起，这与深蹲和卧推先将杠铃从架子上扛出来是完全不一样的。深蹲和卧推你需要注意的是在平稳发力中求快，动作做的稳要比做的快更重要，否则很容易出现犯规的现象。但是在硬拉时"快"却是最重要的！我们要做到的是在快中求稳，如果你只图稳但却丧失了爆发力和杠铃离地的初速度，那么便会直接导致你的后半程极其困难甚至出现试举失败。在我们安排硬拉的专项辅助训练时，我们不仅会通过改变做功距离这种卧推训练时使用过的方式，或者使用弹力带增加重量这种深蹲训练时经常采用的辅助工具，我们还会安排特殊的、更加针对硬拉特点的专项速度训练进行练习！

启动能力

启动阶段是硬拉中最重要的一个阶段并且没有之一！启动能力不足容易产生糟糕的"多米诺骨牌效应"，导致随后的中段、锁定阶段甚至握力出现严重的问题。如果你想拥有一个强大的硬拉成绩，那么你便必须拥有及格线以上甚至越强越好的启动能力。在日常训练中启动能力较差主要跟三个方面有关：错误的发力模式、专项辅助训练不足以及爆发力欠缺。

错误的发力模式所导致的启动能力较差往往出现在硬拉训练较少的爱好者身上，他们可能将更多的注意力放在深蹲和卧推的训练，较少关注硬拉的专项训练。他们的硬拉发力模式主要依靠深蹲时的身体前侧发力，较少依靠真正起主导作用的后侧链（腘绳肌、臀部肌群）。这种错误的发力模式会直接减慢杠铃离开地面的初速度，无法帮助你用一个尽快的速度将杠铃带离地面。如果你想解决硬拉时错误的发力模式，那么首先一定要在自己的训练计划中加入针对性的硬拉专项训练，而不再是只把注意力放到深蹲和卧推上。并且，适当安排一部分速度硬拉训练对于培养正确的发力模式也是十分具有帮助的。

专项辅助训练不足主要体现在有一定硬拉训练经验，甚至硬拉成绩还不错的爱好者身上，他们自身的硬拉成绩并不差，但因为离地困难的原因导致其极限成绩始终无法达到一个高度。对于他们来讲，只要杠铃能够以正常的速度离开地面，那么他们便可以将其锁定完成试举。但是恰恰就难在他们很难以正常的速度将杠铃带离地面，无论是使用传统硬拉还是相扑硬拉，启动阶段对于他们都是最困难的。要想解决这类问题，最直接的办法便是安排针对性的专项辅助训练动作，通过针对传统硬拉和相扑硬拉启动阶段不同的辅助训练，来提升爱好者在启动时的能力。比如提升传统硬拉启动能力我们会安排超程硬拉训练，而在相扑硬拉时使用传统硬拉进行辅助训练也可以提升相扑硬拉启动阶段的能力。

爆发力欠缺的问题跟爱好者自身的爆发力水平不足有关，也跟训练者自身的意志力有极强的关系。特别是在硬拉中，你的内心是否足够强大便成为了很关键的一环，硬拉不像深蹲和卧推一样有一个杠铃下落的离心阶段，它是直接将杠铃从地上拉起来，它需要你具备特别强的决心和意志力，否则稍微的害怕和退缩便会直接影响你的力量表现。解决这个问题的关键是确保训练计划的合理性，确保一定的冲击极限的成功率，这是帮助你塑造信心的关键！如果你的训练计划设置较差，冲击极限经常失败，那么久而久之你的自信也会逐渐崩塌。

速度硬拉

姿势：使用正常的硬拉姿势进行练习，如果你想提高传统硬拉的启动能力，那么你就要用传统硬拉姿势进行练习。相反的，你便需要用相扑硬拉进行速度练习。

注意事项：在保证动作姿势标准的情况下使用尽可能快的速度进行练习。但注意不要使用弹地的方式进行硬拉，应当是每次将杠铃放到地上完全停稳后再拉起杠铃。并且，一定要确保姿势的标准性，而不要只是追求速度快，否则你的身体健康也会受到影响。此外，注意速度硬拉训练时每组间的休息不要超过45秒，一般合理的休息时间是安排在30~45秒，这样可以更有助于提升你的启动能力。

重量：使用正常硬拉极限的50%～70%进行练习。

组数与次数：7～12组，每组1～3次。

变式动作：可以使用传统硬拉和相扑硬拉进行速度训练。

价值：速度硬拉可以帮助你培养正确的硬拉发力模式，有助于提升硬拉启动能力，缓解启动时遇到的粘滞点。

超程硬拉

姿势：垫高自己，站在5～7厘米的台子上进行传统硬拉。

注意事项：不要使用相扑硬拉的姿势进行超程硬拉训练，它对于提升相扑硬拉的启动能力并没有什么帮助，反而容易使你的髋关节受到损伤。在进行超程硬拉训练时一定要注意将臀位摆放在合适的位置，不要使臀位像正常硬拉时那么高，否则会给你的腰背部带来极强的疼痛感。其次，切忌使用弹地硬拉，它会使你的启动阶段难度大大降低，从而无法帮助你真正改变硬拉启动困难的问题。

重量：使用正常硬拉极限的50%～80%进行练习。

组数与次数：1～5组，每组1～5次。可以使用周期计划进行逐渐加重的练习。

变式动作：可以通过调整台子的高度进行不同高度的超程硬拉训练，台子越矮启动难度越低，台子越高启动难度越大，但同样对于身体柔韧性的要求也更高。

价值：超程硬拉可以帮助我们提高启动时的难度，从而帮助我们获得更好的启动能力。并且，超程硬拉拉长了整个硬拉动作的做功距离，从而也可以帮助我们侧面提升中段、锁定阶段以及握力的能力。

传统硬拉

姿势：使用正常的传统硬拉姿势进行练习。

注意事项：如果你的目的是使用传统硬拉提升相扑硬拉启动阶段的能力，那么我们不建议你使用真正极限的重量进行练习，而是采用一个中高强度的负荷训练即可。

重量：使用正常传统硬拉极限的80%～90%进行练习。

组数与次数：1~5组，每组1~5次。可以使用周期计划进行逐渐加重的练习。

价值：传统硬拉是提升相扑硬拉启动能力的很好的辅助伙伴！很多热爱相扑硬拉的训练者往往存在一个错误观念，即认为提升相扑硬拉不需要额外再进行传统硬拉训练。但实际上这种观念会直接限制你的相扑硬拉启动能力的提升，在专项辅助训练日当天安排一定的传统硬拉练习是有助于提升相扑硬拉成绩的。

计划安排

速度硬拉的最佳安排方式是在一周除去正常的硬拉训练日外，单独安排一个硬拉的速度训练日。一般在这一天我们的计划安排会围绕速度硬拉展开，并且辅以一定的重量较大的肌肉辅助训练，比如背部肌群的练习。这样可以有助于我们从神经控制能力以及肌肉两个方面提升硬拉启动阶段的能力。超程硬拉的最佳安排方式是使用它替代正常的硬拉练习，作为正常硬拉训练日的主项动作，类似我们选择停顿卧推替代触胸就起的卧推作为卧推训练日的主项动作。我们可以使用周期计划的方式来逐渐提升超程硬拉的极限力量，从而不仅可以有助于启动能力的提高，还可以间接增强我们正常硬拉的成绩。当然，你也可以将超程硬拉放到深蹲训练日进行练习，采用循环交叉的原则，在不影响深蹲成绩增长的同时，又可以一定程度上提升硬拉启动能力。不过要注意的是，如果选择这种安排方式，那么我们建议最好使用正常硬拉极限的50%~65%进行超程硬拉练习即可。

如果你在相扑硬拉的启动阶段受到困扰，或者你的目标只有提升相扑硬拉的成绩，并不太多考虑深蹲。那么我们建议你可以将传统硬拉作为相扑硬拉的辅助动作，安排在一周内的第二个硬拉训练日进行专项辅助训练。同时我们还应当安排一定量重量较小的肌肉辅助训练，比如腘绳肌和臀大肌的练习，这样不仅可以提升肌肉质量，同时还不会因为肌肉辅助训练强度过大所导致身体出现过度的疲劳累积。

中段能力

硬拉中的中段粘滞点指的主要是在杠铃离地后到膝盖之间这段距离出现

拉起困难的现象，这并非硬拉中比较常见的粘滞点之一，导致这个阶段出现问题的原因主要有两个：离地速度过慢以及缺少专项辅助训练。其中离地速度过慢是最常见的原因之一，很多训练者硬拉时中段能力较差往往都是因为在启动阶段消耗了大量的力量，甚至出现动作姿势变形才将杠铃拉离地面，从而导致杠铃无法被拉到膝盖位置便宣告试举失败。如果你属于这类情况，那么请将更多的注意力放在启动能力的训练上，理论上讲只要启动时速度足够快，那么便几乎不存在中段容易出现粘滞点的问题。

当然，缺少专项辅助训练动作的安排也会成为导致中段粘滞现象的原因之一，特别是对于那些在硬拉时习惯用身体前侧力量发力的训练者，比如举重运动员容易出现硬拉时中段困难的现象。我们可以通过使用特殊的专项辅助训练动作来帮助你培养硬拉中段位置正确的发力模式，进而提升中段上拉杠铃的速度。比如使用停顿硬拉便是一个很好的提升硬拉中段能力的训练动作。

此外，因为相扑硬拉做功距离较短，并且难度往往集中在启动阶段，所以当你使用相扑硬拉时几乎很难遇到中段位置出现粘滞的现象。大部分粘滞点出现的原因都是因为启动阶段太困难所导致的力量供应不足，我们并不是十分建议大家在相扑硬拉时使用停顿硬拉进行练习，而是应当将更多的注意力放在启动能力的提高上。

停顿硬拉

姿势：使用传统硬拉姿势进行练习，当杠铃完全离地后立刻停止上拉并保持1~2秒的停顿然后再正常拉起杠铃。

注意事项：保持1~2秒的停顿即可，没有必要停顿更多的时间。在停顿时注意继续闭气，而不是采用换气呼吸的方式，后者对于提升硬拉成绩并没有帮助。此外，在停顿的全程中一定要始终保持身体张力，千万不能出现肌肉放松或身体晃动的现象，这对于身体健康是有极高隐患的。

重量：使用极限重量的60%~70%进行练习。

组数与次数：3~4组，每组进行2~3次。

变式动作：我们可以根据粘滞点出现在杠铃离地到膝盖前这段距离的具体位置，来进行不同高度的停顿硬拉练习。使用相扑硬拉的姿势进行停顿练习，对于提升相扑硬拉中段能力并没有太多实际价值，但是这种方式有助于使我们培养正确的相扑硬拉姿势。

价值：停顿硬拉不仅可以帮助我们提升硬拉中段时遇到的粘滞点，还可以帮助我们培养正确的传统硬拉以及相扑硬拉姿势，培养良好的发力模式。特别是在杠铃离开地面以后，停顿硬拉可以帮助我们找寻最正确的身体重心位置。

计划安排

我们还是坚持前面的观点，对于大部分训练者来讲只要你的启动能力足够强，那么当杠铃行进到中段时是不可能遇到粘滞点的。如果你担心这个位置容易出现粘滞点，那么可以使用超程硬拉这种既可以提升启动能力，又可以增加做功距离提升硬拉中段难度的训练动作。并不是十分有必要安排单独的停顿硬拉训练，除非你是属于长期习惯于身体前侧错误发力模式的训练者，那么我们建议你可以适当安排停顿硬拉来培养正确的相扑硬拉或传统硬拉姿势。在具体的训练计划安排方面，我们建议大家可以把它放在硬拉专项训练日的大重量硬拉训练之后，使用不超过70%的硬拉极限重量进行3~4组的辅助训练即可。

锁定能力

硬拉的锁定阶段指的是杠铃从膝盖到最后髋关节、膝关节以及肩背全部完成伸直锁定的过程，它是很多训练者容易出现粘滞点的阶段，是仅次于启动阶段最困难的粘滞点，更是在硬拉比赛时最容易出现犯规的位置。导致硬拉锁定困难的原因有多个：锁定技术不合理、错误姿势、启动能力较差、握力不足以及锁定能力较差。其中锁定技术不合理是经常出现在硬拉训练经验较少的训练者身上，这一点我们会在之后的"优化技术细节"一节中再进行详细地讲解，很多训练者在杠铃过膝盖后并没有选择正确的向杠铃伸髋完成锁定，而是寄希望于通过上肢的力量将杠铃继续向上"拉"来完成锁定。这种错误的锁定技术是直接导致锁定困难的罪魁祸首之一。

不标准的硬拉姿势也是容易导致锁定困难的原因，特别是在传统硬拉时是极为常见的。正如我们前面所说，一旦在传统硬拉时出现弯腰或"乌龟拉"的现象，那么想只依靠背部力量去完成锁定是十分困难的。可能你在小

重量训练时不会有特别明显的感受，但是在接近极限重量时你会感觉的很明显！我们经常能够看到很多弯腰或"乌龟拉"的训练者在锁定时只能依靠腿部的多次屈伸，也就是我们日常习惯说的"蹬腿借力"来完成锁定。这种方法不仅是十分错误的，更是违反比赛规则的。在比赛时你的膝盖角度只可以从小变到大，但绝对不能出现从小变到大再变到小，然后再变到大这种二次屈伸发力的现象。

启动能力较差也是会导致锁定时困难的原因之一，当你浪费了大量的时间以及力量在杠铃离地阶段时你便同时提高了自己锁定时的难度。硬拉同深蹲和卧推一样，启动阶段浪费的力量过多会直接影响之后的动作完成。我们在锁定遇到困难时一定要先进行自我评估，看看导致锁定困难的原因具体是什么？如果是因为启动能力较差所导致的所定困难，那么你更应当采用的是提升启动能力的训练方法，而非我们在这一段要为大家讲解的内容。

握力并不是导致锁定能力较差的重要因素，甚至可以说是五个因素中所占份额最小的一个。除非你在整个硬拉时耗费的时间过长，导致握力不足从而无法继续完成锁定，否则很难因为单纯的握力不足导致锁定失败。如果你属于在锁定之前消耗了太多的时间，那么我们建议你还是应当把训练重心放在提升中段能力以及启动能力上。相反的，如果握力真的限制了你的锁定速度，我们建议你可以通过针对性的提高方法来弥补，具体的我们会在下面一段的握力提升中为大家讲解。

对于很多训练者来讲，因为肌肉发展不均衡或神经控制能力较差所导致的锁定能力较差是导致锁定阶段出现粘滞点的重要因素之一。我们可以通过针对性的背部肌肉训练，提升背部肌肉整体力量水平的方式进行一定的弥补。也可以通过弹力带硬拉等特殊硬拉专项辅助训练动作来改变硬拉时的重量，进而提升你的锁定能力。此外，超程硬拉本身也可以提升你的锁定能力，它不仅有助于启动能力的提升，可以从提升启动能力角度帮助你减少预先的体力消耗。更可以通过增加做功距离来提升你的锁定能力，是不可多得的绝佳的硬拉专项辅助训练动作。

直腿硬拉

姿势：使用与传统硬拉一样的握距和站距进行训练，双腿在保持腰背部伸直的情况下尽可能不要弯曲，然后进行硬拉练习。

注意事项：如果你的髋关节以及腘绳肌柔韧性不足，必须要适当弯曲腿部才可以保证腰背部伸直，那么可以适当弯曲腿部进行硬拉练习。而不要只是一味地追求直腿的姿势反而忽略了更为重要的腰背部姿势。我们建议大家最好踩在一个台子上进行直腿硬拉练习，不用将杠铃触地而是保持肌肉的持续张力进行连贯的训练。当然，你也可以采用周期计划进行逐渐增加重量的训练方式，但是这种方法一定要注意计划设置的合理性，不要出现腰背部过度的疲劳累积。此外，在杠铃下降的离心阶段我们建议大家一定要采用慢速的方式进行练习，一般来讲在拉起杠铃后使用3～5秒下降杠铃是可以带给腘绳肌最强烈刺激的方式之一。

重量：使用正常硬拉极限重量的40%～80%进行练习。

组数与次数：4～5组，每组进行10～15次练习。也可以使用周期计划进行逐渐增加重量的训练方式。

变式动作：可以适当保持一定的腿部弯曲角度，使用罗马尼亚硬拉的方式进行练习。

价值：直腿硬拉可以充分强化我们的腘绳肌以及臀部肌群，对于提升伸髋力量从而帮助硬拉锁定是具有十分重要作用的。

宽拉

姿势：双手握在杠铃81 cm标线外进行传统硬拉练习。

注意事项：因双手握距相比正常硬拉时宽出不少，所以必须要调整并降低你的臀位，否则腰背部会出现明显的弯曲现象从而有损于身体健康。每次拉起杠铃后注意不要使用弹地的方式进行连续硬拉，而是应当选择将杠铃完全放到地面并停稳后再进行第二次的硬拉练习。这也是几乎所有硬拉类训练动作在进行练习时所需要注意的问题，连续的弹地硬拉只会降低硬拉最困难的启动阶段的难度，不利于你的硬拉成绩的增长。此外，你也可以采用周期计划进行逐渐增加重量的训练方式，但是这种方法一定要注意计划设置的合理性，不要出现腰背部过度的疲劳累积。

重量：使用正常硬拉极限重量的40%~80%进行练习。

组数与次数：4~5组，每组进行10~15次练习。也可以使用周期计划进行逐渐增加重量的训练方式。

变式动作：可以使用弹力带进行弹力带宽拉练习，可以最大化提升硬拉锁定阶段的能力。

价值：宽握距的硬拉相比其余握距的硬拉会更多依赖你的背部肌肉，这对于最后锁定阶段时完成肩背部锁定所需要的力量是有极大补充的。另外，宽拉的臀位相比正常硬拉时要更低，这也会一定程度上帮助我们提升硬拉的启动能力。

弹力带硬拉

姿势：将弹力带踩在脚下并绕过杠铃，然后进行正常的硬拉练习。

注意事项：如果使用相扑硬拉，那么必须要配合专业的举重台将两条弹力带固定在杠铃两端进行练习。千万不能将弹力带踩在脚下或者只是用哑铃固定，这都是十分危险的方式，训练者的身体会极易因此受到损伤。

重量：使用正常硬拉极限重量的60%~80%进行练习，注意选择合适的弹力带阻力大小。

组数与次数：3~4组，每组进行3~4次练习。也可以使用周期计划进行逐渐加重量的训练方式。

变式动作：可以使用铁链进行练习，但一定要选择长度合适的铁链，不要出现当杠铃完全拉起后铁链仍然有一部分与地面接触的情况。

价值：弹力带或铁链硬拉可以通过在拉起的过程中不断增加杠铃总重量

的方式提升我们的锁定能力,我们建议大家最好选择弹力带+杠铃的总重量超过正常的硬拉极限重量,并且确保杠铃重量较小,弹力带重量较大的组合方式。这样可以在不影响杠铃离地速度的同时大大强化我们的硬拉锁定能力。此外,我们可以使用弹力带进行超程硬拉练习,这也是硬拉博士Cailer Woolam所最推崇的硬拉专项辅助训练动作之一,既可以解决启动困难的问题,又可以帮助我们改善锁定能力。不过,这种方式需要训练者自身必须具备较强的硬拉力量基础。

半程硬拉是否可以提升锁定能力?

半程硬拉,即选择用架子或箱子将杠铃放在膝盖处或膝盖上方进行硬拉练习。很多训练者认为半程硬拉是可以提升锁定能力的,因为当你使用半程硬拉时你的做功距离会缩减很多,并且可以使用相比正常硬拉极限高不少的重量进行做组练习。比如对于硬拉极限是200 kg的训练者,他们的半程硬拉甚至可以做到220～230 kg。这个重量的增加幅度在相扑硬拉时会体现得更为明显。很多训练者由此推断半程硬拉是可以提升锁定能力的,毕竟在锁定位置时它相比正常的硬拉可以使用更大的重量进行练习。

但是,这种想法其实是十分错误的!半程硬拉对于提升锁定能力并没有任何帮助!如果非要说半程硬拉对于硬拉极限成绩的增长,那么可能只有它对于握力的小部分提升作用是有一定帮助的。半程硬拉之所以不能够提升锁定能力,是因为其所处的发力环境以及发力模式同正常硬拉时所遇到的情况不一样。首先,在发力环境方面,半程硬拉并没有正常硬拉时那样预先经过启动阶段以及中段的洗礼,不存在任何力量的预先消耗。其次,在发力模式方面,很多训练者的半程硬拉是通过股四头肌的力量将杠铃"蹲"或者"蹭"上来的,这与正常硬拉时依靠身体后侧链发力是有着明显不同的!所以综合上述这两个问题,尽管半程硬拉可以使用更大的重量,但是它并不能够作为好的提升锁定能力的训练动作被列入到计划中。

特别是对于相扑硬拉来讲更是如此,相扑硬拉相比传统硬拉本身做功距离就要短不少,如果再通过这种方式进行更短的硬拉训练,那么对于真实成绩的提高是没有太多实际价值的。我曾经就这个问题请教过硬拉博士

Cailer Woolam,为何会有许多国外的硬拉高手,甚至包括他自己也会进行半程硬拉的练习?他的回答让我多少有点出乎意料,硬拉博士诚实地说道:"我认为半程硬拉对于提升硬拉成绩的作用是不大的,我练半程硬拉的目的是为了可以使用更大的重量,放到社交媒体上进行推广。这个就像我把弹力带固定在深蹲架上并绑住杠铃两端进行练习一样(启动阶段极其容易,但是锁定阶段难度极大),更多的是为了通过数字的刺激来满足粉丝,而不是为了训练。我在训练中几乎从来不安排这种方式的硬拉练习。"

计划安排

如果你的目的是提升硬拉时的锁定能力,那么我们建议大家最好将它放在一周的第二个硬拉训练日进行练习,或者在只有一个硬拉训练日的情况下,将其放在硬拉专项训练日替代正常姿势的硬拉进行训练。当你采用第一种方法时,我们建议训练安排尽量以中等重量刺激肌肉为主,比如直腿硬拉和宽拉最好安排4组,每组10~12次的做组练习。当你采用第二种方法时,我们建议你可以使用周期训练计划,进行逐渐加重的练习。后者相比前者拥有更好地提升硬拉锁定能力的效果,并且不会过多影响正常的深蹲训练。但是,前者却可以同时提升多个硬拉粘滞点,比如在第一个硬拉专项训练日时以提升启动能力为主,而在第二个硬拉训练日使用轻重量的直腿硬拉来改善硬拉锁定能力。

当然,我们也可以选择使用弹力带超程硬拉替代硬拉训练日的正常姿势的硬拉进行训练,这样便可以起到同时改善启动以及锁定两个不同阶段粘滞点的作用,又可以不影响正常的深蹲训练。但是,正如我们前面所说这种方法对于训练者自身的力量基础要求极高,你必须确保自己具备一定的硬拉成绩。

握力

握力不足虽然并不是硬拉中比较难克服的粘滞点,没有启动阶段以及锁定阶段那么容易出现失败,但是却经常出现在很多训练者的极限重量试举或力量举比赛中。导致握力缺乏的原因主要有四个:力量预先消耗过多、长期依赖助力带、错误涂抹镁粉以及缺乏针对性的握力训练。其中力量预先消耗过多是比较常见的，它主要体现在训练者在锁定阶段时浪费了过多体力从而出现握不住杠铃或杠铃在手中明显滑动的现象。当你的锁定能力得到明显提升后，你的硬拉成绩便不会再受握力的过多限制。

长期依赖助力带并不是导致握力不足的决定性因素之一，因为助力带真正的价值是在于帮你提升硬拉时的做组能力，而非提升极限重量。所以是否使用助力带进行训练对于硬拉的成绩影响并不会特别大，你带上拉带不能帮助你多拉多少kg，同样摘下拉带也不会减少多少kg。唯一可能出现的现象是很多训练者在刚摘下拉带时会使用正反握进行练习，在最初会有一定的发力不适感，但是这个问题是可以通过短时间内的调整便能够解决的，不会影响你的硬拉极限重量。

错误涂抹镁粉是比赛时容易出现的现象，很多运动员因为紧张或匆忙的关系，进而忽略了将全手掌都仔细涂抹镁粉，反而只是简单的一擦便走上台进行硬拉。有的甚至连手上的汗水都没有擦干净就涂抹镁粉，这显然是不足以确保你拥有一个强大握力的。有的训练者认为镁粉是人为的提升握力的手段，就像助力带一样，长期使用容易产生身体的依赖感。如果想让自己的握力获得真正的提升，那么便不能够使用镁粉。其实这种想法是很片面和偏激的，镁粉是力量举比赛时所允许使用的，它并不像助力带或者卧推时不能够使用护肘一样是比赛所禁止的。你没有必要把镁粉拒之于千里之外，这就好比比赛是可以使用腰带的，但是除非特殊情况，否则你也不会偏激到不在比赛时使用腰带。

如果你长期在背部或硬拉训练时使用助力带，又缺少针对性的专项辅助训练动作，那么会使你的握力与硬拉成绩的增长出现不同步性。最直接的解决方式便是暂时抛弃助力带，在背部以及硬拉训练时都使用徒手进行练习。当然，如果你想解决的彻底，那么便必须安排针对性的专项辅助训练动作，或者通过增加双手抓握杠铃的难度，或者通过增加双手抓握杠铃的时间来从本质上提升你的握力水平。

握力器

姿势：选择合适磅数的握力器进行多次闭合练习。

注意事项：一定要选择合适磅数的握力器，没必要选择磅数过大只能完成2~3次的握力器。握力的提升是需要一组多次或一组长时间的练习才能够达到的，去冲击所谓的握力器极限对于提升握力是没有太大帮助的。另外，为了更好地提升硬拉时所需要的握力，我们更建议大家使用单手进行闭合练习。

重量：选择合适磅数进行练习。

组数与次数：3~4组，每组进行力竭次数。

变式动作：可以挑选一个20 kg或25 kg的杠铃片，使用一只手抓握住一边的方法进行一次尽可能长时间的抓握练习。女生可以根据自己的力量基础选择重量合适的杠铃片。

价值：握力器不受任何训练场地和外部条件的限制，你甚至可以在家里就完成练习，动作的普及性极高。

农夫走

姿势：使用两个哑铃进行农夫走练习。

注意事项：千万不要使用拉带，否则便丧失了哑铃农夫走对于提升握力的重要意义。并且最好选择握住哑铃中部，而不是握住哑铃一端，否则会极大程度降低训练的难度。此外，要注意农夫走时我们的训练量是以行走的距离计算，而不是以次数计算。

重量：不要选择重量过轻的哑铃进行练习。

组数与次数：3~4组，每组进行50~150米。

变式动作：可以使用环形硬拉杆进行农夫走练习，它相比哑铃可以使用更大的重量。

价值：农夫走不仅可以提高我们的握力水平，还可以一定程度上提升伸髋力量以及基础体能，对于整体力量素质的提升是具有一定帮助的。

粗杠硬拉

姿势：使用比正常杠铃周长粗很多的特制杠铃进行正常姿势的硬拉练习。

注意事项：不要使用拉带进行练习，并且最好使用传统硬拉而非做功距离更短的相扑硬拉。哪怕是使用相扑硬拉的训练者也应当在这里使用传统硬拉，才可以更好地提升你的握力水平。

重量：使用粗杠硬拉时所能够正常做组训练的重量。

组数与次数：3~4组，每组进行6~8次。

变式动作：如果没有特殊的杠铃，我们可以通过在杠铃上包裹一条毛巾的方式来使杠铃"变成"特制粗杠进行练习。

价值：人为地增加硬拉时双手抓握杠铃的难度，并且相比农夫走和握力器训练，粗杠硬拉是还原度更好的硬拉练习，对于硬拉时握力的转化效果更加明显。

计划安排

如果你使用的握力提升手段是握力器，那么我们建议你可以随时随地在家中进行练习，甚至只要是肌肉恢复允许，你可以每天都进行握力器的练习。但如果你使用的是农夫走或粗杠硬拉练习，那么我们更建议你把它们放在硬拉训练日的最后1~2个动作。其实对于大部分训练者来讲，只需要注意在进行背部训练（比如杠铃划船或杠铃耸肩）以及硬拉训练时不使用助力带，便已经可以确保足够的握力水平不会影响到你的硬拉极限重量试举，除非你的硬拉成绩已经高到接近世界一线水平。

3 优化技术细节

在决定极限力量的三大要素中（肌肉的整体质量、神经系统的控制能力以及专项动作的技术水平），肌肉的整体质量是最基本的，它决定着你的力量水平的下限在哪里，没有优秀的肌肉质量去提升三大项成绩是不现实的。强大的神经系统的控制能力可以帮我们募集更多的肌肉参与做功，提升身体的爆发力并且把力量水平以及三大项成绩提升到一个较高的水平。但是，如果你想获得再进一步的成绩突破，那么你便必须从三大项的专项技术中入手，通过调整最适合自己身体结构以及发力习惯的技术细节来使你的三大项成绩达到"百尺竿头，更进一步"的层面。

我们并不建议力量训练者在最开始接触力量训练时，便将注意力放在优化自己的动作技术细节上，究其原因主要跟以下三点有关：基础训练的重要性、掌握标准姿势的前提以及优化技术所消耗的时间。其中基础训练的重要性不难理解，对于大部分刚开始进行系统训练的力量训练者来讲，把注意力放在肌肉力量训练以及提升神经控制能力的专项辅助训练上对于提升极限力量是更有帮助的。优化技术细节是需要建立在一定的力量基础之上的，如果你的卧推还没超过1倍体重，深蹲或硬拉还没有达到1.5～2倍体重，那么盲目进行所谓的技术修改是没有任何实际意义的。技术调整对于整体力量水平的提升只有在你自身的力量基础达到一定层面以后才能看得出，否则对于一些较轻的重量你根本没有必要去进行所谓的"优化技术"，只需要用标准的三大项动作姿势并且辅以肌肉辅助训练和专项辅助训练动作即可。

这也是为何我们提到掌握标准姿势是开始技术训练的重要前提，当你还没有掌握最正确也是最基本的三大项动作姿势时，你根本没有任何可能性来分辨到底什么样的技术是适合你的，什么样的技术又是不利于你发力的。要知道，所有的技术训练都是建立在对标准动作姿势进行适当微调的基础上进行的。比如相扑硬拉时站距的调整就是一个技术细节的优化，你的目的是为了通过调整站距来寻找到更好的发力点，这一切都是建立在标准硬拉姿势基础上的。你不能因为要调整站距就使自己选择错误的臀位或者头部姿势，这种违背最基本动作姿势的调整并不属于"优化技术"。

此外，优化技术所带来的时间上的大量消耗也是我们不建议大家在最开始就进行技术训练的原因之一，你的现有的动作姿势一定是通过长期的训练所积累养成的，本身很难通过短时间的调整或技术训练来修改，如果想做到真正意义上的"优化"，那么必须要有一定时间的积累。这里之所以提到真正意义上的"优化"，指的是我们要将"优化"的技术真正运用到大重量试举时，而不是使用比如100 kg硬拉时感觉一切都很完美，但是当你挑战自己之前的硬拉极限时却出现压根拉不起来的现象。在我多年的力量教学中，只遇到过一个学生是可以在第一次相扑硬拉训练课就可以完成280 kg硬拉，在第二次训练课便可以把300 kg的杠铃带离地，而在此之前他几乎从来没有真正练过相扑硬拉，传统硬拉的最大极限也只是在288 kg。除非你是特别少见的天赋异禀，否则像"从传统硬拉改相扑硬拉"这种技术调整是需要至少一个12~16周的系统性周期训练计划才能够修改的比较完善的。

当然，尽管我们不建议大家在最开始就进行优化技术的训练，但是对于那些成绩已经十分不错，特别是在国内力量举比赛或者某一专项上已经十分具有竞争力的运动员来讲，专项动作的技术训练是你必不可少的！要知道你的各部位肌肉水平以及神经募集肌肉的能力都是在随着训练不断提升的，这很可能带来之前动作技术已经不适用于现在的身体条件的现象。比如对于那些手臂较短但是肩部肌肉群较差的训练者来讲，最开始进行卧推训练时最好采用正常握距，而不是过宽的握距，否则极易导致肩部力量匮乏出现的损伤或成绩迟迟没有进步。但是当你的训练水平逐步提升，特别是肩部肌肉群越来越发达之后，进行握距上的调整开始使用类似"满握距"这种最大握距不仅不会再出现肩部受伤的问题，还会大幅度帮助你的卧推获得提升。正如前面我们提到的硬拉博士Cailer Woolam曾经说过的那样："即使我已经创造了世界纪录，我也会不断调整我自己的技术动作，让它变得尽可能的完美！"

▶技术训练的基本原则

如何安排技术训练是有一定原则和规律可循的，并非很多训练者想象中的我直接改一个新技术，然后用之前的训练方法练习即可，更不是很多训练者认为的多练习就可以加快技术的完善速度。如果你想让自己的动作技术有更快并且更好的优化效果，那么你必须要满足以下五大基本原则：固定姿势、周期计划、辅助工具、重量递增以及极限检测。

固定姿势：固定姿势是开始技术训练的第一个基本原则，也是最重要的基本原则。毕竟我们所使用的新的技术动作肯定跟之前固有的技术是不一样的，所以在最开始往往会出现很强的不适感，有很多训练者因为这个便决定再继续调整一下技术动作甚至直接改回之前的技术。这一点是千万不可取也是一定要避免的！我们之前提到没有什么技术动作是可以一蹴而就的，除非

你真的是"生活在"武侠小说中的天赋和悟性极高的训练者，否则在技术动作调整的最开始肯定会经历一个阵痛期。我们建议大家在调整技术动作前一定要对新的技术动作进行充分的评估，甚至可以在日常训练时多体会几次，等自己真正认定这个技术动作后再开始进行周期性的计划练习。而不应该是今天突然想起来要改技术，然后明天就直接给自己安排周期计划，后天练了一下感觉不合适就直接放弃，这种显然是对自己不负责任的。比如在卧推握距的调整中，很多训练者在决定使用满握距后发现实际训练时感受并不好，于是便在之后的训练中一次次缩短握距，直到最后完全回到最开始自己调整技术之前的握距。

周期计划：如果我们要调整自己的技术动作，那么一定要安排一个至少12~16周的计划来进行针对性的练习。4~8周的周期计划是不足以将一个新技术完全融入到训练者自己肌肉以及神经记忆中的，这其中的原因跟我们接下来要提到的重量递增和极限检测两个原则有着至关重要的联系。并且，很多训练者在调整技术动作时，往往不会只针对一个项目的一个细节进行调整，大多数时候都会对深蹲、卧推以及硬拉三大项的多个细节进行修改，某种程度上这甚至相当于"重新开始"进行力量训练。所以你必须拿出3~4个月的时间进行系统的针对性训练，才可以使自己的技术动作得到真正意义上的优化。

辅助工具：在优化技术动作时我们可以使用一些特殊的辅助工具帮助我们更好地优化技术细节，比如很多训练者都无法感受到在卧推离心阶段使用背部力量将杠铃"拉向"身体这个发力感，如果你只是通过单纯地使用轻重量来进行一点点的摸索，那么训练效率相对来讲会变得比较低下。此时你可以借助一些特殊的辅助工具帮你找到更好的发力感，比如使用slingshot（即卧推弹弓）就是很好的可以使你优化卧推技术细节的好帮手。卧推弹弓不仅能够帮助你培养更正确的卧推姿势，找寻背部发力感，还可以通过使用相比正常卧推更高重量的方法来提升你的卧推后半程力量以及肱三头肌的肌肉水平。

重量递增：重量递增是我们使用周期计划来改善动作技术的重要原因之

第二章 突破极限力量的方法

一，你必须通过由轻到重的每周训练重量递增的方法来改善你的技术细节。直接上来就使用之前的极限重量或者接近极限的重量进行所谓的"技术修改"是对自己不负责任的，它不仅容易导致多次试举失败，甚至还会使你的身体在神经系统不适应新技术的情况下出现受伤的现象。最理想的训练方式是先从50%极限重量开始，利用多组数、低次数、短间歇的速度训练方法来修改技术，同时又可以保证你的快速发力能力，不容易使身体受到伤病。随着一周一周时间的累计，逐渐增加重量的百分比，在保持低次数训练的基础上减少组数并且拉长间歇时间，让身体和神经逐渐适应新技术在大重量试举时的应用。重量递增法则不仅是周期训练计划的核心，更是我们完善动作技术的核心。

极限检测：极限检测是整个技术训练的最后一步，也是最具决定性的一个环节！当你经过3~4个月的动作技术训练后，你的新技术是否已经同你的神经系统以及肌肉完全融为一体，将直接体现在最后的极限重量检测上。试想一下，如果在3~4个月的针对性训练后你的极限力量并没有什么提高，甚至还出现不升反降的情况，那么这毫无疑问是宣告整个技术训练失败的！所以无论在这几个月中你的训练感觉多好，也最终要体现在最后的试举重量数字的增加上。理论上讲，除非你在极限检测前遭遇身体伤病或身体出现严重不适感，否则如果过去的几个月的训练都有很好的完成度，那么便几乎不存在有可能导致新的极限检测失败的现象。要知道我们的周期计划是随着时间的推移来提升重量百分比的，它会在整个计划结束前就已经让你提前完成自己计划开始前的极限重量。所以，当你顺利地完成了前15个周的训练，但是在最后一个周却出现极限检测失败是十分少见的。当然，我们也遇到过很多训练者在极限检测前就遇到过多次的既定训练日目标失败的现象，这也是我们要十分注意的！如果在刚开始使用轻重量的几个周你就频繁出现无法完成训练目标的现象，那么你必须要再次认真审视一遍新的技术动作是否真的与你的肌肉和神经系统相匹配。比如前面我们提到的卧推时宽握距的问题，这一定是建立在你的肩部肌肉群有明显提高的基础之上，而不是我先试用宽握距然后随着计划的进行再慢慢增加肩部肌肉量，

这个逻辑是明显错误的!

任何动作技术的调整都离不开上面的五个原则,这是我们在安排针对性训练计划时所必须要遵守的。具体到如何优化三大项的动作技术细节,我们需要根据每一个不同的训练者自身的情况进行判断,这也是为何我们建议每个认真的力量爱好者都应当有一个认真并且了解自己的教练的原因,他可以帮助你给到真正有价值的建议,并且帮助你完善你的技术动作。在这里我们会为大家介绍一些三大项动作中常见的发力技巧和技术细节,它们会帮助你的三大项拥有一个更好的发力感。当然,这些小技巧和技术细节并非适合所有训练者,甚至有的人在刚开始接触时会有极强的不适感。对于那些没有一个好的教练的力量爱好者,我们建议大家可以不妨先尝试几个周,看看是否会有一个相比之前更好的发力感。切记,任何好的技术动作都不可能瞬间帮助你大幅度突破原有的力量极限!

▶ 增强深蹲的秘诀

在深蹲的众多技术细节中,我们需要关注的点往往集中在两个方面:如何更稳地深蹲以及如何找到低杠深蹲的发力点。这两个方面并不难理解,首先,虽然深蹲时的速度和爆发力同样十分重要,但这并不意味着我们要一味地追求快速度。正如前面我们提到的,深蹲和卧推时我们更应当关注的是在平稳中追求快速度。深蹲作为一个长做功距离的动作,是很容易出现在练习时身体重心偏移的,特别是当你一味地追求快速度时,这个问题便会暴露的更明显。对于想提高深蹲成绩的训练者来讲,首先应该做的就是通过技术动作的调整来让自己的身体变得更加的稳定。其次,很多训练者的低杠深蹲成绩一直涨不上去,甚至无法超过自己的高杠深蹲成绩,很大一部分因素便是找不到正确的发力点,即使当他的后侧链肌群得到一定强化后,他的低杠深蹲还是习惯性的以高杠深蹲的发力为主。我们是可以通过一些技术动作的调节来找到更好的后侧链发力感的。

尽可能握的更近

在身体柔韧性允许的情况下，我们建议大家在握杠时选择尽可能近的握法，这可以帮助你充分夹紧你的上背部。这是人体先天生理结构所决定的，当你的双手握的较宽时，即使你有意地收紧上背部，其带来的肌肉紧张感也不会有双手握的更近时强烈。不过，要注意这一切都是建立在身体柔韧性允许的情况下，如果你的上肢柔韧性较差，那么当你握的很近的时候，你的肘关节会有很强烈的不适感，严重的会直接影响你的卧推训练。这个问题在那些手臂相对较长的运动员身上凸显的更为明显，它需要你拥有更高于常人的柔韧性，才可以使双手握得更紧。

让手掌中下部握住杠铃

当你使用低杠位时，因为扛杠铃的位置更加靠下，所以手腕往往会有一定的不适感。此时如果你握杠铃的方法错误，那么不仅会加重腕关节的不适感，甚至严重的还会导致杠铃滑落。正确的方法是让你的手掌中下部，接近拇指肚的位置握住杠铃，这样会极大程度减少手腕受到的压力。很多训练者在练习时习惯的是直接使用手掌中部或中上部握住杠铃，这种方法会让你的腕关节疼痛感加强，并且不利于你的上背部更加收紧。

严格控制出杠步数

正确的出杠步数一般是2~3步，这也是我们所要求的范围，哪怕超出这个范围1步也会使你的力量储备受到一定损失，不利于之后的正式的深蹲练习。如果想把你的出杠步数控制在2~3步这个区间内，那么你一定要注意合理的步幅，既不能迈的过大，否则需要多加几步进行调整，同样也不能迈的过小，否则2~3步根本无法使你走到一个人与深蹲架保持合适距离的位置。很多有绑膝深蹲的力量举比赛中，运动员可以使用不用出杠的monolift深蹲架进行比赛，这便极大程度节省了运动员在正常深蹲开始前的力量消耗，这也是为何我们强调大家一定要严格控制出杠步数的原因。

用髋关节出杠！

很多训练者在深蹲时喜欢做一个四分之三深蹲，或者一个浅蹲来出杠，这种方法会在一定程度上消耗你的力量，特别是股四头肌的力量，对于之后正常深蹲时的表现是很不利的。世界套膝深蹲纪录保持者Ray Williams曾经传授给大家一个出杠的技巧，即将杠铃位置调到一个较高的位置，然后利用伸髋力量将杠铃"端"出来，而非蹲起来！这样可以帮助你节省大量的股四头肌力量，并且不会影响到之后正常的深蹲表现。唯一需要注意的是调整好正确的深蹲架高度，不要把杠铃的位置放的过高，否则一旦出现需要踮脚出杠的姿势便会起到反作用。

套膝或绑膝上涂抹镁粉

现在的力量举比赛往往分为使用套膝和使用绑膝两种不同的深蹲比赛类型，无论你使用哪种护具进行深蹲，都请不要忘记在套膝内侧和绑膝上涂抹镁粉，这样可以帮助你避免出现在出杠或深蹲时套膝和绑膝滑动的现象，后者会直接降低对膝关节的压力以及包裹度，不利于大重量甚至极限重量试举时的表现。要注意的问题是，并非使用码数较小的套膝或者用力将绑膝绑紧就可以避免滑动的问题，毕竟当你扛着大重量的杠铃下蹲时会有将套膝和绑膝撑开的力，在护具上和膝盖上涂抹镁粉可以帮助你把这个向外侧撑开的力所带来的负面影响尽可能降到最低。

上背部涂抹镁粉

与套膝或绑膝上涂抹镁粉的原理一致，我们在上背部涂抹镁粉的原因是为了避免杠铃在上背部滑落，后者会使我们的上背部无法收紧，严重的容易诱发杠铃滑落或深蹲时身体重心的偏移。这个现象在使用低杠位深蹲时会比较容易出现，有的训练者为了避免这个问题会选择在衣服与杠铃接触的位置以及杠铃上涂抹镁粉来增加摩擦力，确保杠铃不会出现移动的问题。此外，也有的训练者会选择穿戴特殊的带有防滑条的T恤进行深蹲，通过防滑条的粘性来增强身体与杠铃的摩擦力，从而使上背部收得更紧。

注意呼吸节奏

呼吸节奏是力量举三大项中十分重要的一环,也是你完善技术动作所必须要注意的一个方面。在深蹲时最理想的呼吸节奏当然是吸满气就立刻下蹲,这样可以确保身体在下蹲前充分收紧。不过,因为要出杠并且听口令的关系,一次呼吸就开始下蹲的节奏显然是不现实的。我们建议大家可以在身体完全收紧并且已经扛好杠铃时先进行一次呼吸,然后闭气并将杠铃带离处深蹲架,向后走到准备下蹲的位置时再进行一次呼吸,一般来讲当你吸满气时裁判也已经给出深蹲的口令。此时一定要确保身体已经完全停稳,身体完全站直,否则裁判是不会给出深蹲口令的,你便需要继续浪费时间进行再一次的呼吸。在下蹲到蹲起的全程中,一定要注意利用腹式呼吸充分收紧腰背部,并且全程闭气,这样才可以帮助你在深蹲时有更好的力量表现。

此外,深蹲世界纪录保持者Ray Williams还曾讲到,吸气的方式一定不是大口的深呼吸,这样会导致你好不容易收紧的上背部变得松弛。正确的方式是采用"短、快、足"的方式吸气,这样不仅容易让上背部保持持续的张力,同样还可以确保充分的氧气摄入。

选择平底鞋

我们建议大家在低杠训练时最好选择平底鞋,特别是对于那些股骨较长或无法找到正确低杠位发力点的训练者,平底鞋是相比举重鞋更好的选择。举重鞋因为后跟被垫高,相对来讲会更有助于身体前侧发力,这对于比较依靠后侧链发力的低杠位深蹲来讲显然是不利的,它会使你更难找到低杠位深蹲时的后侧链发力感。此外,如果你的股骨较长,那么在使用举重鞋进行深蹲时容易出现上半身前倾较明显的情况,会给腰背部比较强大的压力,使用平底鞋可以一定程度上缓解这一问题。不过,在实际比赛中,我们还是能够看到有的运动员在低杠深蹲时穿举重鞋,具体的感受和选择还是要看每个运动员自己的决定。我们所提供的建议只是针对大概率的训练者来讲,使用平底鞋进行低杠深蹲会是相对更好的选择。

找寻腘绳肌的牵张反射

有的训练者会在高杠位深蹲时寻找膝关节的牵张反射,他们认为这个是一种举重运动员获得爆发力或者快速度过深蹲启动阶段的方法。我们并不推荐大家使用这种方法,除非你是使用绑膝进行高杠位深蹲的训练者,否则过分的依靠膝关节的牵张反射是对膑腱以及关节软骨的极大磨损,长时间下去会严重影响膝关节的健康。如果你使用的是低杠位深蹲,那么我们比较推荐你试着寻找腘绳肌的牵张反射感。即通过将下蹲时的身体重心主要放在足中后部的方式来感受腘绳肌的牵张反射,这会帮助你在低杠位深蹲时的启动阶段具有极强的爆发力,并且最大化使用后侧链肌群的力量,有助于极限成绩的提升。

不可忽视的卧推细节

在卧推的众多技术细节中,我们关注的点往往集中在三个方面:如何更稳地卧推、如何获得最强的启动爆发力以及如何节省做功距离。首先同深蹲时我们提到的一样,卧推也是一个在平稳中追求速度的动作,你必须确保自己的身体充分稳定,不能出现明显的乱晃或抖动的现象,否则不仅对于身体各部位力量的集中不是一件好事,更会使你的杠铃在胸口停留过多的时间,迟迟地听不到裁判给出的推起的口令。其次,卧推需要在胸口停稳后听到裁判的口令再推起,这是力量举三大项中唯一一个客观因素影响的发力不连贯的动作,这便导致了在听到口令推起的那一刹那爆发力是否强大,启动能力是否优秀是决定着卧推成绩高低的关键。你必须确保自己在发力出现停顿以后,还可以继续释放强大的爆发力。此外,卧推对做功距离的依赖程度要远远高于另外两个项目,很多运动员可以通过极大幅度的起桥和超宽的握距来做到近乎于"0厘米"的卧推,不夸张地讲甚至是稍微屈肘杠铃便直接触碰到胸部,这让他们在卧推成绩上拥有了极强的天然优势。

最大握距

我们可以选择使用无名指握在杠铃81 cm标线上这种最大的握距进行卧推练习，这种方式可以帮助你最小化做功距离，最大程度减小卧推后半程的难度。有的日本握的特殊握法会将无名指握在81 cm线同时将手掌继续向外打开握住杠铃，这会进一步缩短卧推时的做功距离。不过这种方式对于训练者的手腕容易造成一定程度的不适感，我们并不建议每个训练者都使用这种方式进行练习。同样的，81 cm的最大握距也不是每个训练者都适用的，不要忘记之前我们曾经提到的宽握距对于肩部以及胸外侧肌群的力量需求。

让手掌中下部握住杠铃

与深蹲时类似，卧推时也应当将杠铃握在手掌的中下部，而不是选择握在手掌中部或手掌中上部。后两种握法会给卧推成绩带来相比深蹲时更大的负面影响，卧推毕竟是相比深蹲更加依赖手掌和手腕的动作。很多训练者在卧推训练时出现手腕不适感，大多也跟错误的握法有关系。不过千万要注意，无论是用手掌哪里与杠铃接触，一定不能够使用五指在一侧的"开握"，这是十分容易让身体受伤的握法。

把护腕戴得更高

尽管有的力量举比赛规则不允许你将护腕包裹住手掌，只允许它包裹住腕关节。但是我们可以选择在规则允许的范围内尽可能将护腕往上绑，这会有助于你在握住杠铃时获得一个强有力的支撑感。因为大重量会将手掌压下去，所以如果只是将护腕绑在腕关节上，而不是适当程度包裹住手掌根部，那么手腕并不会感受到强有力的支撑，对于卧推时的力量释放也不会有正面作用。并且，我们在佩戴护腕时还可以选择在护腕和手腕上都涂抹镁粉，这也有助于我们将护腕佩戴更靠上时充分保证护腕不会出现任何滑落的现象。

上背部涂抹镁粉

我们可以选择在上背部以及卧推凳上涂抹镁粉的方式来保证上背部的充分紧张，这会帮助你更好的停稳杠铃并且在推起的一刹那获得强有力的爆发力。有的训练者会选择在卧推凳上绑弹力带或者铺一个瑜伽垫，这也是增加上背部与卧推凳摩擦力的好办法。此外，我们也可以选择用特殊防滑条设计的T恤进行卧推，不过一般这种T恤是禁止在力量举比赛时穿戴的。

使用卧推弹弓

卧推弹弓是一个很好的帮助你培养正确卧推姿势，特别是在杠铃离心阶段以及启动阶段时会确保你的发力以及上半身姿势处于最佳位置。我们可以根据自己的卧推水平选择弹力不等的卧推弹弓进行练习，如果你的卧推成绩较差，那么最好选择相对来讲材质较软的弹弓进行练习，相反地最好选择材质较硬的弹弓。卧推弹弓还可以帮助你找寻并熟悉将杠铃拉向自己，更多利用背部力量进行离心发力的感觉。

将杠铃拉向身体

我们建议大家培养将杠铃拉向身体的离心阶段发力的习惯，这会帮助你最大程度减少肩膀所受到的压力，并且同时更加有助于上背部收紧，使杠铃可以更稳的停在胸上。我们可以在平时的训练中使用卧推弹弓进行练习，这会帮助我们较快速的养成将杠铃拉向身体的习惯。当然，你也需要在卧推训练后安排一定的高位下拉练习，这可以帮助你一定程度上模拟卧推时的背部发力感受，有助于神经记忆的养成。

从后面进杠

大部分训练者进杠的方式都是选择从卧推架的前方进杠，有的人会选择先双脚踩地，然后再躺到卧推凳上，也有的人会选择先躺到卧推凳上，收紧上背部然后再双脚踩地。我们这里建议大家为了追求最大的起桥高度，最好从卧推架的后面进杠，先将双脚踩的位置固定住，然后双手握住杠铃直接将身体从杠铃后方和下方穿过，并向上充分伸展胸椎和肩关节，最后再躺到卧推凳上。这种方式会相比之前两种方式让你拥有更高的起桥高度，但是同时也需要你拥有更好的柔韧性。

使用瑜伽垫或泡沫轴

除了基本的柔韧性训练外，我们可以选择将瑜伽垫卷起或将粗细合适的泡沫轴垫在胸椎段下方的方式进行卧推练习。这种简单粗暴的起桥方式会相比柔韧性训练所带来的效果更加直接，但是请你一定要选择粗细度合适的泡沫轴，否则很容易使身体产生伤病。此外，一定要注意应当将瑜伽垫或泡沫轴放在胸椎段的下方，而不是放在腰椎甚至腰骶部那里，后者对于卧推时真正需要的起桥高度并没有什么太大的帮助，反而会容易产生腰部的不适感。

收紧上背

收紧上背对于卧推的重要性甚至要高于深蹲，如果你的上背部收不紧，那么在卧推时会带来一系列的负面影响。除了之前我们提到的收紧上背所使用的辅助工具（镁粉、弹力带、防滑T恤），我们还可以通过姿势调整来使上背更加紧张。其中第一个需要注意的是在你握住杠铃后便不要再晃动上背部，很多训练者都会在握住杠铃后或者出杠后出现上背部晃动或左右扭动的现象，这对于上背部的紧张是十分不利的。其次，我们建议大家最好找朋友帮助你进行出杠，而不是自己选择出杠，后者会在你发力的一刹那就让上背部几乎完全松掉。此外，我们还可以通过双手握住卧推架的两端柱子，来回向内侧夹紧并挤压上背，并且确保肩膀向下并向后夹紧这种方式来让上背部达到最佳紧张感。

使用举重鞋

有的力量举比赛是不允许脚后跟离开地面的，它要求在卧推的全程中全脚掌必须始终接触地面。使用举重鞋可以很好地避免因选手自身或者鞋子问题所带给裁判的脚后跟离开地面的视觉，从而不会出现被吹罚犯规的现象。并且，使用举重鞋还可以帮助我们垫高脚后跟，有助于更好的起桥高度以及腿部驱动力的更大释放。

注意呼吸节奏

卧推时的呼吸节奏是当你充分收紧身体，完全准备好后进行一次呼吸，然后出杠至杠铃来到准备下落的点，听到裁判给出开始卧推的口令后再进行一次呼吸并下降杠铃。你要注意的是在下降杠铃的过程中尽可能将胸腔完全打开，让胸部去迎接杠铃，而不是让杠铃砸向胸部。并且，在卧推全程中，即使是卧推在胸部停留等候裁判推起口令时也要保持全程闭气，千万不能有换气的现象出现，后者会直接导致你的上背部松掉，从而影响卧推时的启动能力。

正确的卧推轨迹

正确的卧推轨迹是一条直线，而非斜线或者弧线。很多训练者在卧推时因为腿部驱动的影响，误认为当杠铃推起时杠铃做功是一条斜向上并向后的斜线。这种想法是十分错误的！为了确保最好的卧推成绩，你一定要争取最短的做功距离，而直线毫无疑问是相比斜线或弧线更短的做功距离。训练者之所以出现错误的卧推轨迹，最直接的原因是因为杠铃下降的点与杠铃触胸的点不一致所致。很多训练者在出杠后并没有将杠铃带到即将要触胸点的正上方，便直接开始卧推，那么这所导致的自然是杠铃会出现一条斜线的轨迹，这会给训练者的肩膀带来很强的不适感。其次，有的训练者的杠铃触胸的位置太靠下，甚至直接将杠铃放到上腹部的位置，这同样会产生一个斜线的做功轨迹。卧推比赛是不允许你将杠铃放的太靠下的，这不仅不利于你的发力，还会导致你出现试举犯规的问题。

此外，还有一部分训练者错误的卧推轨迹是由于之前我们所说的腿部驱动所致，他们认为腿部驱动所带来的一个助推力是从腿部到身体这个路径的，那么自然也会带来一个杠铃向后的推力。如果你在卧推时是选择这样的方式进行练习，那么很容易出现肩部受力过大甚至受伤的风险，这是我们建议大家所一定要杜绝的！

合理对待掰杠技术

有的训练者会听说过掰杠这种技术，它可以充分帮助我们激活肱三头肌，使得训练者在卧推的后半程变得更加从容。但是我们这里建议大家要适当看待掰杠这种技术，卧推最好成绩达到307 kg的Larry Wheels曾经说过如果过多注意掰杠，那么反而会将注意力更多放在手臂上，其实忽略了更为重要的上背部，后者的紧张感在卧推中是相比手臂更加重要的。

感受腿部驱动

腿部驱动技术是卧推中最难掌握的技术细节，很多训练者将腿部驱动都不小心做成了臀部驱动，出现臀部离开凳子这种明显的犯规姿势。正确的腿部驱动是让身体感受一个双脚向前侧踩地的发力感，而非双脚向下蹬地的发力感。建议训练者可以找一个伙伴在卧推时按住自己的大腿，通过这种方法对抗伙伴的双手来找寻正确的腿部驱动。

▶改变硬拉的关键点

在卧推的众多技术细节中，我们关注的点往往集中在两个方面：如何尽快将杠铃带离地以及如何尽快完成锁定。在硬拉的启动阶段中，训练者容易出现因发力模式错误或呼吸节奏不正确所导致的离地过于困难，甚至很多时候都在离地阶段出现了直接失败的现象。我们在修改硬拉技术时，如何找到更好的后侧链发力感，以及如何调整并保持正确的呼吸节奏，避免身体出现太多的力量提前透支是帮助我们完成快速启动的重要方面。其次，在硬拉训练中有很多不完善的技术动作会容易使你在锁定阶段产生困难，这其中有硬拉姿势不正确的关系，也有对于硬拉技术动作理解不到位，不会充分借用全身的力量进行发力的关系。我们可以通过一些特殊的技术动作调整来避免你

出现"费力不讨好"的现象，还可以借用一些比赛时允许的工具辅助来帮助自己在极限重量试举时更加的聪明。

注意呼吸节奏

呼吸节奏的把握对于冲击极限重量时的成功率是十分重要的！这一点在硬拉中的体现价值要比深蹲和卧推时更高！我们在实际的训练中能够看到有很多训练者使用了错误的呼吸节奏，从而出现在大重量硬拉试举的启动阶段十分费力的现象。导致这种现象出现的是因为训练者闭气时间过长，即在正式发力拉起杠铃前许久便已经闭气，从而导致身体在真正发力时由于无法继续支撑自己在无氧状态下发力出现试举失败的现象。有的训练者即使可以勉强将杠铃带离地面，但是也会出现因为气息不足所导致的杠铃卡在膝盖位置或无法锁定的现象。我们建议大家在硬拉训练时一定要在真正发力前一刹那再完全吸满气并屏住呼吸，千万不要提前太久就吸满气然后再硬拉的现象！

特别是有很多训练者会出现更夸张的情况，即在身体站直的状态便已经吸满气，然后还需要再握住杠铃并且调整好自己的身体姿势才进行发力硬拉。这种情况毫无疑问是很不利于极限硬拉试举的！如果你想在站直的状态就让自己吸满气，那么你可以模仿Larry Wheels的硬拉方式，他就是在身体站直的情况下吸满气然后蹲下去立刻拉起杠铃。在Larry Wheels看来这种方法可以充分帮助你减少在真正硬拉开始前的力量消耗，有助于突破极限重量。但是，请你一定要注意这种姿势必须经过千锤百炼的修行，你必须确保身体在站直的状态下，将气吸满的同时也完全收紧你的肌肉。否则如果只是单纯的吸气，肌肉并没有充分收紧，那么当你蹲下去握住杠铃拉起的一刹那腰背部很容易出现弯曲的现象，动作姿势会明显走形。这种方法并非不可取，只是你需要让自己经过长期的训练才能充分掌握。

预蹲发力

有的高水平硬拉选手会在真正发力硬拉前进行多次腿部的屈伸以及预蹲

的准备工作，有的人只会进行一次，也有的人会进行很多次然后再发力将杠铃拉起。这种预蹲发力的方式是可以适用于传统硬拉以及相扑硬拉的，可以帮助我们在启动阶段获得更强的爆发力和初速度。预蹲发力可以帮助我们更好的找到身体最合适的臀位，让自己的后侧链肌群充分紧张，并且还可以借助杠杆力的作用使我们在拉起杠铃的一刹那获得强大的爆发力。

手肘夹紧

手肘夹紧是很好地帮助你找寻上背部发力感的动作细节之一，我们可以在硬拉发力前使肘关节向后转并充分夹紧的方式来更好地激活你的上背部肌肉群，这是对于提高你的硬拉时的启动能力有十分重要的帮助，并且还可以使你避免出现弯腰硬拉的错误姿势。不过要注意的是，如果你使用的是双手正反握的握法，那么相对来讲反握手一侧的上背部肌肉会相对来讲欠缺紧张度。解决这个问题的办法是使用特殊的双手正握并且锁握，这样可以使你既避免出现杠铃在手中的滑动，同时还可以使你身体两侧的上背部肌肉都充分被激活。

积极伸髋

很多训练者在硬拉锁定阶段出现困难的原因主要跟其不会使用正确的锁定技术有关，如果你在杠铃已经超过膝盖后还选择继续依靠上肢，比如斜方肌和手臂的力量去继续上拉杠铃完成锁定的话，那么你肯定会出现锁定极其困难的现象。特别是在上半身倾斜角度较大的传统硬拉中，试图在杠铃超过膝盖后继续借助上肢力量完成锁定是十分"费力不讨好"的，并且也是很不现实的。要知道硬拉锁定的关键点除了膝盖锁定外，还有髋关节锁定和肩背锁定。而在锁定顺序上最后一环其实才是肩背锁定，很多人锁定阶段出问题往往是在髋关节锁定的时候失败。出现这种现象的原因除了伸髋力量的不足外，大都离不开训练者错误依靠上肢力量完成髋关节锁定。

正确的方法是当杠铃过膝盖后便立即将臀部向前送，使用伸髋力量积极向前送髋来完成锁定。如果你没有髋关节主动地伸展，而只是单纯依靠手臂将杠铃继续向上拉，那么你的锁定会变得越来越困难。千万记住当杠铃超过

膝盖后不是将杠铃向上拉,而是将身体主动靠近杠铃,这才是更加正确的做法。提高这种伸髋力量发力感的训练方法主要围绕在臀桥或臀屈伸等可以帮助训练者很好地感受臀部伸展的动作上。

滚动杠铃

硬拉与深蹲和卧推相比,最大的不同之处就是在于训练者必须将杠铃从完全静止状态直接拉起来,这对于训练者的爆发力和速度能力是有极大要求的。这也是为何我们提到在硬拉训练时,速度永远是第一位的!因此,有的训练者在硬拉时便希望通过预先让杠铃有一个移动的初速度,而不是将杠铃从完全静止状态拉起来,他们认为这种方式可以有助于提升启动能力的。比如世界无装备硬拉纪录保持者Benidikt Magnusson就是采用这种技术的运动员,他选择杠铃先向前然后再向身体滚动,并且在杠铃滚动到距离身体合适位置后便直接发力拉起杠铃,整个动作前后做的一气呵成。

虽然这种方法是可以一定程度提高训练者在启动阶段的初速度,但是其更大的价值还是在于帮助那些体型较庞大的运动员找到一个合适自己的臀位,并且不受自身体型的太多限制。我们能够看到很多体型较为庞大的运动员在硬拉时,往往会采用较低的臀位,即整个人甚至要完全蹲下去再进行硬拉。这种方法如果换做是体型正常的运动员,那么显然是绝对错误的。但是对于那些体型较庞大的运动员来讲,这也是不是办法的办法。这种方式会造成你的臀位过低,进而损失一部分的力量储备。相反地,如果我们选择滚动杠铃的方式,那么就可以最大程度减小力量的预先消耗。只不过这种方式必须训练者勤加练习,如何能够确保杠铃准确移动到身体该发力拉起的位置是十分关键的。如果你选择在杠铃还没来到目标位置时就发力,那么身体重心明显的前移显然不利于腰背部的健康。同样,如果你选择在杠铃都已经超过目标位置时再发力,那么身体就会因肌肉被限制过多,从而出现无法完成正常试举或离地极其困难的现象。

拉弯杠铃

尽管我们都知道硬拉时身体真正发力的肌群是后侧链肌群，使用手臂或上肢过多发力都是舍本逐末的行为。但是，如果你使用的是弹性较大的硬拉杠铃，那么我们反而建议在拉起杠铃的一刹那尽量多募集手臂以及斜方肌的力量，它会有助于你完成更大重量的试举。不过要注意的是，如果你使用的是弹性较大的硬拉杠铃（非举重杠铃），那么正确的发力节奏应当是先将杠铃拉完，然后再释放全力将杠铃拉离地面。这个问题会在使用相扑硬拉上体现更多明显的优势。当然，如果你使用的是材质坚硬的力量举杠铃，或者深蹲杠铃，那么你想利用拉弯杠铃的小策略去拉它显然是不现实的。并且，不要因为我们说过这种方法对于硬拉启动阶段的作用，就将更多的注意力都放在上肢训练上，你至关重要的腘绳肌以及臀部肌群的训练还是要得到一定计划安排。

把腰带戴高

正确的硬拉姿势是不会让你的腰骶部承受过大压力的，它对腰背部的重点刺激区域是在腰骶部稍微靠上一点的位置，这也导致了我们没有必要在佩戴腰带时选择将腰带扎的过于靠下，后者是对于保护腰背部没有任何正面作用的。我们建议大家在这里甚至可以试试将腰带戴得更高，比如戴到上腹部左右的位置，这是美国著名硬拉高手George Leeman很喜欢的腰带佩戴方式。他认为这种佩戴方式会在杠铃接近锁定时帮助身体提供强大的反作用力，从而使得运动员可以更好地锁定。不过我们建议大家一定要谨慎对待这种腰带佩戴方法，我见过很多训练者都是在没有做好充分心理和动作准备的情况下就开始使用这个姿势，并且有的人将它看作是允许"乌龟拉"的前兆。

涂抹爽身粉

大家都知道在硬拉时，手上以及脚底涂抹镁粉，它可以帮助你充分地

握住杠铃，并且在相扑硬拉时不会出现双腿向外侧打滑的现象。但是，很多人却不知道涂抹爽身粉其实是对硬拉锁定更加有帮助的做法。镁粉的价值在于提升摩擦力，比如双手握杠的摩擦力，比如双脚分开踩在举重台上的摩擦力。而爽身粉的价值则在于减小摩擦力，我们会将它涂抹在膝盖到大腿锁定这个区间内。它可以帮助训练者即使在硬拉锁定技术没有那么完善的情况下，也可以通过利用爽身粉的方式减小杠铃与身体接触的难度，使杠铃向上运动的速度更快。

4 选择合适的护具

护具对于力量训练而言是十分重要的，它不仅可以帮助你尽可能地避免伤病的出现，同时还可以在一定程度上辅助你的训练，帮助你获得更好的力量增长。不同的力量训练项目对于护具的需求也不尽相同。比如一条腰带，深蹲和硬拉时使用的可能是不同的款式，而使用低杠位或高杠位深蹲时也可能有不同的选择。每一个训练者都需要根据自己的技术动作特点以及个人身材特点来选择适合自己的护具款式，单纯地模仿他人对护具的选择和使用有时候甚至会影响自己的力量增长或身体健康。

我们希望大家首先明确护具是真正有价值的训练伙伴！它绝非是可以瞬间帮助你提升力量成绩的作弊工具！护具的存在可以帮助你真正看清自己的薄弱点，比如很多训练者在不佩戴腰带进行深蹲或硬拉时会出现成绩明显地下降，这个下降不一定是在5 kg以内的范围，多的时候可能会达到10～20 kg。如果不佩戴腰带时深蹲或硬拉成绩明显下降，那么这显然意味着你自己的核心肌群缺乏足够的力量，或者是腰背部在深蹲时无法充分收紧。当你佩戴腰带时，腰带的加压作用可以帮助你提供额外的支撑力，使你的腰背部收紧。当你不再佩戴腰带后，你的缺点便显露无疑！所以这就是我们为何说护具可以帮助你直面自己的弱点的原因。对于大部分训练者来讲，只要你的日常训练安排和动作姿势没有太大的问题，那么便不用过分担心我们上面所提到的护具会掩盖你的弱点。有的训练者可能会在拆掉腰带的一瞬间不太适应，出现极限力量的下降，但是往往当经过1～2次的适应训练后，他们的成绩会慢慢回到之前佩戴腰带时的水平。我们这里所讲的护具掩盖自身弱点的案例大都集中在那些刚开始接触力量训练的新手身上，他们对于动作姿势的掌握还不是很牢固，护具可以帮助他们掩盖自身的很多问题。因此，我们也不建议新手在刚开始进行力量训练时就选择强度过高的护具，这对于长期的力量增长是不利的。

当然，有的护具是可以帮助我们"瞬间"提升力量成绩的，甚至这些护具还是被比赛规则所允许的。比如为了提升卧推时的稳定性使用护腕，比如为了让膝盖更舒服使用绑膝或套膝，再比如为了提升硬拉时的握力使用镁粉等，这些都是可以帮助我们"瞬间"提升力量成绩的，并且又不在比赛禁止的范畴。当我们在面对这些护具对我们力量成绩的"瞬间提升"时，我们应当从以下三个角度去思考问题：弥补弱点、安全性以及竞技需求。其中弥补弱点指的主要是在卧推时佩戴护腕的现象，有很多训练者的腕关节以及腕部的屈伸肌较差，所以在卧推时必须依赖护腕对自己的加压帮助才能够完成较大的重量成绩。这种情况类似于之前我们提到的护具帮助训练者自己掩盖了自身在训练或动作姿势方面的弱点，是我们需要重视起来的。其次，在深蹲时使用套膝或绑膝的目的除了与竞技需求有关外，更多的还是跟训练者自身的膝关节健康有一定关系。我们要知道套膝真正的作用是加压保暖，并不是提供特别大的助力。至于绑膝虽然可以提供一定程度的助力，但是它绝非是你立刻就可以获得的。有很多训练者想当然地认为自己不使用套膝就可以完成200 kg深蹲，当使用绑膝后就可以完成230 kg的深蹲。这种给自己的成绩做"加法"的行为更多时候是在自欺欺人！如果你自己没有经过一段时间刻苦地针对绑膝的适应性训练，那么你的成绩是绝对不可能有很大提高的。很少有人可以在第一次使用绑膝时就获得比自身之前极限高很多的提升。这点在使用硬杆和软杆进行硬拉时是一样的，我们不否认经常使用软杆的训练者在使用硬杆进行硬拉时成绩会掉，但如果你认为你从使用硬杆变成使用软杆

极限成绩就可以立刻多20 kg，那只能说你自己永远在欺骗自己。在力量训练时，尽可能给自己增加难度，多做"减法"，也好过太多不切实际的"加法"。此外，像硬拉时使用镁粉是很正常的护具使用方式之一，它完全符合比赛的竞技需求，可以帮助运动员增强握力，这是一项对任何运动员都很公平的规则。不过，同我们之前提到的一样，不使用镁粉你的极限硬拉成绩大概率会降低一些，但并不代表你平时不使用镁粉，比赛的时候使用就会给你的成绩有多么大地提高。这一问题我们会在接下来三大项训练时护具的选择中进行更详细地讲解。

护具不仅能够帮助我们"瞬间"提升力量成绩，它还是我们日常训练的好伙伴。有的护具可以帮助我们提升做组的能力。比如使用拉带进行硬拉做组训练时，相比平时徒手硬拉，你会完成更多的次数，或者能使用更大的重量来完成之前预定的训练组数和次数的安排。这可以使我们的硬拉训练变得更有效率，硬拉的成绩进步更快。有的护具可以帮助我们更好地修正动作姿势，完善发力技巧。比如在卧推时使用卧推弹弓进行训练，它可以帮助你在离心和卧推启动阶段都能使用最正确的姿势和发力模式，这种外力附加所带来的姿势和发力技巧的提升是很难单纯通过正常的训练做到的。也有的护具是可以帮助我们解决三大项动作在不同阶段的粘滞点的。比如在硬拉时使用硬拉背心，它可以帮助你将平时很难带离地面的重量轻松拉起，但是却无法给予你更多在后半程锁定时的助力，而这又恰恰从侧面帮你提升了硬拉时的锁定能力。同理，当我们使用深蹲背心时也可以提升深蹲后半程发力的能力，并且使用更大重量深蹲的价值还在于帮助你一定程度上提升了出杠的能力。只不过，深蹲背心和硬拉背心都属于很高阶的训练护具，他们属于有装备比赛时才可以允许使用的，在大多数我们参加的无装备力量举比赛中都是不能够使用的。我们只建议高水平的训练者在进行训练时使用它们辅助，这样才可以真正意义上发挥装备背心的价值。对于新手和中级训练者来讲，我们不建议你碰装备背心，它们绝非是你们能够轻易驾驭的，更不是穿上用来"瞬间"提升成绩、自欺欺人的。

护具的种类有很多，每个训练者需要根据自己的技术动作特点以及身体结构进行特殊的选择，千万不可人云亦云，这在力量训练时是大忌。正如我们之前所说，辅助训练动作和专项训练是因人而异的，同样在护具的挑选和使用上也要做到具体问题具体分析。我们不排除有些训练者对于某几类特殊的护具（比如腰带）具有一定的情怀，在护具的选择上甚至会出现忽略自己原本应选的款式，而去追求情怀的现象。每个人有自己选择的权利，我们对于这种现象持保留意见，我们能够做的就是尽可能将适用于大多数人的护具挑选及佩戴法则教给每个力量爱好者。

深蹲训练时护具的选择

举重服

举重服是比赛中必须穿戴的，无论是在深蹲还是卧推、硬拉中都必须穿戴专业且没有任何额外支撑力或助力的举重服。举重服可以帮助裁判更好地判断你的深蹲幅度是否达标，不会受服装的视觉干扰。我们建议大家在平时的深蹲训练中最好选择穿戴举重服，运动短裤或者长裤都容易对你的下蹲产生一些多余的影响。有的训练者会认为穿举重服给人的感觉是很专业的，可能因在健身房里穿戴而产生"害羞"的想法。但是你要明白：训练不是给任何人练的，也不是为了去迎合别人的注意力或眼光，训练到最后受益的是你自己。如果这一切都是能够配合你更好训练的，那么为何不去尝试呢？

使用方法：正常穿戴即可，一定记得要把肩带也带上，并把T恤塞到举重服内。

T恤

在深蹲训练时是一定要穿T恤的，千万不能出现完全赤裸上身或只穿举重服的情况。有的训练者可能见过很多专业举重运动员有过赤裸上身进行深蹲的行为，但你要明白的是你并非专业的举重运动员，如果什么衣服都不穿进行练习，很容易出现因流汗而导致杠铃滑落或滚动的现象，这是十分不利

于正常的深蹲练习的。因此我们建议大家一定要在举重服内穿T恤，最好是纯棉材质的T恤。有的训练者可能习惯穿紧身材质的T恤，但是这种材质的T恤同样有可能出现导致杠铃滑落或滚动的现象，不利于我们正常的深蹲练习。我们建议大家选择纯棉的普通T恤，如果有条件，也可以购买有特殊防滑条设计的T恤，它可以帮助我们更好地感受上背部的紧张感。

护腕

尽管有些训练者的腕关节柔韧性较强，在深蹲时对于护腕的依赖程度并不大。但是我们还是建议大家最好在深蹲时选择佩戴护腕，特别是当你使用低杠位进行大重量深蹲时，护腕可以给你的手腕更好的支撑，帮助你使用更大的重量和规则允许范围内更低的杠位。当然，如果你使用的是高杠位深蹲，那么倒不用必须使用护腕。在护腕的选择上建议大家最好选择相对硬度较大的护腕，而非弹性较好的护腕。因为在深蹲时我们需要的更多的是支撑力而不是特别强的包裹性，所以相对来讲材质偏硬的护腕可以更好地帮助我们使用较低的杠位。

使用方法：在规则允许范围内尽量靠手掌上缠，而不是只缠绕手腕，后者对于提高低杠位时的手臂以及上背部支撑力并没有太大帮助，甚至还会出现腕关节的疼痛。

护肘

有的深蹲比赛的规则是允许你使用护肘，当然也有的规则是不允许使用护肘。我们建议大家在平时的训练中最好选择使用护肘，而不是为了迎合比赛的需求在平时训练中就对护肘坚决说"不"。护肘在深蹲中的重要意义是可以帮助我们最大程度降低因低杠位所带来的肘关节不适感，严重情况下还会大幅度影响我们的卧推训练，甚至疼痛感加重后会让你在推推空杠时都会感觉很痛苦。这对于那些希望三项成绩都得到提高的，特别是卧推成绩稍差的训练者来讲是毁灭性的打击。这里我们建议大家可以根据疼痛的强度以及对卧推训练的依赖性来选择合适的护肘，如果你的疼痛感较轻并且对于卧推不是特别看重，那么你可以只使用简单的套肘进行练习。相反地，如果你的疼痛感较强，或者卧推成绩过差，那么你应该使用缠绕式加压更强的绑肘进行练习。当然，如果你佩戴护肘后还是有很强的疼痛感，那么我们建议你应该考虑放弃低杠位，而不是继续佩戴护肘进行勉强训练。如果你使用高杠位进行深蹲，那么便不会对护肘有太多需求。

使用方法：将护肘或绑肘套住并包裹肘关节即可，需要注意的是不要使用尺寸较小的套肘或将绑肘绑得过紧，否则会极大地限制你的手臂内收程度，进而导致无法充分夹紧你的上背部。

腰带

低杠位和高杠位所使用的腰带是完全不同的，如果你使用的是低杠位深蹲，那么我们建议你最好使用杠杆式腰带。因为低杠位深蹲时上半身前倾幅度相比高杠位更大，如果使用排扣式腰带，身体在大幅度屈髋时腰背部所获得的支撑力并没有杠杆腰带那么强。杠杆腰带因为独特的扣子设计，会相比排扣腰带给你的腹部更强的硬度和支撑度。如果你使用的是高杠位深蹲，那么我们建议你最好使用排扣式腰带，单排扣或者双排扣都可以，相对来讲单排的支撑度虽然较低，但是佩戴的舒适度更高。之所以不建议大家在高杠位深蹲时使用杠杆式腰带，是因为很多体型较大的训练者容易出现高杠位佩戴杠杆腰带无法蹲到足够深的幅度的现象，这是十分不利于比赛竞争的。当然，如果你使用的是中杠位深蹲，那么无论是排扣式腰带还是杠杆式腰带都是可以的。

使用方法：注意不要将腰带系的位置过高或过低，这两种方法都无法带给你深蹲时所需要的身体支撑力。而且不要将腰带扎的过紧，这也会影响你在深蹲时的呼吸和闭气能力，不利于大重量试举时的表现。

套膝

套膝的厚度一般都在7毫米左右，有的加厚款会达到9毫米，不过这种尺寸的套膝是不被大多数深蹲比赛所允许的。套膝的材质都是以氯丁橡胶为主，这个不存在像绑膝那样，有很多种硬度和弹性的选择。一般来讲，训练者可以根据自己的喜好来挑选相应的品牌，大部分有严格保障的护具品牌的套膝的质量和支撑力是没有太大区别的。

使用方法：将套膝反过来带到小腿上，然后再从下向上将套膝直接反过来撸到膝盖上方即可。如果你使用的套膝码数较小或者过紧，那么可以先将塑料袋带在膝盖上，然后将套膝顺着塑料袋带上来并把塑料袋撕掉即可。

绑膝

绑膝有不同的长度，大部分为2.5米或3米，一般深蹲比赛时允许使用的是2.5米长的绑膝。绑膝也有不同的硬度和弹性，有的硬度很强，它更适合那些深蹲离心阶段速度相对较慢的训练者，可以帮助你更好地掌控幅度。有的弹性很强，它更适合那些离心阶段速度较快的训练者，可以帮助你更好地在底部借助弹性快速突破启动阶段的粘滞点。当然也有的是介于硬度和弹性之间的，适用范围相对较广。我们建议大家在练习时最好在低杠位使用绑膝，而高杠位是否使用绑膝需要训练者自己谨慎思考后再决定。因为佩戴绑膝后的深蹲发力模式同正常深蹲完全不同，它会帮助你更多地募集到后侧链的肌群，如果你最开始习惯的是高杠位深蹲，那么突然佩戴绑膝使用大重量会有可能出现身体失去平衡的现象。

使用方法：正确的绑膝绑法是从膝盖下方膑腱处开始，一圈一圈用力向上绕至膝盖上方一点，然后再向下斜着打一个"X"后将绑膝塞住。根据绑膝长度的不同以及每个训练者自身力量和腿围的不同，绑膝可以在膝盖上绕至少7~8圈。你要注意的是千万不能将绑膝最后塞在腿窝处，这是十分危险的！很多训练者在下蹲时容易出现绑膝直接从腿窝处崩开的现象，这不仅会导致你的试举失败，严重时还会使你受伤！此外，为了使绑膝可以绑更多圈，我们可以在最开始先用特殊的绑膝工具将绑膝仔细缠绕并拉紧后再绑在腿上。我们建议大家最好让朋友帮忙，这会使你获得更好的包裹感和支撑力。

长袜

有的训练者会选择在深蹲时穿长袜，也有的会选择穿短袜。深蹲和卧推对于袜子的需求并没有硬拉那么强烈，理论上讲无论是长袜还是短袜都是可以的，只不过你要注意的是尽可能选择穿加压较强的压缩袜进行深蹲。尽管有的训练者在穿着压缩袜后会感觉到一定程度的不适感或者肌肉的过于紧张，但是这是一种可以很好地帮助我们最大化激活肌肉并且让身体收紧的小技巧。只要你的袜子不会过长到与套膝或绑膝接触，比赛时是不会对你的袜子有过多限制的。

使用方法：只要确保长袜不会与绑膝或套膝相接触即可。

举重鞋

如果你使用的是高杠位深蹲，那么我们建议你最好穿举重鞋，不管你的股骨是长还是短，只要你使用的是高杠位深蹲，那么我们建议你穿戴举重鞋而不是平底鞋。因为举重鞋可以帮助我们更好地激活股四头肌，并且最大程度上解决足背屈受限的问题，可以帮助每一个柔韧性糟糕的训练者都能正常使用高杠深蹲。当然，如果你自身柔韧性极强，那么也可以在高杠深蹲时穿平底鞋。只不过这种方式无法充分激活你的股四头肌，它会更多地让你募集后侧链的肌群，长期下去对你的高杠深蹲成绩的增长并不是十分有利的。

平底鞋

如果你使用的是低杠位深蹲，并且股骨相对较长，那么我们建议你最好穿平底鞋。它不仅可以帮助你更好地找到后侧链发力的感觉，还可以让你避免因股骨较长所带来的身体重心过度前倾。如果你的股骨相对较短，那么穿平底鞋或举重鞋都是可以的，它不会使你的重心出现明显变化。

镁粉

在深蹲中镁粉需要涂抹的点主要有下面几处：身体接触杠铃的所有部

位、套膝或绑膝以及护腕。其中身体接触杠铃的所有部位指的主要是双手握杠铃的位置、双手手掌、杠铃中心标线以及整个上背部。这些地方都是要必须仔细涂抹镁粉的，千万不要出现任何遗漏。套膝或绑膝时主要需要在内侧以及膝盖上涂抹镁粉，这样可以避免在下蹲时因向外撑开而导致套膝滑动或者绑膝松动的现象。佩戴护腕时也需要在内侧以及手腕处仔细涂抹镁粉的，这可以帮助你避免在低杠位深蹲时出现手部以及上背部支撑杠铃困难的现象。在镁粉的选择上，我们建议大家最好选择最传统的镁粉块，它比镁粉包或液态镁粉可以起到更好的防化效果。

使用方法：正确的镁粉使用方法是将镁粉仔细涂抹并擦拭在所需要涂抹的部位，具体的方法可以参考我们在擦玻璃或者擦黑板时的做法。千万不可以只是简单地划两下，这种涂抹不均匀的情况也会带来摩擦力的不均匀。

嗅盐

嗅盐可以帮助我们在大重量深蹲试举前提高兴奋度和专注度，它并不像氮泵等训练前补剂一样是需要一定的时间才可以发挥效果的。它的作用和见效速度是立刻的，我们可以在大重量训练前闻一下嗅盐来提高自己在稍后试举时的注意力和兴奋程度。这一点是十分重要的，很多训练者在大重量试举时出现失败的原因往往是因为注意力不集中，无法充分募集更多的肌肉。也有的训练者失败是因为神经系统不兴奋，不仅无法充分募集肌肉，甚至还会出现因害怕重量过重所导致的动作姿势完全变形。这个现象在大重量硬拉时体现的尤为突出。有的训练者担心嗅盐闻得太多身体容易产生依赖性，事实上这是杞人忧天，它完全不会对你的神经系统造成什么影响。

使用方法：有的训练者会在完成出杠后再让朋友拿嗅盐来闻，这种方法是十分危险的！万一不小心吸进去的嗅盐过多，你的身体会出现很强烈的本能反应，这会导致你的身体晃动甚至出现很严重的危险！正确的方法是在接触杠铃前就闻完嗅盐，这样便足以帮助你获得强烈的兴奋感和专注度。正确的闻嗅盐的方式是缓慢地深吸，而不是猛烈地吸，否则会让你的身体出现比较强烈的抵触反应。

深蹲短裤

深蹲短裤也属于装备的一种，是简装备深蹲比赛中可以穿戴的。它的作用是当你在下蹲时通过特殊材质的辅助，会让你在蹲起的一刹那获得一个类似有人在向上推起你的助推力。这可以帮助你使用相对正常深蹲时更大的力量，有助于突破后半程困难的问题。配合使用低杠位以及绑膝进行深蹲会获得更好的训练效果。

使用方法：如果你穿戴深蹲短裤，那么便不再需要额外套举重服，你可以直接穿一件T恤就开始正常的训练。只不过深蹲短裤一般很紧，并且没有人会买较大的码数，所以你必须通过频繁的空手下蹲才能够将短裤完全穿上去，充分包裹你的臀部和髋关节。

深蹲背心

深蹲背心也属于装备的一种，穿着单层或多层的深蹲背心可以参加相对应的简装备深蹲比赛以及全装备深蹲比赛。深蹲背心的材质是十分坚硬的，它可以给你提供一种"钢铁侠"的既视感，当你使用200 kg以下的重量进行深蹲时，你会发现你在离心阶段必须明显用力，否则可能出现无法蹲到幅度的情况。与深蹲短裤类似，它也可以帮助你突破后半程困难的问题，配合使用低杠位以及绑膝进行深蹲会获得更好的训练效果。

使用方法：深蹲背心其实就是材质不一样的举重服，或者说是"钢铁侠"的高科技举重服。你需要在训练伙伴的帮助下才能够将深蹲背心穿上去，特别是两个肩带更是需要别人帮助才能够带得更紧。你要注意的是，一旦你带上肩带，那么你的身体相比只穿深蹲短裤时会更加紧张，下蹲的难度也变得更大。

卧推训练时护具的选择

举重服

同之前我们讲解深蹲时所需要注意的一样,建议大家在进行卧推训练时最好也穿着举重服进行练习,虽然它并不能给你带来多少的实际助力,但确实是最方便便捷的力量训练服装。当然,你也可以选择穿合适的短裤或紧身裤进行练习,只要不是正式的比赛,那么这些衣服都是可以被允许的。

使用方法:在训练时一定要将举重服的肩带带上。

T恤

我们要求大家在卧推训练时必须要穿上衣进行练习,千万不能出现赤裸上身进行练习的现象,否则容易让汗水停留在卧推凳,不利于你的上背部更好地收紧。在T恤材质的选择上建议大家最好选择正常的纯棉面料,不仅可以帮助你更好地夹紧上背部,同时还可以提供很好的透气性和舒适感。穿着紧身衣是能够提供一定轻微助力的,特别是一些相对码数较小的紧身衣会给你的肩部以及胸部一定的加压作用。我们不建议大家在平时训练时穿着紧身衣,即使它可以给你一点轻微的助力,但是它光滑特殊的材质容易使你的上背部无法夹紧。当然,如果有条件的话,选择有特殊防滑条设计的T恤会是更好的选择。尽管正式的力量举比赛中都不允许穿着带有防滑条的衣服进行比赛,但是它可以帮助你在日常训练时培养更好的上背部收紧的发力感。

护腕

在卧推时我们使用的护腕是专门为力量训练特殊设计的缠绕式护腕,普通的套同式的纯棉护腕或举重护腕并不是我们所需要的,也无法在大重量卧推时使用。比赛时所允许佩带的护腕长度一般在90厘米,其硬度和弹性有多种不同的选择。有的护腕材质极硬,属于支撑力极强的护腕,对于离心阶段能力较差的训练者比较有帮助。也有的护腕材质弹性较强,可以提供更好的包裹度，适合腕关节屈伸肌相对较差或者手腕有伤病的训练者。当然，也有的护腕是介于这两者材质之间的，它们的适用范围相对来讲更广一些。

使用方法：我们建议大家在规则允许范围内尽可能将护腕向手掌上部缠绕，而不是简单地缠住腕关节即可。否则很难为你提供卧推时手腕真正需要的支撑力。我们建议大家最好找朋友帮你缠护腕，而不要自己缠绕，否则很容易出现一只手的护腕相对较松的现象。

护肘

尽管卧推比赛中是不允许我们使用护肘的，但是我们还是建议大家在训练时可以考虑选择合适的护肘进行卧推练习。首先，护肘可以帮助我们尽可能避免肘关节的伤痛，这个对于高频率卧推以及上肢训练的爱好者十分重要。并且还可以在一定程度上缓解因低杠深蹲所带来的肘关节不适感。其次，护肘不会带来很明显的助力，即使是相对来讲码数较小的套筒式护肘也不会带来超过 10 kg 以上的助力。当然，你也可以选择使用绑肘进行练习，它相比普通护肘的硬度和弹性更强，可以带来成绩上的明显提升。虽然使用绑肘会让你的成绩出现不符合比赛规定的提高，但是这种提高所带来的帮助意义与卧推弹弓比较相似，它们都可以帮助你的肌肉和神经系统在动作标准并且外力附加没有装备背心那么大的情况下，尽可能感受更大重量以及更高训练强度所带来的刺激。

使用方法：建议大家将护肘反过来带到小臂上，然后从下向上将护肘反着撸上来并且包裹住肘关节即可。如果你使用的护肘码数较小，那可以让朋友帮助你佩戴或者使用塑料袋预先套在手臂上，等护肘套好后直接撕掉塑料袋就可以开始训练。对于使用绑肘的训练者来讲，建议大家找朋友直接帮忙进行缠绕，需要注意的是一定要充分包裹住肘关节，不要出现一旦屈肘就会使绑肘下滑的现象。

卧推弹弓

卧推弹弓是我们之前提到过很多次的一个十分优秀的卧推训练护具，它不仅可以通过特殊的设计帮助你固定正确的卧推姿势，培养在离心阶段上背部发力将杠铃拉向自己的感受，还可以帮助你在后半程使用更大的重量，从而直接提升你的肱三头肌以及卧推后半程的能力。卧推弹弓根据颜色的不同会带来相应不同的弹性，而不同的弹性对应的是训练者正常卧推成绩的高低。大家可以根据自身卧推的水平来挑选最适合自己的卧推弹弓。

使用方法：选择合适弹性所对应的卧推弹弓，将它分别套在双手肘关节的位置并将肘关节充分包裹后进行练习。

腰带

在卧推训练时我们也可以佩戴腰带，它可以帮助我们在起桥时更好地提供一个给桥的支撑力，并且一定程度上缓解我们腰背部的酸痛感。有的训练者会使用自己平时深蹲或硬拉时所使用的排扣式或杠杆式腰带，也有的训练者会使用特殊的卧推腰带。即前后宽度不一样的专门为卧推设计的腰带。其实对于大部分训练者来讲，是否使用卧推腰带的差距并不大，特别是对于卧推成绩并没有很高的训练者来讲使用正常的腰带进行练习即可。卧推腰带除了特殊的设计可以提供更好地给桥的支撑力外，相比其他正常款式的腰带重量较轻，所带来的舒适感也相对要高一些。

使用方法：建议大家可以在不影响呼吸的情况下适当将腰带向上扎，这样可以帮助我们更好地维持卧推时桥的高度。当然，注意不要将腰带扎的太紧，否则一旦呼吸受影响其带来的后果要相比深蹲和硬拉时严重地多。

举重鞋

如果你属于身材较矮小的运动员，那么我们建议你可以考虑在卧推时穿着举重鞋，它可以帮助你解决因身材矮小无法充分起桥或者需要脚垫木板的问题。并且，如果你参加的是属于规则较严格、必须全脚掌接触地面的卧推比赛，那么我们也建议你穿着举重鞋，后者的底十分平坦，不会像其余运动鞋一样容易给裁判带来视觉上的干扰。

平底鞋

如果你参加的比赛是可以允许把脚后跟垫起的，那么我们建议你最好穿着平底鞋。举重鞋在踮起脚后跟时因为后跟的设计关系会使你不利于保持充分高的桥，而平底鞋相对来讲并没有这个问题，脚尖点地的幅度相对来讲更大一些。不过，如果你参加的是必须全脚掌着地的比赛，那么我们建议你最好还是穿着举重鞋进行日常练习。

镁粉

在卧推时镁粉需要打磨的地方主要在以下几个位置：双手与杠铃接触的位置、上背部、护腕、臀部以及双脚。其中双手与杠铃接触的位置不难理解，你的双手手掌以及需握住的杠铃区域都必须仔细地涂抹镁粉，这样才可以确保你在卧推时始终将杠铃牢牢攥在手里，获得足够的稳定度。有很多训练者在平时练习时手上带着很多汗就开始卧推，这显然是不正确也是比较危险的。其次，即使你会使用瑜伽垫、弹力带或者穿着防滑条的衣服进行卧推，我们也还是建议大家在上背部以及相应的卧推凳那里仔细涂抹镁粉，以确保自己的上背部始终是在最收紧的状态。前面我们曾经提到护腕需要尽可能向上缠绕，因此你需要在护腕内侧以及手腕处都涂抹镁粉，这样才可以确保护腕不会在卧推时出现滑动或者松弛的现象。臀部以及相应卧推凳涂抹镁粉的原因是为了避免在腿部驱动时出现臀部移动的现象，这种情况会让裁判直接吹罚你的卧推试举失败。至于双脚脚底是否要涂抹镁粉，还是要看具体的比赛或者训练环境。一般来讲，卧推比赛都是在摩擦力较大的举重台上进行，不需要涂抹镁粉。但是如果你的健身房卧推架是放在木地板上的，那么我们建议大家还是在鞋底相应位置仔细涂抹镁粉。我个人就曾经遇到过地面很滑的健身房，当进行卧推大重量做组训练时，鞋子会逐渐地向外侧滑动，这是十分不利于卧推训练的。

使用方法：正确的镁粉使用方法是将镁粉仔细涂抹并擦拭在所需要涂抹的部位，具体的方法可以参考我们在擦玻璃或者擦黑板时的做法。千万不可以只是简单地划两下，这种涂抹不均匀的情况会带来摩擦力的不均匀。一定要使用最传统的镁粉块，镁粉球和液态镁粉所带来的摩擦力并不是十分牢固的。

嗅盐

嗅盐可以帮助我们在大重量卧推试举前提高兴奋度和专注度，它并不像氮泵等训练前补剂一样是需要一定的时间才可以发挥效果的。它的作用和见效速度是立刻的，我们可以在大重量训练前闻一下嗅盐来提高自己在稍后试举时的注意力和兴奋程度。这一点是十分重要的，很多训练者在大重量试举时出现失败的原因往往是因为注意力不集中，无法充分募集更多的肌肉。也有的训练者失败是因为神经系统不兴奋，不仅无法充分募集肌肉，甚至还会出现因害怕重量过重所导致的动作姿势完全变形。这个现象在大重量硬拉时体现的尤为突出。有的训练者担心嗅盐闻得太多身体容易产生依赖性，事实上这是杞人忧天，它完全不会对你的神经系统造成什么影响。

使用方法：与深蹲训练时一样，我们需要掌握的是正确的闻嗅盐的时机，很多训练者会在躺下之后再让朋友拿嗅盐过来，这种方法是十分危险的！万一不小心吸进去的嗅盐过多，你的身体会出现很强烈的本能反应，这会导致你的身体晃动甚至出现很严重的危险！正确的方法是在躺到卧推凳前就闻完嗅盐，具体的时间点是在穿戴完所有护具后就开始闻，这样便足以帮助你获得强烈的兴奋感和专注度。正确的闻嗅盐的方式是应当缓慢地深吸，而不是猛烈地吸，否则会让你的身体出现比较强烈的抵触反应。

卧推背心

卧推背心和深蹲背心一样都是属于有装备的比赛中才可以使用的，我们参加无装备的比赛时不能使用卧推背心。卧推背心并不是我们建议的在卧推时使用的护具，即使是对于那些高水平的卧推运动员来讲，除非你要去参加有卧推背心的比赛，否则是否穿戴卧推背心是完全不同的两个动作。在正常的卧推中我们可以使用相对来讲自己感觉最舒服的握距，但是在穿着卧推背心时你很难使用较窄的握距，甚至几乎必须使用最大握距。可是这种握距的变化不仅会导致发力肌群和发力模式的巨大改变，同时还容易使训练者受到伤病困扰。

使用方法：卧推背心需要2~3个人帮你才可以穿上，几乎不存在正常使用尺寸下可以一个人穿上的卧推背心。你需要在身上套塑料袋才能够最快速地将卧推背心穿到身上，然后再撕掉塑料袋进行练习。

▶ 硬拉训练时护具的选择

举重服

在力量举三大项中，硬拉对于举重服的需求其实相比深蹲更高。试想一下，如果你穿着正常的短裤进行练习，那么杠铃会无可避免地在拉到超过膝盖的位置时剐蹭到你的裤腿，这对于锁定是有一定阻碍作用的。我们建议大家在日常的硬拉训练时一定要穿着举重服进行练习。如果你对你自己的深蹲幅度有足够的自信，或者又懒得在卧推时穿不太方便的举重服，那么你可以在进行这两个项目的训练时穿着正常的运动服。但是在硬拉练习时，我们强烈建议大家穿着正常的举重服进行练习。

使用方法：不要忘记将举重服的肩带正常带在肩上进行练习。

T恤

在力量举的比赛规则中，硬拉时是可以不穿上衣只穿举重服的，你只需要把肩带戴在肩上即可。因此，在日常的硬拉训练中我们也不是特别要求穿T恤。穿纯棉或者紧身的T恤都是没有任何关系的，它们不会帮助也不会阻碍你的硬拉训练。同时，是否穿着带有防滑条的T恤对于硬拉也是没有任何意义的。

护腕

有的训练者认为硬拉时佩带护腕是可以帮助你增强握力的，但实际上护腕无论是包裹腕关节还是手掌下部，对于握力所带来的帮助是微乎其微的。甚至当你将护腕绑在手掌下部时，还会因为护腕与杠铃接触的关系导致握力变小。我们建议大家除非手腕有伤病，否则没有必要在硬拉时佩戴护腕，它甚至会使你错误地将注意力更多集中在腕关节上。

使用方法：如果你的手腕有不适感，只需选择弹性适中的护腕包裹腕关节即可。

助力带

助力带有很多种不同类型，如缠绕式助力带、有较便捷的环形助力带以及很多大力士训练者喜欢使用的八字型助力带。其中缠绕式助力带是最常见的，你只需要将它在杠铃上缠绕并握住它与杠铃即可，适用范围很广，但是相对来讲耐用性并不是很强。而环形助力带则是直接将其中心点贴住杠铃，然后绕到手腕上并握住杠铃进行硬拉。环形助力带相对来讲很便捷，不需要缠很久，并且耐用性相对较强。至于大力士训练者喜欢使用的八字型助力带是最结实也是最耐用的，在硬拉训练时你甚至可以让双手握住杠铃一部分，然后尽可能握住助力带便能进行硬拉，这会直接减小你的硬拉做功距离，让你在离地阶段变得更加轻松。我们建议大家在平时训练时还是尽可能采用最传统的缠绕式助力带或环形助力带，这两种都不会明显改变你的硬拉做功距离以及臀位。八字型助力带虽然可以帮你获得更大的硬拉重量，但是它会帮助你养成一个与平时不一样的臀位和做功距离的发力习惯，这是不利于你参加正常的硬拉比赛的。

使用方法：环形助力带和八字型助力带都是将其直接绕过杠铃即可，而在缠绕式助力带使用的过程中，有很多训练者因为害怕杠铃滑动，所以会选择将拉带一圈一圈完全缠绕在杠铃上。这种做法其实无意中增加了杠铃的粗度，使得训练者的抓握反而变得更加困难。根据助力带设计的原理，你只需要将它在杠铃上完全缠一圈即可,无需过多的在同一点重复缠绕。

腰带

相扑硬拉和传统硬拉使用的腰带款式也是不一样的。如果你使用的是传统硬拉,那么我们建议你最好使用排扣式腰带,相比杠杆式腰带,它可以帮助你更好地蹲下去握住杠铃。很多身材高大的运动员在使用传统硬拉时很难佩戴杠杆式腰带,你可以根据自己对舒适度的喜好选择单排或双排。单排腰带虽然包裹性差一些,但是可以让你有更多的呼吸空间。而双排腰带虽然会在一定程度上限制你,但是却可以给你提供最强的支撑力。如果你使用的是相扑硬拉,上半身并没有传统硬拉前倾那么明显,那么无论是排扣式腰带还是杠杆式腰带都是不错的选择。并且,相扑硬拉并不像传统硬拉那样会使腰背部承受极大的压力,因此使用无腰带硬拉也是可以的。硬拉博士 Cailer Woolam 来中国授课期间,他曾经在完成 400 kg 相扑硬拉之前的最后一组时使用腰带,而在冲击 400 kg 时他果断选择放弃了腰带。因为他觉得那个时候腰带限制了他的呼吸,不使用腰带拉的 400 kg 的感觉甚至要比使用腰带拉的轻重量时感觉更好。

使用方法:建议大家不要将腰带佩戴在腰骶部,那个位置是不可能让腰带与身体贴合并且提供一定保护的。你应该将腰带稍微靠上扎一点,这样才可以给身体最充分的保护,使腰背部充分收紧。有的训练者会使用将腰带戴在上腹部的方法,他们认为这样是可以提升后半程锁定能力的。尽管这种方法存在一定理论上的可行性,但属于比较高阶的技巧,我们不建议大部分训练者贸然使用。

长袜

长袜是必须要在硬拉中穿的,这是为了保护你自己以及每一个训练者的健康,如果你不穿长袜,那么很容易在硬拉时出现小腿被磨破的现象,这会导致很多传染性疾病的发生。即使不穿长袜,也要选择在小腿处戴护腿进行练习,这样也可以避免出现小腿被磨破的问题。在袜子的选择上我们建议大家最好选择摩擦力较大的材质，这也可以避免在相扑硬拉时因为较低打滑所出现的无法完成试举的现象。

护膝

我们很少能够看到有人在硬拉训练时佩戴套膝或绑膝，这种方式是不利于硬拉锁定的。套膝或绑膝可以帮助你的膝关节提前伸直，但速度过快会直接影响你的髋关节以及肩背的正常锁定。并且，之前我们也提到过很多次，硬拉并不是一个依靠过多股四头肌发力的动作，硬拉时的发力结构并不会给膝盖带来过多的压力。因此，除非你的膝关节有极其严重的疼痛感，否则我们并不建议你在练习时佩戴无用的套膝或绑膝。

平底鞋

首先要明白的一个问题是，硬拉时是坚决不可以穿举重鞋的！它不仅会使你错误地将原本应该由后侧链肌群主动发力的正确发力模式变为股四头肌发力，还会直接增加你的做功距离，使你变成近乎于在做超程硬拉训练。我们建议大家在训练时可以穿着平底鞋或者特制的硬拉拖鞋进行练习。其中平底鞋主要是配合相扑硬拉时使用，一般的选择是帆布鞋甚至是摔跤鞋、拳击鞋这类底子越平越薄的越好的鞋。而硬拉拖鞋主要是为了配合传统硬拉时使用，它相比一般的平底鞋底子更薄，甚至于让你会有一种直接赤脚踩在地上进行硬拉的感觉。要注意的是，硬拉拖鞋并不适合在相扑硬拉时使用，因为它的材质本身相对较软，对于脚面的包裹和支撑并不是很强，当你使用相扑硬拉这种站距较宽并且会有向两侧发力的动作时，你的硬拉拖鞋很容易产生明显的变形。

镁粉

硬拉时镁粉需要仔细打磨的地方主要有以下两处：双手握住杠铃的区域以及双脚。其中双手握住杠铃的区域很好理解，你需要将你的整个手掌以及与杠铃接触的所有区域都充分涂抹镁粉，连一个角落都不要放过。其次，双脚脚底是否需要涂抹镁粉主要看训练场地的摩擦力大小，一般的力量举比赛场地都是使用摩擦力足够的举重台，但是我们也能看到有的比赛是在有木板的举重台上进行的。这便要求你必须在脚底打磨镁粉，否则一旦使用相扑硬拉你会连站立都很困难。

使用方法：正确的镁粉使用方法是将镁粉仔细涂抹并擦拭在所需要涂抹的部位，具体的方法可以参考我们在擦玻璃或者擦黑板时的做法。千万不可以只是简单地划两下，这种涂抹不均匀的情况会带来摩擦力的不均匀。一定要使用最传统的镁粉块，镁粉球和液态镁粉所带来的摩擦力并不是十分牢固。

爽身粉

爽身粉主要是涂抹在膝盖上方的大腿处，它可以帮助你在杠铃过膝盖后减小与大腿的摩擦力，尽快完成锁定。如果你买不到特殊的专门为硬拉打造的爽身粉，也可以使用适用于婴幼儿的爽身粉，它可以起到同样的效果。

使用方法：让朋友帮你涂抹在膝盖上方大腿以及举重服上，千万不要自己涂抹，否则容易出现手掌摩擦力降低的现象，反而不利于硬拉。

嗅盐

嗅盐可以帮助我们在大重量硬拉试举前提高兴奋度和专注度，它并不像氮泵等训练前补剂一样是需要一定的时间才可以发挥效果的。它的作用和见效速度是立刻的，我们可以在大重量训练前闻一下嗅盐来提高自己在稍后试举时的注意力和兴奋程度。这一点是十分重要的，很多训练者在大重量试举时出现失败的原因往往是因为注意力不集中，这会导致你无法充分募集更多的肌肉。也有的训练者失败是因为神经系统不兴奋，不仅无法充分募集肌肉，甚至还会出现因害怕重量过重所导致的动作姿势完全变形。这个现象在大重量硬拉时体现的尤为突出。有的训练者担心嗅盐闻得太多身体容易产生依赖性，事实上这是杞人忧天，它完全不会对你的神经系统造成什么影响。

使用方法：与深蹲和卧推训练时一样，我们需要掌握的是正确的闻嗅盐的时机，很多训练者会在蹲下去握住杠铃之后再让朋友拿嗅盐过来，这种方法是十分危险的！正确的方法是在身体已经调整好状态，准备下蹲握住杠铃前就闻嗅盐，这样便足以帮助你获得强烈的兴奋感和专注度。正确的闻嗅盐的方式是应当缓慢地深吸，而不是猛烈地吸，后者会让你身体出现比较强烈的抵触反应。

硬拉背心

硬拉背心同卧推背心以及深蹲背心一样都属于装备比赛时才可以使用的装备，根据硬拉姿势的不同，可分为相扑硬拉使用的背心以及传统硬拉使用的背心。如果你使用的姿势是相扑硬拉，但是你穿着的却是传统硬拉背心，那么你根本无法把髋关节打开到一个正常角度。硬拉背心的作用是在于可以帮助我们更好地感受到肌肉的紧张感，这个是你在正常训练时很难体会到的。并且，硬拉背心也会像卧推弹弓一样帮助我们培养好的动作姿势，特别是能够辅助我们找寻到最适合自己的最佳臀位。此外，硬拉背心还可以帮助我们在启动阶段获得强大的爆发力，有助于提升我们在硬拉锁定阶段的能力。

使用方法：硬拉背心也需要有1~2个朋友帮助你才可以完全穿戴好。要注意的是，硬拉背心并不像深蹲背心以及卧推背心一样会有比较明显的见效速度。甚至对于那些使用传统硬拉姿势的运动员来讲，经过长时间的针对背心的适应训练也只能够将极限成绩提高10 kg左右。

▶ 训练护具VS比赛护具

训练时使用的护具与比赛时使用的护具是有很大不同的，除了之前我们所提到的一些在比赛时不允许使用的护具（比如卧推和深蹲时的护肘、硬拉时的助力带等），在款式以及尺寸等细节的选择上，也存在着训练护具与比赛护具的不同。下面我们就来为大家详细讲解在比赛使用护具时要注意的问题有哪些。

深蹲

举重服

我们建议大家在比赛时可以选择比平时训练中小一个码数的举重服，这样可以让你的身体获得更强的包裹感和紧张感。虽然这并不可能直接提升你的比赛成绩，但能够帮助你将肌肉充分收紧，使你有一个更好的比赛状态。在比赛中间休息时，你可以选择将肩带拿下，这样可以在一定程度上减少身体所承受的负担。

T恤

比赛时完全不可以使用紧身衣和带有防滑条的T恤，使用纯棉T恤即可。

护腕

在比赛时建议大家一定要将护腕内侧和手腕都仔细涂抹镁粉，这样才可以确保护腕充分起到应有的作用。一定要让你的朋友帮你缠，这样才能够确保左右两侧的护腕紧张度一样。比完赛后应立刻松开护腕，不要让它造成严重的血液不流通。

腰带

我们要根据比赛当天的情况来具体选择合适的腰带松紧度，如果你感觉到腰部比平时承受压力更大，那么我们可以适当地扎得更紧一点。除非你使用的是杠杆式腰带这种自己可以佩戴的，否则尽量让朋友帮你扎，不要在试举前浪费过多无用的体能。

套膝

你应该准备两个套膝，一个码数正常的平时训练使用，另外一个码数小一号的在比赛时使用。不要忘记在套膝内侧以及膝关节涂抹镁粉。当你完成热身和每一次试举时，你便可以将套膝摘下，直到你前面一个选手上台准备

试举时再戴上,否则容易造成血液的不流通。此外,一定要让你的朋友帮你佩戴,不要在试举前浪费过多无用的体能。

绑膝

找你的朋友让他帮你缠绕绑膝,把你的腿伸直放到他的大腿上,这样可以让他帮你把绑膝缠到最紧的程度。但是要注意,千万不要将绑膝缠得紧张度明显超过你平时的训练,否则身体一旦出现不适应会直接导致试举的失败。

举重鞋

有的举重鞋的设计是有两副鞋垫的,不过它们更加适合的是竞技举重,而非单纯的深蹲。对于深蹲而言,是否使用特殊的鞋垫并没有太大的区别。

平底鞋

我们建议大家在比赛时一定要将鞋带充分系紧,特别是你的前脚掌,一定不要出现脚在鞋里晃动的现象。如果你的鞋是高帮设计的,那么请你不要忘记把高帮的每个地方都系紧,而不是只关注脚踝以下的部位。

镁粉

请确保镁粉一定要涂抹仔细并且均匀,不要放过身体与杠铃接触的任何一个角落。特别是在有的比赛中是不允许将镁粉直接涂在杠铃上的,这便要求你必须提前将身体所有与杠铃接触的部位都仔细涂抹。

卧推

举重服

我们建议大家在比赛时可以选择比平时训练中小一个码数的举重服,这样可以让你的身体获得更强的包裹感和紧张感。虽然这并不可能直接提升你的比赛成绩，但能够帮助你将肌肉充分收紧，使你有一个更好的比赛状态。在比赛中间休息时，你可以选择将肩带拿下，这样也可以在一定程度上减少身体所承受的负担。

T恤

比赛时完全不可以使用紧身衣和带有防滑条的T恤，使用纯棉T恤即可。

护腕

在比赛时建议大家一定要将护腕内侧和手腕都仔细涂抹镁粉，这样才可以确保护腕充分起到应有的作用。一定要让你的朋友帮你缠，这样才能够确保左右两侧的护腕紧张度一样。比完赛后应立刻松开护腕，不要让它造成严重的血液不流通。

镁粉

请确保镁粉一定要涂抹仔细并且均匀，不要放过身体与杠铃接触的任何一个角落。有的比赛中是不允许你自己将镁粉直接涂在杠铃上的，这便要求你必须提前将身体所有与杠铃接触的部位都仔细涂抹。特别是上背部，这是你必须着重涂抹的部位，你要将所有与卧推凳接触的举重服以及T恤都仔细涂抹镁粉，这是比赛时卧推成败的关键！

硬拉

举重服

我们建议大家在比赛时可以选择比平时训练中小一个码数的举重服，这样可以让你的身体获得更强的包裹感和紧张感。虽然这并不可能直接提升你的比赛成绩，但能够帮助你将肌肉充分收紧，使你有一个更好的比赛状态。在比赛中间休息时，你可以选择将肩带拿下，这样也可以在一定程度上减少身体所承受的负担。

腰带

我们要根据比赛当天的情况来具体选择合适的腰带松紧度，如果你感觉到腰部比平时承受压力更大，那么我们可以适当地扎得更紧一点。除非你使用的是杠杆式腰带这种自己可以佩戴的，否则尽量让朋友帮你扎，不要在试举前浪费过多无用的体能。

平底鞋

我们建议大家在比赛时一定要将鞋带充分系紧，特别是你的前脚掌，一定不要出现脚在鞋里晃动的现象。如果你的鞋是高帮设计的，那么请你不要忘记把高帮的每个地方都系紧，而不是只关注脚踝以下的部位。否则在你进行相扑硬拉时你会出现明显的双脚缺乏支撑感的状况，这是很不利于自身发力的。

镁粉

请确保镁粉一定要涂抹仔细并且均匀，不要放过身体与杠铃接触的任何一个角落。特别是在有的比赛中是不允许将镁粉直接涂在杠铃上的，这便要求你必须提前将身体所有与杠铃接触的部位都仔细涂抹。在硬拉中我们对于镁粉的依赖比较大，因此建议大家在每次硬拉试举前都要再涂抹一次镁粉。

爽身粉

一定要记得让朋友帮你涂抹爽身粉，千万别自己来，否则你的握力会受到直接的影响。

5 精确营养与补剂摄入

无论你从事的训练方式是以雕塑肌肉为主的健美训练，还是以提升力量为主的力量训练，对于饮食和营养的需求都是必不可少的。好的并且适合训练需求的饮食与营养可以帮助你更快实现你的训练目标，而糟糕的不符合训练需求的饮食摄入会严重影响你的身体状态以及运动能力。很多人一直以来对于力量训练所需求的饮食和营养摄入的认识有着比较严重的误区，在他们看来为了力量的增长是什么都可以吃的，而力量与体重又是具备一定关联的。因此如果想真正使自己的力量获得提高，那么最现实的办法就是先让自己增长体重，通过体重的增加来促进力量的提升，进而实现自己的训练目标。很多人也总结了一些很错误的观点，比如力量训练是可以对饮食不做任何要求的，哪怕是高热量或者高脂肪的食物都是可以吃的。然而，这些长期存在于很多人心中的错误观点不仅不能够帮助你的力量水平有所提升，甚至还会影响你的成绩的进步。高水平的力量素质是对体型、体重以及基础饮食都有极其严格要求的！

体型与力量的关系

虽然体型与力量的大小是有关系的，但是这种关系并非很多人想得那么极端，即如果想获得高水平的力量，身体便必须拥有较高的脂肪含量。可能很多人都习惯将注意力放在大级别甚至无差别级的运动员身上，在体重大于130 kg以上的力量精英中，的确只有极少数像Eric Lliebr Idge以及Larry Wheels是具备优秀的肌肉视觉效果的。大部分的精英运动员他们自身的脂肪含量相对较高。不过，你不能因为无差别级运动员就断定力量训练是必须要高脂肪含量的，他们自身是有很多特殊因素存在的，比如像体重在190 kg的Ray Williams，你根本无法要求他像一个健美冠军那样拥有极低的脂肪含量。当我

们将注意力更多放在体重以及身高相对正常的运动员身上时，你会发现无论是体重在110 kg的YURY BELKIN还是体重在83 kg的RUSSEL他们都是体型和肌肉十分具有爆炸效果的顶级运动员，甚至去参加健美比赛都可以获得不错的名次。正如我们前面所说，高水平的力量成绩是建立在顶尖的肌肉质量基础之上的，尽管力量训练不像健美训练那样过多关注肌肉的细节雕刻，甚至有一些在力量训练中不太实用的肌肉群，比如肱二头肌，我们往往不会安排太大的训练量。但是，在一些实用的大肌肉群，像背阔肌或股四头肌，顶尖的力量训练者是拥有不弱于健美运动员的肌肉形态和肌肉质量的。

即使是对于部分体重和身高远超常人的大级别运动员来讲也是如此，他们自身的肌肉质量其实是十分优秀的，只不过受限于较高的脂肪含量，使他们无法在视觉上给你爆炸效果的刺激。其实对于力量训练者来讲，脂肪是一把双刃剑。如果你的脂肪含量过高，比如超过30%以上，那么你的运动能力和身体素质会受到比较强的限制。但如果你的脂肪含量过低，对于力量的提高也未必是一件好事。过低的脂肪含量容易导致你在极限重量时出现身体肌肉或韧带的拉伤，千万不要盲目地追求所谓的肌肉"干度"，这对于力量训练是没有任何实际帮助的。我们建议大家在训练时要追求力量与肌肉形态双丰收，除非你是超大体重级别的运动员，否则你完全可以通过自身的努力来实现肌肉发达并且力量优秀的目标。而达到这个目标的关键，除了最基本的力量训练外，饮食和营养的摄入水平是最核心的因素。

体重与力量的关系

体重与力量是没有绝对直接关系的，并不是说体重的增长就一定带来力量的提高。要知道体重的组成有很多，比如水、脂肪、肌肉等都是决定我们体重大小的因素。虽然对于大级别的运动员来讲，其力量三大项成绩一般是要比小级别的运动员高出不少的，但是几乎没有一个成熟的力量举组织中会有小级别运动员的三大项成绩超过比他们体重更高的运动员的情况的出现。大家千万不能因为自己身边有朋友是属于体重和力量比自己大很多，就盲目认为自己力量不如别人的原因是体重比对方轻，进而又有很盲目地想要通过疯狂的热量摄入来增长体重的观念。我们不反对训练者追求体重的提升，正如我们在前面所提到的有很多训练者在现实生活中甚至会出现现有体重并没有达到理想体重标准的情况。我们建议训练者还是要根据自己的身高进行判断，先确定最适合自己的体重，然后再根据现在自己的身体情况和训练安排来调整自己的饮食和营养摄入结构，经过一段时间慢慢达到自己理想的体重。

请大家一定要注意，千万不要盲目追求过快的时间内就让自己的体重上升或下降许多，无论你现阶段的力量水平是高还是低，过快的体重变化对于力量都是有负面影响的。除非你是使用脱水法进行备赛减重的运动员，否则过快的增长和降低体重都是盲目且不科学的，最合理的办法还是通过科学的营养手段搭配适合的训练计划来逐步使自己的体重达到理想的目标。

基础饮食的重要性

科学的营养搭配是我们提升力量水平，优化自身体型以及肌肉形态最重要的途径之一。如果你不关注自身的营养构建，那么再刻苦的训练计划都无法使你达到一个真正高水平的竞技层面。科学的营养手段是完成训练计划的基础，试想一下如果每日正常的热量以及蛋白质摄入都无法满足，那么何谈有一个好的状态去进行正常的训练呢？当你的热量摄入不足时，你的身体会缺少能量，无法完成高强度的训练计划。而当你的蛋白质摄入不足时，你的身体恢复速度会明显降低，肌肉可能会处于长期的酸痛中。这些结果都是不利于力量增长的，为了解决这些潜在的不利因素，我们必须要充分掌握科学的营养搭配！

如果你想确保自己的营养摄入是科学且高质量的，那么你一定要从基础饮食和运动补剂这两个方面入手。这两者虽然各有各的作用和价值，但却是缺一不可、相互依存的。在正常情况下我们力量训练所需要的大部分营养都可以通过正常的基础饮食，也就是从食物中获取。但是我们也对一些自然食物中存在较少的营养物质有大量的需求，比如肌酸，如果你想满足力量训练所需要的摄入量，那么你必须从运动补剂中补充，很难单纯依靠吃牛肉的方式来达到。

在营养补充的过程中，我们一定要注意严格把握基础饮食这一环节，它是构建整个科学营养的最重要的基础部分。如果你连基础饮食都无法掌控，而是过多关注运动补剂，那么你注定不会获得一个较高的营养水平。我们的确在训练中离不开蛋白粉的帮助，但千万不能把蛋白粉作为唯一的蛋白质摄入来源。正确的方法是应当把蛋白质的来源主要集中在肉、蛋、奶上，蛋白粉只是在特殊的时间段才需要拿来补充的。如果蛋白粉变成蛋白质摄入的主要来源，那么你的营养均衡便会被打破，可能会出现碳水、热量或者纤维摄入等不均衡的现象。因此，高水平的力量成绩是离不开科学的营养搭配的，而营养搭配想做的更合理，首先就要严格重视并把控你的基础饮食！

▶ 严格把控基础饮食计划

基础饮食是我们构建科学营养搭配最基础的一环，如果你想将这个基础打牢，那么一定要了解清楚力量训练所主要依赖的营养物质主要包括哪些？以及在进行摄入补充时所需要注意的基本法则。力量训练同健美训练是完全不同的训练模式，很多训练者在饮食摄入时会借鉴健美训练时的一些注意事项，这其中有正确也有相对局限的。比如健美训练和力量训练对于肌肉质量都具有较高的要求，因此它们都十分关注蛋白质和氨基酸的摄入量。但是健美训练相比力量训练会适当控制碳水化合物以及热量的摄入，它们对低体脂和身体"干度"的要求更严格。力量训练其实也是要注意控制碳水化合物以及热量摄入的，不过这个控制的程度并没有健美训练那么苛刻。力量训练是允许在一定范围内较多的碳水化合物以及热量摄入的，否则你的身体无法承受高强度力量训练所对应的身体供能需求。

在基础饮食的摄入法则方面，力量训练和健美训练也有着共同点，比如虽然力量训练不需要像健美训练那样要求食物尽可能都是水煮或没有任何多余的酱料，但是也不允许过多夸张的烹饪方式，诸如高盐或高酱料爆炒、油炸以及腌制等做法。这些烹调方式会极大地破坏食物中原有的营养成分，甚至会在一定程度上影响你的身体健康。我们不反对你可以在一周拿出一顿饭来适当"享受"一下，进行所谓的"欺骗餐"。但是为了你的健康和营养摄入的需求，请一定不要将这些烹调方式当作正常的饮食习惯。除此之外，力量训练和健美训练在基础饮食摄入法则方面的特性也是我们要注意的。比如对于这两大类训练而言，碳水化合物都是必须要补充的，但是具体到补充的时间又各不相同。力量训练对于能量的需求是全天的，你可以不用特别在意具体什么时间补充能量。不过，健美训练对于能量的补充是有具体限制的，如果你选择全天随时随地补充能量的方式，那么你便很难保持一个相对较低的体脂和更好的肌肉形态。

基础饮食关注的重要营养成分

蛋白质

蛋白质分为完全蛋白质和不完全蛋白质，其中富含必需氨基酸、品质优良的蛋白质统称为完全蛋白质，如肉、蛋、奶都是富含完全蛋白质的食物。不完全蛋白质指的主要是缺乏必要氨基酸，或者含量相对很少的蛋白质，比如谷物、动物皮骨中的明胶等。对于所有健身训练来讲，完全蛋白质的优先级要永远高于不完全蛋白质。我们需要多摄入的是从肉、蛋、奶中获取的蛋白质，而非谷物、动物皮骨中的蛋白质。如果你想让你的肌肉质量变得更高，力量水平变得更强，那么你便需要多补充完全蛋白质。不过，并不是说越多的完全蛋白质所带来的肌肉生长和力量提高也会越快，这一切都要建立在人体正常可以消化吸收的数量内。蛋白质摄入过多会在体内转化成脂肪，造成脂肪的堆积，反而不利于力量的增长。请你不要忽略蛋白质摄入同时带来的脂肪、胆固醇含量以及蛋白质摄入过多所容易引发的肾脏负担增加等问题。特别是对于力量训练者来讲，一旦蛋白质在体内转化为脂肪，血液中的酸性就会提高，这会导致骨骼中大量的钙质被消耗，容易使我们的骨质变脆。这对于使用大重量的训练者来讲，并不是一个好消息。

摄入量以及摄入来源——对于力量训练者来讲，一般每日所需的蛋白质摄入在每 kg 体重 2~2.5 g。例如对于一个 80 kg 的力量训练者来讲，一日需要

摄入160～200克的优质蛋白质。在蛋白质摄入的来源方面，我们建议大家主要将目标锁定在鸡蛋、牛肉以及鸡肉这三大项上。其中鸡蛋与鸡肉的脂肪含量较低且蛋白质含量较高，不容易出现脂肪摄入过多的问题。而牛肉中因为存在力量训练较为依赖的肌酸，也是我们的蛋白质摄入来源之一。牛奶和鱼肉并不是我们所十分推荐的，其中鱼肉的蛋白质含量并没有很高，而牛奶相对会带来一定较高的脂肪含量。有的训练者会选择猪肉作为蛋白质的补充方式之一，但请注意一定要挑选脂肪含量较少的部位，比如猪里脊等。否则你会在补充蛋白质的同时摄入大量的脂肪。

碳水化合物

碳水化合物是人体获取能量的最主要来源，也是承担我们日常训练时所消耗能量的主要供给者。很多训练者认为碳水化合物的补充是容易导致身体堆积脂肪的，这种错误观点认为由于自身没有很好把控碳水化合物的摄入量而导致脂肪的堆积。千万不可以有使用蛋白质来替代碳水化合物供能的想法，因为这会直接影响机体合成新的蛋白质和组织更新，完全不吃主食只吃肉类的方式是不适合力量训练的。并且，碳水化合物摄入不足很容易使训练者出现明显的情绪低落或暴躁等负面情绪，这是十分不利于训练时保持专注度的，这也是为何在力量举比赛的备赛期，哪怕是进入到最后的体重降重阶段，我们也建议大家一定要谨慎选择"0"碳水化合物这种比较激进的饮食方式。

摄入量以及摄入来源——对于力量训练者来讲，你应当避免摄入低纤维的碳水化合物，比如像白面包、米饭等食品。它们中的碳水化合物会被身体迅速转化为单糖，容易造成脂肪的堆积。我们建议大家应当更多食用含大量纤维的碳水化合物，比如全麦类的食品。当然，适当的果汁或水果也是不可或缺的，只不过要注意千万不能摄入加入甜味剂的果汁类饮料，它会使你的热量摄入迅速增加。对于力量训练者来讲，碳水化合物的摄入量一般在每kg体重4～5 g左右。比如你的体重是80 kg，那么一日你的碳水化合物的摄入量应当在320～400 g左右。当然，根据力量训练计划的强度不同，你可以适当地每天进行碳水化合物摄入总量的增减，确保自己的身体始终处于最理想的工作状态。

氨基酸

氨基酸是构成人体所需蛋白质的基础物质，它分为必需氨基酸和非必需氨基酸两大类。其中必需氨基酸包括赖氨酸、色氨酸、苯丙氨酸、蛋氨酸、苏氨酸、异亮氨酸、亮氨酸以及缬氨酸八种，它们是人体自身无法合成或合成速度远不适应机体自身需求的，你只能通过食物蛋白补充。其中异亮氨酸与亮氨酸以及缬氨酸组成的支链氨基酸是很好的促进肌肉生长的营养元素。氨基酸是人体合成蛋白质的重要原料，对于促进肌肉生长，保持正常的代谢以及生命具有重要意义。如果人体缺少了任何一种必需氨基酸，那么不仅力量训练的效果会大打折扣，甚至还会影响最基本的生理健康。

摄入量以及摄入来源——一般来讲富含完全蛋白质的肉、蛋、奶中都富含优质的必需氨基酸。而成人所需必需氨基酸的摄入量约为蛋白质需求量的20%～37%，具体可根据训练者每个人的体重和训练计划的强度进行调整。如果你的计划总体强度相对较高，那么我们建议你可以适当增加氨基酸的摄入量。

维生素

维生素是维持身体健康所必需的一类有机化合物，它虽然不是构成身体组织的原料，也不是能量的来源，但是它作为调节物质在物质代谢中起重要作用。维生素虽然在体内的含量很少，但它是不可或缺的。人体所需的几大类维生素都是身体很难合成或无法合成的，必须通过食物来补充。对于力量训练来讲，必需的维生素主要是维生素A、维生素B、维生素C、维生素D以及维生素E。其中维生素A具有促进生长发育的功能，它还可以一定程度上强壮我们的骨骼。维生素B中的B_1可以增进食欲，维持神经的正常活动；B_2可以促进生长发育和细胞的再生；B_3可以维持消化系统的健康，是人体需要量最高的B族维生素；B_6可以促进生长发育，对氨基酸代谢具有十分重要的作用，并且B_6有利于在训练时促进生长激素的释放，参与蛋白质、不饱和脂肪酸等营养物质的代谢；B_{12}可以保持健康的神经系统，促进维生素A在肝中的贮存。维生素C可以帮助我们合成胶原蛋白，胶原蛋白是维持关节健康的重要物质之一。并且还可以起到降低因剧烈训练产生的皮质醇水平，避免身体进入分解代谢状态。维生素D可以加速身体对钙质的吸收，更加有利于骨骼的强壮。而维生素E可以起到降低肌酸激酶的活性，有助于减少肌肉损伤，促进肌肉恢复。

摄入量以及摄入来源——正常成年人维生素A的需求量在一天3 500 mg左右，对于力量训练者来讲这个数字可以翻倍。维生素A较多存在于动物肝脏、鱼肝油以及绿色蔬菜中。维生素B_1一般每天摄入量在2 mg左右，它们较多存在于蛋黄、牛奶、番茄以及米糠中。维生素B_2每天的摄入量在2～4 mg，它大量存在于谷物、蔬菜、牛乳和鱼等食品中。维生素B3每天的摄入量在20 mg左右，它们大多存在于全麦制品、乳制品、鸡肉、鱼以及绿豆和花生中。维生素B_6每天的摄入量在2～3 mg，一般存在于白色肉类（鸡肉或鱼肉）、动物肝脏、水果以及蔬菜中。然而维生素B_{12}是人体基本上不用担心从食物中无法满足正常摄入量的，一般不需要额外进行补充。对于力量训练者来讲，维生素C每日的需求量要接近1 000 mg，这是帮助我们应对高强度训练的重要帮手之一，维生素C广泛存在于新鲜的蔬菜和水果中。如果你使用煎炒的方式长时间烹调蔬菜，那么会极大破坏其原本含有的维生素C。鸡蛋或深海鱼都含有不错的维生素D，人体每日需要的维生素D含量一般在0.025 mg左右，过度补充维生素D也会引发不适的副作用。维生素E广泛存在于植物油、果蔬以及坚果中，一般每日补充8～10 mg即可。

矿物质

力量训练对于矿物质的需求标准也是很高的，比如在大重量训练时关节往往会承受极大的压力，适当补充含钙高的食物可以帮助我们拥有一个更健康的关节，适当预防伤病的侵袭。铁对于力量训练也是十分有帮助的，它可以辅助肌肉的生长，促进蛋白质合成。铁元素缺乏会直接导致蛋白质合成不足，严重缺乏时，甚至会引发运动性贫血，危机身体健康。镁同样可以促进肌肉生长、防止肌肉抽筋。镁元素的缺乏也可能导致我们的肌肉出现痉挛、乏力等现象。严重时还会出现神经肌肉功能失调。锌作为帮助合成体内睾丸酮和IGF的重要营养物质，可以促进肌肉生长，对增肌有重要帮助作用。很多训练者听说过的促睾类补剂，其中一部分便是以补充锌元素为主。此外，钾对于维持肌肉内的体液平衡是非常重要的，这会使得我们的肌肉进入更好的合成代谢状态，有利于肌肉和力量的增长。

摄入量以及摄入来源——牛乳类食物是含钙量较高的食物，牛奶、奶酪等乳制品都具备不错的钙含量。对于训练者来讲，每日摄入1 000～1 200 mg便可以满足身体的需求。铁含量较高的食物一般是红肉和蔬菜类，人体每日需要摄入15～20 mg。全谷类、豆类、燕麦以及海鲜是富含镁元素较高的食物，人体每日需要摄入350～400 mg。红肉和海鲜是锌含量较高的食物，人体每日需要摄入15～20 mg。而钾元素往往集中在瘦肉、奶制品、土豆和香蕉中，一般每天摄入2 g即可。

基础饮食摄入法则

食材来源

当我们在进行食物挑选和制作时，往往会面临一个问题，即应当选择新鲜的食材还是同样可以选择速冻类的食材？对于食量相对较大的力量训练者来讲，他们在食材上的花费相比普通人要高不少，而食材是新鲜的还是冷冻的则会带来进一步的价格差异。有很多人认为速冻食材会使得食物中的营养物质流失，不利于我们的营养补充和力量训练，即便是贵也要买新鲜的食材。但实际上速冻食材对于营养的保留效果要远远好于大多数人对它们的认识！比如对于速冻的蔬菜和水果而言，如果你摘下后就立刻将它冷冻，那么微生物是无法生长繁殖的，这是更有利于营养物质保留的。有的研究表明速冻水果和蔬菜中的氨基酸、维生素并不比新鲜水果和蔬菜中的差多少，并且新鲜的水果和蔬菜在常温下放置6天以后，其营养含量甚至远不如速冻的水果和蔬菜。而对于富含蛋白质和矿物质的肉类同样如此，蛋白质和矿物质在极

低的温度下是不会发生变化的,速冻肉的营养并不会比新鲜肉差。唯一有区别的是速冻的肉在长时间冷冻后会逐渐流失水分,这会导致其口感远不如新鲜的肉类。不过要注意的是,对于国人比较爱吃的速度饺子或速冻丸子等食品一定要敬而远之,这类加工馅料的速冻食品往往含有大量的脂肪和较高的微生物,对于人体的健康是十分不利的。如果你想吃速冻的饺子可以自己包好再冻起来,尽量不要选择超市售卖的产品。

当然,如果你的经济条件允许,那么我们还是更建议你购买新鲜的食材。即使是第一时间你吃不了那么多,也可以把它们放在冰箱里冻起来。如果你必须要购买速冻类的食品,那么请你一定要仔细观察它们是否有被解冻过然后二次冷冻的现象,二次冷冻会导致食物中的营养物质大量流失,甚至还会出现变质的危险。一般来讲,包装内有明显结块的速冻类食物都存在着较高的二次冷冻的风险。

烹调方式

烹调方式是十分关键的,哪怕你选择了上述我们所提到的正确的食物,但烹调方式错误也会带来灾难性的后果。大多数北方人的饮食习惯偏向较重的口味,他们会在食物制作过程中放入较多的酱料,比如酱油、豆瓣酱等。这些都是含盐量较高的佐料,与食物烹调会极大地增加人体对盐分的摄入,这容易使我们出现脂肪堆积以及体重大幅度上升的情况,是十分不利于力量增长的。因此,在我们烹调食物时一定要注意避免加入过多的盐以及含盐量较高的酱料。

其次,油炸也是坚决需要被抵制的!不仅是因为油炸会使我们的脂肪严重增加,而且会导致食物中的蛋白质和维生素等营养物质被破坏。如果你喜欢油炸带来的口感,你可以适当考虑用煎烤的方式替代。当然,这里我们所说的煎烤还是建议大家自己在家烹调,一些餐馆内的烧烤食品往往含有较强的致癌物——三苯四丙吡。养成常吃油炸食品的习惯,不仅对力量增长有百害而无一利,更会加大高血脂、冠心病以及癌症的发病率。

罐头类食品也是我们要抵制的。有很多训练者觉得做饭很麻烦,便会选择从水果罐头或肉罐头中直接补充所需的维生素和蛋白质。但是罐头在制作过程中会极大地破坏食物中原本的营养物质，特别是维生素几乎被破坏殆尽。而肉罐头中的蛋白质也往往会出现蛋白质变性的现象，这在极大程度上降低了身体对蛋白质的吸收和利用。此外，水果罐头中一般含有较高的糖分，这会直接导致血糖的大幅度提升，容易诱发肥胖等问题。

火腿等加工肉类往往含有一定的亚硝酸盐，这会增加癌症的患病风险。并且，一些加工肉类还会适当添加防腐剂或增色剂，这会给人体的肝脏增加更多的负担。此外，火腿本身也属于钠含量较高的食物，同样会使训练者的体重和脂肪出现明显上升。

腌制也是对力量训练来说，一种危险的烹调方式，食物在腌制过程中需要放入大量的盐，大量的盐的摄入不仅会导致体重和脂肪的明显上升，而且严重时还会增加高血压的风险。此外，食物在腌制过程中还会产生大量的亚硝胺，这是极易致癌的物质。我们建议大家一定要抵制腌制食品，它会严重损害你的胃肠黏膜，增加肠胃炎和溃疡的发病率。

我们建议正确的烹调方式还是应当围绕蒸、煮、少量油的清炒、烤、炖、少量油的煎等。完全不吃油的方式是不健康的，但是一定要注意避免高油爆炒或烹炸的方式。如果你感觉用蒸煮的方式做鸡肉或鱼肉让你难以下咽，那么你可以适当加入一些相对健康的佐料进行调味，比如辣椒、孜然等。盐含量较高的豆瓣酱和酱油一定要谨慎注意用量，否则对于力量的提升和健康的饮食都是十分不利的。

一日多餐

对于力量训练者来讲，一日多餐是十分重要的基础饮食摄入法则之一。如果你采用像普通人使用的一日三餐，那么不仅容易导致每餐摄入量过大，身体难以消化，还会导致身体供能不足，肌肉的生长发育和恢复速度严重放慢。普通人可以一日三餐是因为他们并没有高强度的训练安排，一般每天的正常身体消耗就是上下班工作和维持正常生理活动的热量消耗。而力量训练者的一天不是需要安排高强度的训练计划，就是身体处于前一日或前两日的

高强度训练计划后的身体恢复中。这两种情况无论哪一种对于热量和营养的需求都是极高的，如果是在休息日，你不能出现一天有几个小时是不吃任何东西，没有任何营养摄入的，这会直接降低你的肌肉生长发育以及恢复速度。如果是在训练日，不选择在训练前和训练后适当进食是会直接让你的训练计划变得低效的，这直接失去了我们安排训练的基本意义。此外，力量训练者的热量摄入自然相比普通人要高不少，如果采用一日三餐的传统饮食方式，会导致你的每一顿都吃得太多，严重增加胃肠以及消化系统的负担。身体一旦没法及时消化，不仅会影响正常的训练安排，还会出现脂肪堆积的现象，不利于我们的力量增长。

因此，最佳的解决方案便是采用一日多餐的方式分别均衡摄入营养，具体的摄入时间点根据是否是训练日也应有不同的安排。比如对于训练日来讲，我们建议在早上、上午、中午、训练前、训练后、晚上六个时间点进行营养补充。其中早上、中午和晚上还是正常的正餐。而上午、训练前和训练后可以根据具体的需求安排加餐或补剂的补充。而如果是休息日，那么我们更建议在早上、上午、中午、下午、晚上五个时间点进行补充。因为非训练日的能量消耗和要求没有训练日那么高，所以相对来讲热量的摄入也没有那么大，我们可以将其平摊到五个时间节点进行补充即可。

欺骗餐

欺骗餐指的是训练者在一周的大部分时间内都按照既定的饮食方案执行，但是在一周最后一天的某一顿中给自己安排一次高碳水、高热量的饮食。身体会因为之前六天规律性的饮食产生一定的记忆，不会因某一顿的改变而囤积较多的脂肪。这样做的目的是帮助训练者避免出现因较严格的饮食方案所导致的情绪不佳，训练时注意力不集中等问题。欺骗餐在力量比赛的备赛期间被使用的更加频繁，因为这段期间内训练者往往会采用低碳水的饮食方式，所以如果没有一周一次的欺骗餐，那么身体会容易处于一个长期不兴奋、较为疲劳的状态中，这对于备赛以及力量训练都是十分不利的。

但是，欺骗餐是有具体要求的，不是说这一顿你什么都可以吃，可以变得十分放纵不受拘束。我们要明白欺骗餐不等于诈骗餐，千万不能出现之前我们提到的不健康不适合力量训练的烹调方式的食物，我们不反对你增加蛋白质和碳水的摄入量，但这不意味着你可以疯狂地吃烧烤或高盐的食物。这么做不是在吃欺骗餐，而是在吃诈骗餐，这是真的欺骗自己的行为。并且，欺骗餐指的只是这一顿可以这么吃，并不等于这一天都可以这么吃。千万不要把欺骗餐做成欺骗日，这会导致你的脂肪以及热量摄入超标，不利于力量的提高。

注意早餐和晚餐

早餐和晚餐是很多训练者都容易忽略或者补充错误的两顿正餐！你一定要清楚无论因为什么事情，都不要出现不吃早餐的现象！特别是有的训练者会把早餐变成早中餐（brunch），即把早餐和中餐连起来吃，从而减少一顿正餐。这种方式不仅对于身体健康不利，更会影响我们的力量训练成果。早餐是我们在经过一晚睡眠后的第一顿正餐，你必须要认真对待起来，身体此时已经处于比较饥饿的状态，正确的做法应当是在早餐尽可能吃的全面并且丰富。你可以不用吃很多高碳水或高热量的食物，但是一定要将基本的热量补充到位，并且不要忽视对蛋白质和维生素的补充。不吃早餐的危害在训练日当天会表现得十分明显，它会使你相比正常的饮食直接减少一顿饭的营养摄入，这对于当天的训练计划执行是十分有害的。

很多训练者的晚餐补充时间一般都有一定的问题，我们建议晚餐，或者说睡前最后一顿正餐一定要跟睡眠时间相隔开至少2个小时。比如你选择在晚上10点睡觉，那么8点前请一定要吃完晚餐，否则你的食物无法被身体充分消化吸收，这会加重睡眠时的身体负担，对身体健康有害。并且，对于一些消化能力较差的训练者来讲，你应该适当再提前1个小时完成晚餐的摄入，同时尽可能选择易消化吸收的食物进行补充，而不要再吃那些难以消化吸收的食物。

尝试多种食物

我们建议大家在食物的选择上可以最开始遵循多样化的原则，即试着挑选多种富含同一营养物质的食物进行补充，然后看身体对哪种食物的消化和吸收更好。比如就补充蛋白质这一问题而言，我们可以选择分不同阶段补充鸡肉、鱼肉和牛肉，然后观察身体在三个阶段时每天的反应、肌肉和力量的变化以及训练完成的难易度。这可以帮助我们选择出最适合自己的蛋白质补充来源。要知道，尽管我们提到鸡肉和鸡蛋是理论意义上最佳的蛋白质补充来源，但是并非每个人都适用于这种情况。有的人可能更加偏向通过牛肉来增长肌肉，这也是普遍存在的。很多训练者不明白为何自己吃一种食物就会胖，但是别人吃却不会胖，这与自身的吸收特点有密切关系。

这个问题在碳水化合物的摄入上显得更加重要，有的训练者是偏向于通过米饭来补充能量的，但有的训练者就可以只吃红薯便能够满足每日所需的能量供应。前者的碳水化合物摄入方式相比后者更容易堆积脂肪，但如果让前者像后者那样只吃红薯，那么又会出现类似没有饱腹感或训练完成度不高的情况。此时我们建议大家可以试着尝试别的碳水化合物来源，比如试着从全麦制品中找寻看看是否有既能够让自己很好地完成训练安排，又不会容易导致热量超标的食物。

搭配训练计划

高水平的基础饮食计划是一定要搭配自己的训练计划的，正如我们之前所讲到的休息日和训练日的营养摄入比例和量都是不同的，如果你每天都是固定不变的饮食搭配，那么你的训练效果和营养水平注定不会很高。在训练日时我们要摄入相对较高的热量，这是支撑我们完成高强度或高容量训练计划的关键。我们并不建议大家在早上进行训练，因为它会相比其余的时间使你少摄入至少一顿的正餐，并且在经过一晚上的休息后身体的各部位肌肉以及关节都处于休眠状态，不适合立即开始进行高强度或高容量的训练。我们建议大家最好在下午或晚上进行训练，在训练前的早餐和午餐一定要确保摄入足够并且全面的营养物质。在训练前你可以适当补充一些功能较快的碳水化合物，它可以有助于你在训练时保持更好的运动状态。在训练后我们建议大家一定要补充蛋白质和氨基酸，它们对于肌肉的生长和恢复是十分有帮助的。只不过这里为了加速身体的吸收以及充分利用训练所带来的效果，我们建议大家最好选择蛋白粉和氨基酸等方便且快速补充的运动补剂。

在休息日时我们摄入的热量要相对训练日较低一些，毕竟在这一天我们不会有较高的热量消耗，如果此时还维持像训练日时那样的热量摄入，很容易出现脂肪堆积和体重上升的情况。因此我们需要适当控制在这一天内的碳水化合物摄入量，不要出现碳水化合物摄入超标的情况。此外，休息日是我们修复并生长肌肉的关键，我们可以适当摄入比训练日稍微多一些的蛋白质和氨基酸，并且最好做到全天候不间断补充。即不要只是在午餐或晚餐中补充，而是应当在一日的五餐中都安排一定量的蛋白质和氨基酸，使身体全天都得到养分补给。

选择针对性的运动补剂

有的训练者认为力量训练并不像健美训练那样依赖运动补剂，力量训练者完全可以通过正常的饮食补充来满足每日所需的营养。我们不得不承认有的训练者的确对于运动补剂存在一定的"敌意"，他们认为运动补剂有的含有违禁成分，尽管可以提高成绩但是对身体健康是不利的。而其余那些成分正常的运动补剂一旦停止服用，也会出现力量和肌肉衰退的现象，这种情况对于真正提高力量是没有什么作用的，训练者应该将注意力放在通过基础饮食来提高力量成绩上。其实这些想法是很片面且偏激的，我们在这里介绍的运动补剂不仅不含有所谓的违禁成分，而且是对于我们提升力量成绩、完成力量训练计划是必需的，它们与基础饮食计划结合起来才能够组合成真正高水平适合力量训练的运动营养方案。至于很多训练者认为的一旦停止服用运动补剂便会出现力量和肌肉衰退的问题，大都跟训练者自身没有一个正确的营养观念密不可分，这并非是运动补剂自身存在的"魔力"所导致的。

运动补剂的必要性

运动补剂对于提高我们的营养水平，并且满足我们的训练需求是十分有必要的。运动补剂相比正常饮食，具有更方便的便捷性，这个特点对我们平时加餐和训练后补充都是十分有帮助的。比如按照正常的设定我们需要在上午进行一顿早餐后的加餐，而此时往往我们都在上班，很难通过正常的食物来满足自己的营养需求。此时如果你带着一根蛋白棒那么便可以解决这一问题。并且，训练后我们需要及时补充蛋白质和氨基酸，此时身体对营养的需求是快速并且要容易吸收。如果你选择在训练结束后吃正常的牛肉或鸡肉来补充蛋白质和氨基酸，显然是不符合我们自身需求的。此时蛋白粉和氨基酸胶囊便成为相对更优秀的选择方案。

其次运动补剂还可以满足我们相比正常饮食更合理的营养搭配需求，比如对于力量训练十分有帮助的肌酸，如果我们选择通过基础饮食的方式进行摄入，那么想达到一个基础的肌酸摄入量是很困难的。因为肌酸大多存在于牛肉中，而如果想满足力量训练时所需要的肌酸摄入量，我们可能要一天吃掉5～6斤的牛肉，这对于正常体重的力量训练者来讲是不现实的，此时你便需要通过依靠肌酸类的补剂来解决这个问题。

此外，运动补剂还可以满足我们力量训练的特殊需求，这是单纯通过基础饮食很难满足的。比如像褪黑素等有助于提高睡眠质量的补剂，这是力量训练十分需求的，同时又很难单纯通过简单的基础饮食满足。大重量的训练对于人体的神经系统消耗是很大的，很多训练者都会出现在训练日当天难以入睡的情况。而如果你的睡眠质量较低，那么身体和神经系统的恢复以及肌肉的生长速度相对就会慢许多，这显然是不利于力量增长的。此时，我们可以通过选择补充褪黑素等专门提高睡眠质量的补剂来解决这一问题。

▶ **运动补剂的安全性**

运动补剂本身是十分安全的，无论是蛋白粉还是近乎神秘的"促睾"类补剂，它们大都是从食物中提取并配制而成的。尽管有的运动补剂可能会在氮泵、促睾或减脂类补剂中添加一些打擦边球的成分，但一般只要选择使用人群较多的大品牌便一般不会有这类问题。毕竟对于补剂生产上来讲，在补剂中加入违禁药物所带来的成本提高要相比其补剂自身的售价高得多，这显然是不切实际的。只要我们注意遵守正常的补剂摄入量要求，不出现十分夸张的摄入超标现象，那么便不会存在补剂自身所带来的危害。

运动补剂的"魔力"

有的训练者认为运动补剂在停止使用后会出现肌肉和力量的衰退，由此分析出运动补剂肯定是含有一定成分的，否则不会出现这种神奇的"魔力"。其实出现这种观点的训练者往往是由于自身对营养认知不全面所造成的，要知道运动补剂的本质是给人体补充相应的营养物质，这意味着如果你停止运动补剂的使用，那么你的营养摄入便会出现一个明显的缺口。这个缺口一旦不被及时通过基础饮食的摄入提高来弥补，就会出现肌肉和力量的衰退。比如我们正常情况下一天会吃2勺蛋白粉，其蛋白质含量在50~60 g。我们完全可以停止蛋白粉的摄入，但你一定不能忘记从基础饮食中多补充50~60 g蛋白质，即相比平时多吃250~300 g鸡胸肉。而大多数训练者在停止使用运动补剂后，往往不会改变自己的基础饮食计划，这便导致了营养摄入的一个巨大缺口，进而才会出现我们所认为的运动补剂是有"魔力"的。

力量训练需求的运动补剂

蛋白粉

蛋白粉主要分为三大类，其中最常见的就是乳清蛋白粉（whey protein），主要从牛奶以及鸡蛋中提取蛋白质满足人体的训练需求。乳清蛋白的蛋白粉是市面上普及度最高的蛋白粉，也是相对来讲性价比最高的蛋白粉种类。不过，乳清蛋白并非是适合所有人，它对于那些乳糖不耐受的训练者来讲会十分糟糕,容易导致其出现腹泻或消化吸收不良的现象。如果想避免这种问题的出现,那么可以选择分离蛋白粉(isolate protein),它可以很好的帮助你解决乳糖不耐受的现象。只不过分离蛋白粉相比普通的乳清蛋白粉价格要贵不少,如果长期拿来补充可能会有一定的经济压力。此外,蛋白粉还有一类是以酪蛋白为主的缓释蛋白粉,它的主要作用是缓慢释放蛋白质供人体吸收,适合我们在加餐或临睡前服用,可以帮助我们在长时间身体不摄入食物的时候依旧获得蛋白质的补充。

摄入时间以及摄入量:

蛋白粉的摄入时间一般集中在三个时间点——早餐时进行补充。此时训练者因为经过一晚上的休息,身体比较缺乏蛋白质的摄入,我们可以选择快速易吸收的乳清蛋白粉进行补充,让身体迅速补充蛋白质。一般早餐时补充一勺蛋白粉即可,无需过多补充。如果你之前一晚睡前补充了缓释蛋白粉,那么也可以选择在早餐时只吃含蛋白质的食物,不再额外补充蛋白粉。早餐补充蛋白粉时一定要注意避免空腹食用,否则胃肠容易出现不适应的情况。蛋白粉的第二个摄入时间是在训练后,此时身体需要快速补充蛋白质以促进肌肉的生长发育,我们应当选择吸收速度较快的乳清蛋白粉或分离蛋白粉,具体的用量要根据训练者自己的体重来进行划分,大都是在1~2勺左右,除非你的体重极大,否则3勺以上的用量是比较罕见的。在训练后补充蛋白粉时一定要注意不要在练完后立刻补充,而是应当选择休息10分钟左右再补充。因为力量训练时会使血液大量涌入肌肉中,如果在刚练完就选择补充蛋白分的话,身体很容易出现消化吸收的不适应。蛋白粉的第三个摄入时间是在睡觉前,此时我们为了避免在接下来的7~8个小时内身体无法获得蛋白质的补充,我们会选择先喝0.5~1勺的缓释蛋白粉,这样便可以确保在睡眠中身体都可以持续补充蛋白质。要注意的是,补充的缓释蛋白粉的量需要根据你晚餐的消化情况而定,如果你感觉身体的消化并不好,那么甚至可以半勺蛋白粉都不吃,也不要给自己的身体在睡眠时增加过大的负担。此外,在补充蛋白粉时一定要注意避免跟温水或开水混合,你只需要将常温水与蛋白粉都放在摇杯中摇匀即可。

蛋白棒

蛋白质类的补剂除蛋白粉外，还有很多以零食形式存在的种类，比如最常见的蛋白棒以及蛋白威化、饼干等。这类蛋白质补剂的可携带性很高，你不用提前将蛋白粉放在粉盒内或提前冲好，哪怕是在上班时也可以随时随地补充，不用担心身体无法及时摄入蛋白质。蛋白棒是十分适合在上午或下午加餐时食用的，有的训练者也会试着在训练前吃一根来提前补充一定的蛋白质和能量，以便在训练时有更好的表现。我们并不是十分建议大家在训练后使用蛋白棒作为蛋白质补充的来源，因为人体在训练后对蛋白质的需求是相对快速且大量的，而一根蛋白棒的蛋白质含量相比一勺蛋白粉要低一些，同时往往会带来更高的热量。如果使用蛋白棒作为训练后蛋白质的主要补充来源，那么不仅吃起来很耗时间，更会容易产生蛋白质摄入缺乏但热量摄入过多的情况。

摄入时间以及摄入量：

在上午或下午的加餐时食用，一次建议大家补充1~2根蛋白棒。具体要根据训练者自身的体重来决定，但除非你的体重过大，否则1根蛋白棒足以满足在加餐时身体对蛋白质的需求。

氨基酸

氨基酸类补剂主要有两种存在形式，一种是补充相对较方便的胶囊类，另一种是吸收效果相对较好的粉类。胶囊类氨基酸携带起来较容易，你可以在训练前后都快速地给身体补充氨基酸，不需要喝掉大量的水。只不过胶囊类氨基酸相比粉剂氨基酸的氨基酸含量和种类较少，吸收效果上也没有粉剂更加出色。粉剂唯一比较明显的局限性就是不太方便食用，如果在训练后补充氨基酸的话，你同时还要面对补充蛋白粉的需求，此时会导致你被迫要喝进去大量的水，这种情况严重的甚至会影响你之后正常的晚餐。此外，氨基酸类补剂根据成分主要分为两大类，一类是全谱氨基酸，几乎包含力量训练需求的所有氨基酸，补充效果更加全面且均衡。第二类是以补充支链氨基酸

（BCAA）为主的支链氨基酸类补剂，它的作用和价值在于通过支链氨基酸的作用充分起到避免肌肉流失、促进肌肉生长发育的目的。对于大部分力量训练者来讲，选择补充支链氨基酸是比较常见的选择，一般少有训练者会选择补充全谱氨基酸，后者相对更加适合健美运动员的需求。

摄入时间以及摄入量：

氨基酸的摄入时间主要分为三大类：训练前、训练中以及训练后。其中训练前补充氨基酸的目的是为了预防肌肉的流失，确保训练时更好的身体状态。训练中补充氨基酸的目的是为了给身体提供持续的能量供给，使训练者尽可能始终保持训练全程注意力的高度集中，发挥最强的运动表现力。而训练后补充氨基酸同样可以预防肌肉的流失，并且同时加速身体对蛋白质的吸收和利用，促进肌肉的生长发育。对于力量训练者来讲，你可以选择在这三个时间点都进行氨基酸的补充，这可以确保你的肌肉始终在最佳的状态下。具体的摄入量可以根据每个不同品牌的氨基酸所标注的摄入量决定，一般来讲我们都会选择在这三个时间点每个时间点都补充1勺氨基酸。要注意的是，你可以选择在训练后补充氨基酸类胶囊，这样可以避免因同时喝掉一瓶氨基酸和一瓶蛋白粉所带来的肠胃不适感。在休息日时，我们没有必要像训练日一样一天补充三次氨基酸，我们只用一天补充一次氨基酸即可。

增重粉

增重粉，也叫增肌粉。其成分主要由高碳水化合物组成，可以给人体带来大量的能量供给。顾名思义，增重粉的目的就是快速使你的体重得到增长，有的训练者认为体重的增加就代表着肌肉的大量增长，这个理论是错误的。因为增重粉中的蛋白质含量并不高，所以你的体重增长的主要原因还是因为高碳水化合物的加入，使身体摄入的热量大量增加所致。增重粉适合的主要对象是那些希望通过训练将自己的体重上升一个级别的运动员，它可以使你在增重期间尽可能避免过多增肥的现象，并且使你的体重处于一个合理快速的增长阶段。增重粉一般没有太多的种类划分，只有不同的品牌所带来的蛋白质和碳水化合物比例的不同。有的增重粉的蛋白质含量相对较高，这虽然会使你的肌肉得到更好的生长，但是对于体重的增加却存在一定限制。不过这类增重粉往往是力量训练者所比较偏好的，因为大家并不是十分着急增长体重，对于力量的提升来讲，过快的体重增长未必是一件好事情，所以很多训练者并不一定会在使用增重粉时盲目选择那些碳水化合物含量极高的品牌。

摄入时间以及摄入量：

增重粉只适合在加餐的时候食用，你可以选择在上午或下午甚至这两个时间点都补充增重粉，这几种不同的做法都是可以的。当然，具体的选择还是要根据你的现阶段体重以及目标体重来决定，如果你距离目标体重差距较大，那么你可以选择一天两次补充增重粉。相反地，一天一次便已经足够，不要使你的体重增长过快，这对于力量的提升是没有太大帮助的。在增重粉的摄入量上，请大家一定要仔细阅读不同增重粉品牌的建议摄入量。我见过很多训练者并不仔细看增重粉的包装说明，他们认为增重粉就是像蛋白粉一样，一天吃1~2勺就可以。但实际上增重粉的包装说明有的要求你一天需要吃5~6勺，这也就揭示了为何很多人吃了增重粉体重还没有什么明显变化的原因。此外，在补充增重粉时请你一定要注意与正餐间隔的时间，有的训练者喜欢在正餐前就补充增重粉，这种方式容易使你的身体无法快速消化并吸收增重粉所带来的营养，身体出现比较明显的饱腹感，有碍于正餐的摄入。这种舍本逐末的现象是十分危险的，尽管增重粉有助于我们的体重提升，但这绝对不能建立在忽略基础饮食的基础上。

维生素

维生素类补剂主要分为两大类，第一类是以补充某一维生素为主的单一维生素补剂，比如常见的维生素B片、维生素C片等。它主要用于解决某一类维生素摄入量相对较少的问题，一般主要是针对维生素B或维生素C的补充。这跟很多力量训练者在饮食摄入中缺乏足够量的蔬菜和水果有关，此时为了不影响正常的生理功能以及满足力量训练的需求，我们需要对缺乏的维生素进行针对性的补充。第二类是以补充多种维生素为主的复合维生素补剂，其往往同时含有多种训练所需的维生素以及矿物质，有助于我们完成高强度或高容量的力量训练计划，对于提升力量水平有很好的帮助。

摄入时间以及摄入量：

如果你选择使用单一维生素补剂，那么我们建议你可以在中餐和晚餐的任何一顿随餐服用即可。一般摄入量只需遵循补剂的包装说明。如果你选择使用复合维生素补剂，那么我们建议你可以在训练前服用，这会有助于你拥有更好的训练表现，更加自如应对高强度或高容量的训练计划。当然，我们也可以选择在训练后服用，这会帮助我们尽可能避免因训练导致免疫力暂时下降，容易受凉感冒的现象出现。在摄入量方面，还是只要遵循相关补剂的包装说明即可。在休息日时，我们还是像训练日一样每天补充一次即可。

训练前补剂

训练前补剂主要分为两大类：第一类是成分相对较单一的补剂，例如精氨酸或咖啡因，这两者可以带给训练者一定的兴奋度，使你更加专注于训练时的动作完成度。第二类是成分较复杂的复合类补剂，也就是我们平时习惯说的氮泵。它相比精氨酸或咖啡因这种单一的训练前补剂不仅可以提供相对更好的兴奋度，还可以促进肌肉的充血效果，后者是我们肌肉生长的最重要依据之一！如果你在肌肉辅助训练后没有出现肌肉充血的情况，那么你的肌肉生长速度会变得极慢，甚至会出现目标肌肉与实际受刺激肌肉完全不相同的情况。因此，如果你想追求更加全面的训练前补剂效果，那么我们建议你最好选择氮泵而非单一的精氨酸或咖啡因。特别是对于力量训练来讲更是如此，如果仅仅为了提高神经的兴奋性和专注度，你甚至可以选择嗅盐，其带来的效果甚至还要超过精氨酸或咖啡因。但如果你的目标是为了让力量训练更加高效，那么我们建议你还是选择使用氮泵，它对于肌肉的充血价值是单一类补剂所无法媲美的。

摄入时间以及摄入量：

在选择训练前补剂时，我们建议大家最好平时多尝试几种不同的氮泵，因为每个训练者自身的情况都是各不相同的，如果只选择一种氮泵，那么有可能出现该氮泵并不适合训练者自身情况，无法带来足够的兴奋和肌肉充血效果。此时你应当做的是再换几个其它品牌的氮泵进行尝试，而不是直接下定义认为氮泵是无法给你带来帮助的。这也是为何氮泵类补剂的试用装是相比其余任何补剂都最具实际价值的。当然，在氮泵的具体使用上我们也建议大家隔一段时间更换一次新的品牌。比如当你吃完一个品牌的一桶氮泵后，你可以再换一个品牌，而不是继续使用上次的品牌。长时间只吃一个品牌的氮泵容易让身体产生较强的适应性，这是不利于氮泵对身体兴奋性和肌肉充血效果提高的。氮泵作为训练前补剂，它只需要在训练前摄入即可，一般时间是正式组开始前的30～45分钟。你可以选择在快到健身房的时候就喝完氮泵，那么当你换完衣服并且进行完热身和拉伸后，你的身体应该已经可以充分感觉到氮泵的效果。需要注意的是，你不仅要确保是在正式组开始前的30～45分钟喝掉氮泵，更要保证在喝氮泵的时候你的身体是处于基本空腹状态的。如果你刚吃完碳水化合物就开始使用氮泵，那么身体很有可能会出现一点反应都没有的情况。不过，你还要注意氮泵不能摄入时间过晚，如果在距离睡觉四个小时的时间内补充了氮泵，那么你可能会出现很严重的失眠情况。特别是对于那些第一次使用氮泵的训练者来讲，往往都会出现难以入睡的情况，这都是十分正常的。氮泵的摄入量一般以品牌后面的包装说明为主，一般来讲都是每次1勺。这里一定要注意对量的控制，有的训练者不顾包装说明的建议，选择一次训练前喝掉4～5勺氮泵，这种情况对于身体的健康是十分危险的，请大家一定要注意！此外，训练前补剂在使用上并不需要进行所谓的停用周期，你可以一直使用并不需要停止一段时间，只不过要注意你只需要在每个训练日当天补充即可，非训练日当天是没有什么特殊意义来补充氮泵的。如果你担心一直使用氮泵会让身体产生依赖感，那么还是像前面我们所说的那样，试着多换几个不同的品牌来使身体始终保持在一个兴奋状态。

肌酸

肌酸可以快速合成ATP进行供能，为我们的肌肉和神经细胞提供能量，

支撑我们完成高强度或高容量的训练计划。这便是为何很多人认为肌酸是力量训练中十分重要的补剂之一的原因。肌酸在人体内储存的越多，能量的供给也就越充分，疲劳恢复的速度也就越快，训练的完成度自然也就越高。肌酸的存在形式主要有两大类：粉剂和胶囊类。其中胶囊类的最大价值还是在于其补充的方便性，具体到人体的吸收效果是远远没有粉剂强的。我们建议大家在日常的肌酸补充形式上还是以粉剂为主。肌酸主要有两大类：最常见的一水肌酸和逐渐被改良的复合肌酸。其中一水肌酸是普及范围最广的肌酸种类，只不过受限于纯度和人体的吸收率，近年已经逐渐被复合肌酸所取代。而复合肌酸的纯度较高并且添加多种营养物质，可以确保人体能够更快速地吸收利用，更加高效地为身体供能。肌酸是力量提高和肌肉增长所必需的营养物质，力量训练者必须要重视对肌酸的额外补充，毕竟如果想通过食物中的肌酸来满足力量训练的需求，你需要每天至少吃掉5~6斤的牛肉，这显然是不现实的。有的训练者担心肌酸的储水效果会使其出现发胖的现象，这点并不需要担心，虽然肌酸有一定的储水作用并且可引发体重的适当上升，但肌酸的储水是将水储藏在肌细胞内，而非储藏在皮下，不会出现水肿等发胖现象。

摄入时间以及摄入量：

肌酸的补充时间主要分为两个节点：训练前和训练后。其中训练前补充肌酸的核心目的是为了提高在正式训练时的身体能量，好比你开车上赛道与对手竞速，你首先需要确保的是油箱里必须加满油，做好全面的检查，否则是不可能有好的速度表现的。而训练后补充肌酸的核心目的则是为了提高身体的恢复能力，促进肌肉的生长发育。无论你选择使用一水肌酸还是复合肌酸，都可以参照上面两个节点进行补充。当然，为了确保更好的训练效果以及完成更高强度的训练计划，我们可以选择在训练前和训练后都补充肌酸，这样便可以确保身体拥有最佳的状态。在肌酸的摄入量方面，如果你使用的是复合肌酸，那么每次的摄入标准按照不同品牌的不同说明即可。如果你是用的是一水肌酸，我们更建议大家根据自己的实际情况和身体感受来进行加减，而不是一味地关注包装说明的内容。无论你使用的是哪种肌酸，都需要注意区分训练日和休息日不同的摄入量。如果你一天只补充一次肌酸，那么在休息日你不需要做任何变化。但如果你在训练日补充两次肌酸，那么在休息日时还是只用维持一次肌酸的摄入即可。

鱼油

鱼油中含有人体缺乏的最重要的脂肪酸：EPA和DHA。这两种脂肪酸可以减缓体内因力量训练所引发的炎症并且到抗氧化作用，从而使我们的训练变得更高效，最大化缩短肌肉酸痛的持续时间。并且，科学研究发现，鱼油还有助于提升蛋白质的合成效果，促进肌肉的生长发育。此外，鱼油还可以帮助我们更好地调节心血管系统的健康，这个对于经常使用大重量的力量训练者来讲十分有帮助的。如果你是一个认真严肃的力量训练者，那么请一定不要忽视鱼油的作用和价值。

摄入时间以及摄入量：

鱼油并没有十分具体的摄入时间要求，你可以选择在全天任何时间进行补充。而鱼油的摄入量只需根据相关品牌的包装说明要求即可，无需额外的增加或减少摄入量。鱼油的摄入是没有训练日和休息日之分的，在休息日你也要摄入与训练日相同量的鱼油。

关节宝

关节宝主要是通过补充氨基葡萄糖、硫酸软骨素或鲨鱼软骨等营养物质，达到帮助关节润滑，减缓关节劳损，尽可能保护关节健康的目的。在使用关节宝之前，你一定要明白一个真相，即关节宝是不可能起到彻底预防作用的！并不是说只要我们吃了关节宝就可以基本确保关节健康，这是肯定不现实的。关节宝的核心目的并不是预防，而是减少关节因力量训练所受到的持续压力，使其不会出现积劳成疾所导致的关节损伤。这点对于力量训练消耗较多，并且容易产生疲劳的腰部以及膝关节是十分有价值的。几乎是每个力量训练者都应当对待以及考虑补充的运动补剂之一。关节宝一般分为两种，一种是成分较单一的关节宝，比如只含有氨基葡萄糖的补剂。还一种是营养成分较全面，属于复合型的关节宝。我们建议大家在日常补充时最好选择复合型的关节宝，而不要只是选择单一的关节宝。

摄入时间以及摄入量：

关节宝并没有十分具体的摄入时间要求，你可以选择在全天任何时间进行补充。而关节宝的摄入量只需根据相关品牌的包装说明要求即可，无需额外的增加或减少摄入量。关节宝的摄入是没有训练日和休息日之分的，在休息日你也要摄入与训练日相同量的关节宝。

功能饮料

功能饮料是很多力量训练者甚至健身爱好者都比较忽略的一类补剂，在很多人看来功能饮料的价值和作用并没有宣传的那么大，在训练时饮用矿泉水和功能饮料是没有太大区别的。这种观点是十分片面的，功能饮料中富含的钾、钠、钙、镁等元素与人体体液十分相似，可以在饮用后被身体迅速吸收，从而及时补充训练者在力量训练时所出现的水分以及电解质流失。强度越高、容量越大的力量训练计划所带来的水分和电解质的流失是越强的，你的身体对功能饮料的需求度也就越高。如果在训练时身体出现了缺水状态，那么不仅无法使你保质保量的完成训练计划的要求，甚至严重时会出现肌肉拉伤等影响力量水平的伤病。你可以选择在训练时饮用矿泉水，但是矿泉水对于电解质的补充是远没有功能饮料强大的，电解质紊乱所带来的不利影响同样是我们所不愿意看到的。功能饮料的种类虽然有很多种，但大部分并没有什么实际区别，有的可能偏向对电解质的补充，也有的可能偏向对氨基酸的补充，只要是针对运动时饮用的功能饮料，那么都可以在力量训练时直接补充。

摄入时间以及摄入量：

功能饮料最理想的摄入时间是在训练中和训练后。其中训练中是需要大量饮用的，这可以使我们的身体始终维持在一个水分充足的状态，避免不必要伤病的产生。而训练后我们要做的是只用适当补充即可，一般无需额外进行大量的补充，毕竟在训练结束后我们还要补充更为重要的蛋白粉和氨基酸。在摄入量上，我们可以在训练中直接选择饮用支链氨基酸，用它是可以基本替代功能饮料的。而如果你选择只补充功能饮料，那么具体的量需要根据你在训练时具体的身体感受来判断。如果你感觉到身体缺水明显，那么就要适当多补充一些。我们建议大家最好在每一个训练组开始前和结束以后都稍微饮用一小口，这不仅对能量是一个补充，更可以让身体获得一定的休息。

谷氨酰胺

尽管谷氨酰胺并非人体所必需的氨基酸，但是它对于力量训练是有着十分重要的帮助作用的！谷氨酰胺可以为你提供必需的氮源，促使肌细胞内的蛋白质合成，促进肌细胞的生长和分化，一定程度上刺激生长激素、胰岛素以及睾酮的分泌，使身体处于更好的合成状态中。并且，谷氨酰胺有产生碱基的作用，可以一定程度上减少酸性物质造成的身体疲劳和肌肉酸痛，有助于加快我们身体的恢复速度。因此，谷氨酰胺对于力量训练者来讲是完全不能被忽略的运动补剂之一。在我们日常所见的蛋白粉品牌中，往往都会含有一定量的谷氨酰胺，但是我们建议力量训练者最好在此基础上再额外增加一定的谷氨酰胺摄入量，它可以使我们在高强度或高容量的训练计划中获得更好的力量增长和肌肉发育。

摄入时间以及摄入量：

谷氨酰胺的摄入时间节点可以参考氨基酸的摄入时间，即训练前、训练中和训练后都可以。我们会比较推荐大家根据自身氨基酸的补充时间进行参考，将谷氨酰胺粉剂直接与氨基酸粉剂混合后直接服用。在摄入量方面我们建议大家一般一次补充1勺即可，在休息日时，我们建议大家一天补充一次谷氨酰胺即可，没有必要像训练日时补充三次。

促睡眠补剂

促睡眠补剂指的主要是一些营养成分单一或复杂的可以提升睡眠质量的补剂，比如像褪黑素，就是单一类的促睡眠补剂。它能够适当缩短入睡时间，改善睡眠质量，减少睡觉时醒来的次数，延长深度睡眠时间。也有的促睡眠补剂所含的营养成分较多，往往不止褪黑素一种，它们会带来相对更全面的促睡眠效果。这类补剂对于力量训练者来讲同样也是不能忽略的，要知道力量训练者在大重量训练日往往会出现明显的神经疲劳，这会很容易影响其当天的睡眠质量和入睡时间。如果你睡得时间较短，或者睡眠质量较差，那么身体的恢复速度自然也会变慢，所带来的力量增长也会受到限制。即使是你在白天补充了多种营养物质和运动补剂，但没有充足的睡眠做基础，你的所有营养补充都是一种浪费。Ray Williams曾经说过，最好的补剂其实就是睡眠！一个高水平的力量训练者甚至要拥有随时随地都能够睡着的能力！促睡眠补剂虽然不是什么安眠药，可以让你瞬间达到"秒睡"的状态，但是它的确可以帮助你提升深度睡眠的时间，减少在睡觉时反复醒来的现象。

摄入时间以及摄入量：

促睡眠补剂需要在睡前服用，具体的摄入量要根据不同品牌的包装说明来确定。在休息日时，请同样不要忽略补充促睡眠补剂，千万不能出现只在训练日或只在大重量训练日才补充的现象。

运动补剂摄入法则

不要忽略基础饮食！

在之前我们已经多次提到过，基础饮食是构建科学营养搭配的最基础也是最重要的部分，无论你是否使用运动补剂，或者说使用多少种运动补剂，都一定不可以忽略基础饮食的重要性。对于力量训练者来讲，一定要先将最基础的饮食做好，才能够开始根据自己的运动需求适当补充运动补剂。如果你连食物中所应当摄入的蛋白质部分都没有满足的话，那么何谈使用运动补剂呢？运动补剂对于肌肉生长和力量提升的作用是锦上添花的，真正打地基的是基础饮食的水平。当你没有一个足够强大的基础饮食水平做铺垫时，贸然使用运动补剂容易导致很多不利于力量增长的事情出现。

并且，大家一定不要有运动补剂可以替代基础饮食的想法！运动补剂是运动补剂，而基础饮食是基础饮食，二者只能互相辅助，却不能互相替代。换句话说我们一天需要从蛋白粉中补充50 g蛋白质，以及从食物中补充200 g

蛋白质，但这不意味着我可以选择从蛋白粉中补充150 g蛋白质，而只从食物中补充100 g蛋白质。这种情况是不允许出现的。因为我们从基础饮食和运动补剂中分别摄入的蛋白质含量是根据我们对于热量的总体需求，以及训练后身体需要及时补充的量来综合判断的。如果你打乱这个分配比例，那么很容易出现热量摄入量不匹配或训练后的蛋白质补充不及时的情况。同样，对于维生素的补充也是相似的情况，我们不能因为平时会补充维生素类补剂，便选择在基础饮食中不吃任何水果或蔬菜，这种行为也是不利于身体健康和力量增长的。

从基础补剂入手

我们建议大家在选择运动补剂时一定要从最基础的补剂开始，蛋白粉、氨基酸和维生素是始终不变的最基础的运动补剂。这里并不是说肌酸或氮泵等补剂并不重要，而是它们的优先级对于第一次尝试运动补剂的训练者来讲要稍微靠后，身体对于他们的需求也远没有对蛋白质、氨基酸和维生素那么迫切。对于力量训练者来讲，蛋白粉、氨基酸和维生素几乎是你每一天都不能忽略的，它们对于你的肌肉生长和力量的提升是具有奠基作用的。只要你还在进行力量训练，那么你便需要补充它们，依靠它们的帮助。

有的训练者在刚接触运动补剂时便会采用氮泵或促睡眠补剂等相对进阶的补剂，甚至有的还会采用促睾类补剂等更加高阶的补剂。这是我们不太建议的，因为大多数训练者在刚开始接触运动补剂时都不具备较强的力量基础和训练经验，此时接触一些相对进阶的运动补剂很容易产生一些心理上对补剂的"神化"或依赖，甚至有的还会出现受伤等问题。比如像氮泵类训练前补剂，它们可以充分提高训练者的专注度和兴奋性，这会容易诱使训练者在练习时盲目冲击大重量，甚至不按规定计划去冲击新的极限重量。这种情况对于刚接触力量训练时间不长的训练者来讲是十分危险的，有时即使你通过较强的兴奋度完成了一定重量的训练，但是同时也给你自己的身体埋下了你自己没有想到的伤病隐患。

还有一部分训练者在刚接触力量训练时会选择促睾类补剂，他们有的听信补剂商一些夸大的宣传效果，认为促睾类补剂可以在短时间内大幅度提升自己的力量水平。对于这部分训练者来讲，因为其力量基础相对较低，所以在最开始接触力量训练时往往极限成绩会进步的比较快，如果你在这期间同时使用了促睾类补剂，那么有的训练者会容易将自身力量进步迅速的原因归结于促睾类补剂的功效，进而产生可怕的"补剂依赖症"。当训练者自身经过一段时间训练后，他们会发现自身的力量并没有之前增长的速度那么快，此时他们并不会真正认清力量进步的速度和促睾类补剂之间的关系，他们大都会认为自己的力量进步变慢是因为选择的促睾类补剂品牌无法再满足自己的需求，或者说自己的摄入量远远不够。这种想法是十分危险的，如果不及时制止，严重的话可能会使训练者自身出现滥用药物的现象，这也是为何我们不建议大家在最开始就盲目尝试相对进阶的运动补剂。

补剂不是药物

我们需要明白一个问题，即运动补剂并非是药物，所有打着运动补剂的外衣，但其实是药物的"补剂"是我们完全不能触碰的。比如像一些所谓的"激素前体"，很多商家会将其包装成某种特殊的促睾类补剂，但实际上"激素前体"在进入身体后会被转化成类固醇等雄性激素，名义上你补充的是运动补剂，但实际上你补充的是药物。这也是为何我们并不在这一章为大家介绍过多促睾类补剂的原因，现在的营养品市场上促睾类补剂的种类可谓是鱼龙混杂，为了大家自身的安全考虑，我们建议大家最好不要选择促睾类补剂。你可以通过多补充锌元素的方式在一定程度上满足自己的"促睾"需求。

既然运动补剂并非药物，那么它们便不可能具备快速见效、或者"药到病除"的效果。这是训练者在使用运动补剂时必须要做好的一个心理工作，除非是氮泵这类极其特殊的运动补剂，否则你是不可能短时间内见到效果的。很多时候我们自身感觉到的所谓的"效果"，其实更多的时候是一种自我安慰。比如有的训练者发现自己在连续吃上一个月的蛋白粉以后，肌肉出现明显的围度增大以及肌肉硬度变强的现象。我们不否认这种情况的确存在，但是也请大家理性看待力量和肌肉增长的事实，它们是一个长期工程，不是所谓的美国队长的血清，可以让你短时间内就有天翻地覆的变化。理性看待运动补剂的作用，千万不要患上"补剂依赖症"。运动补剂只是建立在基础饮食的营养补充之上，一种更加全面和更具有深度的营养补充手段而已。

长期持续补充

正如我们前面所说，运动补剂并非药物，它只是一种更加全面和更具有深度的营养补充手段而已。我们需要像基础饮食那样每天进行固定的补充，才会慢慢感受到运动补剂带给我们的作用和帮助。当然，有的比较特殊的运动补剂是我们要注意在休息日时停止使用的，比如像氮泵类补剂，它的目的就是增加肌肉的充血效果和提升训练时的专注度。而我们在正常的休息日是没有必要获得氮泵所带来的这两种作用的，休息日我们更多需要的是让神经和肌肉休息，氮泵反而会带来负面的作用。此外，还有的运动补剂是我们要注意区分训练日和休息日摄入量的，比如像氨基酸和谷氨酰胺。在训练日我们的氨基酸和谷氨酰胺摄入量要明显超过休息日，如果我们在休息日摄入的量与训练日相同，那么会造成一定的营养浪费。

合理看待广告与效果

很多运动补剂商会为了增加自己产品的销量以及复购率，对自身的营养补剂进行适当夸大的广告宣传，这其中最直接的往往是XXX可以在多长时间内提升多少kg的力量成绩，或XXX可以在多长时间内减掉多少kg的脂肪。这里我们建议大家一定要合理看待补剂自身的广告宣传和实际效果，我们需要根据自身的营养常识来判断到底什么是真的、什么是假的。现阶段的营养品市场存在着大量鱼龙混杂且名不副实的运动补剂，它们往往会针对那些比较神秘的运动补剂，像促睾类补剂、训练前补剂和减脂类补剂下手，通过比较神奇的广告宣传来吸引训练者的关注。其中促睾类补剂之前我们已经提到过，训练者一定要避免落入"药物"的陷阱，减脂类补剂也是如此，有的补剂商会试图在减脂类补剂中加入瘦肉精来提高见效速度。我们建议大家一定要留心那些效果宣传很夸张的补剂品牌，要知道力量的增长和脂肪的减少都不是一朝一夕可以达成的，如果他的产品真的可以快速见效，那么我们一定要对它的安全性保留疑惑。至于训练前补剂就没有那么神秘，它的肌肉充血效果和带给神经系统的兴奋性是可以在短时间内感受到的，并且不同训练前补剂因为配方的不同，针对的适用群体也不同，不能以偏概全直接判定这个产品没效果就是有问题的。

至于蛋白粉等较为基础的运动补剂，我们在分辨时相对会更加简单一些。因为蛋白粉和氨基酸等都属于很常见、且组成相对较单一的运动补剂，所以基本不存在什么特殊的提纯技术或组合方法可以加速人体的吸收，相比其余品牌的蛋白粉和氨基酸效果更好的存在。唯一有区别的可能就是分离蛋白粉的出现，极大程度提高了人体对蛋白质的吸收利用率，并且解决了很多亚洲人乳糖不耐受的问题。

搭配训练计划

与基础饮食的基本法则之一一样，运动补剂的摄入也是要根据训练计划进行针对性调整的。这里我们提到的调整并不只是局限于训练日和休息日的调整，而是需要根据力量训练计划进行特殊的调整，这点也是在进行基础饮食补充时我们并不需要额外注意的。要知道力量训练计划的一个基本设定原则便是训练时使用重量的递增性，这个特点直接体现在训练强度的变化上便是随着每周训练的推移，你的训练强度也在逐步提升。这种情况决定了我们在一些针对性补剂的使用上需要做到随着计划的推移，适当增加摄入量的改变。比如当训练强度明显提升时，我们对于支链氨基酸、肌酸以及谷氨酰胺等可以加速肌肉恢复和生长的运动补剂的需求量也在增大。如果在训练计划刚开始时，你会选择每天补充2勺这类补剂，那么在接近训练计划的末段，我们便需要每天补充3～4勺，这样才可以更好地满足我们的身体需求，帮助我们避免因高强度训练计划所导致的身体不适或力量增长受限的情况出现。在摄入量与计划时间搭配的选择上，我们建议大家可以每四个周增加一定比例的针对性补剂摄入量，这个时间周期也是力量训练计划中比较常见的训练周期之一。

尝试多种品牌

我们提倡大家在挑选运动补剂时尽可能选择多种品牌，特别是对于训练前补剂和促睡眠补剂这类功效比较特殊的运动补剂，你更应当多挑选几个不同的品牌进行尝试，从而逐步筛选出最适合你的几个品牌，然后轮流交替使用，这样便不会出现长期使用某一固定品牌的氮泵所导致的身体不容易兴奋，或者充血效果没有以前那么强的现象出现。当然，在这里我们还是要再次提醒大家谨慎选择补剂品牌，对于那些有"黑历史"的补剂品牌一定要慎重选择。

避免补剂依赖症

补剂依赖症是十分可怕的一种"病"，请大家一定要明白一个问题，你的力量的增长是源于科学的营养计划和针对性的力量训练计划，以及你自身的刻苦努力。这跟你使用的补剂品牌或补剂种类有关，因为它们都是科学营养计划中的一部分。但这也跟你使用的补剂品牌或补剂种类无关，因为它们都只是你成功的一个因素，并不是全部的必要条件。很多训练者在停止使用运动补剂后会产生"补剂依赖症"，一个原因是自身对于补剂效果的过度期待，还一个原因便是因自身没有注意调整基础饮食的摄入量有关。比如，当你不再使用蛋白粉以后，你的日常蛋白质摄入会出现一个 50~60 g 左右的缺口，这个缺口是必须要通过基础饮食来弥补的。如果你不弥补，并且还坚持之前的训练计划和训练强度，那么你的力量自然不会有什么提高，甚至还会出现力量的"逆生长"。相反地，只要你及时补充因停止使用运动补剂所造成的缺口，或者适当降低训练计划的强度，那么便不会对你的力量水平有太多负面的影响。

当然，我们也要注意有些运动补剂是无法通过基础饮食所弥补的，比如像氮泵和促睡眠类的补剂，它们所带来的兴奋性、肌肉充血效果以及深度睡眠都是很难通过正常的某一种食物来达到的。此时我们能做的便只有适当降低训练计划的强度和容量，不要让身体出现持续的疲劳。

一日营养补充计划

在这一节我们会为大家简单介绍90 kg以及100 kg世界硬拉纪录保持者Cailer Woolam以及IPF世界深蹲纪录保持者Ray Williams他们个人对于运动补剂的选择以及平时的摄入量。并且，我们还会为大家介绍140 kg深蹲以及总成绩世界纪录保持者ERICE LILLIEBRIDGE一日的饮食营养计划供大家参考。

Cailer Woolam的个人运动补剂选择

名称	摄入量	摄入时间
训练前补剂（氮泵）	1~2勺	训练前
支链氨基酸	1~2勺	没有具体时间
蛋白粉	不超过2勺	训练后和早餐

ERIC LILLIEBRIDGE的饮食营养计划

名称	摄入量	摄入时间
训练前补剂	1~2勺	训练前
氨基酸	1~2勺	没有具体时间
蛋白粉	不超过3勺	训练后
促睡眠类补剂	根据说明	睡前

ERIC LILLIEBRIDGE的饮食营养计划

时间	摄入量	注意事项
早起后	4~6个鸡蛋，烹调方式随意	ERIC LILLIEBRIDGE喜欢在早起后选择先补充蛋白质，而不是摄入大量的碳水，他认为起床后立刻摄入高碳水的方式容易使自己的身体在随后一整天产生疲劳感，他会在第一顿之后两个小时再补充一定量的碳水
第一次加餐	16盎司牛奶（近480 ml）与3勺蛋白粉、4平勺花生酱混合在一起	补充蛋白质
第二次加餐	1杯坚果+1根香蕉	补充能量
午餐	1盘牛肉通心粉，牛肉1磅（450克左右），1~2杯通心粉	如果没办法吃掉一盘，也要尽可能做到差不多吃完
第三次加餐	1杯坚果+1根香蕉	补充能量
下午餐	1盘牛肉通心粉，牛肉1磅（450克左右），1~2杯通心粉	如果没办法吃掉一盘，也要尽可能做到差不多吃完
第四次加餐	1杯坚果+1根香蕉	补充能量
晚餐	1盘土豆泥	如果没办法吃掉一盘，也要尽可能做到差不多吃完
训练后	16盎司牛奶（近480 ml）与3勺蛋白粉、4平勺花生酱混合在一起	训练后的营养补充

注意：ERIC LILLIEBRIDGE是140 kg级的职业运动员，这是一份他平时在休赛期用来增肌的饮食方案，训练者可以根据每一餐进食的时间和选择的食物种类，在自己体重的基础上进行适当的删减，不要只是单纯的模仿他的饮食方案。当然，如果你在训练后感觉到自己还可以吃更多的东西，或者还存在比较强烈的饥饿感，那么我们建议你可以再补充一次土豆泥晚餐。此外，确保每两次食物摄入间隔不超过2个小时。

6 兼顾有氧与无氧训练

你能够看到在许多力量训练者的训练计划表中是没有任何有氧训练安排的，并且在实际的训练执行中他们也的确不会安排哪怕任何一丁点的有氧训练。对于这部分力量训练者来讲，有氧训练不仅对于提高力量水平是没有什么意义的，甚至还会有可能使自己的力量水平出现下降的情况！在他们看来，如果在力量训练中安排一定的有氧训练，那么必定会使你消耗肌肉，同时会严重拉长你的身体的恢复时间，对于力量的增长似乎是有"百害而无一利"的。

有氧训练对肌肉的影响

很多训练者普遍存在一个较为错误的观念，即有氧训练会使我们减少肌肉，而无氧训练却会帮助我们增加肌肉。要想弄清楚这个观念错误的原因，我们需要首先了解无氧和有氧训练的区别。这两种不同的训练方式最核心的区别是针对于氧气量需求度，有氧训练需要氧气的持续供给，而无氧训练对于氧气的依赖度并不高。我们要明白一个问题，不管是什么类型的训练方式，身体始终先消耗的是糖类和脂肪，蛋白质只有在身体实在没有燃料供给的时候才会被消耗。因此，并不存在什么所谓的有氧训练就是一定会消耗肌肉，而无氧训练一定可以帮助我们增加肌肉。

时代周刊曾经对一些专业马拉松运动员进行过研究，要求他们每天跑70千米，并且持续64天的时间。当研究进行到一半时，他们发现马拉松运动员的脂肪比例相比研究开始前已经减掉了50%，其中70%是内脏脂肪。当研究结束后，他们的脂肪减少了90%，身体的围度减小了5.4%，而腿部的肌肉损失是7%。由此我们可以对有氧运动和肌肉增减之间的关系有一个比较合理的总结，即只有在高强度且大量的有氧运动时，训练者才会出现掉肌肉的现象。

换句话说如果你的有氧训练强度和训练量安排合理，那么并不会对肌肉的增减有明显的影响，有氧训练针对的始终还是脂肪的消耗。我们希望每个训练者都能弄清楚这个概念，除非你的强度特别高或者训练量特别大，比如让我们像马拉松运动员一样一天跑70千米，否则你是很难因为强度适中的有氧训练就被消耗过多肌肉的。

有氧训练的必要性

有氧训练对于力量训练者来讲是有众多好处的，它是你训练计划中十分必要的一个辅助训练方式。在有氧训练的众多价值中，我们第一个想到的便是有氧训练对于脂肪的消耗。这可以帮助我们很好地控制体内的体脂水平，从而达到改善肌肉质量，拥有更多有意义、真正可以参与到绝对力量释放中的肌肉体重。试想一下，对于两个体重都在90 kg的运动员，A的体脂是8%而B的体脂是17%，显然A会比B拥有更多的有价值的肌肉，理论上讲A也会拥有比B更高的力量水平。

其次，有氧训练对于心血管系统健康以及心肺功能的价值是我们一定不能忽略的。我们在力量训练时使用极高的负荷重量会对心血管系统造成一定的压力，进行适当的有氧训练可以帮助我们的心脏变得更强壮，跳动更有力，不容易出现因过高的负荷重量所产生的心脏的一系列不适反应。此外，有氧训练还可以帮助我们提高肺活量，肺活量越高，我们在极限重量时能够吸入身体的氧气量也就越多，身体的闭气时间也就越长。众所周知，在大重量训练时我们是必须要闭气的，如果你的身体能够在释放最大力量时还可以尽可能长时间的屏住呼吸，那么你能够完成大重量试举的概率也就越高。除了自身肌肉力量不足以外，很多训练者试举失败都同自身呼吸方式不正确或呼吸能力较差有关。

有氧训练可以降低血脂，使血液中胆固醇含量下降，增加高密度脂蛋白含量。力量训练爱好者往往都是典型的"食肉动物"，力量训练也是比较依赖蛋白质摄入的训练类型。如果你在日常饮食中摄入大量的肉类，那么一定程度上会存在着胆固醇含量较高或高血脂的风险。此时，除了更均衡的营养

方式外，我们也需要一定的有氧训练来帮助我们降低血脂和胆固醇的含量。这比一味的只选择吃鱼油或者别的运动补剂的方式要更加全面和主动。

有氧训练能够增加骨骼的血液循环及代谢功能，使骨密度增高，延缓骨质疏松，同时一定程度上增加关节的灵活性。力量训练对于关节的强度和灵活性要求是极高的，如果你的关节本身相对较脆弱，那么完成大重量训练的难度也就越大，并且所带来的受伤风险也就越高。长时间不行走或者奔跑，不仅容易使基础的运动能力降低，还会使骨关节出现明显的退化。有氧训练不能帮助我们避免伤病，但却可以使我们尽可能地增加骨骼的强度，一定程度上预防伤病出现或者减少当伤病发生时所带来的危害。不过，你要注意的是并非所有的有氧训练都可以帮助我们的骨关节变得更加健康，你必须根据力量训练的特殊性选择真正适合的有氧训练类型。这也是我们在下一节要为大家详细介绍的，不合适的有氧训练类型不仅无法帮助我们改善骨关节健康，甚至还会让我们的身体出现严重的伤病隐患。

此外，有氧训练还可以调节我们的大脑神经细胞的兴奋和抑制过程，使大脑反应敏捷、准确并且不易疲劳，进而使我们保持一个比较的心理和生理状态。力量训练会给训练者的心理和生理带来较强的疲劳感和压力，你的训练的目标始终是围绕着三大项成绩在数字上的提升，但是这个提升速度会随着你的力量水平的进步逐渐减缓，甚至有的时候会出现不再进步，产生平台期的现象。此时，训练者的心理上往往就背负着很强的负担，严重时还会出现丧失对训练的渴望，有想放弃的念头。这里我们建议大家可以适当停止一段时间的力量训练，或者减轻力量训练的强度和容量，适当安排一些较为轻松的有氧训练，它们可以帮助你很好地调节心理和生理的状态，帮助你的身体从内到外进行减压，使你可以在之后有一个更好的状态重新投入到训练中。

▶ **适合的有氧训练类型**

虽然我们之前讲到过很多有氧训练的价值和对于力量提升的重要意义，但是并非所有的有氧训练都适合我们的力量训练，有的甚至不仅无法起到正面的积极作用，还会对我们的力量水平以及身体健康造成危害。出现这种情况的原因主要还是跟力量训练自身比较特殊的内容和特点有关，并非是某几种有氧训练属于先天对身体健康不利的训练方式，如果你选择将其与健美或普通的健身训练相结合，那么便不会有像力量训练时出现的种种不利的问题。在选择适合的有氧训练类型前，我们需要先弄清楚到底什么是真正意义上的有氧训练。

有氧训练的定义

在选择合适的有氧训练类型前，你必须先明白究竟什么是有氧训练。如果你选择的训练方式更多偏向于无氧训练，那么便失去了我们选择这种训练方式的出发点。有氧训练指的是人体在氧气充分供应的情况下进行的训练，在训练过程中，人体吸入的氧气与需求相等，达到生理上的平衡状态。判断一个训练方式是否属于有氧训练，主要需从两个方面入手进行分析：训练时间以及训练强度。有氧训练是必须持续进行15～20分钟以上的，如果训练时间过短，那么不能被归为有氧训练。相反地，我们也没有必要无限制堆砌训练时间，训练时间过长容易导致训练强度较低或训练量过高。其中合理的训练强度标准是要使心率保持在120～150次/分钟，低于或超出这个范围都属于强度过低或过高，无法归为有氧训练。而合理的训练量一般根据训练者自身的情况和能力决定，一般我们建议大家将时间控制在20～40分钟内，过大的训练量容易使我们流失一定的肌肉，反而不利于力量水平的提升。

此外，除去上述两个主要的判断依据，我们在分析一种训练方式是否属于有氧训练时还不应当忘记一些至关重要的细节，比如持续性的原则。我们所说的15～20分钟以上指的是持续训练时间15～20分钟以上。如果总的训练时间是40分钟，我们可以在其中获得2～3次，每次3～5分钟的休息时间，这种并不能归为有氧训练。并且，一定不要忘记训练中的呼吸原则，我们需要的是在训练中保持持续且规律性的呼吸，这同样是有氧训练的特性，如果出现时不时的闭气现象，那么容易将有氧训练与无氧训练弄混，无法达到我们最希望获得的训练效果。

不适合的有氧训练类型

跑步

跑步是很好的健身方式,对于保持身体健康有很大的作用,并且跑步也是普及度最高的有氧训练之一。但是,跑步并不是十分适合力量增长的训练方式,跑步会在深蹲和硬拉已经消耗大量下肢关节的基础上继续给予你的膝关节和踝关节一定压力,特别是对于那些自身体重较重的大级别运动员来讲,用跑步作为有氧训练的主要方式会极大程度上加重其自身关节的疲劳感。这不仅容易使你的关节产生持续性疲劳,更容易导致原本的深蹲和硬拉成绩没有什么进步,甚至严重时还会影响你在力量训练时的关节状态,产生关节类的伤病。

有的训练者认为在跑步机上或者选择带有减震气垫的跑步鞋可以一定程度上解决这个问题,我们不否认减震气垫的跑步鞋可以给予关节一定的保护,但是其对于膝关节压力的减轻效果并没有我们想象中的那么好,它更多的是使我们的脚踝和脚掌有更加舒适的感觉。至于在跑步机上跑步的选择,这并不是一个好的有氧训练方式,甚至在严格意义上都不能被归属为有氧训练。跑步机自身的设计是属于只要通电后,其自身的跑带便会正常运转,跑带转动的速度和距离是受跑步机电脑所控制的,跟训练者自身的速度快慢并没有决定性影响。换句话说就是训练者只能适应跑步机跑带的速度,训练者自身并不能主动地跑得更快。这种结果导致的便是跑步机容易出现的"假象奔跑"现象,即跑步机显示你跑了三千米,可实际上你并没有跑那么远,这就是为何很多训练者感受到的在跑步机跑三千米远没有自己在平地上跑三千米的感觉那么累。当然,有的训练者建议可以选择自发电的跑步机进行练习,这种跑步机属于训练者跑得越快其转动的速度也就越快,不会出现"假象奔跑"现象。并且此类跑步机在设计上属于弧形结构,可以很好地减轻训练者在奔跑时膝盖受到的冲击力。但是,这类自发电的跑步机需要训练者具备极强的运动能力基础,特别是身体的平衡性和核心力量必须足够强,否则极其容易出现在奔跑时受伤的现象,我们并不建议大家使用这类器械进行练习，因为你其实有更多更好并且操作更简单的训练方式供你选择。

单车

单车并不适合力量提升的原因同跑步有相似之处，当我们进行深蹲和硬拉训练后，身体的股四头肌会受到比较强的消耗，此时我们需要一定的时间去恢复，如果再用单车这种同样需要股四头肌大量发力的训练方式进行一定强度的有氧训练，那么同样会使身体出现肌肉恢复速度减慢的现象。而股四头肌恢复速度变慢所带来的最直接后果，就是其包裹的膝关节所受到的保护在逐渐下降，膝关节受伤的隐患也同时在逐步增加。你可以选择在深蹲和硬拉训练后使用单车进行一些针对股四头肌的放松练习，但不应当使用它进行强度较高的有氧训练。换句话说，单车是你很好的身体恢复和放松的手段，并不是对于力量提升很好的训练手段。

有的训练者喜欢在健身房上动感单车课，他们认为这个不仅属于有氧训练，还可以帮助身体快速消耗脂肪。事实上我们要明白，大多数健身房的动感单车课并不能属于严格意义上的有氧训练，甚至于有的更加偏向于无氧训练。动感单车这类集体课最大的问题就是很难把控训练强度，它对于有的人来讲训练强度过高，远超出正常有氧训练的强度。并且，动感单车的强度并不是均衡的，它会在某一个时间段出现巅峰的强度，让你被迫进入一段时间的无氧训练，然后又会出现一个低谷的强度，使你几乎身体停止运动。此外，动感单车的危险性也是我们应知道的，很多训练者在高难度阶段或体力处于瓶颈时会选择站着骑，这种方式对于膝关节健康是十分不利的。有的训练者的坐姿也存在一定问题，如果不注意纠正，那么40～60分钟的动感单车课容易使你的腰部出现很强的不适感。这种种的关节健康隐患对于力量训练者来讲是很不利的，你一定不希望自己因为不正确的有氧训练方式影响了正常的力量训练计划。

滑雪机

滑雪机是很不错的有氧训练方式之一，它可以使你的上下肢同时参与到训练中，相比单车或跑步这种几乎只有下肢参与的有氧训练要更加全面。现在很多体能类的竞技比赛，像CROSSFIT都会设置专门的滑雪机项目。但是，滑雪机并不是很适合力量提升的有氧训练方式之一，它需要我们在训练中进行频繁的下蹲，如果不下蹲进行练习，那么正常的滑雪机要被做成一个无限制的绳索臂屈伸，这显然是背离滑雪机训练初衷的。如果选择正常的下蹲进行练习，那么这个是对于深蹲和硬拉训练日之后膝关节和股四头肌的持续性刺激，不利于肌肉和关节的恢复。有的训练者认为滑雪机的下蹲次数虽然多，但并不像深蹲时使用较大的重量，对于肌肉的消耗并不会那么大。这一认识并不是错误的，只不过这部分训练者忽略了膝关节的恢复速度以及重要性。要知道当我们进行完深蹲训练后，股四头肌和膝关节一定都处于比较疲惫的状态，此时你的膝关节是处于最容易受伤的环境。在这种情况下再去进行多次重复的有氧训练，膝关节毫无疑问是非常危险的！不是说在深蹲训练之后就不能进行任何跟下肢有关的有氧训练，只是我们希望你选择的方式最好是有固定器械轨迹辅助的，这样可以最大程度减少你的膝关节所受到的压力，同时又不会影响你的正常的训练效果。我们接下来要提到的椭圆机就是这样的例子。

适合的有氧训练类型

椭圆机&划船机

跑步机和单车虽然都是属于固定运动轨迹的器械，但是一个容易出现"假象奔跑"，另外一个在室外进行练习时又容易受交通环境等客观因素影响，很难保证合适的训练质量和训练强度。相比之下，椭圆机和划船机是属于更好的固定运动轨迹的有氧训练方式，它们并不会对你的膝关节和腰部有什么伤害或太大的压力，不会使关节出现持续难以恢复的疲劳。这两种训练方式都会同时使用我们上下肢的肌肉群，其中椭圆机是更偏重下肢发力，而划船机更多的是依靠上肢的力量。这两种训练方式都属于比较全面的有氧训练，不会出现训练不全面的现象。这两种训练方式的上手难度并不高，椭圆机是很多训练者甚至小时候在公园都有玩过的类似的器械，而划船机虽然相对来讲需要一定的技巧，但是也绝非大多数训练者所不容易掌握的。这两种训练方式所需要的器械都是属于占地面积很小的，我们甚至可以随时随地在家里训练，并不需要考虑啊太多外界环境对训练的影响。我们也不太用担心这两种训练方式的强度问题，它们都可以随时随地进行强度的调节，并且不会出现"假象训练"的现象。其中划船机还是很好的背部肌肉的训练动作，一定程度上甚至还可以帮助我们提升三大项所必需的背部力量水平。

在安全性方面，前面我们曾提到这两种训练方式并不会对关节造成太大的压力，训练者的训练轨迹被固定，不会出现运动轨迹不受控制所产生的伤病隐患。唯一存在风险的或许是划船机的把手，我曾经见到有的训练者在练习时因发力过猛导致划船机把手的绳子断掉的情况。我们建议大家在进行划船机练习时，一定要抓着把手进行持续性的发力，而不要用那种一下一下的爆发力去硬拽，这样即使划船机本身质量没问题，也会存在着器械破损的风险。

游泳

游泳是我们最推荐的有氧训练方式之一，它相比之前我们提到的所有训练都更加适合力量提升，并且对身体的关节和肌肉更加友好。游泳时我们身体关节和肌肉所受到的痛苦要相比在正常环境下小的多，因为水的特殊关系，也几乎不存在游泳时出现受伤的情况。唯一可能受影响的便是身体容易在游泳时出现抽筋的现象，不过这个可以在训练前通过针对性的能量补充来提前预防，基本不会在训练时发生。我们在水下受到的阻力是正常情况下的三倍，这无疑使我们的整个有氧训练的难度和强度得到了提升，换句话说我们可以在水下用15分钟的时间达到在陆地上30~40分钟的训练强度和热量消耗。此外，同样跟水下的环境有关，我们在游泳时的呼吸能力和心肺功能也会受到远高于正常环境时的提高，这对于力量训练这种需要身体具备较强呼吸能力和心肺功能的训练类型而言毫无疑问是锦上添花的。所以，综合上述几大优势，我们能够发现游泳是一种可以让我们训练效率更高、训练提升针对性更强以及训练安全系数更高的方式，我们几乎没有理由可以对这种训练说"不"。

唯一可能使我们拒绝游泳的原因便是我们很难掌握游泳的技巧，或者说平时缺乏游泳训练，很难在刚开始接触游泳时便将它作为主要的有氧训练方式之一，无法保证一定的训练强度。我们建议大家可以在刚开始选择循序渐进的方法，没有必要上来就使用远超出自身能力的训练强度，你可以先选择游泳作为一种身体放松和恢复的手段，再逐步通过自己的努力将它变成合适的有氧训练。

▶ **正确安排有氧训练**

如何将前面我们提到的合适的有氧训练动作安排到自身的力量训练计划中，是直接影响着我们力量增长甚至身体健康的。如果你的安排方式不正确，选择时间点或训练动作与自身的力量训练计划不匹配，不仅无法使力量成绩得到增长，甚至还会使身体处于受伤的边缘。要想正确的安排有氧训练，你必须从次数、日期、时间长短、训练项目以及周期计划五个环节入手，针对你的力量训练计划内容来安排最适宜的有氧训练。

次数

如果我们的目标是提升配合自身的力量训练计划，使身体在力量训练时有更好的状态，帮助力量成绩提升，那么我们没有必要在一周安排过多次数的有氧练习。一般来讲一周一次便已经能够达到我们所希望获得的效果，一周多次的有氧训练会使我们很难安排更为重要的力量训练，容易出现因有氧训练次数过多所导致身体无法在力量训练日时呈现一个较好的竞技状态，严重时还会影响我们在大重量训练时的完成度。不过，如果你的力量训练计划属于备赛期的减重计划，那么你可以适当地增加一些有氧训练的次数，比如在一周中挑选一个休息日以及在1~2个强度不大的训练日的力量训练计划内容完成后，进行一些强度较低的有氧训练。此时你的目的不是希望通过有氧训练来增强力量水平，而只是让身体消耗热量，因此请千万记得把控合理的训练强度，在备赛时你的身体会比平时要虚弱些，如果不注意削减训练强度，便会给身体造成更大的负担。

日期

一周我们会安排3~4个力量训练日，在剩下的3~4个休息日如何安排有氧训练是十分重要的。这里我们会选择从3个以及4个休息日这两种比较常见的安排来分析有氧训练选择在哪天最为合适。

如果你一周有三个休息日，那么你的训练计划应当是选择练两天，休一天，练两天然后再连续休息两天。这是最为常见的三个休息日的训练安排，它可以使你在周末两天获得连续的休息，为下周一的大重量训练打下基础。此时我们如果要安排有氧训练，最合适的时间是选择在第一个休息日，也就是连续练两天之后的一天（周三）进行练习。我们不建议在第二个休息日，也就是最后两个连续休息日（周六和周日）的时候进行练习，因为在最后两天连续休息时，我们的目的是希望身体可以得到充分的恢复，如果安排有氧练习，便无法使肌肉和神经得到彻底的休息。

如果你一周有四个休息日，那么你的训练计划应当是练一天休一天，即一三五训练，二四六七休息。此时我们如果要安排有氧训练，最合适的时间是选择在第一个或第二个休息日进行练习，也就是周二或周四进行训练。我们不建议在周六或周日进行练习，因为在最后两天连续休息时，我们的目的是希望身体可以得到充分的恢复，如果安排有氧练习，便无法使肌肉和神经得到彻底的休息。

至于一周安排5~6个训练日，只有1~2个休息日的情况在力量训练中是十分罕见的，这种情况往往只有在健美训练中才会出现，因此我们在这里便不多做介绍。

时间长短

我们不建议任何有氧训练的时间超过40分钟，对于力量训练来讲，最合

适的有氧训练时间是控制在30分钟内,这个时间长度已经足够确保你获得有氧训练所能够提供的适合力量提升的所有有价值的帮助。如果你的训练时间较长,那么相对应的肌肉和神经受到的消耗也会越多,容易直接影响我们更加重要的力量训练日的计划执行。当然,我们也不建议你每次的训练时间过低,低于20分钟的有氧训练所出现的情况是极其特殊且罕见的。只有一些自身相对其余有氧训练方式难度较大的,比如游泳训练这种先天设计上就比其余正常有氧训练强度大的动作。或者是一些极其特殊的训练时间点,比如在备赛期选择在完成力量训练计划后的当天安排一定的有氧训练,其根本目的是为了帮助训练者减重,因此整体的训练时间可能集中在15分钟左右。否则少有的有氧训练总时长是低于20分钟的。我们请大家一定要明白,有氧训练的核心始终还是适宜的训练强度,训练者不应把重心过多集中在时间的长短上,比如我们提到的合适的时间是20~30分钟,那么具体是25还是27分钟,所带来的影响并不会特别大。如果你感觉到训练强度还可以,自己能够完成30分钟的既定目标,那么就请你朝着这个目标努力。相反地,如果你在练到23分钟时已经感觉到身体较为疲惫,或者训练强度超标,不足以使你继续坚持练习,那么你应当果断选择停止,而不是让自己的强度降低,只是为了完成那个时间去一味地耗下去,这不是我们所希望达到的。

训练项目

训练项目的选择需要参考之前我们提到的有氧训练具体安排日期,一个周有三个还是四个休息日不仅对应的训练日期安排不同,同样还会影响着每个训练日对于训练项目的选择。

如果一个周是三个休息日,根据之前我们的介绍,最适合的有氧训练日是周三,我们需要对应参考的是周二和周四的训练计划。一般来讲如果周二安排的是深蹲或硬拉的训练,那么周四往往安排的会是卧推训练或者是上半身的肌肉辅助训练日。在这种安排规则下,我们最适合的是周三选择用椭圆机的方式进行练习,这种训练方式主要针对的是下肢的训练,并不会对你的上肢肌肉有什么影响,无论在有氧训练结束后的第二天你是要去做卧推训练还是上半身的肌肉辅助训练，都不会产生任何不利于训练计划执行的影响。同时，椭圆机对于膝关节的保护相对比较到位，你也不必担心在深蹲或硬拉结束后第二天进行有氧训练，会否对关节造成不利的影响。如果你在周二安排的是卧推训练日，那么周四一般对应的是深蹲或硬拉的小重量训练日或专项辅助训练日。此时你无论选择在周三进行划船机还是椭圆机的训练都是没问题的，尽管划船机和椭圆机会消耗一定的背部或下肢肌肉，但是周四的训练我们一般不会安排大重量的专项练习，因此并不存在太多影响有氧训练日结束之后第二天的力量训练计划执行情况的问题。并且，在有氧训练日的前一天，也就是卧推训练日并不会对你的背部肌肉和下肢肌肉有过多的消耗和使用，同样也不存在所谓的肌肉和关节迟迟无法恢复的情况。

如果一个周是四个休息日，根据之前我们的介绍，最适合的有氧训练日是周二或周四，我们需要对应参考的是周一、周三和周五的训练计划。一般来讲每个周的周一都会是大重量的训练日，无论是下肢的蹲拉训练日还是上肢的卧推训练日，都会被安排在周一进行练习。而相对应的，周五往往会安排另外一项的大重量训练日，即如果周一安排的是卧推训练日，那么周五一定是蹲拉训练日。周三我们一般会安排一些针对肌肉发展或专项能力的辅助训练日，在这一天我们并不会使用特别大的重量。因此，无论周一安排的是卧推还是蹲拉训练日，如果你选择在周二进行有氧训练的话，那么你可以选择椭圆机或划船机任意一种都可以。但如果你选择在周四进行有氧训练，那么你便需要参考周五的训练内容。当周五的训练是大重量的蹲拉训练日时，为了不影响力量训练计划的完成度，你在周四只能安排划船机的练习。相反地，当周五的训练是大重量的卧推训练日，你在周四最好安排椭圆机的训练。

此外，我们一定不要忘记另外两件十分重要的事情：第一，一周只有1~2个休息日的情况在力量训练计划的安排中是十分少见的，因此我们在这里也不分析出现这种情况时你应当选择什么样的训练动作；第二，游泳是一个很特殊的训练动作，如果你选择将它作为有氧训练的方式，那么无论你有氧训练日前后这两天安排的是什么内容，都不会影响你自身正常的力量表现。

周期计划

我们知道力量训练的计划是讲究周期性的，在一份长达8～16周的力量训练计划中，你会给自己划分多个不同的周期，每个周期所对应的训练量和强度都是不一样的。一般来讲，最常见的安排方式是在力量训练计划刚开始的阶段，训练强度并不会很大，训练时所使用的重量也相对较轻，但是整体的训练容量会比较大。随着力量训练计划的执行和时间的推移，整体的训练强度会逐渐增大，训练时所使用的重量也会慢慢变重，同时整体的训练容量也会适当减小。在这种特殊的训练环境下，如果你的有氧训练的强度和选择时间始终保持不变，便会直接导致你的身体恢复难度变得更大，从而直接影响你的训练的完成度。正确的做法是随着力量训练计划的执行，逐步缩减有氧训练的强度以及容量，直到最后一个阶段，当我们需要真正对极限重量发起冲击时，你甚至可以完全停止2～4个周的有氧训练，把之前单独拿出来进行有氧训练的时间交给自己的身体，让它进行完全并彻底的休息与恢复。

当然，这并不是一成不变的规定，如果你在执行力量训练计划的中期就出现"力不从心"的情况，那么你完全可以立刻减少有氧训练的容量或者强度，甚至完全停止有氧训练，把更多的时间留给身体的恢复都是没有任何问题的。千万不能出现强迫自己硬撑着去训练的情况，这种行为容易加深你的疲劳感，严重的话更会直接诱发伤病。

此外，在执行有氧训练以及力量训练计划时，也不能够完全忽略季节的影响。Ray Williams曾经说过，他在平时会做一些有氧训练，但是在夏天是不会做任何有氧训练的。他认为夏天的炎热天气本身就会在一定程度上消耗训练者的体力，如果再在高温情况下进行有氧训练，那么很容易使你的肌肉受到过度的消耗，并且一旦强度较高，训练者还会有晕眩的危险。因此他从来不会选择在较为炎热的夏天进行有氧训练。

第三章 伤病预防及康复的策略

在力量训练的过程中，因为使用的训练重量较大、训练动作多为杠铃等自由器械以及训练容易使身体累积疲劳等因素，所以伤病产生的概率要相比其余的训练类型更高，甚至几乎每个训练者都会在力量训练的过程中遭遇或轻或重的伤病。重的伤病诸如关节的结构性损伤，会使你必须中断一段时间的训练。轻的伤病诸如肌肉和神经系统的持续疲劳，也会使你的训练效果大打折扣。一个高水平的力量训练者，除了其自身较强的力量成绩外，往往都具备很强的预防伤病的能力，他们会合理地安排自己的训练计划，监督自己在每个训练日都保质保量地完成计划内容，从而尽可能避免身体受到伤病的影响。一个训练者自身预防伤病能力的高低，不仅是其训练计划设定以及训练能力高低的代表，更是其获得高水平力量成绩的保证。

如果你想提高自己预防伤病的能力，或者在身体遇到伤病时尽快地使自己恢复到正常并且不影响训练的身体状态，那么你必须从以下四个环节入手：热身、放松与拉伸、柔韧性以及训练计划。其中热身和放松与拉伸是构成一次完整训练课的两大重要内容，它们很容易被训练者所忽视，有的训练者会选择极其简单的热身方式，让身体适当地活动两下便开始正式组的训练，这种现象是很容易让身体在正式训练时受伤的。在训练结束后，我们建议大家要进行适当地拉伸与放松，这可以加速我们肌肉与神经系统的恢复，使我们可以更快速地重新投入到训练中。柔韧性在力量训练中扮演着"安全卫士"的角色，柔韧性的高低会直接影响我们在一些特殊的力量训练中，比如低杠深蹲、起桥卧推以及相扑硬拉时身体的健康程度。如果你的髋关节柔韧性不足，那么便会出现在相扑硬拉时身体活动受限的情况，这不仅不利于力量的提升，甚至还会使你的关节和肌肉产生较强的不适感，长期下去容易引发炎症。此外，训练计划的强度和容量不符合训练者自身的力量水平和恢复能力，也是很容易导致伤病产生的原因之一，我们需要根据自身的情况安排适合自己的力量训练计划，这个问题我们会在第四章为大家进行详细的介绍。

❶ 合理的热身方式

训练前的热身是一节训练课中十分重要的一个环节，特别是在天气较寒冷的冬天进行训练时，热身更是必须的！如果你在正式的训练前不进行热身，那么身体的肌肉和关节便无法达到一个足够的温度，这容易使你在开始进行训练时受伤。特别是对于力量训练来讲，更是如此。在力量训练的计划安排中，一般每次训练课的第一个动作都是完成难度最大或者训练强度最高的。此时身体在没有真正"热"起来的情况下就进行高强度的训练，对于关节和肌肉的健康是十分危险的，很多训练者往往会遭遇到肌肉的拉伤。

此外，训练前热身的目的不仅仅在于让肌肉和关节提前预热，在训练中可以更好地保护身体健康；训练前热身的另外一个重要目的在于使我们的神经系统预热，这会更加有助于我们在正式训练时的完成度。比如你今天的训练课内容是第一组用深蹲极限重量的90%去做组，如果你选择不怎么热身就直接上重量进行正式训练，那么身体很容易产生因没有提前准备、神经系统不兴奋所导致的无法正确地募集肌肉和关节，这会直接降低我们训练的完成度。当你在没有充分热身时，直接触碰大重量的杠铃，你的身体会本能地出现"很重"的感觉，一定程度上产生惧怕重量以及不敢发力的情况。并且，当你在这种情况下勉强进行训练时，身体也很容易受伤。因此，我们建议大家千万不要以"不热身就可以举起XXX重量的杠铃"为荣，这种行为不是力量提升或者力量水平较高的表现，这是一种很危险的自残行为。

热身部位

肌肉和关节是我们在训练前热身的主要目标，我们可以根据不同的训练日安排内容针对性地选择需要热身的肌肉和关节。

硬拉训练日——根据硬拉时我们所依赖的肌肉和关节部位，我们在硬拉训练日开始前需要进行热身的部位主要包括：腰背部肌群（包括背阔肌、竖脊肌等）、髋关节、股四头肌、腘绳肌、臀部肌群、内收肌以及膝关节。其中腰背部肌群、髋关节、腘绳肌以及臀部肌群是四个最核心的热身区域，如果你需要使用相扑硬拉，那么也请不要忘记适当对膝关节以及内收肌进行热身，这可以确保你能够使髋关节和膝盖的打开角度始终保持在最合理的位置。

深蹲训练日——根据深蹲时我们所依赖的肌肉和关节部位，我们在深蹲训练日开始前需要进行热身的部位主要包括：上肢肌群（肱三头肌、胸大肌以及三角肌）、肩关节、腕关节、肘关节、腰背部肌群（包括背阔肌、竖脊肌等）、髋关节、股四头肌、腘绳肌、臀部肌群、内收肌、膝关节、踝关节以及小腿。其中当我们使用高杠位深蹲时，主要的热身部位是腰背部肌群、髋关节、股四头肌、臀部肌群以及膝关节。而当我们使用低杠位深蹲时，为了确保杠铃可以放到更加合适的位置，并且减轻肘关节所受到的压力，我们的主要热身部位会加入上肢肌群、肩关节、肘关节、腕关节、腘绳肌以及内收肌。此外，无论你使用的是高杠位还是低杠位深蹲，都请不要忘记对踝关节和小腿进行一定的热身，我们见过很多训练者在进行大重量试举或深蹲比赛时出现小腿抽筋的情况。

卧推训练日——根据卧推时我们所依赖的肌肉和关节部位，我们在卧推训练日开始前需要进行热身的部位主要包括：上肢肌群（肱三头肌、胸大肌以及三角肌）、肩关节、腕关节、肘关节、脊椎胸椎段、腰背部肌群（包括背阔肌、竖脊肌等）、臀部肌群以及股四头肌。其中脊椎胸椎段的热身对于需要起桥卧推的训练者来讲是最重要的，如果你不提前将胸部完全打开，那么你的卧推桥的高度将主要集中在腹部，这对于卧推成绩的实际帮助并不是很大。肩关节、腕关节、肘关节以及上肢肌群的重要性自不必多说，这是卧推训练的主要发力肌肉和关节，你必须将它们作为十分重要的热身部位对待。而在卧推前进行臀部肌群以及股四头肌的热身可以帮助我们更好地找寻下肢驱动的感觉，有助于我们在卧推训练时完成更大重量的试举。

下肢or上肢肌肉辅助训练日——如果你的训练安排内容是下肢或上肢的肌肉辅助训练，那么我们可以针对你要训练的目标肌肉进行单独的热身，比如在上肢肌肉辅助训练日中我们会安排背部、三角肌以及肱三头肌的辅助训练，我们相应需要进行训练前热身的也是背部、三角肌和肱三头肌这三个区域以及肩关节、肘关节和腕关节这三个在训练时会参与运动的关节。

专项辅助训练日——如果你的训练安排内容是三大项的专项辅助训练，目标是解决三大项动作的粘滞点并且优化三项的技术动作，那么我们可以根据相应的具体三大项动作安排热身。比如今天我们要做的是围绕解决深蹲时启动困难的练习，而我们要使用的是低杠深蹲的姿势，那么我们所需要进行重点热身的部位便会同之前的低杠深蹲时一样，即围绕腰背部肌群、髋关节、股四头肌、臀部肌群、膝关节、上肢肌群、肩关节、肘关节、腕关节、腘绳肌、内收肌、小腿以及踝关节进行热身。

热身方式

力量训练前的热身方式主要分为两种：静态热身以及动态热身。其中静态热身指的主要是针对关节和肌肉的拉伸以及活动，目的在于唤醒肌肉和关节，确保肌肉和关节的活动能力不受限制。而动态热身指的主要是使用一定重量和速度对肌肉和神经进行预热，目的在于使我们具备更好的状态进入到正式的力量训练中。这两种热身方式是缺一不可的，其中静态热身是最基础的，如果没有基础的热身而是直接进行动态热身，身体同样会有受伤的风险。动态热身是整个训练前热身的核心，它可以确保我们的神经和肌肉得到真正意义上的"预热"，这个预热并不只是局限于体感温度上，而是使我们在训练前做好充分的心理和神经准备，使肌肉的力量和速度使用都处在一个正常的状态下。不同的热身方式所对应的具体热身动作的选择也是不一样的，我们会根据不同的热身方式来介绍具体的热身动作。

静态热身：静态热身指的主要是针对关节和肌肉的拉伸活动，我们可以使用一些常见的可以提高柔韧性的拉伸练习进行热身，具体的方法我们会在第二节为大家进行讲解。你要注意的是不要在某一个拉伸动作的过程中保持太长的时间，一般来讲每个动作的拉伸时间不要超过10秒钟，否则对于你在之后的力量训练中的表现也是不利的。此外，我们还可以选择一些特殊的工具对肌肉进行提前的放松和激活，比如使用筋膜枪是一种比较简单易操作的方式，你只需注意不要使用它过于用力地击打自己的身体，并且不要击打那些不应被击打的部位，比如像腰部这样的部位。同类型可以激活肌肉的工具有很多，常见的比如泡沫轴也是一个选择。我们可以利用身体的重量压在泡沫轴上进行滚动，以达到不错的肌肉激活效果。不过要注意的是，千万不要将腰椎放在泡沫轴上进行滚动，这对于你的腰椎健康是十分不利的！在静态热身时，我们的总时间一般在5分钟左右，多的不会超过10分钟，太长的时间对于力量训练也不是很有帮助的，我们应当将更多的时间放在动态热身上。

动态热身：动态热身指的主要是使用一定重量和速度对肌肉和神经进行预热，我们可以先使用一些孤立性的肌肉训练动作来唤醒目标肌肉的力量，确保其不会在之后的力量训练中有力量供应不足的现象。之后我们可以使用一些快速发出的爆发力动作来唤醒神经系统，让神经系统找回快速发力的记忆。我们在前面曾经提到过，对于力量训练来讲，动作完成的速度快慢对于力量成绩的高低具有决定性影响，这也是为何我们在此一定要唤醒神经系统对于速度记忆的原因。动态热身的第三步，也是最重要的一个环节便是进行至关重要的热身组。我们需要根据自己在即将开始的力量训练的第一组正式组要使用的重量，选择几组不同的重量进行热身组的练习，这是决定我们正式组是否可以高质量完成的最重要的一环！如果你的热身组重量选择过轻，那么可能会出现在正式组时由于对重量不熟悉所导致的动作变形。如果你的热身组重量选择过重，那么身体会在正式组开始前消耗大量的力量储备，容易出现无法完成正式组训练要求的情况。具体的热身组与正式组的选择方法，我们会在之后为大家进行详细的讲解。

热身步骤

我们将力量训练前的热身总共分为以下五大步骤：基础热身、肌肉激活、神经激活、动作激活以及力量激活。其中基础热身指的主要是针对关节和肌肉的拉伸，我们可以用静态拉伸或者使用泡沫轴等方式先将自己的肌肉和关节唤醒，确保在之后正式的训练中肌肉和关节的正常活动。肌肉激活是整个热身训练的第二步，我们往往会选择一些重量较轻的孤立性肌肉训练动作，来使你的肌肉逐渐活跃起来。在具体动作的选择方面，我们大多时候会选择与正式训练时发力模式相似的训练动作，当然也有的时候会选择徒手的训练方式。热身训练的第三步便是针对神经的激活，我们需要选择一些快速发力的动作，比如轻重量的爆发力训练来使我们的神经系统变得兴奋，身体逐渐恢复对速度的掌控能力。在神经激活之后，我们会根据正式组安排的训练动作进行专门的动作激活，比如正式组是深蹲的大重量训练，那么我们选择深蹲进行力量激活。此时我们是不会使用特别大的重量的，甚至只会使用一根空杠铃，我们的目的不是在于要做的多快或者多轻松，而是希望通过一比一的动作还原，让身体的肌肉、关节以及神经系统充分配合好，这才是我们进行动作激活的目的。热身训练的最后一个环节便是最重要的力量激活，也就是之前我们曾经提到过的热身组，它对于我们目标正式组的完成是有决定性影响的。我们需要根据具体的正式组所使用的训练重量、组数以及次数，来决定热身组时的具体练习方式。

我们可以用卧推专项训练前的热身训练为大家举例讲解：在基础热身时

我们需要安排诸如背阔肌牵引、胸肌牵引、泡沫轴上背部拉伸、泡沫轴胸肌拉伸、泡沫轴背阔肌拉伸、肱三头肌拉伸以及肩关节绕环等一系列的肌肉和关节的拉伸练习，提前将我们的肌肉和关节预热。第二步，我们可以根据卧推的特点安排器械平板卧推或使用小重量的哑铃卧推、俯卧撑来进行肌肉的激活，使肌肉进入到正常的训练状态中。第三步，我们可以安排一些强度较小的拳击训练、借力推举或击掌俯卧撑等上半身快速发力的动作，使我们的神经系统完全兴奋起来。第四步，我们建议大家可以根据自身极限卧推重量的大小，使用不超过40%正式组的重量进行动作的激活，为我们之后的热身组和正式组做准备。在最后，我们需要根据自身要使用的正式组重量，安排4~5组的热身组练习。

在五大步骤的具体执行中，也有许多细节是我们所不能忽视的。比如当我们进行基础热身时，没有必要一个姿势保持太长时间的拉伸，并且一般一个拉伸姿势进行一组拉伸即可，多的也不用超过两组。当我们进行肌肉激活时，一定要注意切勿使用大重量进行训练，你应当获得的身体感受是肌肉的正常活动，并非肌肉出现酸痛甚至充血感，这并非是我们所希望达到的。一般我们会安排2~3个动作，每个动作1~2组即可，每组的重复次数不会超过8次。当我们进行神经激活时，请你一定要注意动作的速度和训练安全性之间的关系，尽管我们要求你必须重新获得快速发力的记忆，但是也不能以牺牲身体健康为前提。我们建议大家可以在激活神经的练习时选择动作完成速度从慢到快，给身体和神经一个逐渐适应的过程，而不要上来就以极快的速度进行练习。一般我们也是会安排1~2个动作，每个动作1~2组即可。在进行动作激活和力量激活时，因为跟我们的正式组使用的重量有关，所以请大家一定要参考正式组的重量安排，不同时期的正式组所决定的动作激活和力量激活时使用的重量也是不尽相同的。如果你在训练计划开始的第一天到最后一天都使用同样的重量进行热身练习，那么显然是不符合你的真实训练需求的。

热身组VS正式组

力量训练不是只有正式组的大重量训练这一种表现形式，你不可能没

有任何的热身上来就使用正式组的重量进行练习。我们之前也曾经提到过很多次，热身组对于每一个希望获得力量真正提升的训练者来讲都是十分重要的！你的热身组完成的好坏会直接影响到你在正式组训练时的状态，比如当我们要使用200 kg进行正式组的硬拉练习前，我们使用180 kg进行硬拉热身便出现了很疲惫，甚至很难完成的情况，那么此时你便没有必要再进行正式组的练习，勉强训练不仅不会使你完成既定的训练内容，甚至还会使你弄伤自己。这就是热身组的重要价值之一，没有热身组帮你提前"检验"你今天的训练状态，直接上大重量进行训练毫无疑问是对身体不负责的。有很多训练者在进行大重量的专项训练时都会出现不受控制的疲劳或没有状态的情况，这种情况可能跟训练者的计划安排不当有关，也可能跟训练者的身体恢复速度有关。热身组可以帮助我们在正式组练习前做出正确的对于身体状态的判断，这有助于我们及时调整训练当天内容，使我们的训练更加高效。

除此之外，合适的热身组还可以帮助我们在正式组练习时拥有更好的状态和表现力，而不合适的热身组安排还会影响我们在正式组练习时的完成度。比如我们要使用200 kg进行正式组的硬拉练习，但是在开始前你还要使用190 kg完成2~3次的所谓"热身组"训练，这显然是对身体力量的大量预先消耗。我们建议大家在安排热身组练习时，一定要参考正式组使用的重量，而非参考你自身的极限重量。因为正式组使用的重量就是训练计划安排中理论意义上今天最适合你的重量，我们不可能在每天都保持极限重量的力量水平，如果在热身时参考自身的极限重量，那么显然是不符合实际情况的。例如我们的硬拉正式组练习是200 kg，但是我们的极限硬拉是240 kg，我们需要参考的是200 kg而非240 kg。

我们可以根据自身的力量水平以及正式组重量来安排热身组的内容，一般来讲热身组的组数不会超过5组，4~5组是比较常见的安排方式。我们会根据正式组使用的重量进行百分比的划分，从50%开始，每10%进行一组热身组。比如还是拿200 kg的硬拉做例子，第一组是使用100 kg，第二组则是120 kg，第三组是140 kg，第四组是160 kg，而第五组则是180 kg。也有的训练者自身力量储备能力并不强，身体能量消耗的比较快，也存在着只做4组热身组的情况，比如在第三组使用150 kg，第四组使用180 kg然后直接进行200 kg的正式组练习。我们建议大家最好还是按照10%这种等比例增长的方式选择重量，即使你担心力量的流失，不遵守等比例增长的原则，也不要出现最后一组热身组与正式组重量差距较大的现象。比如倒数第二个热身组使用140 kg，最后一个热身组使用160 kg，而在正式组时直接增加40 kg，使用200 kg训练。这种方式也会使我们的神经系统在正式组练习时存在一定的不适应。

在次数的安排上，我们建议大家在50%以内时可以使用多次重复练习，比如你可以使用100 kg完成4~6次的硬拉。但是当你进入60%以后，我们建议大家每组只进行一次的训练，这种方式可以帮助你最大程度节省体力，避免力量的流失。这也是在力量举比赛以及冲击极限时一种比较常见的热身组安排方式。当然，有的训练者可能在使用这种方式时会感到极强的不适感，因为他们之前习惯了在正式组前每组都多完成2~3次，所以一旦每组只进行一次，神经系统肯定会出现不适应的情况，进而在正式组练习时会出现不敢发力的情况。如果你属于这种情况，我们建议你可以先试着每组热身组都缩短一次，然后慢慢减少次数到每组只进行一次，让身体的肌肉和神经系统都可以逐渐适应。我们不建议大家在正式组开始前浪费过多的体力，一旦养成这个习惯，当你在冲击极限时会无法保持一个最完整的状态。

2 重要的拉伸放松

正确的拉伸和放松是可以帮助我们最大程度预防伤病发生的，并且一些针对性的放松和拉伸练习也是我们处于伤病恢复期时很好的康复动作。很多训练者认为拉伸和放松并不是十分重要的，甚至有的训练者担心在训练结束后再进行拉伸容易使我们的身体受伤。事实上，在训练结束后进行拉伸和放松对于身体恢复、减少肌肉和关节的疼痛以及疲劳程度十分有帮助。如果我们什么都不做，在训练结束后直接选择瘫倒在地上或者直接洗澡回家，那么对于肌肉和关节的恢复是不利的，身体在第二天往往会出现一定程度的酸痛感。并且，在训练中进行适当地拉伸也可以帮助我们获得更好的训练效果，使我们的训练计划的执行力更强。

不过，如何选择正确的拉伸和放松方式是很多训练者都无法弄清楚的，对于力量训练而言，如果出现过度拉伸或者对于错误部位的错误放松不仅无法帮助我们加快身体的恢复，甚至还会出现肌肉或关节的拉伤，影响正常的力量训练。我们需要根据力量训练计划的安排，选择最适合自己的拉伸动作。而在放松方式的选择上，也要尽可能参照自己身体的客观情况进行。

训练中的拉伸

训练前的拉伸我们在上一节已经为大家进行过讲解，在正式组训练开始前的热身训练中，安排针对性的拉伸练习可以帮助我们起到基础热身的作用，使我们唤醒即将参与训练的肌肉和关节。在这里我们主要为大家讲解在训练中拉伸的意义和方法：在训练时拉伸是可以帮助我们一定程度上延缓肌肉酸痛和肿胀感的。当我们进行肌肉辅助训练时，肌肉会因为高强度的超级组或孤立训练受到极强的刺激，出现一定程度的酸痛和肿胀感。这种感受是会影响我们正常的辅助训练完全质量的，很多时候我们并非因为力量出现瓶颈导致无法完成训练，反而是因为肌肉较强的酸痛和肿胀感使我们从神经层面减少了对肌肉力量的使用。此时，进行适当并且方法合适的拉伸练习可以在一定程度上减轻酸痛肿胀感，有利于我们更好地完成肌肉辅助训练的内容。

在拉伸方法上，我们建议大家首先要找准适合拉伸的部位，你需要进行拉伸的是有酸痛和肿胀感的区域，而非那些并没有任何不适感的区域。比如在我们进行卧推训练时，你的胸部出现明显的酸痛感，你需要拉伸的是你的胸大肌而非没有什么酸痛感的肱三头肌或三角肌。在这里我们对于胸大肌的拉伸属于必要拉伸，而对于肱三头肌或三角肌的拉伸属于非必要拉伸。在力量训练时，过多非必要拉伸的练习也会影响我们的肌肉力量。当我们选择对于胸大肌进行拉伸时，你只需要进行左右侧各1~2次，每次不超过10秒的拉伸即可。没有必要在训练中针对一个部位的肌肉进行超过3次以上的拉伸，这同样会影响我们的肌肉力量。此外，大家一定要注意训练中的拉伸只能在肌肉辅助训练的每个动作组间休息时进行，千万不要在三大项的大重量专项训练时进行，否则会影响我们正常的专项训练安排。

训练后的拉伸

训练后的拉伸对于放松肌肉、缓解身体因力量训练所产生的疲劳是十分有帮助的。很多训练者不习惯在训练结束之后进行拉伸，他们经常是简单洗个澡便直接结束当天的训练。这种做法会在一定程度上延缓你身体的恢复速度，并且影响你的身体柔韧性。这两种现象，特别是后者对于力量水平的提升是有很大阻碍的，我们需要养成在训练后进行适当拉伸的习惯，不仅可以使我们保持一定水平的身体柔韧性，还可以加速我们肌肉的恢复速度。

至于具体的训练后如何进行拉伸，我们建议大家应当选择将所有在训练时都进行针对刺激的肌肉都充分拉伸。比如在深蹲训练日结束后，你不能只对消耗较多的股四头肌、臀大肌以及腘绳肌进行拉伸，那些同样参与做功的竖脊肌、上背部肌群以及内收肌等也需要通过适当的拉伸进行放松。我们并不十分建议大家在训练结束后对关节进行大量的拉伸，因为力量三大项的一些特殊姿势，比如低杠位深蹲或相扑硬拉，都属于在训练时已经对关节有一定拉伸的训练姿势。如果在力量训练结束后继续对关节进行拉伸，那么很容易出现关节因其周围所覆盖的肌肉自身力量下降而容易受伤的情况。如果你想对关节进行拉伸，保持身体一定的柔韧性，那么我们建议你可以在训练日结束后的第二天再进行拉伸，这样无论是从效果还是安全性看都是更好的选择。

在具体的拉伸方法以及拉伸时间点的问题上，我们建议大家可以选择在训练结束后，身体的心率已经恢复正常后即可对肌肉进行拉伸。不要在心率还处于较高阶段，整个身体还没有完全放松时就对肌肉进行拉伸。当然，也不应当选择在训练结束后很长时间，甚至已经吃完晚饭或午饭后再进行拉伸，这种方式同样不利于肌肉的恢复。正确的时间点应当选择在训练结束后，心率恢复正常即可进行拉伸。在拉伸方法上，我们建议大家可以根据所需要拉伸的区域进行1～2次，每次不超过10秒的拉伸。没有必要在训练结束后针对一个区域的肌肉进行超过3次以上的拉伸。

训练后的放松

简单的针对肌肉的拉伸练习是不足以使我们的身体得到完全并且彻底的恢复的，肌肉的拉伸练习只可以使我们的肌肉得到部分地放松，在力量训练结束后，不仅我们的肌肉需要得到完全的放松，我们的神经同样需要进行充分的放松与休息，而这些都是无法通过简单的肌肉拉伸练习就可以完全满足的。在这里我们会为大家推荐一些针对性的可以帮助我们进行肌肉放松或神经放松的放松手段。

呼吸放松： 高强度的力量训练使得我们的呼吸处于较激烈的节奏中，如果你希望你的肌肉和神经都得到充分的放松与休息，那么首先要注意的就是呼吸必须保持正常的节奏。当你的呼吸节奏紊乱时，身体的肌肉和神经也不会处于正常的放松状态。我们建议大家可以在力量训练结束后进行几组的腹式呼吸，采用慢速且深呼吸的方式调整自己的呼吸节奏，使身体完全放松并且平静下来。只有当你的呼吸变得正常时，你才可以继续进行肌肉的拉伸练习。

按摩： 按摩是力量训练结束后十分重要的恢复手段，专业的按摩师可以使你的肌肉得到充分的放松，这是简单的自我拉伸练习完全无法达到的效果。要注意的是，在力量训练结束后我们所接受的按摩应当主要以放松和解压为主，这是不同于伤病恢复的按摩的，后者相对来讲会有更强的侵略性，这个并不适合出现在训练结束后，身体需要得到完全放松时使用。力量训练结束后所应当得到的按摩是相对较平和的，身体不会出现太强的抵抗反应。虽然按摩是很好的放松手段，但也并不是每个训练者都能"享受"到的，你必须确保你的身边有一位懂得运动按摩的专业按摩师。力量训练者所需要的按摩绝非是简单敲两下腿，或者捶两下背就可以满足的。如果你的身边没有这样一位专业的按摩师，那么我们建议你可以考虑选择使用筋膜枪等工具进行适当的替代。不过，要注意的是，当你使用筋膜枪前，请一定要学会如何正确使用筋膜枪，它绝非是你随便拿来对身体全身敲打一遍就可以的。很多筋膜枪不能够敲打的地方，比如你的腰椎或腰骶部一旦受到敲打，反而容易使你的身体出现伤病。

冷热水交替法：当你结束一天的力量训练后，可以通过冷热水交替洗浴的方法来让自己的肌肉和神经得到深度的放松，这种方法同样有助于缓解肌肉和关节的疼痛，在一定意义上对于伤痛的减轻也是有不错的帮助的。虽然有的训练者会担心这种方法容易使身体感冒，但只要你注意对房间温度的把控，在洗浴完后不让身体受风或着凉，便不需要担心身体会因此感冒。我们不太建议大家在训练结束后立即使用这种方法，力量训练会使我们的肌肉大量充血，如果在刚练完就立刻去洗浴，那么身体很容易产生一定程度的晕眩或不适感。我们建议大家最好在每个训练日晚上睡前再使用这种方法，不仅不会出现身体的不适感，还会让我们在睡前更彻底地放松肌肉与神经，使我们获得更好的睡眠效果。

3 关键的柔韧性训练

柔韧性，指的是人体关节的活动幅度以及关节韧带、肌腱、肌肉等的弹性和伸展能力。柔韧性分为两大类：主动柔韧性以及被动柔韧性。其中主动柔韧性指的是利用肌肉可以使关节活动的范围，在这种情况下训练者还可以释放足够强的力量，是训练者提高力量水平所必需的基础素质之一。而被动柔韧性指的则是单纯意义上关节活动的最大范围，其代表的是人体在关节健康允许条件下所能活动的最大范围，此时训练者无法释放较强的力量，这种现象较多存在于儿童和女性的身上。对于力量训练者而言，我们需要的是提升自己的主动柔韧性，即确保当身体处于较大活动范围时同样可以释放一定的力量，而非只关注被动柔韧或者关节活动的最大范围。不过，无论主动柔韧性的能力多强，其所带来的身体活动范围是永远不会超过被动柔韧性的。

影响身体柔韧性的因素主要集中在关节骨结构以及韧带、肌腱和肌肉的伸展性等几方面，其中肌腱和肌肉的伸展性是我们通过针对性柔韧训练所主要提升的，我们可以通过对肌肉的放松以及拉长来使得肌肉不再那么紧张，进而提升身体的柔韧性。提高身体柔韧性训练的方法主要有两种：对肌肉以及肌腱的急剧拉长、对肌肉以及肌腱的缓慢拉长。其中急剧拉长的方式主要是通过爆发力进行练习，这种方式所适用的范围极其有限，我们不推荐大家在平时的柔韧性训练中使用。而缓慢拉长的方式主要是通过渐进的方式进行练习，相对来讲更加安全，特别适合柔韧性基础较差的训练者。

虽然柔韧性训练的最佳时间是青少年时期，但并非成年后就不可以再进行柔韧性训练。我们建议大家可以在每次训练课结束后安排适当的且针对性较强的柔韧性训练，不仅对于身体的恢复和伤病的预防极有裨益，甚至还会帮助我们间接缩短三大项训练时的做功距离，提升极限力量水平。

柔韧性训练与力量的关系

在开始具体的柔韧性训练前，你必须先了解清楚柔韧性训练与力量训练之间的关系，从而可以更好地根据力量提升的需求来安排针对性并且适合的柔韧性训练。首先我们要明白高水平力量运动员所需要提升的是主动柔韧性，而非单纯关节所能够获得最大活动范围的被动柔韧性。后者更适合的是一些只需要身体活动范围，并不考虑力量需求的运动项目。力量训练需要的是在身体保持较大运动幅度的前提下，同时能够释放较高水平的力量。因此我们在选择训练动作时，必须要注意避免选择过多静态伸展的训练动作，比如保持一个姿势不动是不能够获得太多力量训练所需要的柔韧性的。我们应当做的是主动地进行动态的伸展，靠自己的力量进行练习。当然，有的训练方法是同时存在静态和动态两种不同训练方式的，比如像瑜伽练习就是同时存在静态和动态两种不同伸展的训练方式。有的训练者错误地认为瑜伽是被动柔韧性的表现，这其中可能跟大家对瑜伽的了解只局限于健身房的团体课有关，事实上有很多力量瑜伽的流派以及动作是需要训练者自身具备极强的主动柔韧性才可以完成的。对于这种特殊的训练方式，我们建议大家一定要综合分析进行判断，不要直接凭印象就妄下结论。

较高的身体柔韧性所带来的伤病隐患也会相对较低，很多训练者因为自身柔韧性较差的缘故，往往会在力量训练时出现勉强自己用"最大活动范围"去训练的情况，这种现象轻则容易导致错误部位的肌肉出现代偿发力，肌肉疲劳的累积，严重时还有可能使训练者出现肌肉或韧带的拉伤。因此，当我们在结合力量训练与柔韧性训练时，一定要注意避免出现身体"勉强自己"训练的情况，所有动作的强度以及活动范围都应当在训练者自身能接受的前提下进行。比如当我们在进行主动伸展的柔韧性练习时，一定要注意采用渐进的方式进行身体的主动发力，而不要让自己的朋友或者自己过于猛烈的急促发力进行练习，特别是对于那些柔韧性基础较差的同学，这更是很危险的训练方式。

在进行柔韧性训练时，请大家也不要忘记与力量训练的三大项相结合，毕竟提高力量水平才是我们进行柔韧性训练的根本出发点。即使你拥有了堪比力量瑜伽高手的柔韧性，但如果不将其与自身的力量训练三大项相结合，不培养更正确、更省力的新的发力方式，那么你便丧失了柔韧性训练的意义和价值。我们建议大家在进行柔韧性训练时需要根据力量训练的三大项，安排更加合适且针对性更强的训练动作，比如当我们提高卧推起桥能力时，我们需要更多提升的是胸椎段的柔韧性而非只关注腰椎段的柔韧性。你必须根据三大项动作对于柔韧性的具体需求来安排针对性的训练内容，不能只是单纯的针对某一肌肉或某一关节进行独立于三大项动作以外的训练。

如果你想将柔韧性与力量训练三大项更好地结合，那么请不要忘记进行平衡性以及协调性的适当训练，它们是与柔韧性相互依存、相互促进的关系，可以帮助你更好地提升主动柔韧性的能力。比如当我们在进行相扑硬拉练习时，虽然你可以通过柔韧性的提升获得更宽的站距和更加舒服的臀位，但是如果你的协调性或平衡性较差，那么在进行相扑硬拉练习时你可能会出现宽站距所导致的身体不稳定，力量无法集中释放的情况，这对于力量水平的提升显然是不利的。我们建议大家也可以根据自身的特殊情况来适当安排针对性的平衡性以及协调性训练，最好是能够将它们与柔韧性训练相结合。

比如我们可以选择一个较为光滑的地面进行练习，使身体在地面光滑影响的前提下仍然尽可能保持最佳的相扑硬拉站距，这种方法不仅可以提升柔韧性、协调性以及平衡性，甚至还可以一定程度上提升我们的内收肌。

此外，在进行柔韧性训练时请大家一定要保持耐心，柔韧性的提升速度几乎是所有身体运动素质中见效最慢的，甚至也是效果最不明显的。当我们经过了几个月系统的练习后，可能身体的活动范围只提高了1～2 cm。这种见效速度是远远没法跟力量或肌肉的增长相媲美的。你需要让自己保持耐心，合理地看待柔韧性的提高和训练所付出的时间。你可以适当提高柔韧性训练的频率，但没必要进行所谓的一天两练甚至更多，你的韧带和肌肉也需要一定的时间来恢复并且适应，过于密集的训练安排也会使你产生受伤的风险。

柔韧性训练动作

如果我们想提高自己的身体柔韧性，为三大项力量成绩的提升作保证，那么我们必须针对以下部位进行一定量的柔韧性训练：肩膀、胸部、肱三头肌、背部、手腕、腰部、髋关节、臀部、内收肌、腘绳肌、股四头肌、小腿以及踝关节。在训练时间的安排以及训练量的规划上，我们建议大家可以采用隔一天进行一次练习的方式，最好安排在休息日当天进行全身所有部位的柔韧性训练，根据部位的不同每个部位安排1～2个训练动作，每个动作进行1～2次练习，每次不超过10秒钟。在训练时一定要注意进行渐进式的主动伸展，依靠肌肉的力量慢慢使自己的身体达到最大运动幅度。

肩部训练动作：

★ 右手臂向左侧伸直，左手抵住右手肘部进行拉伸，保持姿势10秒钟左右，然后交换左右手进行另一侧肩部的拉伸。

★ 一侧手臂从身体前侧向上至身体后侧进行绕环练习，一侧进行8～10次训练后交换另一侧手臂进行绕环练习。

胸部训练动作：

★ 一只手的前臂以及肘关节抵住一个支撑物或墙面，然后利用肌肉力量将身体慢慢向前推，直至胸部有最大拉伸感时保持10秒左右的时间，然后交换另外一侧进行胸部的拉伸练习。

★ 双腿中间夹住一个药球，双腿屈膝并歪向一侧，双手合十后慢慢打开，胸椎向相反一侧后方旋转直至最大幅度，注意全程保持腿部不动，进行8～10次的旋转练习后进行另外一侧的拉伸练习。

肱三头肌训练动作：

★ 双手绕到身体后侧上方以及下方，右手屈肘从上向下，左手屈肘从下向上相互握住进行10秒钟左右的拉伸，然后交换双手位置进行另一侧肱三头肌的拉伸训练。

★ 双手绕到颈后上方处，右手屈肘并抓住左手肘部，同时左手保持屈肘状态，利用右侧肌肉力量将左手慢慢向右侧拉动至最大幅度后保持10秒钟左右的时间，然后交换双手进行另一侧肱三头肌的拉伸训练。

手腕训练动作：

★ 右手手臂向前伸直，手腕向上抬至与前臂呈90°，左手握住右手手指慢慢向后拉至最大幅度，保持10秒左右的时间，然后交换另一侧进行拉伸练习。

★ 右手手臂向前伸直，手腕向下屈至与前臂呈90°，左手握住右手手指慢慢向后拉至最大幅度，保持10秒左右的时间，然后交换另一侧进行拉伸练习。

背部训练动作：

★ 双手十指相扣，掌心向外，将双手抬至胸前并向前伸直手臂，锁住手肘后将肩向前推出至最大幅度，保持10秒左右的时间进行练习。

★ 双手握住一个支撑物，身体向后倾并适当屈膝，双腿以及双手用力抓住支撑物向后拉伸至背部感受到最强的拉伸感，保持10秒左右的时间进行练习。

腰部训练动作：

★ 平躺在地上，双手握住膝盖将双腿拉向胸部，双腿屈膝，同时保持腰椎与地面接触，消除脊柱的自然弯曲，保持10秒左右的时间进行练习。

★ 坐姿，左腿向前伸直，右腿屈膝并将右侧脚踝绕过左腿膝盖并抵住左腿外侧，左手手肘抵住右膝后向右侧旋转上半身至最大幅度，保持10秒左右的时间进行练习，然后交换双腿进行另一侧的腰部训练。

髋关节训练动作：

★ 弓箭步，注意双腿分开距离较大，上半身保持竖直状态，利用肌肉的力量使上半身竖直向下对髋关节进行拉伸，每次进行8~10秒的练习，然后交换双腿进行另一侧的髋关节训练。

★ 跪姿，右腿屈膝并跪在地上，左腿向后伸直同时保持大腿与地面紧贴，左膝全程朝下进行10秒左右的拉伸练习。

臀部训练动作：

★ 站姿，双手向前辅助支撑物，左腿微屈并下蹲，右腿屈膝并将右小腿抵靠在左膝上部，保持这一姿势进行10秒左右的练习，然后交换双腿进行另一侧的臀部训练。

★ 平躺在地上，双手向两侧打开，右腿向前伸直，左腿向右侧水平方向伸直同时避免双手离开地面，保持这一姿势进行10秒左右的练习，然后交换双腿进行另一侧的臀部训练。

内收肌训练动作：

★ 站姿，屈左膝并保持膝盖的位置在脚的正上方，右腿保持伸直并将身体慢慢向左侧移动至最大幅度，保持10秒左右的时间，然后交换另一侧腿进行练习。

★ 坐姿，屈膝并两脚掌相对，两脚掌靠近身体，双手握住双脚后向前并向下屈上半身，同时保持腰背部挺直，当上半身前屈至最大幅度后保持10秒左右的时间进行练习。

腘绳肌训练动作：

★ 平躺，双腿伸直，将右腿向上抬起，双手握住右腿并尽力将右腿拉至胸部，同时保持右腿始终处于伸直状态，当右腿被拉至最大幅度后保持10秒左右的时间，然后交换另外一侧腿进行练习。

★ 平躺，双腿伸直，将右腿向上抬起，双手握住右腿并尽力将右腿拉至胸部，同时保持右腿处于屈膝状态，当右腿被拉至最大幅度后保持10秒左右的时间，然后交换另一侧腿进行练习。

股四头肌训练动作：

★ 站姿，右腿站立，左腿屈膝并向后抬，左手握住左脚脚尖，利用肌肉力量将左小腿尽可能拉向腘绳肌，保持这一姿势进行10秒左右的练习，然后交换双腿进行另一侧股四头肌的练习。

★ 弓箭步，双腿分开距离较小，上半身保持竖直，利用肌肉的力量将上半身竖直向下对股四头肌进行拉伸，保持这一姿势进行10秒左右的练习，然后交换双腿进行另一侧股四头肌的练习。

小腿训练动作：

★ 站姿，右脚脚后跟着地，右脚掌抵住墙，上半身向前倾并挤压右脚掌从而使右小腿受到拉伸，保持这一姿势进行10秒左右的练习，然后交换进行另一侧小腿的练习。

★ 坐姿，双腿屈膝并脚后跟着地，双手向前抓住双脚并将脚尖拉向身体，同时注意保持腰部挺直，保持这一姿势进行10秒左右的练习。

踝关节训练动作：

★ 坐姿，双脚脚后跟着地，利用肌肉的力量向上屈脚尖至最大幅度，重复进行8~10次的练习。

★ 坐姿，右脚悬空，利用肌肉的力量进行踝关节向内或向外旋，重复进行8~10次的练习后交换进行另一侧脚的训练。

4 常见的伤病预防与恢复

在进行力量训练的过程中，有很多训练者会因为错误的动作姿势、过于长时间的疲劳累积、不合适的训练计划安排以及日常疏忽的训练细节等原因出现身体的不适，有的只会产生轻微的疼痛，一般经过1~2天的休息就可以调理好。但也有的会产生较为严重的伤病，少则1~2周，多则一个月左右，

对我们的正常训练进度以及力量的提升都是有不少阻碍的。

在伤病的预防措施中，我们可以通过之前提到的正确的基本动作姿势，以及在下一章我们为大家将要讲解的如何定制科学的力量训练计划等方法来做到尽可能将受伤的风险控制在最低。但是，在日常训练中同样存在着一些绝对不容忽视的训练细节，如果训练者对于这些细节不加留意，那么身体依然存在着一定的受伤风险。这些是我们在这一节将为大家详细讲解的内容，每个力量爱好者都应当不放过任何可能使自己受伤的细节，从细微之处入手，才是最严谨的力量爱好者！

此外，当我们不幸受到伤病侵袭时，我们需要拥有一个比较理性的面对伤病的态度，有很多训练者习惯进行勉强训练，或者带伤训练。我们不排除有些细小的伤病对于训练的影响是不大的，比如皮肤表面被擦破一点皮，这种创伤面较小的伤病是完全可以通过简单的处理就可以继续正常训练的。但是对于一些创伤面较大或慢性伤病而言，与其勉强身体进行训练，倒不如理性的调整训练计划的内容，甚至是完全停止力量训练，改为进行基础的身体康复练习都是不错的方法。我们也会在这一节为大家进行针对伤病恢复的具体方法和流程的讲解以及介绍。

肘关节伤病的预防与恢复

深蹲和卧推都容易对肘关节造成一定的压力，其中深蹲时使用低杠位容易使肘部出现明显的疼痛感，特别是对于那些手臂较长且上肢柔韧性较差的训练者，低杠位更会使你的肘部出现难以忍受的疼痛。如果想避免这种情况的出现，我们建议大家可以选择在提升上肢柔韧性基础上，选择在大重量深蹲时佩戴护肘甚至绑肘进行练习。我们能看到很多世界级的力量举运动员都会在深蹲时佩戴护肘。此外，我们建议大家也可以适当减少低杠深蹲的次数，比如在深蹲正式组训练前，在热身组时尽量先使用高杠进行深蹲，当重量逐渐加大到一定程度后再使用低杠。如果你要用220 kg进行正式组的深蹲练习，那么没太大必要在140 kg以下使用低杠位进行热身组的练习。

卧推的专项训练以及针对卧推的肌肉辅助训练也会大量消耗肘关节，一些训练细节如果平时不注意，便会有可能使你的肘关节出现一定的不适感，严重的甚至还会引发伤病。当我们的肘关节受到伤病侵袭时，我们建议大家应当根据伤痛的情况来立即调整我们的训练计划。如果你的肘关节只是因疲劳所致的不适感，那么我们建议你可以选择在需要肱三头肌做功的训练中佩戴护肘进行练习，并且同时减少一些对肘关节压力较大的训练动作。如果你的肘关节已经有比较强烈的痛感甚至是无力感，那么我们建议你应当立即停止所有需要大量使用肱三头肌的训练动作，甚至完全停止低杠深蹲的训练。训练者可以在关节疼痛完全消除后，选择使用轻重量的孤立训练动作进行对于肱三头肌的肌肉力量训练，进而在逐步恢复到正常的卧推训练甚至是大重量的专项练习。

不要使肘关节屈伸幅度过大！

很多训练者在进行肱三头肌训练时会忽略肘关节的屈伸幅度，他们有时会为了最大的运动幅度或者使肱三头肌受到最全面的刺激，从而使肘关节进行大幅度的屈伸。这种现象对于上肢柔韧性较差或者手臂较长的训练者来讲是十分不好的，特别是当你使用那些特殊的训练动作，比如颈后杠铃臂屈伸或双杠练习时，越大的肘关节屈伸幅度意味着越高的肘关节受伤风险。我们建议大家在训练时应当适当把控合理的动作幅度，没有必要为了追求所谓的肌肉最大化刺激就忽略了先天的身体条件。例如当我们在进行双杠臂屈伸时，你只需要屈肘至大小臂夹角小于90°即可，没有必要去追求大小臂夹角呈45°甚至低于45°这种极端的运动幅度。在颈后臂屈伸训练时同样是如此，只需屈肘并将杠铃下降至大小臂夹角小于90°，没必要使杠铃无限制下降至接近地面的位置。

避免肘关节受到持续压力

有的训练者在进行肱三头肌相关的肌肉辅助训练时，喜欢在每组进行不完全伸直手臂的重复练习，他们认为这样可以给予肱三头肌高强度且密集的刺激。我们不否认这种方式的确会对肱三头肌带来相比伸直手臂时更快速的充血刺激，但是这种方式同样存在着两个问题：训练的不全面以及肘关节的健康问题。其中训练的不全面指的主要是当手臂不完全伸直时，肱三头肌的三部分并没有同时都受到全面的刺激，如果你想达到最彻底的训练效果，那么我们建议你在每次重复练习时都必须伸直手臂。此外，当我们不伸直手臂时，肘关节会受到持续的较强压力，这对于维护肘关节的健康是十分不利的。并且，当我们在最后一个突然需要完全伸直手臂时，身体容易出现因肱三头肌突然力竭所引发的手臂伸直困难，进而导致肩关节或腕关节受伤的现象。

我们建议大家在训练时可以不将手臂完全伸直，以确保肱三头肌受到强烈的刺激效果，但也需要伸直至大小臂夹角超过160°，否则对于肘关节的健康是十分不利的。在诸如绳索臂屈伸等孤立训练动作中，你可以选择将手臂完全伸直并保持1~2秒的顶峰收缩，这种训练方式同样不会弱于连续不完全伸直手臂所带来的肌肉刺激感。

避免过度夹肘

有的训练者在卧推练习前会牢记一个激活肱三头肌的小窍门：想象着在卧推训练时将杠铃掰弯。这种方法可以最大程度激活我们的肱三头肌，使其更好地参与到发力中。但是，有的力量举顶尖运动员，比如IPF世界纪录保持者Ray Williams曾经说道："在我小时候有很多人告诉我卧推一定要夹肘，但我并不是十分喜欢这种方式，因为我觉得当我一直想着夹肘的同时，我会忽略掉很多更关键的部位的姿势，比如收紧上背部。"我们建议大家在卧推训练时应当进行适当的夹肘，开肘进行卧推是很危险的，它对于你的肩关节健康毫无疑问是毁灭性的打击。但我们不建议大家过度进行夹肘，否则你的肘关节会有明显的不适感。我们提倡大家在每完成一次高强的卧推周期训练计划（无论是8周还是16周）后，进行1~2周的休息，让你的肘关节获得最充分的休息与恢复。而在执行卧推周期训练计划的过程中，一旦肘关节遇到一定的不适感，你便需要注意佩戴护肘或调整训练计划。有的时候适当使用瑞士杠等对于关节压力较小的杠铃，或者停止1周的卧推专项练习，只做肌肉辅助训练进行减载练习也是不错的选择。

肩关节伤病的预防与恢复

卧推的专项训练以及针对三角肌、胸大肌的肌肉辅助训练会对肩关节带来一定的压力，特别是对于卧推训练频率较高的卧推专项运动员以及手臂较长的训练者，肩关节都是比较容易出现损伤或疼痛的部位。当肩关节受到伤病侵袭时，我们并不建议大家通过佩戴护具的方式进行练习，因为肩关节属于灵活性较强，并且向四个不同方向都可以自如活动的关节，所以佩戴护具并不能真正意义上对肩关节起到很好的保护作用。护肩是根本无法像护腕或护肘那样提供较强的支撑力或包裹感的，它甚至连在一定程度上限制肩关节的移动范围都无法做到。

当你的肩关节出现伤病后，我们建议大家要立即停止所有跟三角肌以及肩关节有关的训练动作，甚至是针对胸大肌以及肱三头肌的训练动作也需要适当停止。因为三角肌跟胸大肌以及肱三头肌组合训练的频率很高，像哑铃飞鸟、双杠臂屈伸、颈后哑铃臂屈伸等训练胸大肌或肱三头肌的动作都会对肩关节带来一定的压力和消耗，所以不适合在肩关节受伤后再继续进行胸大肌或肱三头肌的练习。人体的肩关节是很灵活同时又是很脆弱的部位，一旦出现伤病的反复或加重，不仅容易影响力量训练的效果，更会在一定程度上导致日常生活的不便。我们建议大家可以根据肩关节伤病的严重程度，决定是否需要完全停止跟三角肌、胸大肌以及肱三头肌有关的训练动作。

卧推前一定要充分热身！

我们要求大家在进行大重量卧推前必须进行热身，甚至是充分的热身！有的训练者会选择不热身直接推大重量的正式组，或者只是简单的适当进行几组的热身组摆摆样子，便进行大重量的正式组练习，这两种方式都是十分不可取的！当我们进行大重量卧推训练时，肩关节所承受的压力相比轻重量时要小得多，存在的受伤风险也要高很多。此时如果不进行充分的热身，而是贸然选择进行试举，很容易出现肩关节因对重量的不适应所导致的试举失败。此时杠铃会直接压在你的胸上使你无法逃脱，这在一定程度上会进一步增加你肩关节的受伤风险。我们不仅要求大家一定要在大重量卧推试举前做好充分的热身，避免试举失败以及肩关节的不适应性，更建议大家最好提前找到一位可信任并且有经验的朋友进行保护，这可以进一步提高你在训练时的安全系数。

避免过度伸展

在平板卧推或上斜卧推训练时，我们要注意身体躺在卧推凳上的位置与杠铃之间的位置关系，有很多训练者在练习时身体都躺的相对更靠下，肩关节离卧推架以及杠铃的距离比较远，这种现象容易在每组卧推完进行回杠时出现肩关节的过度伸展，特别是在上斜卧推这种倾斜角度和距离更大的训练中，更容易出现肩关节的超伸现象。这种现象对于训练者肩关节健康的摧残是很严重的，很多训练者都是因为一个疏忽从而导致肩膀出现严重的拉伤。我们建议大家在训练时不要躺的过于靠下，最好是躺在杠铃位于双眼正上方的位置，并且一定要注意卧推架自身与卧推凳的设计结构是否合理！在很多健身房中，卧推凳与卧推架是一体式的，这些器材的设计结构并不合理，它会使你在躺到卧推凳后处于一个天然的肩关节超伸的位置，这个位置是即使你向上躺也几乎无法改变的。因为当你向上躺时，你的头部便会超出卧推凳，所以这显然是不可能实现的。如果在你的健身房存在这类的训练器材，你又无法更换更适合自己的健身房，那么我们要求大家一定要找朋友进行辅助训练，让他帮助你进行出杠和回杠。自己进行出杠和回杠会很容易拉伤你的肩关节。

控制合理的训练速度

在正常的卧推训练中，我们建议大家一定要保持合理的训练速度，有的训练者会为了追求推起更大的重量，使用极快速的下降杠铃的方法，寄希望于通过杠铃的加速下降，借助杠铃与胸部弹起后的惯性来突破自己的卧推极限。这种方式不仅是自欺欺人的，更容易使你的肩关节因为过快的下降速度，当杠铃与胸部产生猛烈的碰撞后出现不适感。我们在前面也曾经提到过，训练者可以通过对卧推离心阶段能力的提高，达到快速且平稳的下降杠铃的能力。但是，这种快速且平稳的下降杠铃是属于被我们主动控制的，绝非身体失控或者不顾后果的加速下降杠铃。这种错误的训练速度不仅容易使你的肩关节受到伤病，甚至还会出现因速度过快所导致的重心偏移，严重的还会使杠铃朝颈部运动，是十分危险的训练方式！我们建议大家应当在日常练习时控制合理的训练速度，做到真正的力量成绩和肌肉的增长。

胸部伤病的预防与恢复

胸部并非是力量训练中较容易出现伤病的部位，大部分胸部所受到的伤痛都跟不正确的卧推姿势或方法有关。当你的胸部受到损伤时，我们不建议大家继续进行一切跟胸部以及肩部有关的训练动作，你需要停止所有三角肌和胸大肌的训练动作，避免已经受损的胸部在进行肩部以及胸部训练时再受到拉扯等刺激。我们可以保留部分对胸部拉伸较小的肱三头肌训练动作，比如绳索臂屈伸或直杠臂屈伸等。但是像双杠臂屈伸或颈后杠铃臂屈伸等对于胸部拉伸较大的训练动作则需要完全停止。

因为胸部自身受伤情况极其罕见，除非严重错误的训练姿势或方法，否则胸部很难轻易受到伤病侵袭，所以目前市面上针对胸部的训练护具也很少。最理想的胸部伤病的恢复措施还是应当以完全停止训练的静养为主，并且重新打磨正确的训练姿势和方法，这才是避免之后再继续受伤的唯一途径。

注意合适的握距

很多训练者胸部受伤的原因都是跟盲目改变卧推时的握距有关，比如你之前熟悉的是相对正常的握距，如果在大重量训练时突然改用较宽的握距，那么便会有很大的胸部肌群特别是胸大肌外侧靠近肩部与手臂处肌肉拉伤的风险。我们并非不建议大家使用较宽的握距，而是建议大家不要盲目地改变握距，特别是不要在大重量训练时突然改变原本习惯的握距。正确的解决方

式应当是先从轻重量的速度卧推训练做起，使用较轻的重量逐步加宽握距进行适应性的训练。即使是使用轻重量进行速度卧推，也不能立刻采用最宽的握距，这同样会有一定的受伤风险。我们可以选择逐步向外握宽一根手指的方式慢慢让自己习惯新的握距，只有当你在使用新握距进行速度卧推训练，不会再有任何的肌肉不适感或发力不顺畅感时，我们才可以逐步增大重量，使用新的握距进行正常的卧推专项的大重量练习。

不要猛烈地砸胸

在之前的卧推分阶段粘滞点时我们曾经介绍过，在离心阶段越快的速度所带来的卧推在推起时的难度也就越低。但这并不意味着我们可以用毫无控制的加速度将杠铃猛烈地砸向胸部，这种做法对于胸部健康是十分危险的，过于猛烈并且没有控制的杠铃下降甚至会使得胸部的关节受到损伤。你可以选择快速地下降杠铃，但这一定是建立在训练者自身对杠铃有控制的前提下，无论是在卧推还是深蹲的离心阶段，任何毫无控制地快速下降杠铃都是十分危险的。此外，选择猛烈地将杠铃砸向胸部并不能有助于卧推成绩的提升，有的训练者认为这种方式可以使身体借助一定的"惯性力"，但很多时候大家都忽略了"惯性力"所带来的上背部以及肩关节极易松动或者无法收紧的现象，这会导致杠铃在触胸后发生轨迹的偏移，不利于完成较大重量的卧推试举。这种杠铃偏移严重的还会导致我们的肩关节或肘关节受到伤病困扰。

选择合适的重量

有的训练者习惯通过朋友的"保护"来完成自己平时所无法完成的做组重量，比如他的正常卧推极限是160 kg，这个重量他显然是无法自己完成做组练习的，但是在训练时他会选择朋友"借力"的方式来用160 kg进行做组训练。我们不建议大家使用这种训练方法，如果你希望通过外力来使自己使用更大的重量进行卧推练习，那么你可以选择卧推弹弓这种完全由你个人发力的辅助工具进行练习。通过朋友的"保护"来完成大重量训练是存在一定风险性的，万一朋友的助力和你的发力出现了不同步的现象，便有可能导致杠铃试举失败从而使杠铃直接砸到胸上，引发胸部受伤的风险。并且，这种"训练方式"对于保护者的要求也很高，不仅需要朋友熟悉你的发力节奏，还需要其自身具备一定的力量基础。试想一下，如果你的训练重量是160 kg，但是朋友的极限硬拉只有170～180 kg，那么由他给你做保护显然是十分危险的，因此我们还是更推荐大家使用卧推弹弓这种自助式的训练方式进行"超极限"的练习。

腕关节伤病的预防与恢复

腕关节是力量训练中较容易受伤的部位，不正确的杠铃和哑铃的握法以及过高强度的训练计划都有可能导致腕关节受到损伤。在力量训练时我们不仅应当根据自身身体条件选择合适的动作姿势，还需要安排针对腕部屈肌以及伸肌的相关肌肉辅助训练动作，提升腕部周围肌肉的强度，才可以最大程度确保腕关节的健康。当我们的手腕受到伤病影响时，除非只是极度轻微的伤病，我们可以选择佩戴缠绕式的护腕对腕关节加压，继续进行强度适中的训练。否则我们并不建议大家继续进行任何三大项的力量训练，应当采取最正确的静养的方式进行休息与恢复。很多训练者认为腕关节只会影响上半身的训练，但是如果你使用的是低杠深蹲，那么腕关节的伤痛同样会影响你在正常低杠深蹲时的发力表现以及上背支撑杠铃的平稳性。在硬拉训练时同样是如此，腕关节的伤病也会一定程度使我们在硬拉时出现手腕的不适感，影响双手抓握杠铃的能力，我们同样不建议大家进行练习。当我们的腕关节出现损伤时，我们能做的只有选择那些不依赖上肢力量的下肢训练动作，比如腿屈伸、腿弯举等。

护腕是预防腕关节伤病时我们所经常采用的一种护具，对于力量训练来讲，我们更需要的是缠绕式对于腕关节有较强加压效果的护腕，普通的棉质或较薄的护腕并不能给予我们的手腕一定的保护和支撑力，对于预防腕关节在力量训练时所受到的伤病能力较低。我们会在接下来为大家详细介绍护腕的选择以及佩戴方法。

护腕的佩戴方法

护腕的选择与佩戴是十分关键的，我们不建议大家选择棉质或较薄的护腕，这类护腕适宜的人群更多是羽毛球或网球爱好者，并不适合需要使用大重量并且对腕关节支撑能力要求极高的力量训练者。我们建议大家选择缠绕式的专为力量训练设计的加压护腕进行练习，这类护腕分为高弹性以及高硬度两种款式，对于需要更牢固支撑度的训练者来讲，可以使用高硬度的护腕，而对于需要更强包裹性的训练者来讲，可以使用高弹性的护腕。在护腕的佩戴方法上，我们建议大家不要只是将护腕缠在手腕上，大重量的低杠位深蹲或卧推会有一个将你的手掌向后压的趋势，你需要适当的将护腕覆盖住手掌的根部，这样才可以给你的手腕提供真正的在低杠深蹲以及大重量卧推时所需要的支撑力。当然，根据部分力量举比赛的规则要求，你也不能完全将护腕绑在手掌的中下部，这是被禁止出现在力量举比赛中的。你可以适当地将护腕绑在手掌的根部，这一般不会受到比赛规则的限制，当你使用这种方法时，请一定记得适当在护腕内部以及手腕处涂抹镁粉，否则容易出现护腕滑落的现象，影响对手腕的支撑度以及保护。

杠铃与哑铃的握法

当我们在使用杠铃或哑铃进行训练时，一定要注意使用正确的握法，如果你不小心使用了错误的握法，那么同样会有可能损伤你的腕关节。正确的杠铃握法是将杠铃尽可能握在手掌的中下部而非手掌的中上部，后者很容易使你在进行大重量卧推以及低杠位深蹲时出现手腕被压迫向后掰的趋势，此时即便是你佩戴缠绕式的加压护腕，也很难完全保障腕关节的健康。在使用哑铃进行训练时，正确的方法是应当握住哑铃把手的中间位置，这样才可以使你获得一个最平稳的重心进行练习。如果你握住哑铃的位置偏向哑铃的任何一端，那么腕关节在进行上斜卧推或哑铃推举等训练时便会有一定的受伤风险。除非你使用的是特殊的需要握住哑铃一端的训练动作，比如锤式弯举，我们需要将虎口抵住哑铃的最上端进行练习，这样获得的训练效果会相比正常握在哑铃中间位置时更好。

适当使用镁粉

当我们使用大重量窄推进行练习时，如果手掌与杠铃间的摩擦力不够，出现手掌与杠铃滑动的现象，那么对于腕关节的损伤是直接且严重的，即使你佩戴护腕也很难完全避免。在低杠深蹲时同样会有类似的情况，如果你的双手与杠铃间的摩擦力不足，杠铃滑动不仅容易导致腕关节受损，甚至严重时还会影响你的肘关节的健康。我们建议大家从最大程度预防伤病发生的前提出发，在使用超过自身卧推或深蹲80%极限重量时最好在你的双手以及杠铃上涂抹镁粉，增大双手与杠铃之间的摩擦力从而最大化降低因杠铃在手中滑动所造成的腕关节受伤的可能性。

腰部的伤病预防与恢复

几乎每个热爱力量训练的爱好者都会将力量训练与腰部伤痛划等号，大家似乎都在训练的过程中多多少少出现过腰部的疼痛或不适感，有些轻的可能只需要一个星期的静养或者使用相对强度较低的训练计划即可慢慢恢复，但也有些腰部伤痛严重的训练者会出现腰肌劳损或腰椎间盘突出等需要长时间才能逐渐康复的慢性伤病。力量训练的三大项都对腰部有极强的要求，如果想保持腰部的健康，那么第一个要做的便是掌握标准的三大项动作姿势，如果你在深蹲或硬拉中使用错误的姿势，利用腰背部的力量进行代偿发力，这是很难让你拥有一个健康的腰部的。掌握标准的动作姿势说起来很简单，但真正做起来是很困难的，有的训练者会出现即使明知道自己动作姿势不标准，也会勉强进行练习的现象，这种情况主要出现在一些力量举比赛或个人平时训练冲击新的极限重量时，大家会本能的采用"想方设法"的力量来帮助自己达到自己的目的。

导致腰部受伤的原因有很多种，尽管大多数时候同硬拉和深蹲这两大对腰部有直接且较大压力的动作有关，但是你也不能忽略一些同样值得我们关注的细节，包括日常的作息习惯等都有可能影响我们腰部正常的生理健康。

要知道很多训练者恐惧的腰椎间盘突出或腰肌劳损并非是因为一次或两次的错误姿势的硬拉造成的，大多数情况下都跟你长期的错误训练姿势或不良的训练以及生活习惯有关！你认为有问题的导致自己腰椎间盘突出的那一次或两次的错误姿势的硬拉仅仅是压倒你腰部健康的最后一根稻草而已。如果你想拥有一个健康的腰部，那么我们便不能放过每一个有可能影响它健康的细小环节。

如果你的身体出现腰部受伤的现象，你需要首先做的是判断腰部的损伤程度。有很多力量训练者不相信医生给出的专业意见，他们认为普通医院的医生并非运动医学出身，对于力量训练了解不清，容易"加重"自己的病情来吓唬自己。事实上，医生的判断是根据你的磁共振或CT所得出的结论以及建议，他们可能对于力量训练了解不清，但至少在医学专业性上不会比很多力量训练者相信的"康复师"要差。你不能接受医生给出的完全静养的意见，却尝试"康复师"所给予的治疗手段，原因在于后者能够让你试着继续训练。但是，这种训练是否属于"勉强"训练，我们需要根据每个训练者自身的情况来做判断。从我个人而言，我给大家的建议是：最好选择让身体充分休息并养好，再重新开始高强度的训练。原因在于：当我们腰部已经受到伤病影响时，除非这个伤痛是属于两三天就可以完全休息好的轻微伤病，否则它势必会影响我们正常的深蹲和硬拉训练，降低我们所使用的重量。此时除非你有必须继续坚持下去的理由——有一场非去不可的比赛，否则与其冒着伤上加伤的风险，不如彻底修养好再重新开始更加有意义。

在腰部伤痛痊愈后进行恢复训练的初期，我们建议大家不要回避那些腰部受力的训练动作，有的训练者会在腰伤痊愈后选择彻底拒绝一切跟腰部受力有关的训练动作，比如深蹲或硬拉。这种方法对于在伤病恢复后保持一个健康的腰部是不利的，你需要进行适当的针对性训练来强化你的腰部周围的肌肉，让它们变得更加强壮从而保护你的腰部。当然，我们不建议大家在最开始使用过大的重量进行练习，最安全的方式还是使用较轻的重量并且适当考虑佩戴腰带等护具进行练习。

注意标准的训练姿势!

这里我们所指的标准的训练姿势,绝非只是要求大家在进行硬拉或深蹲等对腰部压力较大的力量训练时要保持标准的训练姿势,更多的是要求大家针对每一个可能对腰部有压力或借助腰部代偿发力的训练动作,都要按照标准的姿势进行练习。比如当我们在进行侧平举训练时,上半身为了保持更好的训练效果,可以适当前倾一点。但有的训练者为了举起更大的重量,会试图通过前后晃动腰部的方式来进行借力,这种"方法"容易使腰部受到一定的损伤。同样的例子还会体现在站姿推举的训练上,有的训练者会希望通过"挺腰"或"让腰部更大反弓"的方式来举起更大的重量,这种方式同样会使我们的腰部饱受疼痛的折磨。无论是推举、侧平举甚至是二头弯举等训练动作,我们都要求大家用尽可能标准的姿势进行练习,对于这些肌肉辅助动作来讲,也只有最标准的训练姿势才会给予我们肌肉最准确的刺激,最符合我们选择它们进行训练的出发点。

选择合适的姿势

对于一些腰部有过伤病的训练者,我们建议在重新投入力量训练三大项时要谨慎选择更合适自己的动作姿势。比如很多患有腰椎间盘突出的训练者会改变自己的硬拉姿势,放弃之前对腰部压力较大的传统硬拉,使用相对压力较小的相扑硬拉。还有部分训练者会放弃之前习惯使用的低杠深蹲,避免上半身前倾过大所带来的腰部承受的压力过多,改为使用高杠位深蹲这种相对上半身较竖直的姿势进行练习。这种方法不仅可以一定程度上降低腰部再次受伤的风险,同时又不会过多影响你的正常三大项成绩,是相对较保险的选择。当然,如果你之前从没进行过相扑硬拉的训练,那么我们建议你也必须从轻重量开始,一点点培养正确的相扑硬拉姿势。你要知道的是并非相扑硬拉就一定是你的救星,如果你的相扑硬拉姿势错误,那么它同样会使你的腰部再次受伤。

不要使腰部过于疲劳

之前我们曾经提到过，腰部所受到的严重性伤病，诸如腰椎间盘突出或腰肌劳损绝非是一朝一夕所造成的，它们的出现往往是由于长期的错误训练或生活姿势，以及对腰部疲劳管理不当所导致的积劳成疾。因此，在进行力量训练时，如何合理地对腰部进行疲劳管理，避免腰部出现过度疲劳的现象便是预防腰部伤病产生的一个重要手段。正确的腰部疲劳管理主要是通过以下两种方式达成的：肌肉放松以及训练规划。其中肌肉放松是必需的，很多训练者认为腰部并不需要特别的放松，或者说除非腰部有十分明显的肌肉紧张感时才需要进行特殊的放松。我们建议大家在每次深蹲或硬拉的专项训练后都一定要进行特殊的针对腰部的放松，无论是采用拉伸还是专业的运动按摩都是很好的恢复手段。不过，你一定要注意的是，避免使用像筋膜枪击打放松腰椎这种错误的方式进行肌肉恢复。

除此之外，你还需要合理地把控你的训练计划，这里指的主要是每个深蹲或硬拉训练日当天的训练量和强度，以及深蹲和硬拉训练日在整个训练计划周期内出现的频率。我们不建议大家在深蹲或硬拉训练日当天安排太多的深蹲或硬拉的专项练习，一般来讲大重量的正式组的深蹲或硬拉不会安排超过5组，即使加上专项辅助训练也不会超过10组。如果你的深蹲训练日所有的训练内容都是深蹲的专项练习，那么你的腰部毫无疑问会受到较大的压力。并且，我们也要注意不能在一个训练日内同时安排大重量的深蹲和硬拉训练，这是十分危险的！除非你这么安排的目的是为了去测试一下这两项的极限重量，否则一定不要采用这种错误的训练安排方式。至于深蹲和硬拉训练日在整个训练计划周期内出现的频率，原则上我们是要求大重量的深蹲训练日和大重量的硬拉训练日之间最好隔开一个星期的时间，这样不仅可以给你的肌肉充分的休息和恢复，更可以给予你的神经充分地调整。当然，有的训练者喜欢高频率的练习方式，对于这部分训练者我们的要求是至少间隔72小时，比如周一是大重量的深蹲训练日，那么我们只能在周四进行大重量的硬拉训练。并且为了不影响下周一的训练，我们应当在周六和周日完全停止训练，让身体获得充分的恢复。

培养正确的坐姿

有很多刚刚接触力量训练不久的训练者，甚至一些毫无训练经验的白领或上班族都会有一定程度的腰肌劳损或腰椎间盘突出，出现这种现象的原因大多跟其错误的生活习惯有关。比如最常见的是错误的坐姿。很多训练者喜欢在日常上班或休息时使用弯曲腰背或者直接斜倾在座椅靠背、床上、沙发上的姿势，这种姿势对于保持腰部的健康显然是不利的！我们建议大家一定要在坐着的时候保护腰背部挺直，如果你觉得长时间保持这个姿势很累，那么你也可以找一个有支撑力的靠垫在背后抵住你的下背部，使它受到一定的保护。不过，我们还是建议大家不要长时间坐在椅子上，最好每30～40分钟就能够起来活动一下，哪怕只是站起来3～5分钟也好过于你在椅子上连续坐一个小时给腰部所造成的伤害。

当然，在这里我们指的错误的生活习惯主要说的是坐姿，但是在生活里却同样存在着很多别的错误的生活习惯是我们所未曾察觉的。比如在睡觉的时候有的人会习惯睡较软的床垫，这明显是不太适合力量训练者的，他们适合的是相对较硬，对身体支撑力较强的床垫。此外，当我们想去俯身拿一个地上的重物时，如果你使用的是直接俯身并且弯曲腰背部的姿势，那么毫无疑问你是在利用一个"乌龟拉"的姿势去拿重物，这显然对于我们的腰部健康也是不利的。如果你是一个严格的力量训练者，你便必须从生活和训练的每一个细节入手，这样才能够让你获得真正的提高。

腘绳肌的伤病预防与恢复

腘绳肌跟胸部肌群一样，并非是力量训练中常见的容易受伤的部位。大多数腘绳肌伤病发生的原因都离不开训练者自身较差的身体柔韧性或失控的训练速度。如果你在平时注意针对上面这两个问题安排一定的练习，那么腘绳肌受伤的风险便会极大程度地降低。此外，训练者一定要注意在硬拉或低杠深蹲训练日结束后进行一定量的肌肉放松和拉伸，否则腘绳肌自身的酸痛恢复速度相比其余肌肉是属于偏慢的类型，如果你只是练完了便将它放在一

边不管，那么肌肉恢复速度的延缓同样不是我们希望看到的。

腘绳肌的伤病类型大多为肌肉的拉伤，当我们受伤时，你需要先判断肌肉拉伤的严重程度。一般来讲力量训练中腘绳肌出现的拉伤大都为较轻微的拉伤，并不需要特别长的时间就可以完全恢复健康。但是，你要注意的是必须适当停止下肢的力量训练，特别是使用大重量的专项训练。如果你不使用较为彻底的静养腘绳肌的恢复方式，那么肌肉拉伤很容易变成恢复速度极慢的伤病，长期影响你的正常力量训练效果。在可以正式进行腘绳肌恢复训练的初期，为了安全起见，我们建议大家可以选择在腘绳肌贴扎专为力量训练设计的肌效贴，它可以一定程度上给予我们的腘绳肌在恢复训练初期一定的保护。

注意训练时的速度

与胸部训练时我们提到的注意点一样，你必须控制腘绳肌训练时的速度，否则过快且失控的训练速度会在很大程度上有拉伤腘绳肌的风险。对于腘绳肌而言，它需要的是相对较慢的训练速度，特别是在一些需要腘绳肌参与较多的力量训练动作中，如直腿硬拉或腿弯举的离心阶段，我们用越慢的速度进行控制训练所带来的针对腘绳肌的刺激效果也就越明显，对于腘绳肌肌肉质量的提升效果也会越好。

提高柔韧性

腘绳肌的柔韧性对于我们养成正确的腘绳肌训练姿势，甚至是深蹲或硬拉的专项训练姿势都是十分必要的。在日常训练时我们能够发现很多腘绳肌柔韧较差的训练者，他们在进行像直腿硬拉等练习时会出现明显的身体活动度受限的情况，由此会引发他们使用错误的身体其余部位进行代偿发力，严重时有可能导致肌肉或关节受到损伤。我们建议大家有必要在日常的训练和生活中都保持对腘绳肌进行一定的柔韧性训练，特别是对于那些腘绳肌基础柔韧性较差的训练者，你甚至可以每日都安排一定的腘绳肌柔韧训练。良好的肌肉柔韧性也是我们降低肌肉受伤概率的一个重要武器。

髋关节的伤病预防与恢复

髋关节同之前我们提到的腘绳肌以及胸部一样,都不是力量训练中容易受伤的部位。但是髋关节自身是极其容易因柔韧性不足或一些特殊的训练姿势安排不到位而受到伤病影响的,比如当我们的髋关节柔韧性较差时,我们需要适当注意相扑硬拉或宽站距低杠深蹲的训练安排,如果在不提升髋关节柔韧性或髋关节柔韧性尚未得到明显提升时,就安排长时间的大重量相扑硬拉或宽站距低杠深蹲,那么随时便会有引发髋关节疼痛的可能性。

一旦你的髋关节受到伤痛影响,我们建议大家应立即停止深蹲和硬拉的专项训练,继续大重量的专项训练只会加重你的髋关节伤病,让它变得更糟糕。在臀大肌、腘绳肌以及股四头肌等需要活动髋关节的肌肉辅助训练的选择上,我们要尽量避免那些对髋关节有较强压力的训练动作,比如腿举或哈克深蹲。尽量选择一些压力较小且较为孤立的训练动作,比如腿屈伸或腿弯举等。如果你的髋关节疼痛较强,比如双腿一旦使用较宽的站距就会出现站不稳,甚至疼痛无力的情况,那么你必须立即停止一切有关下肢肌肉的训练动作,选择安心静养的恢复方式。在恢复训练的初期,我们建议大家还是应当围绕提升髋关节柔韧性安排相应的训练。

适当安排相扑硬拉与宽站距低杠深蹲训练

这里不是说当你的髋关节柔韧性不足时,你就一定要完全放弃相扑硬拉和宽站距低杠深蹲这两种训练姿势,而是建议大家要根据自身的柔韧性情况选择最合适自己的训练姿势。试想一下,如果你的髋关节柔韧性不足,你依然采用无限宽的站距进行相扑硬拉或者低杠位深蹲,那么显然会使你的肌肉发力因不舒服的站距,导致无法处在最佳的状态。我们建议大家最佳的选择方式是根据自身现有的柔韧性基础,选择最适合自身肌肉发力的站距进行练习,找到一个你发力最为舒服、力量释放速度最快的站距,而不要违背自身的柔韧基础去追求一个最大的站距。当然,随着我们的柔韧性的提高,你完全可以使用逐渐加宽站距的方式进行练习。盲目的使用最大站距或超出身体

柔韧性允许的站距，不仅会使你的髋关节受到伤病影响，甚至还会影响你的内收肌健康。一旦内收肌受损，那么对于深蹲成绩的影响显然是致命的。

膝关节的伤病预防与恢复

膝关节是力量训练中较为容易受伤的一个部位，特别是在深蹲训练时，更是比较容易因为种种因素受到伤病的侵袭。比如训练时的动作姿势是否正确，护具的使用是否得当，甚至是相邻部位肌肉的强壮程度，都会影响着我们膝关节的健康。合理的力量训练计划以及训练姿势是不容易使我们的膝盖出现毁灭性的损伤的，膝关节在力量训练时所受到的往往是跟韧带以及关节软骨磨损等有关的慢性伤病。这些慢性伤病发生的根源大都与训练者自身长期错误的动作姿势或强度过高的训练计划有关，与单独一次或两次错误的发力姿势并没有太大直接的关联。

当你受到膝关节伤病影响时，我们不建议大家继续进行勉强的训练，哪怕是佩戴加压能力更强的护具继续进行训练也是对身体健康属于饮鸩止渴的行为。如果你的膝关节有不适感，我们应当先做的便是静养，而不是采用小重量深蹲或孤立性的股四头肌训练动作等一系列有可能加重膝关节伤痛的方式进行勉强练习。在伤病恢复的初期，我们建议大家像腰部伤病恢复时一样，可以考虑是否更换屈膝相对较小，对膝关节压力较小的低杠深蹲进行练习。在恢复训练时，请不要忘记在专项训练日结束后对膝盖进行保护和放松，适当地使用冰敷是很好的养护膝盖的措施之一。

注意动作稳定度

有的训练者在进行深蹲时会依靠身体加速进行离心下蹲的方式，借助牵张反射的力量去蹲起更大的重量。这里我们并非禁止大家使用牵张反射，只是这种特殊的技术针对的是股四头肌的牵张反射，并非是很多训练者错误地使用的膝关节的牵张反射。后者虽然对于力量提升也有帮助，但是对于膝关节的健康是毁灭性的打击。利用膝关节的牵张反射进行练习，容易使我们在深蹲时忽略了同样重要的臀部肌群，进而有可能产生膝盖内扣的现象，不利于膝关节的健康。有的训练者认为举重运动员在训练时可以出现膝内扣，因此他们在进行深蹲时也可以适当效仿。这里要注意的是，举重运动员的膝内扣是为了最大程度保持上半身的挺直，是为了服务他们的挺举或抓举的上翻或上抓杠铃时的平稳度，我们并不存在这种特殊的要求，没有任何必要去进行这种冒险的训练方式。

选择合适的护具

如果你的膝关节之前受到过伤病影响，那么我们建议你一定要谨慎选择合适的护具进行新的深蹲练习。我见过有很多受过膝伤困扰的训练者，大都在恢复训练后选择使用加压效果更好，包裹性更强的绑膝替代套膝进行深蹲。如果你也作出类似的选择，那么可能你也需要将深蹲姿势从高杠位深蹲变成低杠位深蹲，这种姿势变化的选择除了跟膝关节所受到的压力不同有关，还跟绑膝相对来讲更适合使用低杠位深蹲有关。有的训练者会觉得绑膝带来的助力较大，不愿意选择这种方式进行练习，但我们建议大家无论如何，一切还是从身体健康这一最基础的出发点入手，如果你还想继续健康地进行训练，那么绑膝相对来讲无疑是更安全的选择方式。

选择合适的训练姿势

如果你的膝关节之前受到过伤病影响，那么我们建议你可以选择使用低杠位深蹲而不是高杠位深蹲。后者在训练时需要训练者有更大的屈膝幅度，因此膝关节所受到的压力相比低杠深蹲时也要高不少。我们可以在伤病恢复的初期，使用轻重量的低杠位深蹲进行逐步的恢复，同时配合一些针对性的孤立刺激股四头肌的肌肉辅助训练动作，提升股四头肌对于膝关节的保护能力，进一步加强膝关节的健康。

合理安排训练计划

在网络上一直流传着smolov这样一份专门提高深蹲单项的训练计划，它会安排你在七天的时间里完成3～4次的高强度或高容量的深蹲训练。我们并

不是说这种类型的计划是不科学或者不符合训练规律的，毕竟有很多国内的力量爱好者都曾经因这份计划而获得了不少的深蹲成绩的提升。但是，你要注意的是这份计划的适用范围，如果你的训练水平较低或较高，那么这份计划便不会特别适合你，甚至还会有可能使你的膝关节受到伤病影响。当你的训练水平较低时，你的身体恢复能力也相对较差，使用高频率的训练计划很容易使肌肉和关节无法充分恢复，从而引发伤病。当你的训练水平较高时，虽然你的肌肉恢复能力较高，但是过大的训练重量所带来的神经和关节的恢复速度并不会相比之前提升多少，使用高频率的训练计划同样会有引发膝关节伤病的风险。我们建议最合理的深蹲训练频率还是尽可能控制在一周两次，并且两个训练日之间一定要间隔72小时，且第二个训练日和下周第一个训练日之间一定要安排至少两天完全休息的时间。当你的深蹲成绩越来越高时，我们建议你可以适当地将大重量深蹲的频率控制在一周一次，甚至两周一次都是比较不错的选择方式。

注意膝盖与脚尖的关系

虽然我们不要求训练者不能出现任何膝盖超过脚尖的现象，但是我们也要适当控制膝盖与脚尖的关系。如果你在深蹲训练时膝盖超过脚尖过多，那么这显然意味着你的训练重心很靠前，这种现象所带来的最直接的结果便是对于膝关节膑腱的压力极大，长期使用这种错误的训练姿势会使你的膑腱变得疼痛无力，即使是在进行徒手箭步蹲或轻重量腿屈伸这些肌肉辅助训练动作时，依旧会感受到明显的疼痛或不适感。我们建议大家在训练时一定要合理地把控身体重心，你可以选择将重心根据低杠位或高杠位的不同放在足中后部或足中前部，但坚决不要采用重心大幅度前倾，脚尖明显超过膝盖，重量全部积压在膝关节上这种错误的训练姿势，这对于膝关节的健康显然是不利的。

第四章 力量训练计划

　　力量训练同健美训练是有着本质区别的，我们可以在健美训练时通过对身体形态的观察来安排针对性的训练动作，配合科学的营养与饮食手段来使我们的肌肉和身材变得更加完美。但是在力量训练中，力量的提升便没有肌肉的改变来的这么简单直接，有的时候即使你通过针对性的训练动作和科学的营养与饮食手段使肌肉得到了提升，肌肉力量得到加强，但是却未必会最终体现在三大项极限重量的增长上。出现这种情况的原因跟力量训练自身对于训练计划的需求度有着密切的关系！我们这里指的训练计划并不是像健美训练的训练计划那样安排一个胸部训练日或一个腿部训练日，我们所说的训练计划指的是专为力量训练所设计的周期性计划！这也是力量训练计划与其余大部分健身类训练计划最大的不同点之一，力量的增长除了需要肌肉力量做基础，更需要我们的神经募集肌肉的能力得到提升，并且可以真正将它转移到三大项的极限重量试举上。即使你的神经系统募集肌肉的能力得到提升，但如果我们无法将这部分肌肉力量作用到提升三大项的极限重量

试举上，那么我们也不会获得真正的数字上的力量增长。

如果你想在力量三大项提高的道路上少走弯路，成绩可以获得相对快速的提高，那么你必须要拥有一份适合你的周期性力量训练计划。要知道，真正的力量训练计划绝非是在一个长时间内安排一个简单的5x5的深蹲、卧推或硬拉的专项训练即可。我们需要根据每个训练者自身的情况进行分阶段的专项训练安排，在每个阶段内我们使用的专项训练的"组与次"的设计是完全不同的。这种由不同阶段组成的训练计划就是力量训练计划中最重要的周期性原则，我们需要根据每个训练者的特点分阶段击破你的力量盲区，力量的增长是不可能一蹴而就的，更不可能把你所有的力量盲区都集中在一个短的时间内去攻克。我们应该做的是用有限的火力去集中解决优先级较高的敌人，而不是将有限的火力分摊开到所有优先级高低的敌人上，进而出现没有一个敌人能被击败，也就是力量成绩一直停滞不前的情况。因此，如果你想提升三大项的成绩，那么使用周期性的力量训练计划是你唯一的选择！

此外，合适的周期性力量训练计划也可以帮助你合理地安排训练量以及训练强度，避免出现因疲劳管控不当所造成的肌肉或关节的损伤。特别是像膝关节以及腰部这两大极其容易因为过高的训练强度导致的持续疲劳所受到伤病影响的部位，更是我们在设计周期性力量训练计划时一定要注意的原则。

❶ 周期性力量训练计划

周期性力量训练计划是提升力量三大项成绩的核心环节，拥有一份适合你自身身体结构以及训练水平的周期性力量训练计划甚至可以说你的力量已经得到了"增长"。之前我们曾经提到过许多次，力量三大项成绩的提升绝非是简单安排几个动作或者随便写几个组数与次数的组合就能够办到的。你必须遵循周期性力量增长的原理，充分掌控好肌肉的恢复以及神经的兴奋度，这样才可以获得真正意义上力量的提升。在这一章我们便会为大家详细讲解如何选取或制定一份适合自己的力量训练计划。

周期性力量训练计划的优缺点

优势：周期性力量训练计划是力量提升的必要条件，无论你处于什么样的训练水平或训练阶段，你都必须要有一份适合你的周期性力量训练计划。有的训练者认为当我们训练水平较低时，因为自身基础较低，力量增长较容易，有所谓的"新手福利期"，所以没有必要在最开始就追求过于专业的训练计划。事实上这种想法是很错误的，我们并不否认所谓的"新手福利期"，但是每个训练者要明白这个"新手福利期"的本质是什么？大多数训练者认为的"新手福利期"指的是在刚开始接触力量训练时我们的成绩会长的比较快，或者说无论我练什么我都能够获得一定的力量增长。事实上这种观点是错误的，大部分训练者在刚接触力量训练三大项时成绩较低的原因是其自身对动作不熟悉，或神经系统缺乏针对性的肌肉募集能力，并不意味着他们自身的肌肉基础力量不足。因此，当他们进行过一段时间的针对三大项或神经募集能力的特殊训练后，往往会出现一个成绩的快速提升，也就是大家所认为的"新手福利期"的出现。这并不意味着你自己可以想怎么练都行，你同样需要安排针对性的训练计划才能够获得力量的增长。对于刚接触力量训练的爱好者来讲，越快培养起正确的训练思路对于其自身之后的力量发展是越好的。

当我们自身的训练水平越高时我们对于力量训练计划的需求程度也就越强，你无法想象一个真正意义的世界纪录保持者（并非某一组织世界纪录保持者）是没有任何训练计划，单凭自己的感受进行训练的。特别是对于很多处于力量训练中级水平，也就是具备一定经验的训练者而言，合适的周期性力量训练计划是解决他们在训练中常见的一些苦恼的好帮手。很多具备一定经验的训练者在力量的提升过程中会遇到"平台期"的现象，即在相对较长的时间内训练者自身没有任何明显的力量三大项成绩的提高。出现这种情况的原因大都与训练者自身所使用的训练计划不符合现阶段训练者自身的训练

水平或训练需求相关，比如有的训练者自身之前相对较薄弱的环节已经得到了改善，但是又出现了新的相对较薄弱的地方，此时如果你不针对新发生的弱项安排新的训练计划，那么你的力量水平便会受制于新的薄弱点，无法获得成绩上的提升。

周期性力量训练计划可以帮助我们合理地兼顾姿势的标准性、肌肉的增长以及力量的提升三个环节，很多没有周期性力量训练计划的训练者会容易出现将力量训练练成健美训练或增肌训练的现象，虽然肌肉在经过一段时间训练后获得了不错的进步，但是力量水平却未有任何数字上的明显提升。也有的训练者会有力量虽然在短时间内得到了提升，但是其训练本身却比较忽视基础的针对提升肌肉质量的练习，从而导致训练者的力量水平的上限不高。一份优秀的周期性力量训练计划往往会从较低的训练强度和较简单的完成度开始，在培养新手以及初中级训练者姿势标准性或高级训练者姿势优化性的角度出发，全方位的逐步提升训练者的肌肉与力量水平。

此外，合适的周期性力量训练计划还会帮助我们很好地兼顾训练量以及训练强度之间的关系，有的训练者会同时使用较高的训练强度以及较高的训练量，或者同时使用较低的训练强度以及较低的训练量。这两种错误的搭配方式都会使得训练者出现力量水平的停滞不前，其中较高的训练强度和训练量还有可能导致你的身体出现慢性的伤病，一些肌肉的慢性炎症大都跟过高的训练强度和训练量所导致的积劳成疾有关，特别是力量三大项消耗较大的腰部、肘关节以及膝关节。如果我们拥有一份较合理的周期性力量训练计划，那么便可以很大程度上避免训练不足或训练过量的问题，使我们的训练永远保持在最合适的状态下。

局限性：周期性训练计划并非是完美无缺的，它同样存在着一些不足之处，比如它对于训练者自身的训练水平要求极高！这里的训练水平并非指的是单纯的每个训练日的完成情况，更多的指的是训练者自身对身体和神经的恢复把控以及对整个训练计划的执行能力。要知道一般来讲周期性训练计划是需要持续较长时间的，具体的时间从8~16周不等。除非你是专业的运动员或从事健身相关工作的培训师、教练员，否则想在2~4个月的时间内充分兼顾自身的训练与工作、生活是相对较困难的。试想一下，如果你今天需要按照计划去完成大重量的硬拉训练，但是同时又有一个白天沉重的工作需要你完成，那么当你下班后准备去进行训练时，身体和神经都已经相对较疲惫，此时再想高质量地完成既定的训练计划显然是很困难的。有的时候即使是专业的运动员或从事与健身相关工作的训练者也很难保证自己在8～16周之内的状态，你需要确保这段时间身体尽量不受任何伤病影响，甚至是轻微的感冒或肠胃不适都是尽可能要避免的。但有的时候2～4个月的训练时间往往会涉及跨季节的情况，力量训练后训练者自身的免疫力又相对较低，因此很多训练者都会出现难免的感冒或发烧的现象，进而影响到正常的周期性训练计划的完成度。

此外，周期性力量训练计划的局限性还在于对训练者自身设计计划的能力要求极高！设计计划的前提是我们需要对自身进行充分的了解，根据自身的具体情况才能设计出最合适的训练计划。换言之，没有人能够比你自己更了解你自己的情况，你应当是你自己最好的教练！但是，在实际训练中，很多训练者或力量训练的爱好者都并非相关专业出身，有的甚至连基础的运动知识都了解甚微，如果要求他们具备设计计划的能力，并且是设计一份优秀的且合适自身情况的周期性力量训练计划显然是不现实的。此时有的训练者会选择从网络上搜索训练计划，或者根据明星效应选择那些所谓的"XXX冠军或纪录保持者的训练计划"，这里我们不是说网络说或者世界级运动员的计划不可信，而是每个人需要根据自身的情况安排最适合的训练计划。有的训练计划可能适合相对水平较高的训练者，与你现阶段的力量水平并不相符。还有的训练计划可能包含很多你无法使用的器械，实际的借鉴效果相对较低。如果你真的希望自身的力量水平可以有一个持续的进步，并且自身的相关知识相对较欠缺，那么我们建议你可以去寻找一位有经验的力量举教练，并把自身的相关情况一五一十的同他分享，这样不仅方便他为你量身设计训练计划，更有助于你的力量水平的快速提升。

这一章我们的核心目的便是为大家讲解周期性力量训练计划的基本设计原理和内容，教给大家一个基础的分辨你的周期性力量训练计划是否符合你

自身情况的能力。虽然你在最开始还不具备独立设计计划的能力，但至少你可以学着分辨一份计划是否适合你自己。我们不排除有一些力量举教练会使用模板式的计划，即他们会将自己的学生根据高、中、低三个不同的水平进行划分，每个水平的学生都拿到的是一样的计划。这种情况对于力量的提升显然是不具备针对性以及高效性的，真正合适的周期性力量训练计划不仅要做到根据训练者的情况量身打造，甚至还要根据训练者每周的反馈和完成度进行每周的修改，这样才算得上真正优秀的周期性力量训练计划。

周期性力量训练计划的原则

在这一节我们将为大家主要介绍周期性力量训练计划的组成内容以及设计原则，大多数常见的周期性力量训练计划都会遵循这些基本的设计原则和力量增长的原理，它不仅可以帮助大家合理地分辨或挑选适合自己的训练计划，同样还可以帮助大家结合自身的具体情况，逐步培养自己独立设计训练计划的能力。

周期长度：一份周期性力量训练计划最少的持续时间也应当是在8个周，过短的时间（比如4个周）是很难使你获得真正的力量三大项成绩上的提升的，除非是极其特殊的情况，比如在备赛前一个月的时间安排针对性的备赛计划，否则即使你的力量在"短期"内获得了提升，你也很难将提高的效果完全的保留住。导致这种情况出现的原因在于你的肌肉水平和神经募集能力很难在4个周的时间内同时得到质的改变，大多数力量在短期内的增长都是因为神经募集能力获得了提升，肌肉的水平却并没有得到明显的改善，这种情况会使你在神经较疲劳时出现力量水平的直线下降，也就是前面我们提到的很难将"短期"内提升的力量水平完全保留住。

一般来讲标准的周期性力量训练计划的时间长度大都在8~16周之间，过短的时间周期是无法让我们获得真正意义上的力量水平的提升的，而过长的时间周期会加大我们执行训练计划的难度，增加我们在执行训练计划中的受伤风险以及工作生活与训练兼容的困难度。具体的时间周期的选择我们可以根据训练者自身的情况来决定，比如有的训练者自身工作相对较忙碌，或者经常出差，那么我们建议最好将整个计划周期的时间拉长，否则一旦出现一两次训练被干扰，那么便会使你没有什么太好的弥补方案，从而影响整个训练的效果。比如有的训练者能够预计到自己在未来的时间内可能会比较忙碌，但是眼下却有充足的时间，像处于寒暑假假期的学生，那么便可以根据自身较充足的时间安排相应长度的训练周期。

此外，我们还会根据自身希望通过周期性力量训练计划所达成的目标来安排相对应的周期长度，比如当你的目标是提高三大项中单独一项的力量成绩时，我们只需安排8周的训练计划即可。因为你的目标只是深蹲、卧推以及硬拉中一项成绩的提升，其余两项都是作为衬托的角色，完全不会在训练计划中安排太大的训练强度或训练量，所以我们可以针对目标的单项动作安排相对较高频率的训练规划，像有的卧推专项的训练者甚至会出现一周进行3~4个与卧推相关的训练日的安排，这种方式自然相比正常情况下一周只安排1~2个与卧推相关的训练日所带来的见效速度要快得多。

当你的目标是提高三大项中两项的力量成绩时，我们一般需要10~12周的训练计划。此时你要注意的是，任意的搭配方式只能是深蹲+卧推或硬拉+卧推，如果你的选择是深蹲+硬拉，那么我们很难保证你可以在12周以内的时间获得两项明显的力量成绩的提升。深蹲与硬拉这种组合搭配对于训练者的消耗是比较大的，特别是当你的训练水平越高时，你所需要的恢复时间也就越长，单纯地10~12周的时间是难以让我们获得成绩上的真正增长的。当你的目标是同时提高三大项的成绩时，你就必须要付出至少12周以上的时间，大多数情况下我们会为了应对身体神经或肌肉的疲劳，选择在正常训练计划中加入减载周，从而把整个计划的时间扩充到16周的方法，这也是为何我们看到的一些提升三大项的周期性计划的跨度往往在12~16周的原因。

在具体时间的选择上，我们建议大家一定要结合自身工作以及生活的情况和希望达到的训练目标进行具体的分析，比如我只有12周的空余时间，我很难保证12周之后我的训练是否会被影响，那么最合适的选择便是安排一个单项或双项的周期性力量训练计划。如果你一味坚持安排三项的周期性力量训练计划，你会很容易在训练计划的收尾阶段，也是力量增长最重要的阶段

受到阻碍，从而影响整个训练计划的最终效果。

阶段划分：前面我们曾经提到过，周期性力量训练计划之所以可以帮助我们的力量水平得到质的提升，其中很重要的一个因素便是由于周期性力量训练计划会进行分阶段训练的划分，训练者在每个阶段所使用的计划类型或计划的侧重点各不相同，这种方式相比从第一周到最后一周完全都是同样训练类型或模式的"力量训练计划"最大的优势在于可以使训练者针对性的解决自己在力量训练三大项中所遇到的问题，同时提升我们的肌肉和神经募集能力。周期性力量训练计划中不同阶段的划分依据主要有两大类：根据训练者自身的弱点排序或根据力量增长的原理排序。

其中根据训练者自身弱点进行排序的方式相对比较适合较高水平的训练者，或者是希望短时间提高自身力量成绩达到参赛或其余目的的训练者。当我们使用这种方式时，一定要根据自身在力量训练中所出现的弱点对于成绩影响的严重性进行排序，影响较高的要排在靠前的训练位置，而影响较低的则可以排在稍微靠后的位置。如何区分自身弱点对于成绩影响的严重性，我们可以参照之前在讲解神经募集能力时所进行的介绍，比如有的训练者在深蹲时同时存在启动能力和后半程能力较差的现象，那么我们应当在周期性力量训练计划的第一个阶段先安排针对深蹲启动能力的练习。有的训练者自身后半程能力相对启动能力较强，他们希望先安排后半程能力的针对性训练，让自己尽快先弥补一个漏洞，但是这种做法是错误的。因为深蹲后半程能力的表现是建立在较强的启动能力基础之上的，如果你较差的启动能力无法得到根本性的改善，那么它会始终影响着你在深蹲后半程时的表现。因此，当我们在进行分阶段划分时，一定要将对于三大项成绩影响最关键的弱点放在整个训练计划的第一阶段。

不过我们并不是十分推荐新手和初中级水平的训练者使用这种阶段划分方式，因为这种方式所对应的计划内容往往都是围绕着提高神经募集能力的专项辅助训练或专项训练进行安排，相对来讲较为缺少最基本的肌肉辅助训练。这种偏向性较强的训练计划是不太适合新手和初中级水平的训练者的，除非你是即将要参加一场比赛，需要通过这种办法快速的补强自己的弱点，否则只有较高水平且对自身强弱点了解很清楚的高级训练者才可以使用这种阶段划分方式。并且，你要明白的是，这种方式所带来的补强效果只是暂时的，如果你没有在比赛后及时补充一定量的肌肉辅助训练，那么这种阶段划分方式所带来的成绩的提升也不会更长时间的保留在你的身上。

在大部分周期性力量训练计划的阶段划分中，使用较普遍的还是根据力量增长的原理进行排序，比如最常见的先从改善肌肉水平的"肌肉优化阶段"开始，将整个计划按照"肌肉优化—力量储备—力量突破"三个阶段进行划分。其中第一个阶段"肌肉优化"的目的在于使训练者自身获得力量训练所必需的肌肉基础，使自身的肌肉量和肌肉力量都变得更强。第二个阶段"力量储备"的目的在于帮助训练者自身储备较强的三大项力量基础，此时的训练重心会从针对肌肉的练习转为针对三大项力量的专项训练或专项辅助训练，训练者自身的力量耐力会在这个阶段得到显著加强。第三个阶段"力量突破"的目的在于提升训练者的神经募集能力，将之前两个阶段获得的力量与肌肉基础充分转化到具体的三大项成绩的突破上。这种阶段划分的方式在力量举的训练计划中是十分常见的，无论你的目标是提升单项或三项的成绩，都可以使用这个模板进行练习。当然，也有的一部分水平较高的训练者其自身肌肉与力量基础较强，他们在实际训练中会将"肌肉优化"与"力量储备"这两个阶段进行删减，整个周期性力量训练计划都只围绕第三个阶段"力量突破"，也就是神经募集能力的提高进行训练。我们会在后面的实际周期性力量训练计划的案例解析中为大家进行详细的分析，介绍当你处于这种情况时，你的最佳选择方向应当是什么？要知道，出现这种情况的并非只有高水平的训练者，有一部分肌肉基础较强但却极度缺乏神经募集能力的训练者也可以使用这种方式进行练习。

每个阶段的划分所对应的时间往往是相等的，比如我们的整体训练计划是12周，我们需要将计划分为三个阶段进行练习，那么我们每个阶段所持续的时间应当是4周。当然，你也可以根据你自身的实际情况进行划分，比如有的训练者觉得自身肌肉基础较薄弱，希望在"肌肉优化"阶段安排较长的时间，那么我们也可以适当的将时间拉长到5~6周。但是，你要注意的是千万

不可以将"力量突破"的周期拉长，不能因为你自身神经募集能力较差就安排更长的"力量突破"阶段，这种方式会使你的神经长时间处于大强度训练的消耗下，容易导致神经疲劳。

我们建议每个训练者都必须弄清楚阶段划分在周期性力量训练计划中的概念和重要性，如果你错误的对自己的计划进行阶段划分，那么你的力量水平也不会获得提升。阶段划分不只是单纯的将计划分成几个不同的阶段，它会直接影响着你的力量弱点的改善程度、专项训练与辅助训练的选择、训练量以及训练强度的选择等等问题。它是周期性力量训练计划的先决条件，没有它也就没有真正意义上的"周期"，其余的内容其实都是它的衬托与点缀。

项目安排：在周期长度里我们曾经提到过，不同的力量训练目标所对应的周期性力量训练计划的长度是不一样的。你不可能要求你自己在8个周的时间内就提升三大项总共80 kg的成绩，除非你之前几乎从未测试过三大项的力量极限，否则这是极度不现实的。因此，在我们开始进行周期性力量训练计划的设计之前，我们必须对自己的目标有一个充分的了解。理论上当我们的目标越集中时，我们的收益效果会越明显。这个其实很好理解，无论你一周安排3天还是4天的训练，当我们把这些时间都集中在围绕提高某一项的成绩增长时，我们的见效速度自然是相比平均分摊到两项或三项上要快。但是，并非力量训练的三大项都可以使用这种方式，或者说有的项目使用这种方式所带来的收益并不高，我们需要先了解清楚以单项为提高目标时，我们最适合选择的训练项目是什么？

有的训练者选择单项作为自己力量训练目标的原因在于力量举比赛中会安排单项的比赛，而在力量举比赛中有单项赛事的只有卧推单项赛和硬拉单项赛。因此，如果你是以参加单项赛为目标，那么你只能从卧推和硬拉中做出选择，选择单项深蹲的意义是不大的；如果你的目标是希望提高自己力量举三大项总成绩，那么我们建议你将注意力主要围绕在深蹲或硬拉的单项提高上，这两大项可提高的成绩空间相比卧推要高很多。现在卧推的世界纪录是335 kg，而硬拉的世界纪录则在460 kg，深蹲的世界纪录早已突破500 kg。

后两者在力量举三大项总成绩的占比中要相比卧推高很多，特别是硬拉更是作为力量举比赛中最后一个出场的项目，对于比赛名次的归属更是有决定性的意义；如果你的目标是希望得到更快的见效速度，并不在乎具体哪个项目，那么我们建议你可以优先选择卧推，只要你的训练计划合理并且训练比重较高，那么你的卧推成绩会获得较快速的提高。我们不建议大家选择硬拉，它相比深蹲和卧推属于较难掌握的发力类型，有的时候即使是安排大量且高频率的训练，也未必可以给硬拉成绩带来本质的提升。

当我们确定以单项作为周期性力量训练计划的核心目标后，我们需要严谨的把控训练量和训练强度，不能因为我只提高这一项，我就在一个周的3～4个训练日内，每天都安排大量的专项练习。这种方法不仅对于力量的提升效果并不明显，甚至还会使你受到伤病的困扰，具体的训练量和训练强度的选择我们会在接下来为大家进行详细的介绍。

如果你的目标是在一份计划内同时提高两项的成绩，那么我们建议你选择深蹲+卧推或硬拉+卧推的方式进行练习，深蹲+硬拉的见效速度相对较慢，它需要训练者自身具备极强的肌肉与神经恢复能力和训练的自由度。如果你平时的工作和生活极大程度消耗了你的神经和肌肉，那么使用同时提高深蹲+硬拉的周期性力量训练计划显然是不现实的。在深蹲+卧推和硬拉+卧推两种不同的选择中，我们建议大家可以将注意力稍微偏向在硬拉+卧推的提升上，这两项是力量举比赛的第二和第三个项目，在战略意义上相比深蹲+卧推会对比赛结果，特别是名次的排定更加重要。并且在力量举的比赛类型中，还有一种特殊的竞赛项目，即比拼卧推+硬拉总成绩的push&pull（推拉赛）。这种比赛设立的目的是根据卧推和硬拉所需要的截然相反的身体条件有关，比如对于手臂较长的训练者，虽然他们的硬拉成绩会相对较出色，但是在卧推中他们的做功距离会变得很长，难以推起特别大的重量。相反，对于手臂较短的训练者也是如此，尽管他们可以拥有出色的卧推成绩，但是在硬拉时又会显得很吃亏。推拉赛也正因如此显得十分有看点和竞技性，其对训练者力量水平的综合要求绝不弱于正常的力量举三大项的比赛。

大多数训练者在执行周期性力量训练计划时的目标还是在于同时获得三

大项成绩的提高，尽管如此，我们还是希望大家能够明白一个道理，即无论你在训练计划的设计上多么兼顾三大项之间的训练频率以及训练量，这三大项成绩的提升也绝对不会是均衡的。这其中与训练者自身的训练水平有关，也同三大项自身的特点有关。比如对于深蹲、卧推以及硬拉三大项目而言，卧推的增长空间是相对最小的，因此如果我们正常均衡安排三大项的训练内容，那么卧推的增长幅度一定是相对最小的。当然，这也同训练者自身的训练水平密不可分。比如对于卧推较差但是深蹲和硬拉成绩相对较好的训练者，也会出现在经过一份周期性力量训练计划之后卧推增长幅度不弱于甚至高于深蹲和硬拉的成绩增长幅度。我们建议训练者理性对待周期性计划所带来的力量增长效果，要知道随着我们自身力量水平的提升，我们每执行一次周期性计划所获得的三大项成绩的增长幅度也会越小。你无法奢求你每执行完一次16周的训练计划，你的成绩都能够像第一次执行计划时获得三大项数10 kg的增长，否则迎接你的将是不到一两年就要打破某个级别的总成绩世界纪录，这显然是不现实的。在力量增长的过程中，好的训练计划和对于计划的完成度固然是很重要的，但也不能缺少一个正确理智的心态。

个人基础：一份优秀的周期性力量训练计划一定要遵循一个基本原则，即根据训练者自身的具体情况做"定制化"的内容安排。我们无法为一名18岁的力量训练者跟一名28岁的力量训练者安排同样的训练计划，也无法为使用相扑硬拉和传统硬拉的训练者安排同样的训练内容。在"定制化"的内容安排方面，我们主要需参考以下七个方面：性别、年龄、体重、生理结构、训练频次、力量基础以及训练环境。其中性别是我们必须要首先考虑的，你不能给男训练者和女训练者安排同样强度或同样量的计划，要知道女性无论是力量基础还是肌肉的恢复能力以及对训练强度的接受能力，都相比男性存在一定差距，如果你在设计训练计划时不考虑性别的影响，而是统一采用一样的内容安排方式，那么很容易导致女训练者自身的力量提升陷入极大瓶颈，严重的甚至可能出现因训练强度和训练量超标所影响正常工作和生活的情况。

我们还需要兼顾训练者自身年龄与训练计划之间的关系，年龄不仅会影响你的训练量的高低和训练强度的大小，同时还会影响你部分训练动作的选择。理论上讲我们在10～12岁便已经可以开始进行力量训练，大多数世界级优秀的力量举运动员都是从很小的时候便已经开始进行一定量的力量训练，只不过在最开始我们不会安排高的训练量和大的训练强度，否则对于青少年自身的生长发育是会有一定影响的。力量提升的黄金期，也是我们最合适开始使用高训练量和大强度训练的年龄段应当是在18～26岁之间。这个年龄段的训练者不仅身体的运动状态和身体素质相对处于较巅峰的状态，并且自身受工作或生活的压力影响较小，可以相对来讲更专注于力量训练本身。当然，我们也不排除有很多在30岁以后还在不断突破自己力量极限的优秀运动员，但是我们一定要清楚，当我们的年龄越大，越要谨慎安排训练量的大小和训练强度的高低，并且一定不能忽视真正以力量训练为职业的优秀运动员与爱好者之间的差别。年龄的大小与训练计划所包含的动作选择也有一定关系，如果你的年龄较小在18岁以下或者年龄较大在35岁以上，那么我们建议大家尽量避免安排大量的对于关节有较大压力的训练动作，比如像颈后杠铃臂屈伸这种对肘关节有极大风险的训练动作，我们建议大家最好用颈后绳索臂屈伸等相对较安全的动作进行替代。并且在整体的计划安排上，如果你的年龄过小或者年龄较大，我们建议一定要在周期计划的进行中安排适当的减载周，给予关节一定的休息。

  体重的大小不仅对于训练者自身力量训练计划的内容安排有关，同时还跟训练者自身营养与饮食的选择有关。如果你目前的体重相比自身的预期较低，那么你在训练和营养计划的安排上就必须要进行增肌的设计。我们在周期性力量训练计划的设计上可以安排一定的训练强度，但是一定要避免安排过大的训练量，否则会容易导致身体的能量消耗太大，不利于我们的体重和肌肉的增长。不过，一定要注意避免在营养的摄入上选择那些不健康的"营养"进行补充，这会导致你不必要的"多余"体重的增加。如果你目前的体重相比自身的预期较高，那么你在训练和营养计划的安排上就必须要进行对体重降低的设计。我们在周期性力量训练计划的设计上可以安排较大的训练量，这会有助于我们的身体消耗更多的能量，不仅有利于燃烧体内多余的脂

肪，同时又可以保证我们一定的力量水平。不过，一定要注意保持最基础的营养与饮食的摄入量，千万不能出现因控制体重所带来的戒掉碳水等极端的饮食行为。在之前的章节，我们曾经为大家进行过对于体重和力量关系之间的讲解，有助于大家选择最适合自身的体重。

　　生理结构所包含的内容有很多，比如我们的臂展长度、大腿股骨的长度以及腰的长度，这三个因素对于我们力量训练三大项的姿势使用有着决定性的影响，同时会直接影响着我们的肌肉辅助动作、专项辅助动作甚至柔韧性训练的选择。针对臂展长度的问题，手臂越长的训练者在硬拉时越具有优势，但同时在卧推和低杠深蹲时会具备一定的困难。在参照生理结构的影响下，为了最大化力量举三大项的成绩，在硬拉时我们建议你可以考虑使用相扑硬拉，让你的做功距离尽可能缩短。在卧推时为了避免过多的做功距离，你需要使用较宽的握距并且提高胸椎的柔韧性，获得一定高度的起桥高度。在深蹲时我们建议你佩带护肘并且提升上肢的柔韧性，否则使用低杠位深蹲会让你的肘关节产生极强的不适感；手臂越短的训练者在卧推和深蹲时具有一定优势，但是在硬拉时会显得举步维艰。在参照生理结构的影响下，为了最大化力量举三大项的成绩，在硬拉时我们建议你不要使用传统硬拉，否则过长的做功距离会让你更加困难。在卧推时你可以选择宽握距以及较高的起桥高度，这可以使你的做功距离被无限制缩短。在深蹲时我们建议你可以采用很窄的握距，从而使上背完全夹紧，更有利于深蹲；针对大腿股骨的长度，大腿股骨越长的训练者在进行低杠深蹲时会出现上半身前倾相对较明显的现象，如果你有不适感，那么可以选择使用高杠位进行深蹲；大腿股骨越短的训练者在进行相扑硬拉时相对的整体发力感会更好；针对腰的长度的问题，在参照生理结构的影响下，我们建议腰相对较长的训练者最好选择使用相扑硬拉，否则在使用传统硬拉时腰部会受到较大的压力；此外，在深蹲时我们建议腰相对较长的训练者谨慎使用低杠位深蹲，可以适当考虑使用高杠进行深蹲练习。当然，你也完全可以选择根据自己的喜好来选择动作姿势，只不过违背自身的生理结构所带来的力量增长是相对更加困难的。

　　我们日常工作与生活的情况会直接影响我们的训练频次，你必须确保你的训练尽可能不受工作和生活的影响，至少在训练日当天要尽可能减少工作对训练的影响。如果我们一周只能安排1~2个训练日，那么我们最好选择设计一份提高单项的周期性力量训练计划，想在1~2个训练日的时间提升三大项的成绩显然是不现实的。如果我们一周可以安排3个训练日以上，那么我们便可以设计一份提高两项或三项的周期性力量训练计划。当然，在具体的训练频次的选择上我们也要兼顾自身的恢复速度，如果你的恢复能力较差，但又在一周安排较多的训练日，这时很容易使身体出现持续疲劳的，不利于力量的增长。

力量基础的高低会直接影响我们的训练计划内容的安排和动作的选择，当你的力量基础较低时，我们建议训练计划应当更多围绕基础的肌肉辅助训练进行安排，同时严格注意标准化每一次三大项动作练习时的姿势。很多力量基础较低的训练者在最开始接触力量训练时容易出现舍本逐末的现象，将过多的注意力放在所谓的"高端技术"或者较复杂的辅助训练动作上。在之前我们已经提到过很多次，高质量的肌肉水平和标准化的动作姿势是我们力量水平的最基础保证，如果你做好这两个方面，那么你的力量水平一定是在大众基础之上的。相反，如果你不注意这两大基础方面，将注意力放在更多的"花里胡哨"或者"想象"上，那么你连最基础的力量水平都无法得到保证。并且，力量基础较低意味着我们的训练频次最好不要安排的过于密集，否则对于身体的恢复能力也会是较强的考验。我曾经见过有很多刚开始接触训练的爱好者在经过一次"痛彻心扉"的腿部训练后，甚至需要一个星期的时间才能完全恢复正常。当你的力量基础较高时，我们建议训练计划需要围绕提高神经募集能力的专项训练进行安排，并且可以适当提高一定的训练频次，避免出现较低的训练频次或训练量所带来的训练不足的现象。对于较高力量基础的训练者，一定要避免因过于迫切提高力量水平所产生的经常变换训练计划或动作技术的现象。有许多训练者希望自己的力量水平可以获得更快速地提升，但是他们忘记了自身已经具备一定的力量基础，想继续百尺竿头，更进一步是存在一定难度的。除非你出现了真正意义上的平台期，否则我们不建议你轻易改变自身的训练计划，要知道训练计划的见效是有一定时间基础的。并且，一定要注意动作技术的选择，比如有的训练者会在练习时经常变换卧推的握距，这种姿势的不固定也会影响我们自身的力量提高。对于已经拥有一定力量基础的训练者，在提升力量方面肯定是相比什么经验都没有的新手要更加容易的，但一定要避免自己被太多外部因素所影响导致成绩没有提升。

  训练环境对于我们的训练计划内容安排也会有很大的影响，你无法在你的训练计划中安排你的健身房没有的器械进行练习，这点在国内的很多健身房都是比较常见的，一些力量训练需求度较高的器械往往很难在商业健身房内发现。比如最基本的卧推架和深蹲架，有的健身房的深蹲架高度是无法调节的，它只有几个固定的高度，这对于很多训练者来讲在出杠时就会遇到很大的阻碍，并且这种阻碍是无法通过主观的行为来避免的，除非你买一个新的深蹲架放在健身房里。卧推时也是如此，有的健身房的卧推凳较窄，这个对于需要收紧上背部的卧推来讲是很不利的。也有的卧推架相比卧推凳的距离较远，我们在进行回杠时容易一不留神就拉伤我们的肩关节。在辅助器械上，也有一些对力量提升很不错的器械是我们很难在商业健身房内找到的，比如对臀部力量提升很好的臀屈伸器械或者对于内收肌提升有很大帮助的内收/外展训练器。如果我们在商业健身房内找不到这两种训练器械，那么只能使用对肌肉刺激效果相对较差的一些杠铃或哑铃的动作进行替代练习，从而一定程度上降低我们的训练效果。当然，这一切还不是最可怕的，最令人恐惧的是很多健身房的杠铃片的配重方式和实际重量，大部分的商业健身房的杠铃片配重最低只有1.25 kg或2.5 kg，这种不够精确的配重会让很多训练者在具体的计划执行以及动作姿势上产生天然的局限性，比如你的训练中自身的极限深蹲重量是180 kg，他需要用85%的极限重量，也就是153 kg进行做组训练。但国内大部分健身房都没有这个配重，有的只有150 kg或155 kg，此时无论选择150 kg还是155 kg都会影响我们原本预想的训练效果。还有的健身房最大的配重只到20 kg，有的即使有25 kg的配重但是杠铃片的直径也远不足45 cm，这会导致训练者在进行正常的硬拉练习时变成超程硬拉，不仅增加了硬拉时的难度，同时更容易使训练者使用不同于正常硬拉训练时的发力姿势。

前面六个方面是我们很难通过自身后天的努力去改变的，像身材结构以及年龄这些因素是当你选择力量训练时便已经先天存在的。但是我们可以尽力去改变训练环境，或者找寻合适自己的训练环境。我曾经见到过很多训练者因为健身房杠铃片不足重的问题，出现比赛和平时训练成绩相差极大的情况。还记得许多年前我第一次在国内的力量举比赛担任主裁判时，曾经发现有的训练者在练习时所使用的杠铃片10 kg的真实重量只有9 kg，这便导致有可能160 kg的极限重量实际上只有158 kg。不要小看这2 kg在比赛时的区别，因为很多运动员在认为自己自身极限有160 kg时，往往前一把的试举重量可能只会要到150 kg，所以当你的160 kg试举失败时，你的成绩只有150 kg，这相比158 kg更是直接少了8 kg。除非你没有参加比赛的目标，否则尽可能让你所使用的杠铃以及杠铃片都符合比赛需求。

训练频率： 训练频率包含两大方面：一周内安排多少个训练日以及同一项目或相近项目两次间的训练间隔时间。其中决定一周内安排多少个训练日的首要条件自然是我们日常的生活与工作所允许的频率，如果你的工作只允许一周练两次，那么我们也不可能去挤出第三个训练的时间。但如果你可以比较自由地支配你的时间，那么一周内安排多少个训练日便要再考虑我们自身的训练目标。有的训练者希望获得单项成绩的增长，对于他来讲一周安排2~3个针对性的训练日即可。安排过多的训练日反而会使你的身体局部肌肉训练过度，对于单项成绩的增长并无帮助。有的训练者希望获得两项或三项成绩的增长，对于他来讲一周安排3~4个训练日是最佳的选择方案。在这里我们可以根据训练者自身的力量基础、性别以及年龄再进行具体的划分：如果你的力量基础较薄弱，那么我们建议先使用一周三练的方式会比较稳妥，它能够帮助你的肌肉充分的生长，同时避免因过高训练频率所带来的力量增长受限。相反，如果你的力量基础较强，那么我们建议可以使用一周四练的方式。要注意的是，即使你的训练水平再高，也没有意义进行一周五个或六个训练日的安排，后者更倾向于健美训练的模块化方式，并不适合力量增长的基础原理；如果你是女性，我们并不建议你进行一周四练，这种训练方式对于女性的身体恢复和训练专注度要求极高，除非你是专业的女运动员，否则使用这种方式的意义并不

大；如果你的年龄较大，我们同样不建议进行一周四练，这种训练方式对于年龄较大的训练者自身的恢复能力要求极高，一般年龄较大的训练者同时还会受到家庭以及工作事务的牵扯，会更影响身体和神经的恢复。

在同一项目或相近项目两次间的训练间隔时间方面，我们需要仔细参考后面将要为大家介绍的力量增长的周期性原理。如果我们使用的是最常见的线性计划，那么在一周内我们会安排深蹲和硬拉各一个专项训练日，卧推安排一个专项和一个专项辅助训练日。为了确保肌肉和神经获得充分的休息，我们会在两次使用相近肌肉群的训练日间保持72小时的休息，比如当我们周一进行深蹲训练后，我们会在周四再进行硬拉训练。如果将硬拉放在这一周的任何一天，那么都是会有一定负面影响的，因此我们也能够发现这种训练安排对于训练者的时间的自由度要求极高。相应地，卧推只能放在周二和周五这两天进行练习，一般来讲为了避免低杠深蹲对卧推产生的不利影响，我们会考虑在周五进行卧推的大重量专项训练，而在周二进行卧推的轻重量的专项辅助训练。如果我们使用的是交叉型计划，轮流在单数周和双数周分别安排大重量的深蹲专项训练和硬拉专项训练，那么我们每周的深蹲和硬拉频率会变成只有一次，而卧推依旧是两次，时间间隔依旧是72小时。我们会在此基础上再引入一个额外的为了提升深蹲和硬拉的肌肉辅助训练日，这个时间的安排只能是在周四，同周一的深蹲或硬拉的专项训练保持72小时。相应地，卧推只能放在周二和周五这两天进行练习，具体的卧推专项训练日和卧推专项辅助训练日的安排方式同线性计划时一样。

我们可以用一个表格更直观的做出一个周的具体训练日安排：

计划类型	周一	周二	周三	周四	周五	周六	周日
线性计划	深蹲专项训练日	卧推专项辅助训练日	休息日	硬拉专项训练日	卧推专项训练日	休息日	休息日
交叉计划	深蹲/硬拉专项训练日	卧推专项辅助训练日	休息日	推拉肌肉辅助训练日	卧推专项训练日	休息日	休息日

如果我们的训练目标是以提升单项或两项成绩为目标,那么在每个训练日的间隔上要做出相应特殊的变化:

周一	周三	周五
专项训练日	肌肉辅助训练日	专项辅助训练日

当你的目标是提升单项的成绩时,我们建议大家采用隔一天进行一次训练的频率,并且在周末完全休息,进而为下周一的大重量专项训练日做好充分的肌肉以及神经的准备。在具体的训练日安排上,我们建议大家把每周状态最好的周一留给大重量的专项训练日,把相对恢复较慢的肌肉辅助训练日放到周三,否则如果将肌肉辅助训练日放到周五,那么便会有可能出现肌肉恢复不彻底的情况。专项辅助训练日因重量相对较轻,所以不必担心会过多影响肌肉和神经的恢复。

周一	周二	周三	周四	周五	周六	周日
深蹲/硬拉专项训练日	卧推专项辅助训练日	休息日	深蹲/硬拉专项辅助训练日	卧推专项训练日	休息日	休息日

当你的目标是提升深蹲+卧推或硬拉+卧推两项成绩时,我们建议大家可以参考上述表格的安排方式,在周一安排深蹲或硬拉的大重量专项训练日,并在周四安排深蹲或硬拉的专项辅助训练日。同时为了确保卧推的训练效果,最好将卧推的大重量专项训练日放在周五。当然,如果你希望着重提高的是两项中的卧推成绩,那么你可以将周五的卧推专项训练日与周一的内容互换,同时将周二的卧推专项辅助训练日与周四互换。

不同的训练频率对于成绩增长的影响也会不同,当我们使用每周3次的针对同一个项目的密集训练时,该项目的力量提升幅度和速度都是相对更加明显的,但是我们却承担着同样较大的关节和肌肉的压力以及受伤的风险。当我们使用每周1~2次的针对同一个项目的专项训练时,我们可以比较好的兼容力量提升以及身体安全隐患两个方面。当我们使用两周1次的针对同一个项目的专项训练时,我们必须确保自身具备极强的力量基础以及对于动作姿势具备极强的掌握能力。很多刚开始接触力量训练的爱好者,容易出现低频率训练所导致的动作姿势遗忘的问题。

专项训练:专项训练即深蹲、卧推以及硬拉的大重量专项练习,在进行专项训练时,我们一般使用的重量都在极限重量的80%以上,除非是使用线性周期性力量训练计划的初期,否则我们很少会在专项训练时使用80%以下的重量。在专项训练时,我们所使用的动作姿势几乎完全都是我们在平时冲击三大项极限力量时所使用的姿势,一般情况下少有平时训练时使用传统硬拉,但是在进行硬拉的极限测试时反而是用相扑硬拉。

不过,在实际的专项训练中也会有这种特殊情况的出现,比如有的训练者会在平时使用超程硬拉来替代正常高度的硬拉。出现这种现象的原因往往在于训练者在硬拉启动阶段容易遇到极大瓶颈,而一旦当其突破了这个瓶颈,那么他几乎可以做到百分百完成硬拉试举。因此,为了解决这一严重的硬拉瓶颈,他会选择使用提升硬拉启动能力最好的专项辅助训练动作——超程硬拉,来作为硬拉专项训练的核心进行练习。建议大家在使用这种方法时一定要十分谨慎,你必须确保自己对这个项目的动作姿势和所有要点几乎全部掌握,否则如果只盯着一个问题去做针对性训练,反而忽视了动作其余存在的问题,这种拆东墙补西墙的做法同样是不利于力量提升的。

此外,还有的部分以参加比赛为主要目标的训练者,会使用类似的非赛季期与赛季期不同的专项训练动作姿势的情况。比如最常见的在平时的非赛季期训练时使用高杠深蹲练习,在赛季期准备比赛时再使用低杠深蹲练习。这种方式是具备一定积极作用的,但是我们一定要合理把控好赛季期与非赛季期的时间节点。一般来讲我们建议训练者至少在比赛前给自己保留一个月的时间进行针对比赛的动作姿势的适应训练。当然,如果你担心这个时间长度对于磨合比赛时的动作姿势稍显局促,那么可以适当延长至比赛前6~8周的时间。

辅助训练： 在之前我们曾经将结果，辅助训练分为针对提升肌肉质量的肌肉辅助训练，以及改善神经募集能力的专项辅助训练两种方式。在设计周期性力量训练计划时，我们需要同时考虑到这两大类辅助训练的内容安排。在提升肌肉质量的肌肉辅助训练的内容安排上，我们建议大家从自身相对较薄弱的肌肉部位入手，整个训练计划的内容安排以着重刺激较弱势区域的肌肉为先，因为肌肉质量的高低是我们力量大小的先决条件。如果你的肌肉质量较差，那么你自身的力量水平所能提高的空间便很有限。为了使我们的力量成绩可以有持续性的进步，我们需要先解决自身最薄弱的一环。在寻找自身最薄弱的肌肉部位时，我们一定要根据其在力量训练中的重要性进行判断。比如你自身的肱三头肌和三角肌前束都属于相对较薄弱的区域，但是三角肌前束在卧推，特别是停顿卧推中的优先级要高于肱三头肌，那么我们在日常肌肉辅助训练的内容安排上，就应当以三角肌前束的动作为先，随后再安排肱三头肌的训练。在具体的动作选择上，我们建议大家优先参照三大项动作的训练量以及训练强度，以卧推训练为例，在卧推专项训练日时我们所使用的基本都是较大的重量，相对应的肌肉辅助训练最好安排单关节的以刺激肌肉为主的训练动作，比如前平举或绳索臂屈伸等。在卧推专项辅助训练日时我们所使用的基本都是较轻的重量，相对应的肌肉辅助训练可以安排一定的复合训练动作，比如实力推或窄距卧推等。

在改善神经募集能力的专项辅助训练的内容安排上，我们建议大家从自身相对神经募集能力较薄弱的阶段性难点入手，整个训练计划的安排以着重提升三大项动作中较薄弱的阶段性难点为先。如果你不解决自身神经募集能力最差的一个环节，反而是去训练相对较强的环节，那么你的成绩提高便会始终受制于最差的那个阶段性难点，迟迟无法获得真正的进步。在寻找自身最薄弱的阶段性难点时，我们一定要根据其在三大项动作中的优先级进行判断。比如你在深蹲时会有出杠能力和启动能力同时较差的问题，虽然启动能力是深蹲中最重要的一个环节，但是出杠是相对于启动更早的阶段，也是优先级更靠前的阶段。如果我们不把解决出杠能力放在专项辅助训练的首位，

那么无论我们在启动训练时多么刻苦，我们也始终无法解决最根本的问题。当然，在训练内容的安排上，我们未必会针对出杠能力较差安排太多大量的训练，毕竟它不像深蹲的启动能力或后半程能力那样需要安排大量的针对性训练。但是你一定要记住，只有真正的在专项辅助训练时解决了出杠能力的薄弱点，我们才有资格去开始针对启动能力的专项训练。

组数与次数：组数与次数是周期性力量训练计划中十分重要的一环，我们必须根据自己的目标需求以及力量增长的原理安排相应的组数与次数。组数与次数是决定我们训练量大小以及训练强度高低的决定性因素，如果我们在训练中使用了错误的组数与次数，那么便会导致我们的训练量以及训练强度不符合目标需求，进而无法带来力量的实际提升。在一份周期性力量训练计划中，我们需要进行针对性安排的组数与次数主要集中在三大方面：专项训练、肌肉辅助训练以及专项辅助训练。

在专项训练中，根据我们所使用的不同的力量增长原理，比如线性计划或交叉型计划，其所决定的训练组数和次数是不一致的。当我们使用的是线性计划时，我们专项训练的组数与次数在每个阶段都是不一样的，一般在最开始的增肌期时，我们会较普遍使用5组，每组5次这种相对容量较大的组数与次数的安排，这不仅可以通过专项训练给予肌肉一定的增长，同样还可以获得一定力量水平的提升。在我们进入力量储备期时，我们会较普遍使用3组，每组3次这种强度更高的组数与次数的安排，使我们的力量水平得到进一步的巩固。在最后的力量提升期，我们会较普遍使用1~2组，每组1~3次这种彻底点燃训练者力量增长导火索的方式，让训练者将之前获得的力量与肌肉基础都充分在这个阶段引爆，转化为具体成绩的增长。当然，上述组数与次数也存在特殊的安排情况，比如有的训练者习惯在线性计划的增肌期选择较多次数的重复练习，即专项训练时使用3组，每组10次的训练方法。这种方法并非完全不可以，只是相对来讲效果更佳偏向刚接触力量训练的爱好者，这可以帮助他们最大程度从专项训练中获取肌肉的增长，同时培养良好的训练姿势，但是力量提升的效果便会受到一定影响。当我们使用的是交叉型计划时，我们一般不会在专项训练中安排固定的次数，为了使神经募集能得到最大化的刺激，我们会选择在每组都尽可能完成更多的次数，即每组做到力竭。当然，每个时间节点所使用的重量是不一致的，你不可能在每份计划的刚开始便使用极大的重量进行练习，一般来讲我们会从极限重量的85%开始，在这个负荷下一般我们能完成的力竭次数大概在5~6次之间。在组数的选择方面，我们会根据三大项动作的特点进行相应的安排，比如对于需要一定训练量的卧推，我们往往会安排2~3组进行练习。像深蹲和硬拉这种对于神经以及关节消耗较大的项目，我们一般只会安排1~2组进行练习。

在肌肉辅助训练中，我们需要根据当日组合训练的内容进行搭配选择。如果当日我们的训练重点是大重量的专项训练，那么我们在肌肉辅助训练中，一般会安排4~5组，每组12~15次的轻重量练习，通过降低训练强度同时增加训练量的方式，使得我们可以在高强度的专项训练后依然可以获得对肌肉的充分刺激。如果当日我们的训练重点是轻重量的专项辅助训练，那么我们在肌肉辅助训练中，一般会安排3~4组，每组8~12次的相对训练量较低，但是训练强度较高的方式，用来配合我们当日训练强度较低，但是训练量稍大的专项辅助训练，使得肌肉力量获得更好的发展。我们要注意的是，无论在什么情况下我们都不建议大家使用每组低于8次的方式进行肌肉辅助训练，这对于肌肉质量的提升并没有太大帮助。如果你的目标是希望肌肉变得更强壮，那么使用8次以内这种较大重量的负荷会使我们丧失对肌肉的孤立刺激，最理想的方式还是使用相对较轻，但是可以使肌肉感受到充分充血以及刺激的重量进行练习。此外，我们在进行肌肉辅助训练时，也会根据特殊肌肉的类型安排较特殊的组数与次数的练习，比如当我们面对三角肌这类羽状肌群时，我们会使用超过15次以上的重复次数进行练习，有时甚至会使用20~25次这种容量极大的方式进行训练。对于一些我们相对较薄弱，或者平时训练时较难感受到充血的肌肉部位，我们也会考虑使用超级组或者预疲劳法进行练习。比如我们的背阔肌充血感受较差，我们可以在训练时将器械弯举与杠铃划船进行超级组的组合练习，先使用器械弯举预先消耗肱二头肌的力量，使其很难在杠铃划船时提供额外的代偿发力，从而使我们的背阔肌获得更好的充血感受，这也是预疲劳法的一种应用形式。

在专项辅助训练中，我们需要根据具体的目标需求决定不同的组数与次数的搭配。当我们的目标是通过专项辅助训练来提升自己的爆发力以及三大项动作快速发力的能力时，我们会安排较多的组数，一般情况下在7～12组之间。但是在次数方面，我们会使用相对较轻的重量，一般为极限重量的50%～70%，进行每组1～3次的重复练习。要知道我们的目标是提升自己快速发力的能力，因此我们无法使用较大的重量进行重复练习，我们必须确保自己每一次重复练习时都可以展现足够快的动作完成速度。当我们的目标是通过专项辅助训练来解决自己在三大项动作不同阶段中的薄弱点时，我们有两种选择：一种是将专项辅助训练的动作直接替代正常的三大项训练，使用线性计划或交叉型计划的方式直接放在专项训练日当天进行练习。另一种是使用极限重量50%～70%的方式进行做组练习，一般我们会安排3～5组，进行每组3～5次的重复练习。注意，我们这里所说的极限重量指的是三大项动作的极限重量，而非专项辅助训练动作的极限重量。比如当我们需要使用间歇深蹲进行3组，每组5次的练习时，我们会使用极限深蹲的55%进行练习，这里的极限深蹲指的是正常深蹲的极限重量，而非间歇深蹲的极限重量。

训练量与训练强度： 训练量指的是训练容量，当我们在一次训练时使用的组数与次数越多，我们的训练量也就越大。有的大容量的训练课甚至会耗费我们2个小时以上的训练时间。训练强度指的是训练中所使用的重量大小以及组间休息的时间，当我们使用的重量越大，组间休息越短时，我们的训练强度也就越高。在三大项的大重量专项训练以及使用超级组的肌肉辅助训练时，我们的整体训练强度会变得更强。训练量的大小以及训练强度的高低不仅对于我们的力量增长具有决定性的影响，同时还会直接影响我们的身体恢复能力以及受伤病影响的风险。训练量以及训练强度同时受组数与次数、训练中的休息时间以及训练频率等多种因素共同影响的。每一个力量训练者都应该明白一个共同道理，即无限制的增加训练量以及训练强度对于力量的提升是没有任何帮助的，即使是对于高水平的职业运动员，他们也会更多参考自身的情况去选择合理的训练量以及训练强度。

有的训练者使用一周5～6次训练甚至一日两练这种比较夸张的训练强

度，殊不知过犹不及，不仅没法帮助你的力量获得真正的提升，还会加重你的关节和肌肉受伤的风险。大家一定要合理搭配训练量以及训练强度，当我们使用较大的训练容量时，我们便无法使用较高的训练强度。相反，当我们的训练强度较高时，最好使用相对较低的训练容量。这个原理不仅作用在单一的训练动作安排上，更体现在每个训练日的搭配上。比如当我们进行深蹲训练时，你是不可能在85%的极限重量这个较高的强度基础上，进行类似3组，每组10次的高容量训练，除非有人给你借力或者你的深蹲幅度不达标，否则想同时完成大训练量和高强度是不现实的。同样的例子出现在我们的深蹲训练日的具体安排中，当我们使用大容量进行深蹲的专项训练时，我们便不适宜在肌肉辅助训练中安排同样较大的训练量，否则会严重影响我们下肢肌肉的恢复速度，影响之后的训练安排。最好的方法是，当我们使用大容量低强度的专项训练时，在肌肉辅助训练中就要使用相反的小容量高强度的方式进行练习。

休息时间：休息时间指的是我们在每次训练中组与组之间以及动作与动作之间的休息时间，我们还是应当从专项训练、肌肉辅助训练以及专项辅助训练三大方面分析具体的休息时间的长短。当我们在进行专项训练时，一般不会存在动作与动作之间的休息时间。因为几乎所有的周期性力量训练计划只会为我们在一个训练日安排单独一项的训练动作，几乎不存在将深蹲和硬拉或者卧推的大重量专项训练放在同一天进行练习的情况。所以，当我们在进行专项训练时，基本只需要考虑组与组之间的休息时间。为了保证每组专项训练都拥有最佳的状态，并且提高大重量训练时每组的完成度，我们建议大家可以在组与组之间保持3~5分钟的休息时间。在一些特殊情况下，比如像夏天这种天气较为炎热且对身体影响较大的季节，我们甚至可以采用充分休息的方式，即适当延长休息时间至超过3~5分钟，当我们确定身体已经完全准备好后再开始下一组的练习。当然，要注意的是不能让自己的身体凉下来，有的训练者的组间休息时间过长，或者在冬天这种天气相对脚冷的季节，我们便不是特别适合采用充分休息的组间休息方式。当你的肌肉已经凉下来以后，再去进行大重量的专项训练毫无疑问对身体健康是很危险的！

当我们在进行肌肉辅助训练时，我们的目标是为了使肌肉获得充分的刺激以及强烈的充血效果，因此我们不能够在组间使用太长的休息时间。一般来讲，我们会将组间休息的时间控制在2分钟以内，如果超出这个时间，那么便会存在肌肉充血程度较低以及肌肉受刺激效果较差的现象。在某些特殊的训练计划中，比如使用超级组或金字塔组等训练方式时，我们甚至可以使用几乎不休息的组间休息方式，这样可以给予我们肌肉相比正常训练时更最强的刺激。在动作间的休息安排上，我们建议大家可以保持2～3分钟的休息时间，特别是当我们经历完一次强度较高的超级组训练后，在使用下一个新动作前可以适当使自己的身体得到一定的恢复。力量训练中的肌肉辅助训练并非完全照搬健美式的练习方式，虽然我们需要让自己的肌肉获得充分的刺激，但是在此基础上也要保证一定的训练负荷，完全使用轻重量且慢速的健美模式对于力量的增长并不会特别大，因此我们需要让自己的身体得到一定的休息，从而保证一定的训练负荷。

当我们在进行专项辅助训练时，如果我们的目标是提升三大项动作快速发力的能力以及身体的爆发力，那么我们建议训练者可以使用极短的组间休息的方式，将组间休息的时间控制在30～45秒，这样可以给予我们的速度能力最大化的提升，并且有助于暴露我们自己在快速发力时的动作弱点。如果我们的目标是提升三大项动作中分阶段的薄弱点，因为我们所使用的重量不会特别高，所以合适的组间休息时间最好控制在2～3分钟，过长的组间休息时间会让训练变得简单，同样无法暴露我们在动作方面的弱点。在周期性力量训练计划中，为了更好地解决三大项不同阶段的弱点，我们一般不会在同一个训练日安排两项或两项以上的专项辅助训练，与专项训练时类似，我们并不需要考虑在专项辅助训练时的动作间休息时间。

我们要求大家一定要在训练时严格把控组间休息以及动作间休息时间的长短，有的训练者在训练时喜欢玩手机或同朋友聊天，这都是很不好的习惯，这会直接影响你在训练时的专注度。力量训练是特别需要训练者保持高度注意力的训练类型，当你自己开始训练后，就请将所有的注意力都放在训练上，手机可以帮助你记录组间与动作间的休息时间，它不应当成为阻碍你力量提升的工具。

计划受阻：当我们在进行力量训练时，训练者可能会出现某一天计划规定的专项训练无法完成的情况。这种现象是比较常见的，要知道每个训练者都很难确保自己在每个训练日都能够保持百分百的好状态，而一旦自身的状态受到影响，在面临大重量的专项训练时便会存在一定的失败几率。比如按照计划今天你需要完成200 kg的3组，每组3次的硬拉专项训练，但是当我们进行到第二组时便只能够完成2次，根本不可能完成计划设定的3*3的要求。这种计划受阻碍的情况并非完全无法避免，我们有三种解决办法。第一，谨慎安排专项训练时的训练量以及训练强度，根据力量增长的周期性原理，我们每一次的专项训练使用的训练量以及训练强度都是参照上一次专项训练的完成度进行安排，我们需要避免两次专项训练时使用的训练量或训练强度变化过大的现象。比如上一周你的硬拉练习是使用190 kg进行2组，每组2次的练习，那么在这一周你使用200 kg进行3组，每组3次的练习显然是跨度过大的。

第二种办法便是提前通过热身组来感受今天的状态，对今日的专项训练的完成度有一个提前的预判。当我们很难使用200 kg完成既定的组数与次数的安排时，我们会在热身进行到80%～90%的重量，即160 kg～180 kg时会产生状态较差的身体感受。最直观的现象是160 kg或180 kg的完成速度相比平时状态较好时要差许多。当我们在热身组发现自己的状态较差时，最好的应对策略便是停止今天的专项训练，你可以选择回家好好休息，等到明天状态恢复时再进行练习。当然你也可以选择继续进行辅助训练，后者并不会受制于状态的好坏。

第三种办法是当你在热身时并无异常感受，反而是在正式组出现无法完成既定计划任务，比如前面我们提到的第二组发现无法完成3次的练习时，我们可以选择继续完成规定的组数，即使无法完成规定的次数也可以。等到下一次进行硬拉的专项练习时，我们可以再一次挑战之前一周未完成的任务。要注意的是，千万不要因第二组无法完成规定的次数，便在下一组通过错误的代偿发力姿势，或者找朋友进行额外助力去完成规定的次数，这种行为对于力量的增长是没有任何意义的。

当我们在进行肌肉辅助训练或专项辅助训练时，因为使用的重量较轻，并且对神经的兴奋程度要求不高，所以一般不会出现太多计划受阻的情况。除非是我们的身体出现一些小问题，比如感冒或胃肠的不适，这种情况会使我们的计划完成度受到一定的阻碍。此时我们不建议大家带着感冒或身体的不适感进行练习，很多训练者认为感冒并不会过多影响自己的状态，但殊不知在感冒时进行一定强度的力量训练会加重我们的病情，严重的甚至还会使我们的肺部产生不适感。我们建议大家应当选择让身体充分的养好病，再继续开始新的训练。

如果我们的计划受阻的原因是工作或生活中一些突发事件的影响，那么我们建议大家最好选择向后顺延的方式进行练习，有的训练者为了避免工作的影响，可能会选择提前一天进行训练，这种方式会使得训练者自身容易出现肌肉、关节或神经恢复不到位的情况，加大我们完成专项训练的难度。

平台期：当我们在执行计划时出现多次或者连续几次无法完成规定的专项训练的任务要求时，我们便需要适当考虑自己是否处于训练的"平台期"。平台期指的是我们在一段时间内，自身的肌肉或力量水平都没有明显的提升，甚至还会出现有所下降的现象。平台期是每个力量训练者都十分抵触的现象，它的出现不仅意味着你在过去一段时间内的努力都白费，同时还蕴含着较大的伤病隐患。几乎没有一个训练者不希望自己在训练时压根不会出现平台期，有时即使出现平台期，大家也希望可以用最快的方式跨过去。如果想使你自身尽可能少受平台期的影响，我们首先要弄清楚的是平台期的概念！平台期最重要的两个特征，一个是一段时间，另一个是自身的肌肉或力量水平都没有提升。其中一段时间往往指的是一份完整的周期性力量训练计划，比如8～16周的时间，当我们在执行完一份完整的周期性力量训练计划后，我们自身的力量或肌肉水平并没有什么明显的提升，那么这很大程度上意味着我们进入了平台期。此外，我们要注意的是，平台期的另外一个重要特征是肌肉或力量水平都没有明显的提升，如果在这段期间内，我们自身的肌肉水平获得了明显的进步，但是力量成绩的涨幅不明显，那么也不能完全代表我们进入了平台期。要知道，对于一些肌肉基础相对较差的训练者来讲，力量成绩的涨幅存在一个量变到质变的过程，你的肌肉已经做到了充分的量变，但是在质变开始前可能还需要一定的时间，这并不意味着你自己真正进入了"平台期"。

要想尽可能避免平台期的影响，除了了解清楚平台期的概念外，我们还需要弄清楚出现平台期或可能进入平台期的原因有哪些？其中最容易发生的还是在执行计划期间所出现的各种变故，比如常见的伤病影响，身体疲劳的累积、工作和训练搭配时间的不规律，较低的饮食以及营养摄入能力都是会影响训练计划的效果，导致训练者进入平台期的因素。由于训练者使用的周期性力量训练计划与自身情况不匹配所造成的平台期的现象并不是十分多见的，除非你的计划是属于千篇一律，或者完全不考虑你自身情况的他人的训练计划，否则当我们认真执行完一份计划后，基本都会得到一定的肌肉或力量水平的提升。因为计划本身所出现平台期的现象也不是完全没有，比如当我们自身对三大项动作姿势掌握还不是很熟悉时，容易出现在执行计划时较难完成计划要求的情况，不过一般这种情况可以通过事先对动作姿势的打磨来尽可能的预防。

在具体的解决平台期的方法上，我们建议大家还是要遵循平台期出现的原因进行对症下药，而不是盲目的去改所谓的动作技术或周期性力量训练计划。这两种方式不仅不容易使你的平台期问题得到尽快解决，甚至还会加长你被困在平台期中的时间。当我们的身体出现疲劳累积所导致的平台期时，我们可以适当完全停止1~2个周的训练，让肌肉和神经都得到彻底的恢复；当我们出现身体关节或肌肉不适所导致的平台期时，我们可以适当降低训练量，并且使用对关节相对较小的器械进行三大项的专项训练，比如使用安全杆进行深蹲，使用瑞士杆进行卧推以及使用环形杆进行硬拉。当我们出现因工作和训练搭配时间不规律所造成的平台期时，我们可以适当延后训练的时间，避免自己在身体没有完全恢复的情况就进行大重量训练的现象。此外，在开始训练计划前，我们建议大家都充分掌握好动作姿势，并且确保自身足够的饮食以及营养摄入，每日保证充足的睡眠，不要让这些成为使你进入平台期的原因之一。

我们可以适当通过一些方式预防平台期的到来，比如我们可以选择主动休息的方式使得身体避免受到平台期的影响。在使用线性计划时，我们可以在每个阶段的小周期完成后，安排一周只有肌肉辅助训练，没有任何大重量专项训练的"减载周"使身体得到提前的休息与恢复，这样可以最大化避免身体进入平台期。当我们在连续两次单项的专项训练时出现无法完成之前计划的情况，我们便需要让自己进入1~2个周完全停练的休息阶段，比如在第四周我们无法使用200 kg完成硬拉3组，每组3次的重复练习，而在未来的第五周以及第六周我们依旧无法完成第四周的计划要求时，我们应该做的是在第七周进行完全停练的休息，而不是无视自己肌肉和神经的疲劳度，继续进行勉强地练习。

减载周：减载周指的是在执行周期性力量训练计划的过程中，用一个星期的低容量以及低强度的方式使我们的肌肉以及神经系统得到调节和恢复。减载周不仅可以帮助我们尽可能避免受到平台期的困扰，同样还可以使我们的肌肉和关节处于相对较健康的状态。在减载周的使用上我们也需要注意一定的原理，否则不按规律使用减载周甚至会导致我们原本较快的力量增长速度放缓。首先，我们必须要确定的是减载周的长度，一般来讲我们只会安排一个星期的减载周，很少会安排长达一个星期以上的减载练习。过长时间的减载练习容易使我们的整体计划被打乱，使神经募集肌肉的能力下降。除非我们遇到需要一定时间恢复的伤病，否则不要使用持续时间较长的减载练习。

其次，当我们进入减载周之前，一定要进行充分的自我评估，即我是否现在需要进入减载周？判断是否必须要进入减载周的方式主要有两个：其一是根据之前一段时间的训练，我们的神经、肌肉以及关节都相对比较疲惫，我需要安排一个星期的减载周让自己的身体得到充分的休息。另一个便是当我完成这一周的所有训练安排后，我感觉这周的完成质量并不好，如果继续在下一周增加专项训练所使用的重量，那么便会存在较高的无法完成计划任务的概率，此时我们可以进行一个减载周的练习，在这一周着重刺激肌肉的生长，让自己的关节和神经得到充分的放松，提高每次训练计划的完成度。

当然，有一种情况是我们可以100%进入减载周的，即当我们完成一份完整的周期性力量训练计划后，在开始下一次新的周期训练之前，我们可以安排一个减载周，让自己的身体得到放松和休息。因为每份计划在最后都会让你检测一下新的力量极限，此时直接开始新的计划容易造成身体的疲劳，所以我们建议大家可以安排一个减载周。

当我们进入减载周时，第一个要确认的便是这个星期内我们不会安排任何跟三大项专项训练有关的内容，有的训练者可能会出现担心神经募集能力减退的问题，此时我们建议可以使用对关节压力较小的器械进行专项训练，比如之前我们提到的使用安全杆进行深蹲，使用瑞士杆进行卧推以及使用环形杆进行硬拉。它们相比传统的杠铃对于训练者自身的关节压力较小，适合在减载周时帮助大家保持一定的专项训练。不过，你要注意的是，即使是使用上述这些比较特殊的器械，我们也不建议大家使用较大的重量，最好不要让你的训练负荷超过极限重量的70%。此外，在肌肉辅助训练的安排上，我们建议大家尽可能选择固定器械或绳索进行练习，不要使用哑铃或杠铃进行训练。同时降低训练量以及训练强度，避免在这个星期再使用过多的超级组或金字塔组等高强度的训练方式。在减载周时，我们的目标便是在保持肌肉的活跃度的基础上，尽可能使肌肉得到充分的放松。

周期性原理：力量的增长是必须遵循一定周期性原理的，这直接决定了我们所有的力量训练计划在设计上必须做到"有理可循"，不遵循一定周期性原理的"力量训练计划"是很难给我们的力量成绩带来真正提高的。常见的可以帮助三大项成绩增长的周期性原理主要有两种：以线性增长原理为依据的线性计划以及以交叉增长原理为依据的交叉型计划。

以线性增长原理为依据的线性计划的最主要特点是将整个计划划分为三大阶段：增肌阶段、力量储备阶段以及力量提升阶段。这三大阶段可以帮助我们从提升肌肉质量，为力量增长打牢基础开始，通过对力量耐力以及爆发力等运动能力的提升，帮助我们突破三大项的极限成绩。线性计划的应用范围是十分广泛的，你可以将其运用在单项成绩的提高上，也可以将其运用在两项或三项成绩的提高上。线性计划比较适合刚接触力量训练的爱好者以及身体肌肉基础相对较薄弱，但是神经募集能力较强的训练者。线性计划的周期长度可以根据我们的目标有所不同，当我们的目标为单项成绩的提高时，我们可以使用一周三练的高频率训练法，从而极大缩短线性计划三大阶段的时间长度，达到在八周内即可获得明显的成绩增长的目的。线性计划有助于我们充分的掌握动作姿势，巩固肌肉水平。不过，线性计划本身也是存在一定局限性的，在这份计划的前两大阶段，我们一般不会使用特别大的重量进行专项训练，这会导致训练者在较长的一段时间内容易出现对大重量不敏感的现象，不利于提升我们的神经募集能力。当我们真正使用大重量训练时，基本也接近这个计划的末期，此时如果我们无法完成计划的要求，那么不仅意味着训练计划的失败，更意味着我们浪费了过多的时间。除非我们使用预设极限这种较高阶的计划设定法，否则很难避免上述两大局限性的出现。此外，线性计划的训练强度是直线上升的，这意味着训练者自身的疲劳累积度也是直线上涨的，如果不在每个阶段后安排一个周的减载练习，那么容易在不确定的时间产生神经和肌肉的重度疲劳，影响训练者自身的成绩。但是减载周的加入却会导致整个训练计划时间的延长，对于训练者完成计划能力的要求更加加大。

以交叉增长原理为依据的交叉型计划的最主要特点是在使用力竭法以及预设极限法的基础上，通过轮流交叉练习深蹲、卧推以及硬拉的专项练习，达到避免神经疲劳，提升神经募集能力，从而促进三大项极限成绩突破的目的。在交叉型计划中，我们不会像线性计划时分阶段进行练习，我们的训练几乎都围绕提升神经募集能力进行安排，不会单独拿出一个阶段进行提升肌肉质量的训练。但为了确保肌肉质量不会制约我们的力量增长，在交叉型计划中我们一般会在每周安排一个单独的肌肉辅助训练日进行练习，这与线性计划时将肌肉辅助训练放在每个专项训练日的专项训练动作之后是有很大不同的。交叉型计划的应用范围相对有限，它比较适合两项或三项成绩的提高，对于单项成绩的帮助它并没有线性计划所带来的作用那么直接。交叉型计划的周期长度一般在12～16周不等，它有助于提升我们三大项动作快速发力的能力以及身体的爆发力，使我们的神经募集能力可以获得更彻底的提升。交叉型计划的核心训练方法是使用力竭法，在大重量专项训练时尽可能使用力竭法充分消耗我们的神经募集能力，这对极限力量的提升是十分有帮助的。在具体的交叉执行上，我们可以选择交叉大重量训练日，比如在第一周进行大重量的深蹲以及大重量的卧推专项训练日，硬拉时则只安排重量较轻的专项辅助训练，但是在第二周只进行大重量的硬拉训练日，而深蹲和卧推时只安排重量较轻的专项辅助训练。不过，交叉型计划也是存在一定局限性的，尽管从计划的第一周开始，交叉型计划就会使用较大的重量，但是它每个动作的大重量专项训练的频率相比线性计划时要低很多，这容易使力量基础不强的训练者出现对动作姿势掌握不牢固的现象。并且，交叉型计划不会像线性计划那样安排大量的肌肉辅助训练，如果你自身的肌肉基础较薄弱，那么同样不适合选择这种方法进行练习。此外，交叉型计划是必须使用预设极限法的，这意味着你必须对自己的力量水平有充分的了解，否则一旦在每次执行计划时出现预设极限错误的情况，便会直接影响训练计划的完成度。

预设极限：预设极限法指的是在设计周期性力量训练计划时使用预设一个比现在极限水平较高的成绩的方法，这会有助于我们在执行训练计划时，使用极限重量的百分比时使用相比正常情况较高的重量，但同时又可以确保我们能够保质保量地完成。如果我们不使用预设极限法，只是按照自身的极限重量进行换算练习的话，便会出现一个力量增长与原本力量水平不匹配的现象：随着我们训练计划的推移，我们的极限力量应当相比计划开始前提升不少，此时如果继续按照之前的极限重量进行换算，便会出现训练强度相对较低的现象，不符合我们已经增长的力量水平。使用预设极限法便可以很好的避免这个问题，它可以使我们每次的训练强度都几乎完全符合现阶段自己的力量水平。

在使用预设极限法时一定要注意合理地进行"新"极限的预设，比如对于刚接触力量训练的爱好者，其深蹲和硬拉的极限成绩分别为140 kg和160 kg，那么我们可以预设他们在12周之后的新极限为152.5 kg和162.5 kg，这种不超过10%的增长是相对较正常并且可实现性较高的。如果你的预设即现在180 kg和

200 kg，那么这显然是不现实的，同时还会影响我们正常计划的完成度。要知道，当我们进行预设极限后，我们的专项训练所使用的重量就要参照预设极限进行练习。比如我们需要使用75%的重量进行5*5的深蹲训练，如果你现阶段的成绩是140 kg，那么使用预设极限152.5 kg所对应的114 kg还是有很大可能完成的。但是如果你的预设极限是180 kg，那么所对应的5*5做组重量便是135 kg，这显然是不可能是你现阶段力量水平所能够完成的。为了确保我们的预设极限可以跟自己的力量水平的增长更加同步，我们可以采取每次专项训练预设极限的方法，比如这周我的深蹲极限是140 kg，当我完成训练后我感觉十分轻松，没有任何难度，那么在下一次深蹲训练时我可以将极限成绩设定在145 kg，然后再观察训练中的感觉，从而进行下一次极限成绩的调整。这种方法需要训练者拥有对自己的训练极强的把控能力，这样才可以确保你的每次预设极限都合乎自身的情况。这种方法在使用大重量专项训练集中在计划末段的线性计划中比较少见，这是交叉型计划所比较喜欢选择的预设极限的方法。

有的训练者会在使用预设极限法经过几个周的练习后，出现无法继续完成规定计划要求的情况。此时我们建议训练者可以根据自身的身体反应进行判断，如果我们的身体没有任何疲劳或不适感，那么这意味着我们自身的预设极限相对较高，或者自身的力量增长速度并没有达到预设极限的要求，我们可以适当调低一点预设极限的数值，然后在下周的专项训练中观察是否可以完成。如果我们的身体有疲劳感或肌肉以及关节的疼痛，那么我们可以拿出一个周的时间停练或者进行减载练习，让自己的身体得到彻底的放松，同时再调低一点预设极限的数值，然后再观察后续训练的完成度。

辅助能力： 一份优秀的周期性力量训练计划不仅要考虑有关力量训练的具体内容安排，同时还不能忽略与力量提升相关的其他辅助运动能力的提升。比如有的训练者在执行计划时会发现身体的柔韧性或平衡能力较差，如果不加以改善，那么便会直接影响计划的完成度，甚至阻碍力量的提升。在力量训练时，身体的柔韧性、平衡能力以及爆发力是对力量大小影响较多的辅助运动能力。其中，身体的柔韧性是最为重要也是最常见的，柔韧性不足的问题不仅存在于新手以及初级训练者中,甚至在具备一定训练经验的中高级训练者中都是较为普遍存在的。柔韧性不足会直接影响我们三大项的成绩,比如在低杠深蹲时我们会无法使用相对较低的杠位,当杠位越高时我们的后侧链所能够参与发力的程度越轻,不利于深蹲成绩的提高。在卧推时我们无法保持较高的起桥高度,容易使我们的做功距离过长,影响卧推的极限成绩。在硬拉时我们会很难使用宽站距的相扑硬拉,同样使我们硬拉的做功距离变长,不利于硬拉极限的突破。并且,柔韧性较差还会影响我们自身的关节以及肌肉的健康,比如有的腘绳肌以及臀部柔韧性较差的训练者,极其容易在练习时出现腰部无法收紧的现象,这种问题不得到彻底的解决,随时会引发腰部伤病的出现。前面我们已经就柔韧性的训练方法进行过讲解,柔韧性较差的训练者不仅应当在训练前进行充分的热身,同时还需要注意平日在家中的练习。

身体平衡能力较差的现象一般存在于大多数刚接触力量训练的爱好者,他们可能第一次接触深蹲或卧推训练,容易在一开始无法找到正确的身体和杠铃的重心,出现在练习时失去平衡,身体明显向一侧歪斜的情况。我们可以通过使用轻重量进行大容量专项训练的方式,帮助刚接触力量训练的爱好者加深对动作的记忆,使身体尽快熟悉身体和杠铃正确的重心位置。只是这种方式需要一定的时间才能见效,很多我们在训练时出现身体不平衡的原因往往都是一些坏习惯所引发的,比如平时不注意左右手握杠的位置是否一样,或者出杠后左右脚站的位置是否相同。当然,在一些具备一定力量训练经验的训练者中同样存在平衡性较差的问题,不过这里导致平衡性较差的原因并非是对技术动作的不熟悉,而是身体左右侧力量的不均衡。其实我们每个人的左右侧力量都是不均衡的,如果你平时惯用的是左手,那么你身体左侧的力量自然相比右侧要强一些。这种情况并不会在日常生活中被发现,但在接近极限重量的力量训练时便会暴露的比较明显。当你的左右侧力量出现较大差距时,我们建议训练者不只是要安排针对弱势部位进行单侧的肌肉辅助练习,还应当注意在专项训练时使用慢速离心的方法进行练习。单纯只针对肌肉进行提高而不使用专项训练的话,会无法帮助你真正彻底

的解决问题。

爆发力较差的原因跟训练者自身的训练基础有关,也跟训练者自身的年龄有关。接触健身,甚至体育运动的时间越晚,我们的爆发力发展也会相对越差。同样的,当我们的年龄逐渐变老时,身体的爆发力相比青壮年时自然也要逊色一些。我们可以通过在专项辅助训练日安排速度训练的方式,来使我们的爆发力以及三大项的快速发力能力得到一定提升。但是要注意选择合适的负荷重量,之前我们曾经提到过,在速度训练时所使用的重量应当是自身极限重量的50%~70%,并且一定要尽量缩短组间休息的时间,这样才可以给予速度能力最大的提升。

训练水平: 每个训练者自身的训练水平都是不一样的,不同的训练水平决定着使用的周期性力量训练计划的内容不同,这其中包含周期长度、训练项目、训练动作、训练量以及训练强度和最关键的周期性力量增长原理。其中在周期长度方面,我们建议新手和初级训练者最好使用16周的长时间的计划,给自己一个相对较充裕的时间来应对自己在刚接触力量训练时所容易遇到的问题。而对于具有一定经验的训练者,我们建议可以使用12周左右的长度适中的计划,这可以使训练者在练习的过程中随时应对自己已经发生变化的身体,为它搭配更加合适的训练计划。对于较高水平的训练者,我们建议他们可以考虑8周的提升具体某一项成绩的方式,这会有助于训练者尽快弥补自己相对较薄弱的环节,对于三大项总成绩的提升有重要的帮助。

训练项目的选择与周期长度的选择是类似的,我们要求新手和初级训练者务必在最开始接触力量训练时选择将提升三大项成绩作为最主要的训练目标。虽然力量训练的三大项并没有太多相互促进的作用,但是为了让你身体的力量素质得到更全面的提高,我们要求大家必须在刚开始同时训练三大项。对于具备一定经验的训练者,他们在经过一段时间的训练后应该已经发现自己比较擅长的项目是什么,而稍微存在不足或先天局限性的项目又是什么。此时他们可以选择继续提高三大项,但也可以拿出其中自己相对较擅长,并且较重要的两项进行练习,这对于三大项总成绩的提升也是十分有帮助的。对于水平较高的训练者,我们建议大家可以考虑将单项作为最主要的训练目标，这其中不仅有对总成绩提升更有帮助的关系，同时还存在有的训练者会考虑参加卧推或硬拉单项比赛的关系。

在训练动作的选择方面，我们建议新手和初级训练者一定要避免那些过于"花里胡哨"的动作和训练法，将你的训练重心放在最传统的杠铃、哑铃以及器械上，使用最正常的做组练习的方式便可以给予你一定的力量水平基础。对于具备一定力量训练经验的训练者，我们建议大家可以适当使用"超级组"、"力竭法"等高强度的训练方式，有助于自己的力量水平更进一步。而至于那些较高水平的训练者，我们建议大家要敢于尝试使用多种辅助工具进行练习，比如之前我们提到的铁链、弹力带甚至卧推弹弓等，这些工具搭配你的训练计划会点燃更美妙的火花，继续使用传统的杠铃进行一成不变的训练，反而很难使我们自己的力量水平百尺竿头，更进一步。

在训练量以及训练强度的把控方面，我们不建议新手和初级训练者使用较高的训练强度，我们可以适当抬高一点整体的训练量，但千万不可安排较高的训练强度，否则在训练者自身动作姿势尚未完全掌握清楚时，便安排所谓的高强度训练是存在着很高受伤风险的。而对于有一定经验的训练者，我们建议大家可以适当提高一下训练的整体容量。对于这部分训练者来讲，缺乏足够的肌肉基础以及神经对于动作的记忆是影响我们力量更进一步的关键。较高的训练容量可以使我们的肌肉基础和神经对动作的熟悉程度更加牢固。而对于高水平的训练者来讲，过高的训练容量对他们提升成绩是没有太大帮助的，甚至会使训练者消耗过多的能量，影响自身的力量水平。高水平训练者需要的是相对较高的强度，只有当专项训练的重量达到一定程度时，他们的力量才会获得更大的提升。

在周期性原理的选择方面，我们建议新手和初级训练者最好选择使用线性计划，这种将肌肉增长以及力量增长分阶段划分的训练原理，可以帮助新手和初级训练者全面提升力量所依赖的肌肉基础、较强的神经募集能力以及成熟的技术能力三大方面。使用交叉计划容易使训练者出现因专项训练频率较低，进而影响力量增长的现象。对于具备一定训练经验的训练者，我们建议大家可以根据自身在肌肉和神经募集能力的强弱程度使用最适合自己的训

练原理。比如当我们肌肉基础相对较薄弱时，我们可以使用线性计划。但当我们的神经募集能力较差，爆发力不足时，我们可以使用交叉型计划。对于高水平的训练者，我们建议大家使用交叉型计划，这种方式可以帮助我们很好地兼顾深蹲和硬拉两大项，不容易出现身体疲劳无法恢复的情况。当然，也有的高水平训练者会使用线性计划，只不过这种情况出现的几率相对来讲较低。

计划调整：有的训练者会在执行周期性力量训练计划的过程中试图改变自己的训练计划，或者使用新的训练计划。我们建议大家可以根据自身在每次训练后的感受情况，适当调节训练计划中的专项训练以及辅助训练的训练量和训练强度。不过，在调整计划前请一定确保你对计划的改变是合乎力量增长原理的，如果你担心你的改动会影响力量的增长，那么我们建议你可以找寻教练进行咨询。我们不建议大家在执行计划时变更专项训练的姿势以及辅助训练的动作，比如当我们在计划最开始时使用的是传统硬拉，那么一定不要在经过几个星期的训练后改为相扑硬拉，除非你是针对硬拉单项提高所做的特殊计划，否则随意硬拉的姿势对于成绩的提升是没有太大帮助的。在辅助训练的动作选择上同样是如此，毕竟我们在辅助训练时所使用的动作都是在整个计划开始前，我们根据自身的薄弱点所特殊安排的。

我们不建议大家在没有走完一份完整计划前便更换训练计划，只要你现在执行的计划是合乎力量增长原理的，那么你可以在根据自身感受的基础上进行细节调整，没有必要在没执行完12周或16周计划前就提前宣判计划的死刑。如果当我们执行完整一份计划后，发现自身的力量还没有任何提升时，我们可以考虑变更使用其余的训练计划类型，比如在之前我们使用的是线性计划，那么我们可以根据自身情况再设计一份交叉型的训练计划。

当然，如果你在执行完训练计划后发现自身的力量成绩的确有所进步，那么请你继续坚持下去！当你有效果时，证明这份计划的安排方式是很适合你自身力量增长需求的，我们没有任何理由也没有任何必要去更换新的计划。有的训练者认为长时间使用同一种训练计划会使得我们的力量增长出现"免疫期"，这种担心是十分多虑的。还记得之前同Ray Williams进行交流时，他曾经讲过他自己的训练计划已经持续了几年的时间。力量增长需要的是正确的科学的训练计划，而非"新鲜"的训练计划。

营养搭配：在执行周期性力量训练计划期间，我们的营养摄入以及搭配方式是需要根据计划的每个训练日以及每个阶段进行具体搭配的。如果你从头到尾所摄入的饮食和营养都是千篇一律的，那么也不利于使你的训练计划的效果最大化。在训练日与休息日时，我们需要使用不同的营养搭配方式：训练日因为需要相对较多的能量供应，所以我们在营养摄入中需要适当增加碳水化合物的比例，并且在训练时最好常备快速补充能量的食物，比如香蕉、蜂蜜等。休息日因为肌肉需要得到更好的修复，并且身体的消耗的能量较低，所以我们要适当控制碳水化合物的摄入，同时增加蛋白质的摄入量。

在计划的每个阶段所使用的营养搭配方法中，如果你使用的是线性计划，那么我们建议在第一个增肌阶段时尽可能选择高蛋白质、中等碳水化合物的摄入方式，让身体可以构造更多的肌肉。在第二个力量储备期时建议大家可以使用中等蛋白质、高碳水化合物的摄入方式，让身体时刻保持在迎接大重量训练的最佳状态。而在最后一个力量提升期时，我们希望大家可以在保持高碳水化合物的基础上，适当增加蛋白质的摄入量。因为最后一个阶段是我们彻底点燃极限力量的时刻，身体必须拥有比之前更多的能量以及蛋白质的供应，这样才可以使我们的力量提升效果最大化。如果你使用的是交叉型计划，那么在营养的搭配方法上也可以参考线性计划时我们所使用的策略，随着计划的推移逐步加大蛋白质以及碳水化合物的摄入量，使身体在最后1~2周进入到极限力量冲刺时获得最强的营养供应。因为我们的训练量以及训练强度并不是从整个计划的一开始到最后都是保持一致的，所以我们必须在执行计划的每个时间节点配合不同的训练量以及训练强度调整我们的营养搭配。

心态：心态并不是周期性力量训练计划中一个可以被用组数或次数概念规定的一个环节，心态是每个训练者内心的代表，它并不像你的肌肉或力量水平那样可以从外在很直观的观察到。正因如此，我们可以通过器械等方法

来使我们的肌肉和力量变得强壮，但是很难通过具体的方法来使我们的内心变得更加强壮。如果你没有一颗强大的心，那么在训练中你便会遇到很多的阻碍，严重的时候你甚至可能会选择放弃和逃避。一个高水平的力量运动员自身的心态一定是十分端正的，要知道力量训练不同于球类等竞技项目，它是几乎完全一个人的世界，有的时候甚至会有点枯燥和寂寞。当我们在独自进行艰苦的训练时，却会经常发现自己某个朋友或者认识的人的力量成绩有进步了，而自己还在原地踏步。这种情况是十分常见的，很多训练者也正因如此做出了很多极端的选择，比如一份计划执行没有几个星期便去换计划，一种姿势还没掌握彻底就去钻研所谓的新技术等。

希望大家可以明白，力量训练自始至终都是自己练给自己的，你不是为了别人去练的，也不是为了打败别人去练的。我相信每个训练者在接触力量训练时大都是因为想让自己变得强壮，真正喜欢这项运动才会选择参与进来。所以，我们只需要努力让自己变得更好即可，不用去太在意别人的情况。在训练时也是如此，没有什么计划或什么动作可以使你的成绩获得瞬间的大幅度提升，你的所有力量的增长都是在一次次孤独又坚毅的重复练习中打磨出来的。如果你想让你自己真正具备较高的力量水平，那么请你一定要放平心态。有的训练者认为自己在最开始接触力量训练时可以保持三大项增长50 kg的速度，由此认为自己在之后的训练中也应当保持差不多的速度，如果执行完一份训练计划后只能提高15 kg，那么他会觉得自己的计划是错误的。这种想法是十分偏激的，要知道随着你自己力量的提升，到训练的后期甚至提升5 kg都是很困难的，如果按照这种偏激的逻辑，那么每个人都可以在练2~3年后去尝试冲击所谓的世界纪录。脚踏实地，将每一次训练都执行好，你的力量增长必定不会辜负你的付出！

周期性力量训练计划的案例解析

在这一节我们会为大家列举一份线性计划以及一份交叉型计划，通过对计划的分析来为使大家对于周期性力量训练计划的内容，以及不同力量增长原理有更加深刻的理解。

SMOLOV深蹲计划

日期	周一	周二	周三	周四	周五	周六	周日
第一周	65% 3组 8次 70% 1组 5次 75% 2组 2次 80% 1组 1次	65% 3组 8次 70% 1组 5次 75% 2组 2次 80% 1组 1次	65% 3组 8次 70% 1组 5次 75% 2组 2次 80% 1组 1次	休息	休息	休息	休息
第二周	80% 1组 5次	休息	82.% 1组 5次	休息	85% 1组 5次	休息	休息
第三周	70% 4组 9次	休息	75% 5组 7次	休息	80% 7组 5次	85% 10组 3次	休息
第四周	70% 4组 9次 比上周加重	休息	75% 5组 7次 比上周加重	休息	80% 7组 5次比上周加重	85% 10组 3次 比上周加重	休息
第五周	70% 4组 9次 比上周加重	休息	75% 5组 7次 比上周加重	休息	80% 7组 5次比上周加重	85% 10组 3次 比上周加重	休息
第六周	休息	休息	学习	休息	极限测试	极限测试	休息
第七周	重量不要超过新的深蹲极限的 60%，保持腿部肌肉活跃度为主，给予身体充分休息。						
第八周	重量不要超过新的深蹲极限的 60%，保持腿部肌肉活跃度为主，给予身体充分休息。						
第九周	65% 1组 3次 75% 1组 4次 85% 3组 4次 90% 1组 5次	休息	60% 1组 3次 70% 1组 3次 80% 1组 4次 90% 1组 3次 85% 2组 5次	休息	休息	65% 1组 4次 70% 1组 4次 80% 5组 4次	休息

续表

日期	周一	周二	周三	周四	周五	周六	周日
第十周	60% 1组4次 70% 1组4次 80% 1组4次 90% 1组3次 90% 2组4次	休息	65% 1组3次 75% 1组3次 85% 1组3次 90% 3组3次 95% 1组3次	休息	休息	65% 1组3次 75% 1组3次 85% 1组4次 90% 4组5次	休息
第十一周	60% 1组3次 70% 1组3次 80% 1组3次 90% 5组5次	休息	60% 1组3次 70% 1组3次 80% 1组3次 95% 2组3次	休息	休息	65% 1组3次 75% 1组3次 85% 1组3次 95% 4组3次	休息
第十二周	70% 1组3次 80% 1组4次 90% 5组5次	休息	70% 1组3次 80% 1组3次 95% 4组3次	休息	休息	75% 1组3次 90% 1组4次 80% 3组4次	休息
第十三周	休息	休息	75% 1组4次 85% 1组5次	休息	休息	极限测试	休息

计划注解：

首先，在执行smolov深蹲计划的过程中为了保证身体健康以及训练效果，使肌肉不会处于较疲劳的状态，我们不能在执行计划的同时进行任何形式的硬拉训练！你可以在休息日进行卧推的专项训练，但我们不建议在卧推时使用太大的重量，否则同样会影响我们在深蹲日时的正常表现。我们也不建议大家在深蹲训练日当天安排额外的肌肉辅助训练，有的训练者认为可以执行一些简单的箭步蹲练习，但我们始终建议训练水平并不高的训练者，一定要避免训练过度从而导致肌肉或力量没有提高的现象。

Smolov计划整体长度为13周，这其中真正训练的实际只有12周的时间，第十三周为极限测试周，并没有太正式的训练内容。我们在第七周以及第八周安排了以肌肉辅助训练为主的减载练习，其目的主要是针对之前六周，特别是第三周到第六周这四个相对强度较大的周，避免神经出现因这段期间高强的训练量所产生的疲劳。整个计划分为四个周期，第一周期是第一周以及第二周，计划将这个阶段命名为入门周期，目的主要是计训练者适应高频率的单项训练模式。比如我们在第一周安排了连续三天的深蹲训练，但为了不让我们的神经产生较强的疲劳，我们并没有使用超过80%以上的重量。在第二周，我们采取了相对较正常的隔天休息的方式，这个周的整体训练量依旧较低，但是所使用的负荷强度却逐渐提升。并且隔天休息的方式会有助于我们尽快熟悉在接下来四个周都要采用的训练频率。第二周期是第三周到第六周，属于肌肉以及力量基础的构建时期。我们在这个期间内频繁使用4*9、5*7、7*5以及10*3这种随着重量和强度递增，训练量逐渐递减的练习方式。这种方式同线性计划的组数与次数安排方式很相似，只不过我们并没有将整个计划扩大到几个周，我们只是在每个周的第一天使用增肌期的安排方式，即4组每组9次，在第二天以及第三天使用力量储备期的安排方式，使自己的力量耐力得到提升，而第四天则是参照线性计划中的力量提升期。在第二个周期内，我们的训练计划其实是类似于一个整体缩小在一个周内的微型线性计划。第三周期是第七周以及第八周，属于减载阶段，这个阶段的目的主要是让我们自己的身体得到全面的恢复。第四阶段是第九周到第十二周，属于力量提升阶段，这个时期我们所使用的重量相比最开始训练计划时要大许多，这个高强度周期我们训练的完成情况会直接影响到我们在最后一周进行极限测试时的结果。

  smolov并不是什么缺点也没有的，它的高频率训练方式会使得我们其余的两项成绩得到严重影响，特别是在力量举比赛中目前还没有单独较正规的深蹲单项比赛，如果将注意力都放在深蹲的提高上，那么便会直接影响力量举三大项的总成绩。但是，为了避免因频繁使用大重量所产生的神经疲劳，以及上肢肌肉疲劳对深蹲的影响，我们很难在执行这份计划的同时完成正常的卧推练习。我们在第三周到第六周的时间里，会根据自身每周训练的完成情况使用预设极限法为自己在下周训练时规划新的重量。这对训练者自身的训练能力要求是很高的，你必须对自己每次的训练状态都有充分的了解。

此外,smolov对于年龄较大或深蹲极限成绩相对较高的训练者并非特别合适,高频率的深蹲训练对于年龄较大,膝关节有陈旧伤病的训练者是比较抵触的,频繁的深蹲容易使你已经比较薄弱的膝关节再填压力。并且,当你的深蹲极限已经接近300 kg时,我们同样不建议使用smolov计划,虽然你可能不用担心肌肉的恢复问题,但是神经在极高重量的影响下被大量消耗,要知道300 kg深蹲相比100 kg深蹲所带来的对于神经的消耗是完全无法相比的,这对成绩的增长显然是有很大阻碍的。

当我们在使用smolov进行训练时,如果出现其中某一天的训练内容无法完成,或者休息日的天数不足,身体无法完成恢复时,我们可以适当向后顺延训练计划。这种情况在最开始使用一周四次深蹲的高频率训练时是最容易出现的,特别是第三天7组5次和第四天10组3次之间是没有休息的,这对于训练者的恢复能力要求极高。有的训练者会适当延长训练计划的时间,即将原本7天4次的深蹲频率变为8天4次。这虽然会拉长整个计划的时间周期,但是却可以最大程度保证我们的训练完成度。

力量举三大项交叉型计划

日期	周一(大重量深蹲专项训练日)	周二(速度卧推训练日)	周三	周四(肌肉辅助训练日)	周五(大重量卧推专项训练日)	周六	周日
第一周	1.深蹲85% 2组,每组力竭 2.腿举4组15次 3.腿屈伸4组15次 4.腿弯举4组15次 5.早安式4组15次	1.卧推50% 10组2次,每组休息30秒 2.高位下拉4组15次 3.绳索臂屈伸4组15次 4.颈后臂屈伸4组15次 5.前平举4组15次	休息	1.引体向上3组,每组力竭 2.坐姿绳索划船4组15次 3.直腿硬拉4组15次 4.臀桥4组15次 5.杠铃耸肩4组15次	1.卧推85% 3组,每组力竭 2.上斜哑铃卧推4组20次 3.前平举4组15次 4.面拉4组15次 5.绳索臂屈伸4组15次	休息	休息

续表

日期	周一（大重量深蹲专项训练日）	周二（速度卧推训练日）	周三	周四（肌肉辅助训练日）	周五（大重量卧推专项训练日）	周六	周日
第二周	1.硬拉85% 1组，每组力竭 2.腿举4组15次 3.腿弯举4组15次 4.直腿硬拉4组15次 5.杠铃划船4组15次	1.卧推55% 10组3次，组间休息30秒 2.高位下拉4组15次 3.绳索臂屈伸4组15次 4.颈后臂屈伸4组15次 5.前平举4组15次	休息	1.引体向上3组，每组力竭 2.坐姿绳索划船4组15次 3.腿屈伸4组15次 4.臀桥4组15次 5.杠铃耸肩4组15次	1.卧推85% 3组，每组力竭（预设极限） 2.上斜哑铃卧推4组20次 3.前平举4组15次 4.面拉4组15次 5.绳索臂屈伸4组15次	休息	休息
第三周	1.深蹲87% 2组，每组力竭（预设极限） 2.腿举4组15次 3.腿屈伸4组15次 4.腿弯举4组15次 5.早安式4组15次	1.卧推55% 10组4次，每组休息30秒 2.高位下拉4组15次 3.绳索臂屈伸4组15次 4.颈后臂屈伸4组15次 5.前平举4组15次	休息	1.引体向上3组，每组力竭 2.坐姿绳索划船4组15次 3.直腿硬拉 4组15次 4.臀桥4组15次 5.杠铃耸肩4组15次	1.卧推87% 3组，每组力竭（预设极限） 2.上斜哑铃卧推4组20次 3.前平举4组15次 4.面拉4组15次 5.绳索臂屈伸4组15次	休息	休息
第四周	1.硬拉87% 1组，每组力竭（预设极限） 2.腿举4组15次	1.卧推60% 10组2次，每组休息30秒 2.高位下拉4组15次	休息	1.引体向上3组，每组力竭 2.坐姿绳索划船4组15次	1.卧推87% 3组，每组力竭（预设极限，比上周更多次数） 2.上斜哑铃卧推4组20次	休息	休息

续表

日期	周一（大重量深蹲专项训练日）	周二（速度卧推训练日）	周三	周四（肌肉辅助训练日）	周五（大重量卧推专项训练日）	周六	周日
	3.腿弯举4组15次 4.直腿硬拉4组15次 5.杠铃划船4组15次	3.绳索臂屈伸4组15次 4.颈后臂屈伸4组15次 5.前平举4组15次		3.腿屈伸4组15次 4.臀桥4组15次 5.杠铃耸肩4组15次	3.前平举4组15次 4.面拉4组15次 5.绳索臂屈伸4组15次		
第五周	1.深蹲89% 2组，每组力竭（预设极限） 2.腿举4组15次 3.腿屈伸4组15次 4.腿弯举4组15次 5.早安式4组15次	1.卧推65% 10组3次，每组休息30秒 2.高位下拉4组15次 3.绳索臂屈伸4组15次 4.颈后臂屈伸4组15次 5.前平举4组15次	休息	1.引体向上3组，每组力竭 2.坐姿绳索划船4组15次 3.直腿硬拉4组15次 4.臀桥4组15次 5.杠铃耸肩4组15次	1.卧推89% 3组，每组力竭（预设极限） 2.上斜哑铃卧推4组20次 3.前平举4组15次 4.面拉4组15次 5.绳索臂屈伸4组15次	休息	休息
第六周	1.硬拉89% 1组，每组力竭（预设极限） 2.腿举4组15次 3.腿弯举4组15次 4.直腿硬拉4组15次 5.杠铃划船4组15次	1.卧推60% 10组4次，每组休息30秒 2.高位下拉4组15次 3.绳索臂屈伸4组15次 4.颈后臂屈伸4组15次 5.前平举4组15次	休息	1.引体向上3组，每组力竭 2.坐姿绳索划船4组15次 3.腿屈伸4组15次 4.臀桥4组15次 5.杠铃耸肩4组15次	1.卧推89% 3组，每组力竭（预设极限，比上周更多次数） 2.上斜哑铃卧推4组20次 3.前平举4组15次 4.面拉4组15次 5.绳索臂屈伸4组15次	休息	休息

续表

日期	周一（大重量深蹲专项训练日）	周二（速度卧推训练日）	周三	周四（肌肉辅助训练日）	周五（大重量卧推专项训练日）	周六	周日
第七周	1.深蹲91% 2组，每组力竭（预设极限） 2.腿举4组15次 3.腿屈伸4组15次 4.腿弯举4组15次 5.早安式4组15次	1.卧推65% 10组2次，每组休息30秒 2.高位下拉4组15次 3.绳索臂屈伸4组15次 4.颈后臂屈伸4组15次 5.前平举4组15次	休息	1.引体向上3组，每组力竭 2.坐姿绳索划船4组15次 3.直腿硬拉4组15次 4.臀桥4组15次 5.杠铃耸肩4组15次	1.卧推91% 3组，每组力竭（预设极限） 2.上斜哑铃卧推4组20次 3.前平举4组15次 4.面拉4组15次 5.绳索臂屈伸4组15次	休息	休息
第八周	1.硬拉91% 1组，每组力竭（预设极限） 2.腿举4组15次 3.腿弯举4组15次 4.直腿硬拉4组15次 5.杠铃划船4组15次	1.卧推65% 10组3次，每组休息30秒 2.高位下拉4组15次 3.绳索臂屈伸4组15次 4.颈后臂屈伸4组15次 5.前平举4组15次	休息	1.引体向上3组，每组力竭 2.坐姿绳索划船4组15次 3.腿屈伸4组15次 4.臀桥4组15次 5.杠铃耸肩4组15次	1.卧推91% 3组，每组力竭（预设极限，比上周更多次数） 2.上斜哑铃卧推4组20次 3.前平举4组15次 4.面拉4组15次 5.绳索臂屈伸4组15次	休息	休息
第九周	1.深蹲93% 1组，每组力竭（预设极限） 2.腿举3组12次	1.卧推65% 10组4次，每组休息30秒 2.高位下拉4组15次	休息	1.引体向上3组，每组力竭 2.坐姿绳索划船4组15次	1.卧推93% 3组，每组力竭（预设极限） 2.上斜哑铃卧推4组12次	休息	休息

续表

日期	周一（大重量深蹲专项训练日）	周二（速度卧推训练日）	周三	周四（肌肉辅助训练日）	周五（大重量卧推专项训练日）	周六	周日
	3.腿屈伸3组12次 4.腿弯举3组12次 5.早安式3组12次	绳索臂屈伸4组15次 4.颈后臂屈伸4组15次 5.前平举4组15次		3.直腿硬拉4组15次 4.臀桥4组15次 5.杠铃耸肩4组15次	3.前平举4组12次 4.面拉4组12次 绳索臂屈伸4组12次		
第十周	1.硬拉93% 1组，每组力竭（预设极限） 2.腿举3组12次 3.腿弯举3组12次 4.直腿硬拉3组12次 5.杠铃划船3组12次	1.卧推70% 10组2次，每组休息30秒 2.高位下拉4组15次 3.绳索臂屈伸4组15次 4.颈后臂屈伸4组15次 5.前平举4组15次	休息	1.引体向上3组，每组力竭 2.坐姿绳索划船4组15次 3.腿屈伸4组15次 4.臀桥4组15次 5.杠铃耸肩4组15次	1.卧推93% 3组，每组力竭（预设极限，比上周更多次数） 2.上斜哑铃卧推4组12次 3.前平举4组12次 4.面拉4组12次 5.绳索臂屈伸4组12次	休息	休息
第十一周	1.深蹲95% 1组，每组力竭（预设极限） 2.腿举3组12次 3.腿屈伸3组12次 4.腿弯举3组12次 5.早安式3组12次	1.卧推70% 10组3次，每组休息30秒 2.高位下拉4组15次 3.绳索臂屈伸4组15次 4.颈后臂屈伸4组15次 5.前平举4组15次	休息	1.引体向上3组，每组力竭 2.坐姿绳索划船4组15次 3.直腿硬拉4组15次 4.臀桥4组15次 5.杠铃耸肩4组15次	1.卧推95% 3组，每组力竭（预设极限） 2.上斜哑铃卧推4组12次 3.前平举4组12次 4.面拉4组12次 5.绳索臂屈伸4组12次	休息	休息

续表

日期	周一（大重量深蹲专项训练日）	周二（速度卧推训练日）	周三	周四（肌肉辅助训练日）	周五（大重量卧推专项训练日）	周六	周日
第十二周	1.硬拉95% 1组，每组力竭（预设极限） 2.腿举3组12次 3.腿弯举3组12次 4.直腿硬拉3组12次 5.杠铃划船3组12次	1.卧推70% 10组4次，每组休息30秒 2.高位下拉4组15次 3.绳索臂屈伸4组15次 4.颈后臂屈伸4组15次 5.前平举4组15次	休息	1.引体向上3组，每组力竭 2.坐姿绳索划船4组15次 3.腿屈伸4组15次 4.臀桥4组15次 5.杠铃耸肩4组15次	1.卧推95% 3组，每组力竭（预设极限，比上周更多次数） 2.上斜哑铃卧推4组12次 3.前平举4组12次 4.面拉4组12次 5.绳索臂屈伸4组12次	休息	休息

计划注解：

这份计划的核心是提升力量举三大项的总成绩，我们使用交叉训练的方法轮流在每个单数周进行大重量的深蹲专项训练，以及在每个双数周进行大重量的硬拉专项训练。这种方法可以使我们的神经兴奋性得到彻底的休息与恢复，尽可能保证每次专项训练的完成度。这对于深蹲以及硬拉极限成绩较高，需要较长时间进行神经恢复的高水平训练者是很好的安排方式。并且，我们在专项训练日中为大家安排了力竭法进行练习，这可以帮助那些肌肉基础较强，但是神经募集能力较差的训练者尽快地提升神经募集能力。不过，这份计划在深蹲和硬拉的大重量训练频率上相对较低，每两周才能够进行一次真正大重量的训练，这意味着如果你的动作姿势还不熟悉，或者自身习惯了高频的大重量专项训练方式，那么在执行计划的最开始可能会感受到极其强烈的不适感。

在深蹲和硬拉的具体训练内容安排上，我们加入了预设极限法，在第一次大重量的专项硬拉或深蹲训练完成后，我们便会为自己进行预设极限。我们建议大家可以根据每周训练计划的完成情况，在下一周的预设极限时适当增加2.5 kg或5 kg。比如这周我的目标是用85%的极限（深蹲极限为200 kg，做组重量为170 kg）做两组深蹲，每组蹲到力竭，我总共两组完成了8次的练习并且感觉不错，那么我们可以在下次极限的基础上增加2.5 kg，即深蹲极限变为202.5 kg，做组重量变为202.5×87%=176 kg。当我们在使用176 kg进行练习时，两组总共完成了10次，比第一次使用170 kg时完成的次数还多，那么我们可以适当让自己在下次预设极限时增加5 kg，即深蹲极限变为207.5 kg，做组重量变为207.5×89%=185 kg。此外，随着训练强度的提升，我们会在第八周开始后适当缩减肌肉辅助训练的组数与次数，使整个计划的训练量得到一定控制，避免身体的过度疲劳。

为了辅助深蹲和硬拉成绩的提升，并且适当弥补交叉型计划中没有安排单独的增肌阶段，我们在周四安排了一个单独的针对深蹲或硬拉的肌肉辅助训练日。每周大部分的内容几乎都是相同的，唯一的区分在于当我们进行大重量硬拉训练时，这一周的肌肉辅助训练中会安排腿屈伸，而当我们进行大重量深蹲训练时，这一周的肌肉辅助训练中会安排直腿硬拉。这样安排的目的是帮助训练者在进行一项大重量的专项训练时，同时不要忽略对另外一项主导肌肉群的练习。

在卧推的具体训练内容安排上，我们一周安排了大重量的卧推专项训练日以及提升卧推快速发力能力，改善卧推姿势的卧推速度日训练。其中当我们在进行速度日训练时，我们不会使用预设极限法，所有的百分比重量都是对应着我们计划开始前的卧推极限。我们一定要严格遵守速度日训练时卧推组间休息只有30秒的硬性要求，因为我们使用的重量相对较轻，所以一旦休息时间超出要求范围，那么对于速度能力的提升显然是不利的。在卧推的大重量专项训练日中，我们从第一周完成训练后便会引入预设极限的概念，同深蹲和硬拉时一样，我们建议训练者可以根据自己这一周的完成情况，在下一周预设极限时适当增加2.5 kg或5 kg。但是，卧推训练相比深蹲和硬拉训练时有一个明显的不同点，即我们训练时所使用负荷的增长是必须建立在我们连续两周的卧推专项训练都可以完成更多次数的基础之上的。比如在第三周以及第四周我们要使用预设极限的87%进行练习，只有当我们在第四周完成的次数比第三周更多时，我们才可以在第五周使用89%的重量进行练习。注意，第三周以及第四周我们使用的是相同的重量。此外，与深蹲和硬拉训练时一样，我们会在第八周开始时减少肌肉辅助训练的组数与次数，控制整体卧推训练的训练量，避免出现身体的疲劳。

当我们在执行计划的过程中，如果出现某一周专项训练无法完成，或者完成度很差的情况，比如预计完成1组3次，但只完成了1组1次，那么我们可以在下次专项训练时继续完成上一次的任务要求，直到我们完全攻克了计划设置的目标后，我们才可以进行继续加重。导致专项训练无法完成的情况有很多，但是在交叉型力量训练计划中，大部分原因还是在于我们预设极限时的重量选择有误。并不是每一周我们都必须进行预设极限，如果你在这一周练完后感觉并不是特别轻松，那么你完全可以保留这个极限继续进行下一次加重后的专项训练。

2 世界力量举冠军的训练计划

在这一节我们会为大家列举两份计划，一份是IPF无差别力量举世界纪录保持者，套膝深蹲世界纪录保持者Ray Williams自己的训练计划。另一份是100 kg以及90 kg世界硬拉纪录保持者，100 kg卧推+硬拉世界纪录保持者Cailer Woolam与我自己一起为我个人设计的卧推+硬拉的训练计划。我们同样会在每份计划后进行对计划本身的详细讲解。

Ray Williams深蹲计划

第一阶段	3~4周，预设极限，并使用预设极限重量的50%~65%
训练目标	低强度、高次数、高训练量

续表

训练内容	第一周 50% 5组，每组5次 第二周 55% 5组，每组5次 第三周 60% 5组，每组5次 第四周 65% 5组，每组5次
第二阶段	3~4周，使用之前预设极限重量的70%~85%
训练目标	中等强度、低次数、中等训练量
训练内容	第一周 70% 5组，每组3次 第二周 70% 6组，每组3次 第三周 80% 5组，每组3次 第四周 80% 6组，每组3次
第三阶段	4~5周，使用之前预设极限重量的85%以上
训练目标	高强度、低次数、低训练量
训练内容	第一周 85% 1组，每组2次 第二周 90% 1组，每组2次 第三周 92.5% 1组，每组1次 第四周 95% 1组，每组1次

计划注解：

这份计划整体的时间跨度在12周左右，Ray Williams会在执行这份计划的同时进行卧推以及硬拉的训练，他不会为了提高深蹲而完全停止另外两项的练习。在训练日的安排上，他一周只会安排一天的深蹲训练，同时安排两个卧推训练日以及一个硬拉训练日。在深蹲训练日的当天，除了上述计划中列明的主项训练内容外，他还会安排大量的肌肉辅助训练，比如最常见的安排方式有使用高位下拉+腿屈伸+腿弯举+内收肌+髋外展的超级组练习，他会使用5组，每组完成15~20次的训练方式。并且，这种辅助训练他会在这周其余的三个训练日中都再完成一次，即卧推专项训练时他同样会去做腿部的辅助训练，达到一周内总共完成四次腿部肌肉辅助训练以及一次深蹲专项训练的训练量。

Ray Williams自己也曾提到，他对深蹲的痴迷以及对成绩提高的渴望铸就了他这种特殊的训练安排方式，当然，他认为自己之所以能够完成如此较密集的训练量，跟他自身每天的饮食与营养补充也是分不开的。Ray Williams一天几乎能够摄入近一万卡路里，这对于大部分力量训练者来讲都是几乎无法做到的。在这份计划的整体安排上，是一份整体采用线性增长原理为依据的周期性力量训练计划，特点在于当你执行计划开始前，你便必须要给自己预设一个极限，并且在未来12周的训练时间内，所有的训练内容都是根据这个预设极限完成的。比如现阶段你的深蹲成绩是160 kg，我们可以预设极限为180 kg，那么第一周50%完成5组，每组5次所使用的重量便是90 kg，而非之前160 kg所对应的80 kg。这种方法虽然对训练者在未来12周的整体训练水平要求极高，但是可以一定程度避免线性计划在初期训练强度较低的现象，比如当我们在第二阶段使用80%进行训练时，其对应的重量相当于自身之前极限的90%。

Ray Williams建议大家可以在执行完一个阶段后进行一个周的减载练习，特别是当我们执行完第二阶段准备开始第三阶段前，一个周的减载练习可以帮助我们做好充分的身体准备。如果在第三阶段的高强度训练时出现无法完成训练要求的情况，那么我们可以在下一周继续完成上一周的训练，直到可以顺利完成计划规定的内容，再进行下一步的加重练习。

Cailer Woolam的卧推+硬拉计划

日期	周一	周二	周三	周四	周五	周六	周日
第一周	1.传统硬拉8次 2.然后第一个动作90%的重量4组8次 腿弯举3组力竭 3.引体向上3组力竭 4.反向划船3组力竭	1.卧推45%10组10次 2.推举4组12次 3.俯卧撑3组力竭 4.面拉3组15次 5.正握弯举3组12次	休息	1.杠铃划船5组8次 2.传统硬拉50%12组2次，组间休息30秒 3.耸肩5组15次 4.哑铃农夫走3组100米	1.窄距卧推5组5次 2.哑铃下斜卧推3组25次 3.俯身哑铃侧平举4组12次 4.绳索臂屈伸3组15次 5.锤式弯举3组15次	休息	休息

续表

日期	周一	周二	周三	周四	周五	周六	周日
第二周	1.相扑硬拉5组6次 2.臀桥4组12次 3.引体3组力竭 4.腹肌训练	1.弹力带卧推40%10组10次 2.推举4组10次 3.双杠3组力竭 4.俯身侧平举3组15次 5.侧平举3组12次 6.绳索臂屈伸3组25次 7.正握弯举3组15次	休息	1.耸肩5组8次 2.杠铃划船4组12次 3.传统硬拉55%10组3次，组间休息30秒	1.Spoto卧推3组6次 2.下斜哑铃卧推3组25次 3.俯身哑铃侧平举4组12次 4.绳索臂屈伸3组15次 5.锤式弯举3组15次	休息	休息
第三周	1.相扑硬拉5组4次 2.同第一周辅助训练一样	1.窄距卧推50%10组5次 2.哑铃推举4组12次 3.俯卧撑5组力竭 4.侧平举+前平举+俯身侧平举超级组3组10次 5.上斜哑铃卧推4组15次	休息	1.杠铃划船4组6次 2.耸肩4组20次 3.相扑硬拉50%5组3次然后60%5组3次	1.窄距卧推3组4次 2.上斜卧推3组15次 3.前平举3组15次 4.颈后哑铃臂屈伸3组12次 5.器械弯举3组12次	休息	休息
第四周	1.传统硬拉2次 2.第一个动作90%的重量3组2次 3.同第二周辅助训练一样	1.窄距卧推60%10组3次 2.推举3组10次 3.哑铃卧推3组20次 4.侧平举+前平举+俯身侧平举超级组3组10次	休息	1.杠铃划船4组10次 2.耸肩6组6次 3.相扑硬拉70%8组2次	1.Spoto卧推3组5次 2.前平举3组15次 3.颈后哑铃臂屈伸3组12次 4.器械弯举3组12次	休息	休息

续表

日期	周一	周二	周三	周四	周五	周六	周日
第五周	1.超程硬拉2英寸极限重量 2.超程硬拉2英寸90%力竭 3.超程硬拉2英寸80%力竭 4.臀桥3组10次 5.高位下拉3组15次 6.T杠划船4组8次	1.卧推50%5组4次，然后60%5组3次 2.俯卧撑4组力竭 3.颈后臂屈伸3组12次 4.正握弯举3组12次	休息	1.相扑硬拉50%10组3次 2.引体3组力竭 3.哑铃划船3组10次 4.高位下拉3组12次	1.窄距卧推3组3次 2.侧平举3组12次 3.面拉3组15次 4.二头弯举3组15次	休息	休息
第六周	1.超程硬拉5次 2.第一个动作重量的85%5组5次 3.哑铃直腿硬拉4组25次 4.腿弯举3组力竭	1.卧推60%5组3次然后70%5组1次 2.俯卧撑4组力竭 3.颈后臂屈伸3组12次 4.正握弯举3组12次	休息	1.弹力带相扑硬拉60%10组2次 2.负重引体3组5次 3.杠铃划船3组15次 4.窄距下拉3组10次	1.Spoto卧推3组4次 2.侧平举3组12次 3.面拉3组15次 4.二头弯举3组15次	休息	休息
第七周	1.超程硬拉4组4次 2.使用相同重量进行正常硬拉3组4次 3.重复第一周辅助训练	1.窄距卧推50%5组3次，组间休息30秒 2.中距卧推50%5组3次，组间休息30秒 3.正常卧推50%5组3次，组间休息30秒 4.哑铃弯举3组10次	休息	1.弹力带相扑硬拉70%8组1次 2.重复第一周辅助训练	1.窄距卧推1组2次 2.第一个动作80%重量力竭次数 3.然后70%重量力竭次数 4.哑铃推举3组15次 5.冈下肌旋转训练3组15次	休息	休息

续表

日期	周一	周二	周三	周四	周五	周六	周日
第八周	1.超程硬拉3次 2.第一个动作重量的90%2组3次 3.重复第二周辅助训练	1.窄距卧推50%6组3次，组间休息30秒 2.中距卧推50%6组3次，组间休息30秒 3.正常卧推50%6组3次，组间休息30秒 4.哑铃弯举3组12次	休息	1.弹力带相扑硬拉70%7组2次 2.重复第二周辅助训练	1.卧推3组3次 2.哑铃推举3组15次 3.冈下肌旋转训练3组15次 4.弹力带臂屈伸3组25次 5.弹力带面拉3组25次	休息	休息
第九周	1.传统硬拉4次 2.第一个动作重量的90%3组3次 3.早安式3组10次 4.臀桥3组10次	1.上斜卧推3组10次 2.阿诺德推举3组15次 3.双杠臂屈伸3组力竭 4.颈后臂屈伸3组20次 5.哑铃弯举3组12次	休息	1.相扑硬拉50%5组3次然后传统硬拉60%3组2次，传统硬拉70%3组1次 2.哑铃划船3组10次 3.高位下拉3组12次 4.引体3组力竭	1.窄推极限 窄推80%2组力竭 3.面拉3组15次 4.弯举3组15次 5.哑铃推举3组12次	休息	休息
第十周	1.弹力带相扑硬拉3次 2.第一个动作重量的85%5组3次 3.哑铃直腿硬拉4组25次 4.腿弯举3组力竭	1.上斜哑铃弯举3组8次 2.哑铃推举3组8次 3.哑铃耸肩3组25次 4.颈后臂屈伸3组20次 5.哑铃弯举3组12次	休息	1.弹力带相扑硬拉60%5组3次然后传统硬拉70%3组1次 2.T杠划船4组8次 3.负重引体3组5次 4.窄距下拉2组15次	1.卧推1组2次 2.第一个动作70%的重量3组力竭 3.面拉3组15次 4.弯举3组15次 5.哑铃推举3组12次	休息	休息

续表

日期	周一	周二	周三	周四	周五	周六	周日
第十一周	1.相扑硬拉3组1次 2.第一个动作重量的90%力竭 3.然后80%的重量力竭 4.重复第一个周辅助训练	1.上斜卧推3组5次 2.侧平举3组12次 3.面拉3组15次	休息	1.离心相扑硬拉50%6组4次（离心过程5秒钟） 2.重复第一周辅助训练训练	1.卧推3组1次 2.离心卧推5秒5组5次 3.哑铃飞鸟3组15次 4.弹力带臂屈伸3组力竭 5.正握弯举3组15次	休息	休息
第十二周	1.相扑硬拉极限 2.重复第二个周辅助训练	1.上斜卧推4组10次 2.阿诺德推举3组12次 3.侧平举3组12次 4.面拉3组15次	休息	1.弹力带离心传统硬拉60%5组2次（离心过程5秒钟） 2.重复第二周辅助训练	1.卧推极限 2.卧推90%3组1次 3.离心卧推5秒5组5次 4.哑铃飞鸟3组15次 5.弹力带臂屈伸3组力竭 6.正握弯举3组15次	休息	休息

计划注解：

这份计划是Cailer Woolam和我一起根据我自身的情况为我量身设计的专门提高卧推和硬拉的训练计划，这份计划中的硬拉内容我已经完成了两遍，卧推内容已经完成了三遍，它们使我的硬拉成绩从325 kg提高到了360 kg，卧推成绩从175 kg提高到了200 kg，使我获益匪浅。这份计划使用的是偏向交叉型计划的力量增长原理，它将专项的大重量硬拉以及卧推训练同我自身在硬拉以及卧推时的弱点所对应的专项辅助训练进行交叉练习，不仅可以避免连续大重量训练所带来的神经疲劳，同时还可以使我在硬拉以及卧推时的弱点得到最大限度的纠正以及改善。我们能够发现在硬拉训练时，除去最后三个

星期的大重量相扑硬拉训练外,几乎我在平时的专项训练日所使用的都是围绕提高硬拉启动能力所设计的超程硬拉训练或传统硬拉训练。而在卧推训练时,除去大重量的卧推专项训练外,Cailer Woolam还为我安排了较多的大重量的窄推训练,这种设计的原因是由于我的手臂相对较长,在卧推时容易出现后半程较弱的现象,用逐步减重的方式进行窄推的针对性训练,可以帮助我很好地提升后半程的锁定能力。

这份计划的内容虽然主要偏向交叉型计划,但是在计划初期还是借鉴了一些线性计划的增长原理,无论是在硬拉还是卧推的专项训练日,在计划初期我都需要完成相对重量较轻但是训练量较多的容量训练。特别是在卧推的专项辅助训练日中,10组10次的训练法可以帮助我极大程度解决之前卧推训练量相对较少的坏习惯。硬拉的专项辅助训练日更多还是围绕相扑硬拉的速度练习,这种设计的目的是帮助我尽可能多熟悉相扑硬拉的发力特点,找回对相扑硬拉的肌肉记忆。在2016年我就可以完成相扑硬拉310 kg,那时我的传统硬拉只有300 kg。但是在两年多的时间里我没有再单独训练过相扑硬拉,只是用传统硬拉进行练习,所以当我在2019年初可以完成传统硬拉325 kg时,我的相扑硬拉只有290 kg。虽然我的力量水平和肌肉质量已经相比三年前有了很大的提升,但是因为对动作的不熟悉,反而出现了相扑硬拉成绩不如传统硬拉的现象,这也是为何Cailer Woolam会为我设计特别多的相扑硬拉的速度训练的原因。

我从第一次系统开始训练到现在已经有十年的时间,从最开始我便十分关注对于肌肉的塑造,这给予了我一个相对较结实的肌肉质量基础,也正因如此Cailer Woolam并没有在我的训练计划中安排大量的肌肉辅助训练,我们的训练核心内容还是围绕提升神经募集能力所安排的专项训练。但是,对于我之前训练量相对较小,肌肉质量较差的上肢肌群,他却在两个卧推训练日中为我安排了相当足量的上肢肌肉辅助训练。这份计划并不适合大部分人使用,它是完全针对我的优势以及不足之处设计的,包括在重量的选择上我们并没有安排百分比的概念,而是完全由我自己根据我每次训练最真实的反应选择重量。与Ray Williams的计划一样,大家可以适当借鉴其中的周期性组数与次数的安排思路，辅助动作的选取，没有必要完全照搬过来进行练习，那样甚至反而会影响你的力量水平。

❸ 力量举备赛常识

从2009年开始第一次在法国参加国家力量举比赛（级别82.5 kg）开始，到2018年5月10日我从漫长的两年停训时间恢复，准备自己最后一次力量举比赛（级别93 kg），将近十年的时间里不管是自己还是指导过的力量举运动员，都绕不开一个最关键的话题，就是如何准备一场力量举备赛？如何能够把你在训练时的成绩尽可能的发挥到比赛场上？很多运动员对于比赛、备赛、训练这三个名词没有特别清楚的概念，经常能够看到第一次参加比赛或者比赛经验不足的运动员遇到比赛时无法充分发挥自己能力，导致饮恨赛场的情况出现。这一切除了与比赛经验以及准备比赛经验不足有关外，还同你自己对于自身情况以及对手情况的不够了解有着密不可分的关系。

在我自己经历的大大小小十一次比赛中，只有第一次比赛让我遇到了所谓的"滑铁卢"。那个时候我是刚开始接触力量举差不多七个月的时间，当时在健身房我的最好的训练成绩是深蹲220 kg，卧推120 kg和硬拉240 kg。体重是86 kg，准备参与的比赛是GPA规则也就是有绑膝的比赛，所以体重的划分最接近我的是90 kg和82.5 kg。当时我的想法是参加82.5 kg，因为感觉90 kg自己体重还差一些，去比赛可能比较吃亏。而82.5 kg可能减减体重就好了，相对会更有优势一点。当时比赛的时间是在9月底，去过法国的朋友可能清楚法国9月，特别是在法国的南部气温还是很高的。当时我的备赛时间只有9个周左右，我的想法就是在备赛期要尽可能多的上重量，确保比赛时自己不会"忘记"自己的极限。于是在比赛开始前三天的时候，我进行了最后一次大重量深蹲，有绑膝200 kg两次，做了两组。之后我就满心欢喜的在期待比赛日的到来，我知道训练和比赛是两回事，所以我没有想过自己能够比出自己的最大训练水平，也就是580 kg。当时给自己定的目标是保证550 kg，力争570 kg。

到现在我还记得我第一次深蹲时的开把重量，也就是180 kg。当时我的想法是第一把180，第二把200，第三把220。在那个时候这是我平时热身冲极限的加重策略，但是我好像搞错了一件事情，就是比赛和训练是两回事！我的第一把和第二把都完成的不错，但是当我冲击第三把极限的时候，因为休息时间太短，导致220在粘滞点挣扎了一会儿后果断被压。这一切都是因为我对训练和比赛没搞清楚的关系，试想一下在200和220之间相隔着20 kg，除非你确定你完全可以百分百完成220，否则的话这样贸然加重会导致如果220完成不了，成绩直接减少20 kg。我们可以换个角度思考，如果我当时冲击210或者215，是否可以完成？如果能够完成的话，那么这里外里在总成绩上就是20～30 kg的区别。

卧推虽然第一把100 kg出现了犯规，但是最终还是顺利的以110 kg完成了所有试举，虽然没有完成预想中的120 kg，但是差距并不大。硬拉本来我的想法是200/220/240，但是当我站在杠铃面前的时候我就发现就算我举起240我也和前三名无缘，当时如果想拿第三必须举起250才是比较靠谱的。因为前三名成绩很接近，几乎都是630～660，相差不超过30 kg。要知道对于力量举而言，硬拉一把赢个20～30 kg并非难事。所以当我站在杠铃面前我就比较绝望，可能自己的竞争意识那个时候告诉自己无所谓了，心态也就比较淡然。果不其然，最后我的成绩定格在艰难完成220 kg。三项第一次比赛只获得了530 kg，远远低于自己对自己的最低要求。

当时我就明白自己的备赛有很大问题，包括临场的比赛经验也是，于是我便仔细沉下心来研究到底该如何在赛前准备以及临场应对，才能把我的能力完全充分发挥出来。在那之后的十次比赛以及带自己的学生参加的比赛，我几乎没再犯之前出现的错误。这一切都与我自己特定一套的备赛方案以及比赛策略有关，我将它们分为两大部分：备赛方案与比赛策略。

一、备赛方案

备赛的具体方案主要由以下五大类构成：基础原则、营养补充、计划制定、弱点补强以及伤病预防。在这五大板块中，可能很多运动员关注的都是在计划制定和弱点补强上，他们对于其余三大类则往往不够关注。特别是基础原则，很多运动员在备赛的时候都忽略了最基础的原则性问题，这会导致你的成绩受到巨大影响。

1. 基础原则

时间周期

这是最基本的原则性问题，你的备赛时间必须足够充分，否则所谓的备赛变成了儿戏。要知道，一般严格的三项训练计划都是要达到12~16周的，12周是最短的时间。如果没有这个时间长度，那么建议你选择别的日期的比赛。

身体疲劳度

我建议大家一年内参加力量举比赛的次数不要超过两次，除非你是纯新手想快速积攒经验，否则我真的不建议你参加比赛的次数过于频繁。原因很简单，频繁的比赛经历会让你的身体陷入重度的疲劳感，这个疲劳感不仅仅是在身体上，更是在精神方面。比如有的时候当我们感觉到很疲劳，往往休息个两三天就能恢复。但是当你的身体已经进入重度的神经疲劳时，你会发现休息一整周也不足以使你的身体充满电。频繁的比赛，或者在训练时冲击极限便会让你产生这个问题。试想一下一年总共就五十几个周，一共就4次执行计划的机会（每个计划最短12周），频繁的冲极限不仅会让我们身体疲劳，更会严重影响你的成绩的进步。当你好不容易快走完一个计划，等待成绩准备增长的时候，比赛来了，比完赛身体很疲劳，又得需要重新修整，计划又被打乱了，如此循环往复，岂不是得不偿失吗？

伤病影响

一定要确定你在备赛开始前是否已经有伤病，这里我们所说的伤病是严重的直接影响比赛成绩的，比如腰部的劳损、膝盖的酸胀或肩关节的不适等。如果你已经有伤病，那么在备赛计划时将要很注意动作和量的选择。这里你要谨记一个原则，就是如果身体有伤，但属于疲劳累积的伤痛，并非严重的结构性的损伤，那么一定要停止大重量的训练。但是这段时间可以以局

部的肌肉辅助训练来保持自己的身体活跃度。

新手/成熟运动员

如果你是新手，那么我建议你在备赛期间可以尝试各种各样的可能性，我指的是计划、饮食包括降体重，都可以尝试多种办法，没必要上来就按照固定的一种方法进行准备。因为你的身体和神经此时并没有对于备赛的记忆，所有的一切都是新鲜的，所以这时候你可以通过各种方法来进行最直接的自我感受，看看哪种是最适合你的。

如果你是较成熟的运动员，那么请你先仔细对照自己之前的备赛经验，如果你觉得你之前的备赛并不顺利，那么相应的训练计划和饮食方案建议你可以完全放弃掉。

降体重OR增体重

如果你的目标是降体重，那么请一定要注意不要在备赛刚开始的时候就断盐，这个是绝对不允许的，它会使你的身体极度缺水，进而在力量举的高强度训练计划中容易出现抽筋及拉伤的问题。合理地断盐或部分断碳应当是在赛前开始前一周的时候进行，这时候你要注意多补充一些钾元素，它会使你尽可能有一个比赛时的好状态。此外，要注意一个问题，如果你要降体重，那么最多你只能在一次备赛中降低一个级别，比如你的体重目前是100 kg，你最多降到90 kg去参加90 kg的比赛，而非降到82 kg去参加83 kg的比赛。后者会使你的成绩严重缩水，我们并不建议。

如果你的目标是增体重，我们建议你不要上来就狂吃热量，完全不忌口。你应该做的是适当加大训练量，注意我们说的是训练量，比如组数安排的多点，而不是训练强度，不是让你多做极限或者次极限。然后在此基础上尽量多的摄入一些优质碳水，哪怕是增重也不要变成增肥，增肥对于你比赛时候的发挥往往会变成负担。此外，如果你在称重前可能出现体重不达标的情况，那么也不要选择狂吃食物，这时候多喝水是最现实的方法。

护具使用

有些运动员认为在备赛最开始的时候不要使用护具，然后等计划进行到一定阶段再用护具可能会效果更好一些。事实上整场比赛所允许的护具对于训练者成绩的提高都是很有限的，不存在当我加上护具后我的成绩可以立刻提高多少kg。我们建议大家从身体健康的角度出发，尽可能选择从备赛刚开始便使用护具。

训练时间

这个问题看似没那么重要，但实际上却是最关键的一环！我建议大家一定要将训练时间完全匹配你的比赛时间，比如你的比赛时间是在早上，那么尽量让你的备赛期也是在早上进行的。这个是直接影响你比赛那天是否兴奋的关键性因素！试想一下如果你平时都不习惯早上起来训练，那么突然间让你在早上去比赛，这对力量肯定是有影响的。如果你平时没有时间在早上训练，那么我们可以适当创造一下早上训练的场景和客观条件给自己，让自己的身体去适应。比如早上训练最明显的事情就是刚睡醒以及能量摄入不足。所以我们可以创造相似的训练环境，比如我们在下午训练开始前也睡一会，早饭吃饱而中午少吃甚至可以不吃。那么当你长期熟悉了这种训练环境后，哪怕比赛时间是你从来没有体验过的早上，你也不会显得手足无措。

器械选择

如果我们参加的比赛是国际标准的比赛，那么用的杠铃片一般都比较薄，这种杠铃片和我们平时在健身房用的比较厚的片在发力的感受上是不一样的。特别有些健身房的杠铃片尺寸不一样，可能出现训练时左右不平衡或高度不足的问题，这都是容易导致受伤的关键所在。我建议如果大家有条件的话，尽可能选择合适的健身房进行备赛，或者也可以自己采购一部分器械进行练习，现在国内力量举以及器械的普及也是一个大潮流。

2. 营养补充

蛋白质补充

首先，蛋白质补充的问题不管是在平时日常训练还是备赛阶段都是重中之重，但是这里要注意一个问题，就是备赛阶段突然加大蛋白质或者蛋白粉的摄入量对于训练成绩或者极限的突破并不会有特别大的帮助。因为要知道蛋白质对于力量的提升还是在于对肌肉的合成与修复方面，单纯蛋白粉的加量对于整体的备赛推进和极限提升并不会有特别大的变化。始终记住，你的营养补充是一个长久的工程，绝非一朝一夕就能够做到的。此外，短期内突然提升蛋白粉的摄入容易导致你正常情况下对基础饮食的胃口降低，并且额外提高的热量摄入同时还有可能影响你的体重变化。

能量补充

能量是一个大家可能都比较忽视的问题，或者说很多运动员认为在训练结束后正常补充的蛋白粉就已经足够满足能量的补充需求了。但其实这种想法是有失偏颇的，毕竟我们知道在备赛期内你的训练计划相比平时的量肯定会有少许或一定程度的提升。而且有的时候我们还有降体重的需求，相对来讲身体在训练结束后会处于一个较疲劳的阶段，因此能量的补充在这里就变得异常重要，否则它会使你在训练结束后身体长期处于一个免疫力较低下的阶段。

你可以选择在训练结束后或训练时补充蜂蜜类的食品，它可以给你的身体快速供能。同时，我们还要注意在训练过程中对于水的补充，避免出现抽筋的问题。要知道一般力量举比赛都会安排在夏天秋天末这个时间内，所以你在备赛时气温一定是越来越热的，除非你在南半球那另当别论。这时候水的补充便异常重要，我们建议大家每次训练尽量摄入不低于2 L的水。

维生素及矿物质补充

维生素和矿物质在备赛期的补充主要针对那部分在大幅度控制或降体重的运动员，维生素和矿物质的补充可以使他们避免在体重剧烈变化时身体容易出现的肌肉痉挛以及免疫力降低的问题。如果你属于这类运动员，不要忘记补充维生素和矿物质，一直到你比赛称重准备试举当天最好也要一直补充。

体重控制与脱水

在力量举包括举重这类需要控体重，但又不能持续性控体重的运动项目中，赛前的体重控制与脱水方案就成了很有意思的一门学问。要知道一般来讲一个正常的力量举运动员他的备赛体重和比赛体重有时候会差接近一个kg级。比如你要比83 kg，但可能长期你在备赛时的体重停留在88～90 kg。因为这个体重下你的肌肉量和力量水平是一个比较理想的状态，但是如果你选择在备赛阶段就把体重降到83 kg这样一个体重的话，同时兼顾力量的增长和体重的大幅度降低，基本可以说是完全不可能的。因此，很多运动员都会选择在赛前几天采用灌水+脱水的方式去瞬间降低体重，使得肌肉量在尽可能不受影响的前提下，通过排出水分来达到减重的目的，并且在称重完成后迅速补充水分。但是，当你使用这种方法时，有几个问题是我们必须要考虑到的：

第一，灌水的时候是可以吃饭的，但是要注意的是盐分的摄入，而不是完全断食。

第二，脱水尽量采用泡热水澡的方式而不要采用蒸桑拿，可能有些人更喜欢桑拿的效果，但后者往往会导致你的呼吸比较困难，进而引发在比赛前整体兴奋性和状态的大幅度降低。

第三，如果这是你第一次脱水，那么正常对待即可，不要过于勉强，比如频繁的泡澡蒸桑拿或者极度的吃柠檬、断食等比较极端的方法。切记最好的脱水方法一定是最适合你自己身体本能需求的，当你有了一次经验以后，下次你在备赛的时候就会更清楚该怎么选择，该怎么去调整才能够使得自己保留最大的力量水平。

关节及恢复类

在基础的恢复方面，谷氨酰胺和氨基酸是必须要注意补充的，特别是谷氨酰胺，很多人认为蛋白粉或氨基酸里面已经有足够的量，但我个人建议如果你要准备力量举比赛，那么谷氨酰胺最好还是要额外摄入的。氨基酸方面很简单，你需要补充的是复合氨基酸，也就是几乎所有必要和非必要氨基酸，而不是单纯的去补充支链氨基酸。

在关节的保护方面，关节保护类的补剂是有一定作用的，但是最关键的还是在于我们下面要提到的计划制定方面。如果你的计划制定不完善，或者有明显的训练量以及训练强度方面的问题，那么再强大的关节保护补剂也没法帮你避免伤病。

3. 计划制定

是否去尝试极限？

首先，在备赛阶段如果你没有伤病影响的话，那么极限肯定是要去尝试的，否则你完全没有一个概念怎么去参加比赛呢？不过我建议的极限尝试方式和别人可能不一样，我不是要你去举一个破纪录的成绩。比如你之前的极限是硬拉140 kg，我不会让你在备赛阶段去拉一个145 kg或者150 kg。我会建议你通过训练计划的安排来做到硬拉极限的提升和增长，换句话说就是用训练去突破极限。比如我可能会在备赛时经过一段时间的训练达到130 kg拉三次，这意味着我的硬拉极限绝对不止140 kg。这样我既不用冒险尝试硬拉极限担心是否受伤，更可以比较稳妥的确定自己的极限已经获得突破。

计划动作

在动作的具体选取方面，我们不建议你在备赛时除了主项训练外，还安排较多的杠铃类辅助练习。因为你的主项已经对身体的关节和韧带有了一定消耗，如果还选用杠铃这类比较硬的辅助训练方式，身体的消耗程度还会增加。这时我们建议大家最好选择器械或绳索滑轮类的辅助训练方式，相对来讲对于肌肉的提升同样优秀，并且还不会给你的关节和韧带特别大的压力。

减载周

很多运动员都有个疑问，就是在比赛前的1～2个星期究竟是应该冲击下重量，还是完全停止练习，做一个减载周让身体得到彻底的休息。这里还是建议大家根据自己的情况去做安排，你需要切身经历过一些事情才知道如何选择是最优秀的方式。至于我自己，我会在比赛开始前两周的时候完成最后一次大重量的三大项主项练习。然后在比赛开始前五天我会安排一次只有三项的训练日，在那一天我会强化三大项开把重量的完成情况，比如硬拉我可能会选择较粗的杠铃，深蹲我可能会控制下自己下落的速度，而卧推我可能会在胸上多停留一点。其实就是尽可能创造训练难度来模拟比赛时有可能出现的各种不利情况。在这天完成以后我就会进入4天左右的完全休息时间，往往这时候也差不多是灌水准备脱水的开始，再去训练不仅没有什么意义，反而容易导致身体受伤。再接下去就是迎来正式的比赛，这时候相信你的身体已经完全调整好。毕竟4天的休息时间其实已经完全足够。

4. 弱点补强

弱点补强指的主要是跟我们之前提到计划制定有密切关系，它决定了我们在备赛计划中究竟该如何安排最适合我们的动作，以达到可以更好提高我们备赛质量以及比赛成绩的目的。在这里我们把弱点补强的方法主要分为两大类：补强短板以及突出优势。

补强短板

大家应该都知道木桶原理的意义，决定木桶能存储多少水的并不是最长的一块木板，而是其最短的一块木板。所以我们可以根据这个原理来选择在备赛期补强我们的弱势项目。但是这里要注意的是，如果你的弱势项目是卧推，我们建议你最好不要补强，而是应当把精力和重心放在突出你的深蹲或硬拉优势上。因为第一卧推无法拉开特别大的差距，除非你是完全没什么训练经验的新手，否则对于一个83 kg可以推120 kg的运动员而言，他的对手虽然具备完成170 kg的能力，但是50 kg的差距并非是遥不可及的，或者说是完全可以通过蹲拉来进行弥补的。第二就是卧推想通过短时间的训练来获得较大幅度成绩的提高是很困难的，它对身体的肌肉水平有极强的要求。

如果你的弱势项目是深蹲或者硬拉，这时我们建议你最好补强深蹲，原因也很简单，硬拉如果做特别强化的练习，可能会因为高频率的训练导致腰部肌肉劳损或关节损伤，这个在备赛期是特别忌讳的。并且，硬拉成绩的提升很大程度上需要训练者掌握争取的发力模式，这个有时候是瞬间就可以掌握的，也有的时候是耗费很大精力也难以收获成效的。

突出优势

力量举是一个很有意思的运动，它受三个项目的成绩综合决定，虽然木桶原理固然正确，但突出优势项目，也就是木桶中最长的一块木板也有可能帮助你制霸赛场。如果你选择突出优势，那么请确定你的优势项目必须是硬拉！原理很简单，卧推拉不开成绩的差距，这个刚才我们就说过了，而且也不是一朝一夕能够提升特别快的。而深蹲和硬拉相比，我们之所以选择硬拉是因为硬拉毕竟是整场比赛的最后一个项目，硬拉的最后一次试举更是当之无愧的最具决定性的一次试举，因此我们建议大家选择突出硬拉优势而非深蹲优势。在进行硬拉的针对性训练时，我们可以通过利用专项辅助训练修补硬拉在启动阶段以及锁定阶段容易出现的种种漏洞，从而使我们的优势项目进一步提升。

5. 伤病预防

伤病是一个困扰力量举运动员的最大问题，这跟力量举自身项目的属性有关，也同运动员自身不太注意日常的恢复与保养有关。在备赛期，因为一部分运动员要涉及降体重的原因，所以更容易出现因为体重降低或训练量提升等因素所带来的伤病风险提高。在这里我们为大家总结几个需要注意的基本问题：

不要突然提升训练量！

如果你之前的训练量可以让你在一个小时内完成，那么备赛初期请注意不要增加超过10%以上的训练量，也就是说60分钟能做完的训练，不要额外增加项目到接近70分钟才可以完成。我们可以提升训练量，但应当循序渐进，这种迅猛的方式会比较容易导致伤病的产生。

不要突然提升训练强度！

如果你之前习惯用70%左右的极限进行做组练习，那么请别突然提升到90%左右去冲击所谓的极限次数。同训练量一样，你需要一个循序渐进的过程。

不要提升你的训练频率！

除非你之前的训练频率很低，比如3周左右才做一次大重量的三项练习，否则如果是正常的1~2周就会练一次大重量的三项，那么没必要把它提升到每几天就去进行一次大重量的训练，或者说不要去试图在备赛期频繁的冲击极限。后者只适用于极少数的特殊情况。

注意充分的热身与放松

备赛阶段往往都是在春夏天，对于北半球而言天气没有那么冷，因此肌肉和韧带的拉伸并没有那么重要，此时你需要进行的热身主要是神经的热身。因为天气较热会使你的兴奋性降低，如果不进行充分的神经热身，会很容易导致肌肉和关节协同发力不理想的情况出现。此外，备赛阶段一定要注意练完之后的放松，不管是使用筋膜放松还是按摩理疗的方法，目的始终只有一个，那就是避免你的肌肉过于疲劳。

注意水的补充！

不管你是否要减重，水的补充都是很关键的！特别在备赛期，如果不注意水的补充，那么会很容易导致肌肉痉挛甚至严重到拉伤的情况产生，这种伤病可以说对于备赛是毁灭性的打击。

二、比赛策略

1. 比赛前一天

报道日必须到场

很多运动员都觉得报道日不是必须要出席的，特别是赛前的技术会议其实听不听意义并没有什么特别大的区别。但是，我们这里还是要提醒所有国内的运动员，在国内现在比赛的特殊环境下，出席并仔细聆听甚至询问技术会议的细节是十分重要的，它会帮助你避免一系列不必要的在比赛时容易犯的错误。特别是卧推的停顿时间、深蹲的幅度这两个不同规则、不同赛事区别极大的要点，更是需要你仔细了解清楚的。并且，你还要注意一个问题，就是问清楚赛事主办方你的比赛的具体开始时间，以及你前一个级别比赛的结束时间，这会让你更有一个系统的时间概念和把控。

提前熟悉器械

除非你之前一直用比赛时所用的器械训练，否则我们还是建议你在报道日当天熟悉一下器械。你不需要拉或者蹲特别大的重量，但是可以选择60%左右的极限重量体验一下。需要注意的是，你需要感受的是器械在手里或肩膀上的整体负重感以及手感，这个对于很多高水平运动员发挥较好的成绩是有很大帮助的。

不要赛前使用过大重量

国内之前比赛时有很多运动员喜欢在报道日当天使用一个90%以上的大重量去感受所谓的开把重量。这个是一个十分严重的错误，因为如果你的备赛计划根据我们之前介绍的已经做得十分完善，那么你是完全不可能出现开把重量砸锅的情况，所以根本没有必要去尝试。相反，如果你在赛前使用一个较大重量去进行所谓的"感受"，万一因身体没准备到位出现试举不顺的情况，这毫无疑问会加大心理负担。并且，这种方式对于那些还需要减重的运动员而言，更有可能使你的肌肉产生痉挛的现象。

做好充分的拉伸与放松

如果你实在很想在比赛场地活动一下的话，我们建议你最好选择进行拉伸类的放松运动，这也是在赛前对于肌肉和关节的一次放松。需要注意的是，我们的目的是放松而不是去用力的压自己的身体或者让自己产生强烈的疼痛感。因此，也没有任何必要进行赛前的按摩或推拿，不专业的按摩反而容易导致你的肌腱产生伤病。实在需要外力放松的话，你可以选择使用筋膜枪替代。

注意保持充分的休息和睡眠

建议大家都找一个离比赛场地比较近，并且相对休息环境较好的酒店。尽量不要选择快捷酒店，因为相对来讲快捷酒店变数较大，并且往往在半夜还会比较吵闹，这个对于第二天或第三天要比赛，特别是早上比赛的运动员是十分强烈的干扰。你可以选择在比赛前1~2天的晚上都使用褪黑素，来给你自己的身体一个更好的休息。

避免过量碳水的摄入

哪怕你不需要在赛前进行降体重，我们也强烈建议你避免摄入过多的碳水，碳水摄入过量会让你的身体行动变得迟缓以及产生犯困的感觉。合理地饮食摄入才是增长力量，拥有好状态的关键。

尽量避免蒸桑拿

除非你的体重真的严重超标，并且使用脱水、脱盐甚至洗热水澡的方式都无法将体重降到比赛级别。否则我们真的不建议你使用蒸桑拿的方式，这极其容易使你的身体产生抽筋的现象。常见的脱水减重的方式应当是采用洗热水澡的方式，进行冷热混浴，而不是去使用桑拿这种带有风险性的方法。

注意盐分摄入

如果你不需要注意体重控制的问题，那么我建议你在报道日当天的饮食中可以适当增加盐分的摄入，可以帮助你更好的补水，让身体始终处于一个充满水分的状态。要知道在比赛时一般不容易发生急性或者剧烈的肌肉撕裂以及拉伤，反而最容易出现的是因缺水或持续疲劳所导致的肌肉痉挛。

2. 比赛日

这里我会选择我之前一次比赛的经历为大家做详细的讲解：

早上6：00

起床，我的比赛时间是在下午一点半，大概在上午十一点半会进行称重。之所以选择六点起床的主要原因是因为我希望通过热水&冷水混浴的方式将自己的体重在开赛前尽可能降低。在前一天晚上十一点半，也就是称重开始前十二小时我已经开始断水，早上选择早起的原因是希望进一步将体重降到一个尽可能低的水平。如果你不需要像我一样去降低体重，那么我同样建议你选择早起，或者说确保在比赛开始前4个小时就起床，哪怕你的比赛是早上九点半，也尽可能选择五点就醒来，因为比赛开始时间越早，你的身体对能量的需求也就越大。尽早开始正常的食物补充，会让你的身体尽快进入一个好的状态，变得兴奋起来。

因为要断食并且断水的关系，所以我早上什么东西都没有吃，通过混浴的方式我成功将体重从92 kg降到了89 kg。如果大家不需要降体重，那么我建议早上可以吃一些快速提升血糖的食物，让你自己的身体尽快兴奋起来。特别是甜食类更会有助于你的情绪始终保持在一个较积极的状态。

上午11：00

乘车前往比赛场地，因为我的酒店离比赛场地很近，十一点出发足够赶上十一点半的称重。除非在你称重前有什么必须使你提早到场的因素，否则我不建议你过早的赶到比赛场地，因为那会使你提前进入一个较紧张的氛围。有的人说早去能看一看裁判的执法规则尺度，但其实这些你完全可以通过手机看比赛的直播，实质上是没有什么区别的。当我到了比赛场地后正好赶上83 kg最后一位选手的最后一把硬拉，时间刚刚好，我可以直接拿着护具去比赛场地进行称重和装备检查。

上午12：00

在乘车前往比赛场地的过程中其实我就已经将一会要恢复体重和能量所需的食物买好，因为中午比赛是一个大家用餐的高峰期，所以建议你提早下单，不然到时候身体异常虚弱时是没有任何可能性自己单独跑到外面人生地不熟的地方去买吃的。顺利称完重后我便开始了体重和能量补充的过程，我当时买的是一份烧鹅饭、一个麦当劳的套餐配的可乐和玉米还有两大杯奶茶。麦当劳的套餐和玉米主要是帮我提供碳水和糖分等基础能量，奶茶在补水的同时（因为之前断水12小时，所以身体急需水分）进一步获取糖分。本来之前预备的是吃蜂蜜，这也是之前每次我参加比赛前所需要吃的必备食物，但是不知道为什么这次特别想吃烧鹅饭，对于蜂蜜怎么都提不起食欲来。所以烧鹅饭主要是为了满足自己身体的欲望，并不是有什么别的特殊功效。在比赛前要注意你一定不能吃的特别饱，我还可以吃更多，但其实吃7～8分饱是最好的，因为要知道你在一个半小时后就要开始比赛，而差不多在一个小时后就要开始热身，如果吃的太多你会特别反胃的。因为在比赛前相当长一段时间我都已经没有吃补剂的习惯，所以比赛前我没有吃肌酸或者氨基酸，如果你的背包里有这两样补剂，可以在比赛前各吃1～2勺，会让你在长时间的比赛过程中有着不错的发挥。至于氮泵或咖啡因类提神的补剂还是会选择吃一勺，但注意别吃多了，因为吃的过多会让你身体过于兴奋，这个在力量举比赛时并不是什么好现象。

中午13：00

差不多在一点左右我就开始进行比赛前的热身，也就是离比赛正式开始还有半小时的时间，我会先进行基础的肌肉拉伸，把身体各个关节的韧带以及肌肉都做一定但又不过度的拉伸。或者简单说就是不要特别用力的去拉伸你的肌肉和关节，否则因为身体长期缺少水分很容易导致抽筋或者拉伤的情况。之后我会进行一些动态的热身，主要刺激神经，让神经系统兴奋起来，比如收腹跳、高抬腿甚至拳击等可以快速活动或热身到你在比赛时需要局部释放爆发力的区域。当这些都完成后，你就可以进行比赛前正式的热身组了，我会选择根据我的开把重量为标准，比如比赛时我是160 kg深蹲开把，我会选择它重量的一半，也就是低于80 kg时我会选择蹲好几次，比如60 kg蹲3~5次，80 kg蹲2~3次。然后当超过80 kg以后，我会每次热身重量都只蹲一次。比如100、120、140我都只蹲了一次。这时候没什么必要去蹲特别多的次数，我知道有很多选手喜欢蹲好几次，否则他会觉得自己的神经系统不兴奋，或者肌肉没有什么记忆。要知道你现在面临的是一个长达3~4小时的比赛，而不是简单冲一次极限。如果在你的正式试举前消耗太多能量的话，那么显然是一个十分不明智的做法。所以，不管是卧推、深蹲还是硬拉，超过50%后只需要做一次即可，这一次尽可能做的速度最快，追求最佳的速度。

中午13：30

我的比赛是从160开把的，但是在160开把前，为了怕腰伤复发导致三把深蹲都失败，所以我特意热了一次160，当时的感觉是还不错。如果你不是和我一样处于腰伤的恢复阶段，并且已经2~3周没有进行大重量深蹲训练的话，你完全没必要和我一样热身。我之所以选择这种方法其实是完全为了保证自己的成绩，尽管140蹲的很顺利，但因为伤病的关系我也不确保我能顺利蹲起160。果不其然，我的第一把160试举就出现了失败，当时蹲到最低点刚要发力起的时候便觉得腰特别疼，突然感觉整个腰很空，使不上劲，力一瞬间就散掉了。其实现在想想有伤病的影响，但更多是因为伤病所导致的心理魔障，害怕受伤导致不敢发力。当时我心理上的压力变得更大，因为之前我就害怕自己会出现第一把砸锅导致后两把都失败直接没成绩的最尴尬现象。第二把我选择了直接加重到180去进行试举。当时我的想法是如果160我起不来，会受伤，那么180结果是一样的。但是从热身看我160没什么问题，所以自己不如去冒险赌一次，更大的重量会让我更关注，也会暂时忘掉一些心理上的负担。但是大家请注意，如果你不是因为像我这样伤病的关系，那么我建议你第一把失败了，最好第二把还是同样的重量。因为如果你已经有了第一把的成绩，只是在第二把和第三把时要做出这个选择，那么相对来讲你可以冒险一点，毕竟至少有一个成绩打底。但如果没有，还请你不要选择冒险，因为没成绩会直接导致你整场比赛成绩都是0。不过，还有一种情况是你可以选择加重的，那就是你的失败是因为自己没听口令，并且真的完成的很轻松。

第三把我选择了187.5，有人跟我说你其实可以蹲190或192应该都没有问题的。但是当我蹲完180之后，因为长时间缺水的关系，右小腿在回杠时有微微抽筋的情况，所以我不敢再加重。当时我很清楚比赛我拿不了第一，但是前三比较有可能，所以在能尽量争取第二的时候不要让自己出现任何别的问题。特别是和我竞争第二名最有希望的运动员第一把180，第二把190失败，我没有什么必要去尝试190或192，因为如果蹲起来是领先10~12 kg，但如果起不来你们的成绩就一样，这样会导致你丧失大好的比赛优势局面。

所以对于大家来讲，深蹲作为第一个比赛项目，能够开好头，也能够毁掉你所有的一切。我不建议你在比赛时去尝试你之前百分之一百的极限，我更建议你用93%，95%，97%这三个极限重量的百分比去进行三把试举。除非你清楚你自己的深蹲是强项，你的卧推以及硬拉比你的对手要差很多，否则没有必要在深蹲时就跟对手拼个你死我活。对于有经验的运动员其实我建议你最好深蹲只比1~2把，也就是通过充分的热身，在第一把试举就完成自己日常在训练时所做的冲极限挑战一样。不过这个必须得建立在你自己对自身有十分充足把握的情况下，不然很有可能出现所谓的只比一把变成了没有成绩的情况。但是，如果你对自己的成绩有把握，并且你的竞争对手没有那么多，我建议你可以完全只蹲1~2把，要知道深蹲消耗的部位跟最后一个项目硬拉几乎一样，你需要为硬拉去尽可能多的留力。

下午14：30

在我完成深蹲最后一次试举后，我便开始进行卧推的热身组。对于每个运动员都是如此，你没有必要去管别人举的怎么样，他起来起不来你不把自己的最好成绩比出来照样赢不了人家。所以当你深蹲最后一次试举完成后，你就可以开始正式的卧推热身组。和我们在深蹲热身时一样，超过50%极限后每组只试举一次即可。比赛时我的卧推开把重量是115，之所以选择这个重量开把跟我自己的情况有很大关系，在比赛前我的胸出现了拉伤的现象，之前130可以推四次，到比赛前三天我试了一次，130推的很勉强。再加上上午的比赛时主裁判对83 kg卧推吹罚极其严格，为了避免没成绩的问题，所以我选择了一个比较低的重量，也就是115开把。在这里我要再一次提醒大家，除非到了最后一个项目硬拉，否则深蹲和卧推你的开把重量只需要和你自己对比就行，也就是根据你自己的情况去做选择。你不用管你的对手是多少开把，就像跟我竞争的对手他130 kg开把，这个你不要去管，如果你担心你不去120或125开把就会被他甩开或者导致你深蹲好不容易有的领先优势荡然无存，那么你就会跟着对手的节奏走。要知道三个项目的开把都是最关键的，盲目跟着别人节奏走很容易被人带偏，有的比赛经验丰富的运动员可能通过这种办法把你带的没成绩。所以你只需要做好你自己就行，这是我们说了很多次的事情，做好你自己比别的任何事情都重要！

下午15：00

我的卧推三把分别是115/125/130，很顺利三次都完成试举。在130推起后我自己感觉还是可以去尝试132或者135的，可能我的拉伤也在慢慢恢复。但是毕竟在比赛前我试过，经历过130很困难的情况，所以比赛时也不敢去推132或者135。特别比赛时裁判的口令节奏还是会让自己不适应，出杠到推起总共差不多要10秒，这个体力的消耗也是我很害怕的。要知道毕竟我是一个处于脱水后的运动员，所有在赛前面临降重的运动员在比赛时都要注意这个问题，随时防止身体可能不时出现的抽筋问题。卧推比赛结束后我落后第二名的运动员2.5 kg，但是因为我的体重比他重，所以我其实总成绩落后的是5 kg。在卧推最后一把试举完成后我并没有着急去进行硬拉的热身组，而是选择又喝了一勺氮泵和大量的水。如果你的身边有氨基酸和肌酸，其实可以在比赛的全程一直不间断补充，可以保证你的身体始终处于能量充沛的状态。

下午16：00

希望大家明白一个问题，就是力量举只有当杠铃来到地面上时，这项比赛才真正开始。卧推和深蹲只是决定你们出发时的排位顺序谁靠前而已，真

正最后决胜的才是硬拉。我见过很多比赛的很多级别都是运动员在深蹲和卧推结束后落后，但是靠硬拉最后反败为胜的。我们之前讲要重量的策略其实也指的主要是硬拉的要把策略。比如这次我的比赛也是，因为我落后第二名5 kg，所以其实我的硬拉重量是可以参照他的重量去做，也就是说如果他开把220，我就225，他230，我就235就行。因为我的重量比他大，所以我出场也比他靠后。换句话说就是如果我和他在第一把试举都成功了，那么所有的压力将全部转嫁给他。因为如果第二把他试举失败，那么我就算是不举第二把，实际上我的总成绩也会比他高，毕竟第一把我已经把落后的差距追回来了。这样主动权始终掌握在自己手里，你的心理压力就会少很多。但是这次比赛我没有选择比对方高5 kg的方式开把，而是选择了和对方一样的重量开把，其实最根本原因还是像之前卧推和深蹲时一样，担心自己再次受伤。当然，在第二把和第三把硬拉试举时，我还是按照比对手始终多5 kg的方式去要的重量。最后，再给大家总结下比赛日你需要记住的九个要点：

★ 比赛开始前1小时吃完饭，比赛开始前半小时进行热身。

★ 不要在热身组消耗过多体力。

★ 深蹲、卧推的开把图稳，先保住成绩。

★ 硬拉第一把弥补差距或拉开距离，第二把要成绩，第三把破纪录。

★ 比赛全程不间断补充肌酸、氨基酸等供能食物。

★ 氮泵不要吃得过多，避免过度兴奋。

★ 全程注意补水、补钠避免出现抽筋。

★ 比赛时不要做过多按摩和拉伸。

★ 杠铃回到地面时比赛才真正开始。